Textlinguistik und Stilistik
für Einsteiger

LEIPZIGER SKRIPTEN
EINFÜHRUNGS- UND ÜBUNGSBÜCHER

Herausgegeben von Irmhild Barz,
Ulla Fix und Marianne Schröder

Band 1

PETER LANG
Frankfurt am Main · Berlin · Bern · Bruxelles · New York · Oxford · Wien

Ulla Fix/Hannelore Poethe/Gabriele Yos

Textlinguistik und Stilistik für Einsteiger
Ein Lehr- und Arbeitsbuch

Unter Mitarbeit von Ruth Geier

3., durchgesehene Auflage

PETER LANG
Europäischer Verlag der Wissenschaften

Bibliografische Information Der Deutschen Bibliothek
Die Deutsche Bibliothek verzeichnet diese Publikation in der
Deutschen Nationalbibliografie; detaillierte bibliografische
Daten sind im Internet über <http://dnb.ddb.de> abrufbar.

Gedruckt auf alterungsbeständigem,
säurefreiem Papier.

ISSN 1437-529X
ISBN 3-631-51829-9
© Peter Lang GmbH
Europäischer Verlag der Wissenschaften
Frankfurt am Main 2001
3., durchgesehene Auflage 2003
Alle Rechte vorbehalten.

Das Werk einschließlich aller seiner Teile ist urheberrechtlich
geschützt. Jede Verwertung außerhalb der engen Grenzen des
Urheberrechtsgesetzes ist ohne Zustimmung des Verlages
unzulässig und strafbar. Das gilt insbesondere für
Vervielfältigungen, Übersetzungen, Mikroverfilmungen und die
Einspeicherung und Verarbeitung in elektronischen Systemen.

Printed in Germany 1 2 4 5 6 7

www.peterlang.de

Vorbemerkungen

Mit dem vorliegenden Lehr- und Arbeitsbuch sollen Studierende in die beiden linguistischen Disziplinen eingeführt werden, die den Text zum Gegenstand haben. Dabei sollen sowohl die engen Beziehungen zwischen beiden Disziplinen als auch ihre jeweils eigenständigen Untersuchungsinteressen zum Ausdruck kommen.
Erfahrungsgemäß sind Lernende meist schon zu Studienbeginn für beide Gebiete gut motiviert und können hier ihre Alltagserfahrungen, ihr Sprachgefühl und ihr in der Schule erworbenes Wissen über Text- und Stilanalysen – oft eher an literarischen als an Sachtexten vorgenommen – einbringen, vielfältige Berührungen und Anregungen ergeben sich darüber hinaus auch aus den Kombinationsfächern. Die Bedeutung und der Nutzen für eine spätere berufliche Praxis sind vorstellbar. Andererseits ist es vor allem für Studienanfänger recht schwierig, sich in der zur Verfügung stehenden Zeit in der sehr umfangreichen Literatur zurechtzufinden und zu theoretischem Grundwissen sowie zu praktischen Analysefähigkeiten zu gelangen. Hierbei will unser Buch Orientierung und Anleitung bieten, darüber hinaus auch zu selbständiger weiterführender Beschäftigung mit praktischen Analysen oder theoretischen Überlegungen anregen.
Die Darstellung ist der Lehrmeinung verpflichtet, wie sie vor allem von Ulla Fix entwickelt worden ist und in ihren Vorlesungen, Seminaren und Publikationen sowie in den von den anderen Autorinnen verantworteten Lehrveranstaltungen am Institut für Germanistik vertreten wird. Sie knüpft an Traditionen der Stilistik und Textlinguistik an, die in Leipzig Lehre und Forschung geprägt haben und mit den Namen Ursula Kändler, Wolfgang Fleischer, Gotthard Lerchner, Rudolf Große und Wolfgang Heinemann verbunden sind. Die einzelnen Beiträge lassen aber durchaus individuelle Herangehensweisen, Forschungsinteressen und Vorlieben der einzelnen Autorinnen erkennen. Eingegangen sind ihre langjährigen und vielfältigen Erfahrungen in der Forschung, besonders aber auch Erfahrungen aus den Seminaren mit deutschen und ausländischen Lehramts- und Magisterstudenten, die sich auf das "Abenteuer Textlinguistik und Stilistik" eingelassen haben und denen an dieser Stelle für ihr Interesse, für ihre Mitwirkung, für das Mitgehen vorgeschlagener Analysewege, für Bestätigung, aber auch für verbal oder nonverbal geäußerten Zweifel und Widerspruch gedankt werden soll. Unseren Dank möchten wir auch Franziska Beyer, die das Transkript zum Fernsehdialog angefertigt hat, und Sandra Koch, die uns beim Anfertigen der Druckvorlage eine große Hilfe war, aussprechen.
Wir freuen uns, dass Ruth Geier auch nach Beendigung ihrer Tätigkeit am Institut ihre reichen Erfahrungen auf dem Gebiet der Text- und Stilforschung und -analyse in unseren Band eingebracht hat und dass damit eine langjährige gute Zusammenarbeit hier eine Fortsetzung findet.

Das vorliegende Lehr- und Arbeitsbuch ist zugleich der erste Band in der von Irmhild Barz, Ulla Fix und Marianne Schröder herausgegebenen Reihe "LEIPZIGER SKRIPTEN. Einführungs- und Übungsbücher aus dem Institut für Germanistik" an der Universität Leipzig. Dem Peter Lang Verlag danken wir noch einmal für die Anregung zu dieser Reihe und für deren Förderung, seiner Lektorin, Frau Dr. Karin Timme, für die freundliche und verständnisvolle Begleitung unseres Vorhabens. Ein besonderer Dank gilt dem Verlag dafür, dass er den Studierenden die Möglichkeit bietet, die SKRIPTEN zu günstigen Konditionen für die Arbeit im akademischen Studium und Selbststudium zu erwerben.

Das **Kapitel 1** soll zunächst notwendige **Theoretische Grundlagen** schaffen. Es vermittelt Grundzüge von Text- und Stilauffassungen sowie von Klassifikationsansätzen und führt in das Anliegen der Gesprächsanalyse ein.

Mit **Kapitel 2** sollen Studierende durch **Methodische Grundlagen der Text- und Stilanalyse** mit Analyseverfahren und textlinguistisch-stilistisch relevanten Mitteln vertraut gemacht und zu selbständiger Analyse künstlerischer und nichtkünstlerischer Texte befähigt werden.

Im **Kapitel 3, Analyseansätze und Analysen**, werden an ausgewählten Texten verschiedener Kommunikationsbereiche und Textsorten unterschiedliche Ansätze für Text- und Stilanalysen musterhaft vorgeführt. Dabei gehen wir jeweils von einem dominierenden textlinguistischen oder stilistischen Aspekt aus. Aufgaben und Textvorschläge dienen als Anregung zu eigenen Analysen sowie zur Kontrolle und Übung.

Stärker an unmittelbar praktischen Bedürfnissen der Textproduktion und -rezeption orientiert ist das **Kapitel 4, Zum Umgang mit sprachlich-kommunikativen Normen**. Ein Blick in die Praxis auch professioneller Schreiber (selbst Stilistiker und andere Linguisten sind nicht davor gefeit!) zeigt vielfach Unsicherheiten im Umgang mit sprachlich-kommunikativen Normen, aber auch in der angemessenen Bewertung von Normabweichungen. Einige theoretische Ausführungen sowie Beispiele und Übungen sollen Funktionen, Inhalte, Grenzen, Toleranzbreiten und Spiel-Räume von Normen bewusst machen, zu einer linguistisch fundierten und differenzierten Beurteilung von Abweichungen befähigen und insgesamt zu einer stärkeren Sensibilisierung auch für den eigenen sprachlichen Ausdruck beitragen.

Im Anhang findet sich ein **Kleines Lexikon textlinguistischer und stilistischer Grundbegriffe** mit knappen Begriffsbestimmungen entsprechend den Bedürfnissen und Anforderungen in der Lehre. Allgemeinere linguistische Begriffe können in entsprechenden Sachwörterbüchern (z. B. BUßMANN; METZLER LEXIKON SPRACHE) nachgeschlagen werden.

Im **Literaturverzeichnis** ist sowohl die grundlegende Literatur (durch * gekennzeichnet) als auch die in den einzelnen Abschnitten einbezogene sowie weiterführende Literatur enthalten.

Es muss wohl nicht besonders betont werden, dass bei der Breite unterschiedlicher Auffassungen, der Fülle der Literatur zu Rhetorik, Stilistik und Textlinguistik und der Menge und Vielfalt konkreter Texte notgedrungen eine Auswahl getroffen und viel Interessantes, Anregendes und Analysewürdiges vernachlässigt werden musste.
Das sollte aber herausfordern zu weiterer eigenständiger Beschäftigung.
Für Kritik, Hinweise und Anregungen sind wir jederzeit aufgeschlossen und dankbar.

Die Autorinnen

Leipzig, im Mai 2001

Autorinnen der einzelnen Abschnitte bzw. Kapitel:

Ulla Fix: Abschnitte 1.1 – 1.3, 3.1 – 3.3
Ruth Geier: Abschnitte 2.4 (gemeinsam mit G. Yos), 2.5, 3.5, 3.6
Hannelore Poethe: Abschnitte 2.1 – 2.3, 3.7 – 3.9, Kapitel 4
Gabriele Yos: Abschnitte 1.4, 2.4 (gemeinsam mit Ruth Geier), 2.6 – 2.9, 3.4, 3.10 – 3.12

INHALT

1	**Theoretische Grundlagen**	11
1.1	Einführende Bemerkungen zu Text und Stil	11
1.2	Text	12
1.2.1	Textauffassungen	12
1.2.2	Textualität und Textualitätskriterien	16
1.2.3	Prozedurales Textmodell (DE BEAUGRANDE/DRESSLER) und Wissensmodell (HEINEMANN/VIEHWEGER)	19
1.2.4	Thematische Entfaltung (BRINKER)	22
1.2.5	Texttypen – Textsorten – Textmuster	24
1.3	Stil	26
1.3.1	Stilauffassungen und Textualitätskriterien	26
1.3.2	Funktionalstilistik und Pragmatische Stilistik	33
1.3.2.1	Funktionalstilistik (FLEISCHER/MICHEL)	33
1.3.2.2	Pragmatische Stilistik (SANDIG)	35
1.3.3	Textmuster – Stilmuster	36
1.4	Gesprochene Sprache und Gesprächsanalyse	37
1.4.1	Gesprochene Sprache und mündliche Kommunikation	37
1.4.1.1	Zum Begriff der gesprochenen Sprache	38
1.4.1.2	Sprachliche Besonderheiten der mündlichen Kommunikation	41
1.4.2	Gesprächsanalyse	43
1.4.2.1	Grundlagen der Analyse von Gesprächen	44
1.4.2.2	Zur Analysepraxis und ihren Kategorien	45
2	**Methodische Grundlagen der Text- und Stilanalyse**	47
2.1	Das methodische Konzept des Vergleichens und textanalytische Strategien	47
2.2	Möglichkeiten des Ansatzes für die textlinguistisch-stilistische Analyse	49
2.3	Möglichkeiten des Einstiegs in die Analyse literarischer Texte	50
2.4	Stilelemente – Stilzüge – Stilganzes	51
2.5	Stilfiguren	56
2.5.1	Figuren des Ersatzes oder Tropen	57
2.5.2	Figuren der Auslassung, Anordnung oder Hinzufügung	59
2.6	Stilistische Prädispositionen im Wortschatz	61
2.7	Rede- und Gedankenwiedergabe	64
2.7.1	Redewiedergabe in Sachtexten/nichtfiktionalen Texten	64
2.7.2	Redewiedergabe und Gedankendarstellung in künstlerischen Texten/fiktionalen Texten	66
2.8	Literarische Gestaltungsmittel der Epik – typische Erzählsituationen	68
2.8.1	Mittelbarkeit – Diegesis	68

2.8.2	Unmittelbarkeit - Mimesis	69
2.9	Gespräche in künstlerischen Texten	69
2.9.1	Gespräche in künstlerischen Texten als Kommunikation auf zweiter Ebene	70
2.9.2	Fiktionale gesprochene Sprache	71
2.9.3	Zu Produktion und Rezeption des künstlerischen Dialogs	72
3	**Analyseansätze und Analysen**	**73**
3.1	Analyse eines wissenschaftlichen Textes: funktionalstilistisch	73
3.2	Analyse eines institutionellen Textes: pragmastilistisch	82
3.3	Analyse zweier künstlerischer Texte: strukturalistisch	95
3.4	Analyse zweier Pressetexte: funktionalstilistisch, textsortenbezogen	104
3.5	Analyse dreier Texte: intertextuell	111
3.6	Analyse einer politischen Rede: rhetorischer Ansatz	122
3.7	Analyse eines künstlerischen Textes: Textualitätskriterien	134
3.8	Analyse eines epischen Kurztextes: Textsorte/Textmuster	143
3.9	Analyse eines Werbetextes: pragmastilistisch	150
3.10	Analyse eines künstlerischen Textes: Formen der Redewiedergabe und Erzählsituation	158
3.11	Analyse eines fiktionalen Gesprächs	163
3.12	Analyse eines Fernsehdialogs: Gesprächsanalyse und Merkmale gesprochener Sprache	167
4	**Zum Umgang mit sprachlich-kommunikativen Normen**	**183**
4.1	Zu Wesen, Funktionen und Erscheinungsformen sprachlich-kommunikativer Normen	183
4.1.1	Allgemeine kommunikative Normen	183
4.1.2	Ein Normenmodell	184
4.1.3	Normen in der mündlichen Kommunikation	185
4.2	Norm und Abweichung	186
4.3	Funktional bzw. stilistisch bedingte Abweichungen	189
4.3.1	Abweichungsmuster der antiken Rhetorik	191
4.3.2	Abweichungsstilistik	192
4.3.3	Abweichungen als Stilmittel	192
4.4	Abweichungen als Fehler	198
4.5	Aufgaben	200
Kleines Lexikon textlinguistischer und stilistischer Grundbegriffe		213
Literaturverzeichnis		223
Quellenverzeichnis		236

1 Theoretische Grundlagen

1.1 Einführende Bemerkungen zu Text und Stil

Die Einsicht, dass wir Kommunikation mithilfe von Texten und nicht mit Sätzen oder gar nur mit einzelnen sprachlichen Elementen vollziehen, ist jung. Sie setzte sich in den sechziger Jahren und zu Anfang der siebziger Jahre des 20. Jahrhunderts mit dem Paradigmenwechsel durch, den wir ‚pragmatische Wende' nennen, mit dem Übergang also von der systemorientierten zur kommunikations- und funktionsbezogenen Sprachbetrachtung. Fragen des Sprachgebrauchs und der situativen Einbettung dieses Gebrauchs wurden zu Untersuchungsgegenständen. Selbstverständlich gab es immer schon Wissen über den Text, und erfahrungsgemäß verfügen Sprachteilnehmer grundsätzlich über dieses Alltagswissen, d. h. über vorwissenschaftliche, aus Gebrauch und Erfahrung gewonnene, ziemlich sichere Vorstellungen davon, was ein Text ist und wie man mit diesem Wissen umzugehen hat. In der Tatsache, dass Verständigung im Regelfall möglich ist, liegt die Bestätigung für diese Annahme. Bei dem Fundus an alltagssprachlichem Wissen kann es aber natürlich nicht bleiben, wenn man sich mit dem Phänomen des Textes, mit seiner Oberflächen- und Tiefenstruktur, mit Textproduktion und -rezeption, mit Textsorten und ihren Mustern, mit Beziehungen von Texten untereinander und mit ihrer kulturellen Einbettung beschäftigen will. Dies alles sind Gebiete, auf denen die Textlinguistik heute vom eigenen Fach wie von anderen Disziplinen, z. B. von Medienwissenschaften, Theologie, Rechtswissenschaft, Literaturwissenschaft, gefordert ist. Wir sehen hier schon, dass diese Teildisziplin der Linguistik – und dies nicht nur hinsichtlich der Textsorteneinteilung – das Potential für interdisziplinäres Herangehen aufweist.

Wenn der Text als die Äußerungsform, mit der sich Kommunikation vollzieht, in den Vordergrund tritt, wird auch sein Stil wichtig, von dem nun gilt, dass er nicht – wie traditionell üblich – als Sammlung vereinzelter Phänomene (Stilfiguren z. B.) oder als Stilgrammatik (stilistische Markiertheit von Wörtern im Wörterbuch z. B.), sondern als Erscheinung zu betrachten ist, die erst in der Ganzheit des Textes entsteht und somit Eigenschaft des Textes ist. Moderne Stilauffassungen (pragmatische, kommunikative, funktionale) betrachten Stil als die sprachliche Realisierung der – wie auch immer – außersprachlich vorgegebenen Faktoren der Redesituation. Das bedeutet, dass jeder Text, da immer eine situativ geprägte Äußerung, Stil haben muss. Auch von anderer Seite, z. B. von Formulierungstheorien (vgl. ANTOS 1982), wird dem formulativ-stilistischen Aspekt sprachlicher Tätigkeit zunehmend Aufmerksamkeit gewidmet, sieht man doch, dass sprachliches Handeln nun einmal in Sprache, und das heißt im Stil, objektiviert wird. Die Aufmerksamkeit richtet sich daher, wenn man DE BEAUGRANDEs und DRESSLERs (1981) Vorstellungen vom Text folgen will

(s. 1.2.3), auf das Bindeglied zwischen der Organisation anderer Ebenen des Textes (Tiefenstruktur) zur Ebene des Sprachlichen (Oberflächenstruktur).

Die Betrachtung des Phänomens ‚Text' und die Auseinandersetzung mit der Frage nach der Klassifikation von Texten verlief in mehreren wissenschaftshistorisch interessanten und für die heutige linguistische Beschäftigung mit Texten aufschlussreichen Etappen. Im Folgenden sollen daher diese Etappen knapp dargestellt werden. Daran wird sich die Darstellung eines relevanten Textbegriffs, der Textauffassung von DE BEAUGRANDE und DRESSLER, anschließen. Dies deshalb, weil dieser Textbegriff, der immer noch aktuell ist, zugleich die Desiderata heutiger Textlinguistik zeigt und weil er ein guter Ansatzpunkt für die Darstellung der Text-Stil-Beziehungen ist. Die von den beiden Autoren vorgeschlagenen Kriterien der Textualität werden kurz erörtert. Daran schließt sich die Darstellung des Modells der für die Textproduktion und Textinterpretation relevanten Wissenssysteme von HEINEMANN und VIEHWEGER an. Ergänzend werden die für die Textanalyse wichtigen Arten der thematischen Entfaltung nach BRINKER (1988) vorgestellt. Auf das Problem der Textklassifikation wird anschließend, da es für die Produktion und Rezeption wie für die Analyse von Texten von großer Bedeutung ist, auch knapp eingegangen.

Im zweiten Teil der Einführung werden analog zum ersten Teil verschiedene Stilauffassungen mit ihren jeweils unterschiedlichen Potenzen für die Stilbeschreibung und -analyse umrissen. Anschließend wird gezeigt, wie diese verschiedenen Ansätze der Stilistik den verschiedenen Ebenen des Textes, die mit den Kriterien der Textualität von DE BEAUGRANDE und DRESSLER erfasst werden, jeweils – mehr oder weniger – gerecht werden. Schließlich sollen Stilmuster in ihrer Korrespondenz zu Textmustern dargestellt werden.

1.2 Text

1.2.1 Textauffassungen

Die erste Phase der Textlinguistik bezeichnet man als ‚**transphrastische**'. Das bezieht sich auf die Ausgangsidee der Begründer der Textlinguistik, die gerade den Schritt vom Satz zum Text gemacht haben, dass Texte als Folgen von Sätzen zu betrachten sind und daher mit eben den linguistischen Kategorien und Verfahren beschrieben werden können, die man auch auf die Beschreibung von Sätzen anwendet. Phänomene wie das der Pronominalisierung, der Thema-Rhema-Progression im Text und der Temporalität innerhalb eines Textes werden analysiert und zu Kriterien für Textualität gemacht.

Unter ‚**Pronominalisierung**' (v. a. HARWEG 1968) werden Wiederaufnahmen (BRINKER 1988) von Ausdrücken (Substituenda) durch Wiederholung oder durch andere Ausdrücke (Substituentia) mit derselben Referenz verstanden. Dieses Phänomen, wie wir es innerhalb von Sätzen kennen, wird nun auf Satzfolgen übertragen. So können nach Meinung der Vertreter dieser Auffassung Pronominalisierungsketten entstehen, die einer Anreihung von Sätzen den

Zusammenhang verleihen, der sie zum Text macht. Wir werden noch sehen, dass diese Beschreibung durchaus einen Aspekt der Textkonstitution erfasst, aus heutiger Sicht aber keine hinreichende Bestimmung dessen ist, was einen Text ausmacht. Die Auffassung, dass die ‚**thematische Progression**' (DANEŠ 1976), d. h. die Verteilung von im Textverlauf bereits Gegebenem und hinzukommendem Neuem, textkonstituierend sei, da sie den Text „kontextsemantisch" (POLENZ 1985, 292) organisiere, beruht ebenfalls auf Erfahrungen aus der Beschreibung von Sätzen. Sätze werden traditionell nach ihrer Thema-Rhema-Gliederung (BOOST 1964, BENEŠ 1967) untersucht, von der Regel ausgehend, nach der das Gegebene im deutschen Aussagesatz vor dem Verbum finitum, das Neue aber danach steht. Für die Art der Thema-Rhema-Verteilung in Texten werden verschiedene Arten thematischer Progression beschrieben: z. B. **ein** durchlaufendes Thema oder der durchgehende Wechsel des vorangegangenen Rhemas zum Thema des Folgesatzes. Neben diesen beiden Verfahren ist ein drittes aus der Grammatik abgeleitetes zu nennen: die Untersuchung der **Temporalität** von Texten. Tempusverwendung kann von konstitutiver Bedeutung für einen Text und an Textsorten gebunden sein: Durchgehendes Präteritum gilt z. B. als typisch für erzählende Texte, wobei man mit Abweichungen immer rechnen muss; Präsens und Perfekt erwartet man bei Texten, die einen direkten Bezug zum Dargestellten fordern, wie z. B. Stellungnahmen, Kommentare, Berichte (vgl. WEINRICH 1993).

Die **semantische Auffassung** vom Text löste die transphrastische ab, aus der sie eigentlich hervorgegangen war; denn schon bei der Beschreibung von Pronominalisierungszusammenhängen oder beim Bestimmen von Bekanntem und Neuem im Text war man auf das Erfassen von spezifischen, im Text gebildeten semantischen Beziehungen angewiesen. Längst nicht alles, was es an textsemantischen Zusammenhängen zu beschreiben gibt, ist mit transphrastischem Inventar zu erfassen. Nun nicht mehr vom syntaktischen, sondern vom semantischen Aspekt ausgehend, werden Wiederaufnahmen nach dem **Isotopiekonzept** von GREIMAS (1971) untersucht. Jetzt stehen die Wortbedeutungen im Zentrum, deren vollständige oder partielle Wiederaufnahme die Gesamtbedeutung des Textes konstituiert. Die Wiederaufnahme von Semen innerhalb eines Textes bewirkt die Isotopie genannte Kohäsion, wobei von Isotopieketten und -netzen auszugehen ist. Dass später auch die gemeinsame Referenz als Bedingung für Isotopie angeführt wird (HEINEMANN/VIEHWEGER 1991), macht noch deutlicher, dass es um semantisch-thematische Zusammenhänge geht. Bei der Beschreibung von **Mikro- und Makrostrukturen** (VAN DIJK 1980) geht es zwar wieder um Sätze, nämlich um die Beziehungen, in denen sie zueinander stehen, aber nicht unter syntaktischem Aspekt, sondern nach der Verknüpfung ihrer Propositionen, d. h. ihrer Satzbedeutungen. Wie wird auf lokaler Ebene (Beziehungen zwischen Einzelsätzen) und auf globaler Ebene (Beziehungen, die auf dem Text als Ganzem beruhen) ein thematisch einheitlicher Text hergestellt? Mit diesem Verfahren spätestens gelingt es, auch die nur in der Tiefenstruktur angelegten, auf der Textoberfläche also nicht ablesbaren Beziehungen zu erfassen. Die Satz-Text-Beziehung, wie wir sie zum Teil auch noch in semantisch orientierten Textauffassungen finden, wird abgelöst durch die Betrachtung von **Text als Handeln**. Wenn man Texte im Zusammenhang der Kommunikation, als Teil unseres sprachlichen Handelns, untersuchen will, genügt eine innersprachliche Betrachtungsweise, die vom Satz ausgeht, nicht mehr. Texte selbst sind nun die Beschreibungseinheiten, die wiederum Element größerer Einheiten, der Kommunikationsakte oder Tätigkeitsbereiche, sind. Handlungsbezogene Textauffassungen gehen davon aus, dass ein Text im Gefüge von Produzent und Rezipient, von Thema, Kode und Intention auf die Erfüllung bestimmter Funktionen hin ausgerichtet ist. Textstrukturen, Textthemata, Textfunktionen sind nun im Fokus der Linguistik. Die in der Sprechakttheorie (AUSTIN 1972, SEARLE 1977) entwickelte Auffassung, dass wir sprachlich intentional, zielorientiert handeln, wird auf die Beschreibung von Texten übertragen. Dabei knüpft man an die von AUSTIN und SEARLE entwickelte Überlegung an, dass Wortfolgen als Werkzeuge der Sprache an sich noch keine Bedeutung haben, sondern dass sie diese erst im Zusammenhang der Handlung bekommen, in der sie gebraucht werden. Die systematische Ausführung dieser Überlegung baut auf den Grundideen auf, dass erstens im Laufe einer Äußerung immer mehrere Akte gleichzeitig vollzogen werden und dass zweitens diese Handlungen und die verwendeten Mittel konventionell geregelt sind. In dem jüngeren, von SEARLE entwickelten Schema werden als simultan zu vollziehende Akte der **propositionale**, der **illokutive**, der **lokutive** und der **perlokutive** Akt genannt. Im propositionalen Akt wird Bezug auf Außersprachliches genommen (Referenz) und dem Referenzgegenstand eine Eigenschaft zugesprochen (Prädikation).

Das Konzert ist beendet. Konzert=Referenz, beendet sein=Prädikation.

Indem der Sender einem Referenzgegenstand eine Eigenschaft zuschreibt, indem er etwas äußert, verfolgt er eine bestimmte Intention. Er vollzieht einen illokutiven Akt, um zu zeigen, wie das Gesagte gemeint ist. *Konzert* und *beendet sein* können z. B. mit der Intention des FESTSTELLENs oder zum Ausdruck des ERSTAUNENs geäußert werden. Der propositionale und der illokutive Akt sind in ihrem Vollzug auf den lokutiven Akt, die Artikulation grammatisch strukturierter und mit Bedeutung versehener sprachlicher Elemente angewiesen, so wird z. B. FESTSTELLEN anders ausgedrückt als ERSTAUNEN: *Das Konzert ist beendet* (FESTSTELLEN); *Das Konzert ist wirklich schon zu Ende?* (ERSTAUNEN). Die Bedeutung des lokutiven Aktes zeigt sich besonders deutlich darin, dass eine Referenz und eine Prädikation mit ein und derselben Illokution sprachlich sehr verschieden realisiert werden können: *Das Konzert ist wirklich schon zu Ende? / Sollte das tatsächlich schon das Ende des Konzerts sein? / Schon vorbei?* Diese Beobachtung ist von großer Bedeutung für die pragmatische Stilistik (1.3.2.2). Für den perlokutiven Akt ist wesentlich, dass eine (nicht konventionell festgelegte) Reaktion auf die Äußerung angestrebt wird. Die Übertragung dieser ursprünglich auf satzartige Äußerungen bezogenen Gedankengänge auf den Text erfolgte u. a. durch MOTSCH/VIEHWEGER (1981) und MOTSCH / PASCH (1987). Texte werden nach Auffassung dieser Autoren durch mindestens einen Handlungstyp (vgl. Illokution), der die Funktion der gesamten Äußerungsfolge charakterisiert, bestimmt. MOTSCH (1983) nennt die Handlungstypen FESTSTELLEN / INFORMIEREN, AUFFORDERN, VERSPRECHEN, BEWERTEN. Die übrigen Sätze mit ihren jeweiligen Handlungstypen haben stützende Funktion. In dieser Weise lassen sich Texte und Textsortenbereiche unterscheiden. Die Beschreibung ist damit endgültig über das Sprachliche hinaus auf den pragmatischen Aspekt des Handelns gerichtet. Hier bietet sich der Anknüpfungspunkt für die (pragmatische) Stilistik an (SANDIG 1978, vgl. 1.3.2.2). Ein weiterer Ausbau des Textkonzeptes über die Satz-Text-Analogie und über die themenbezogene Bestimmung des Textes sowie die Text-als-Handlung-Auffassung hinaus geschieht durch die Einbeziehung der kognitiven Prozesse bei der Textproduktion und -rezeption. Der Produzent greift beim Herstellen und Verstehen von Äußerungen auf mentale Voraussetzungen, auf seine Wissens- und Erfahrungsbestände zurück. Ebenso tut es der Rezipient. Er geht mit Erwartungen an einen Text heran, die auf bestimmten Erfahrungen und bestimmtem Wissen beruhen. Überlegungen dazu, wie Wissensbereiche strukturiert sind und wie man sie erfassen kann, werden in den Auffassungen von ‚**semantischen Feldern**', ‚**Frames**' und ‚**Scripts**' deutlich. AGRICOLA (1987) geht davon aus, dass begriffliches Wissen nicht in isolierten Einheiten, also nicht als einzelne Sememe, sondern in Beziehungen, in ‚semantischen Feldern' gespeichert ist. Er beschreibt ‚Kernkonzepte' als semantische Felder, als Menge aufeinander abgestimmter bedeutungsnaher Lexembedeutungen, die sich durch ihre jeweilige Position im Feld ergänzen, z. B. das verbale Feld ANHABEN: *bekleidet sein, beschuht sein, eingehüllt sein, eingemummt sein, aufhaben, anhaben* ... in Beziehung zu dem nominalen Feld KLEIDUNG und zu anderen verbalen Feldern wie BLOSS SEIN, ANKLEIDEN, ENTKLEIDEN mit den jeweiligen zugehörigen Lexemen. Die Auffassung von ‚Frames' und ‚Scripts' geht auch von der Existenz konzeptueller Systeme unseres Wissens aus, nur geht es hier nicht um **sprachlich** fixierte Begriffe, sondern um typische Zusammenhänge, wie sie als Bestandteil der Realität in unserem Bewusstsein – also **kognitiv** – gespeichert sind (MÜLLER 1984). Hier ist der Ausgangspunkt nicht das sprachliche Zeichen in seiner Beziehung zu anderen, sondern es geht um die Konzepte von Realität, wie wir sie in ihrer Strukturiertheit im Kopf haben. Die Kenntnis solcher Zusammenhänge, das Verfügen über diese Konzepte ist für den Umgang mit Texten unentbehrlich. Die Begriffe ‚Frame' bzw. ‚Schema' sowie ‚Script' beziehen sich gleichermaßen auf typische, erfahrungsgemäße Zusammenhänge, nur mit jeweils anders akzentuiertem Zugriff: Frames (Schemata) erfassen die Zuordnung von Wissen in einem musterhaften, relativ feststehenden Rahmen. Was alles steht uns an Gegenständen, Einrichtungen, Personen vor Augen, wenn wir die Vorstellung von *Restaurant* aufrufen? Ausgangspunkt ist immer die Realität in ihrer Strukturiertheit, wie sie im ‚Weltwissen' organisiert ist. Scripts dagegen erfassen prozessual organisierte Wissensbestände, Handlungswissen. Während bei Frames der Akzent auf begrifflichen und kausalen Zusammenhängen liegt, liegt das Gewicht bei Scripts auf wiederkehrenden Folgen von Handlungen. Welche Handlungen werden beim Besuch eines Restaurants gewohnheitsmäßig vollzogen? Dass die Übergänge zwischen beiden Vorstellungen fließend sind, liegt auf der Hand.

Was mit diesen drei Ansätzen ‚semantisches Feld', ‚Frame' und ‚Script' geleistet ist, ist eine – verschieden akzentuierte – Beschreibung von Wissensstrukturen. Die nächste Frage muss nun sein, wie dieses Wissen im sprachlichen Handeln angewendet wird, wie also Wissenssysteme aktualisiert werden. Die Antwort darauf soll gegeben werden, indem das prozedurale Textmodell von DE BEAUGRANDE und DRESSLER (1981) und das Modell der Wissenssysteme von HEINEMANN und VIEHWEGER (1991) vorgestellt werden (1.2.3). Zuvor werden als Voraussetzung für Textmodelle der Textbegriff und seine Kriterien (nach DE BEAUGRANDE und DRESSLER) vorgestellt.

1.2.2 Textualität und Textualitätskriterien

Ziel der Überlegungen von DE BEAUGRANDE und DRESSLER (1981) ist herauszufinden,

> „welche Kriterien Texte erfüllen müssen, wie sie erzeugt und aufgenommen werden können, wie sie in einem gegebenen Kontext gebraucht werden usw."
> (1981, 3)

Die Autoren betonen, dass es ihnen nicht vorrangig um die Präsenz der „Wörter und Sätze eines Textes auf dem Papier" (ebd.) geht, sondern um deren „Funktion in menschlicher Interaktion" (ebd.). Aus dem bisher Angeführten wird verständlich, dass sie Texte als „kommunikative Okkurrenz" (ebd.), also als etwas Prozessuales bezeichnen. Sie beschreiben diese Prozessualität nach den Phasen der Textproduktion (s. 1.2.3). Zuvor gehen sie auf die Kriterien ein, die einen Text zum Text machen, die also Bedingung für Textualität sind. Es sind die Kriterien **Kohäsion, Kohärenz, Intentionalität, Akzeptabilität, Informativität, Situationalität, Intertextualität**.

Das Kriterium der **Kohäsion** bezieht sich auf die Art, wie Texte auf der Textoberfläche durch grammatische Formen miteinander verknüpft sind. Die Autoren fassen diese Vorstellung sehr weit, wenn sie „alle Funktionen, die man verwenden kann, um Beziehungen zwischen Oberflächenelementen zu signalisieren, ... unter der Bezeichnung KOHÄSION" (1981, 4) zusammenstellen. Wir sehen, dass hier die Phänomene erfasst sind, für die sich schon die transphrastische Textbetrachtung interessiert hat.

Das zweite Kriterium **Kohärenz** bezieht sich auf die Herstellung der semantischen Einheit des Textes durch die Aktivierung von Konzepten (s. 1.2.1) und der Relationen zwischen diesen, die der Textoberfläche zugrunde liegen. Es geht also um die Herstellung und um das Verstehen von Textsinn durch die Verknüpfung des im Text repräsentierten Wissens mit dem Weltwissen der Beteiligten. So können, um ein Beispiel zu nennen, kausale Zusammenhänge auf der Textoberfläche hergestellt sein: *Sie kam nicht zur Prüfung,* **weil** *sie in einen schweren Verkehrsunfall auf der Autobahn geraten war.* Diese Zusammenhänge müssen aber nicht sprachlich repräsentiert sein, weil unser Weltwissen die „Lücke" auf der Textoberfläche ausfüllen kann: *Sie kam nicht zur Prüfung. Es gab einen schweren Verkehrsunfall auf der Autobahn.* Der Hörer stellt den kausalen Zusammenhang im Kopf selbst her und erkennt außerdem folgende Präsuppositionen: *Sie kam mit dem Auto. Sie fuhr auf der Autobahn.* Das Kriterium der Kohärenz steht deutlich in Beziehung zu semantisch-thematischen Textauffassungen. Kohäsion und Kohärenz sind, darauf wird in der Diskussion der beiden Begriffe immer wieder hingewiesen, nicht durchgehend klar voneinander zu trennen. In jedem Fall wird dort, wo Kohäsion vorhanden ist, auch immer Kohärenz hergestellt. Beide Kriterien sind **textzentriert**. Dass dies erwähnenswert ist, zeigt sich sofort, wenn man die folgenden Kriterien betrachtet.

Das Kriterium der **Intentionalität** ist, über den eigentlichen Text hinausgehend, handlungsorientiert und **verwenderzentriert**. Es bezieht sich auf die Absicht des Textproduzenten, einen kohäsiven und kohärenten Text zu bilden, um ein bestimmtes Ziel zu erreichen. Man sieht, dass dieses Kriterium in Beziehung zu handlungsorientierten Textauffassungen steht.
Ebenso verhält es sich mit dem Kriterium der **Akzeptabilität**, nur bezieht es sich auf den Textrezipienten und dessen Einstellung, einen kohäsiven und kohärenten Text zu erwarten, der für ihn nützlich oder relevant ist. Dies ist das einzige Kriterium, das eindeutig nur rezipientenbezogen ist. Es ist von besonderer Bedeutung, weil hier der mentale Bereich der Einstellungen und Erwartungen auf der Rezipientenseite ins Blickfeld gerückt wird. Nur wenn man sich auf die oben beschriebene Einstellung, auf den „guten Willen" des Lesers/Hörers bezieht, einen Text als sinnvoll zu rezipieren, kann man erklären, warum auch scheinbar sinnlose Texte, z. B. manche Kinderreime oder Nonsense-Texte, verstanden werden, Texte, denen in weiten Teilen Kohäsion fehlt.
Das Kriterium der **Informativität** hat ebenfalls einen über das Innertextliche hinausgehenden Geltungsbereich. Es geht darum, dass die durch einen Text vermittelten Informationen in einer angemessenen Relation zum Kommunikationsziel stehen. Was und wie viel gesagt werden muss, ist von der Intention, der Situation, von den Erwartungen und Kenntnissen des Kommunikationspartners abhängig. Das Verhältnis zwischen Erwartetem und Nichterwartetem, zwischen Bekanntem und Unbekanntem muss vor dem Hintergrund der eben genannten Bedingungen abgewogen werden. Ziel ist dabei die Auf-

rechterhaltung der Kommunikation, indem man Informationen nicht zu schwierig oder nicht zu ermüdend formuliert. Diese Ansprüche werden in der Stilistik seit langem unter Stichwörtern wie ‚Verständlichkeit', ‚Angemessenheit', ‚Überraschungseffekt', ‚Erwartungsbruch', ‚Nichtvorhersehbarkeit' behandelt.

Das Kriterium der **Situationalität** ist jedem geläufig, der sich bereits mit Prinzipien und Problemen der Kommunikation schlechthin vertraut gemacht hat. „Bedeutung und Gebrauch eines Textes" werden, so die Autoren (1981, 12), „durch die Situation bestimmt". Es handelt sich zum einen um die Faktoren, die die Kommunikation „von außen her" beeinflussen, Textproduzent, Textrezipient, Thema, Kode, Kanal usw.; zum anderen muss man aber auch im Blick haben, dass ein Faktor auch die, natürlich aus „äußeren Gründen" gewählte, Textsorte ist, durch deren Wahl die Gestaltung des Textes mehr oder weniger vorgegeben wird und in der eine typische Situation gleichsam geronnen ist.

Das letzte Kriterium, das DE BEAUGRANDE und DRESSLER nennen, ist **Intertextualität**. Hier geht es ihnen darum, dass alle Texte, da sie sich immer auf das Muster einer Textsorte beziehen, über diesen gemeinsamen Bezug in intertextuellen („typologischen", HOLTHUIS 1993) Beziehungen stehen. Sie verweisen aber zudem darauf, dass es in bestimmten Textsorten wie Parodien, Kritiken und Entgegnungen auch Beziehungen zwischen Einzeltexten („referentielle", ebd.) geben kann und schließlich auch (referentielle) Text-Text-Beziehungen, die nicht an eine Textsorte gebunden sind, wie z. B. ein Roman, der vorgängige Literatur zitierend oder paraphrasierend aufnimmt.

Diese ‚konstitutiven Prinzipien' DE BEAUGRANDEs und DRESSLERs werden von so genannten ‚regulativen Prinzipien' begleitet. Es sind dies der Anspruch an einen möglichst geringen Aufwand: ‚Effizienz', die Wirksamkeit des Textes: ‚Effektivität' und die Anpassung des Textes an die situativen Bedingungen: ‚Angemessenheit' (vgl. DE BEAUGRANDE/DRESSLER 1981, 14).

Nach dem heutigen Stand der Forschung zu Text und Textsorten, die kulturwissenschaftliche Erkenntnisse einbezieht, liegt es nahe, ein achtes Kriterium, das der **Kulturalität** anzusetzen. Wenn Texte immer an Textsorten mit ihren Textmustern gebunden sind, wovon man ausgehen kann, und wenn man Textmuster als Routinen unseres kommunikativen Handelns (FEILKE 1994) betrachtet, die wie andere Routinen (Phraseologismen z. B.) auf kultureller Übereinkunft beruhen, dann kann man nicht umhin, Textsorten auch nach ihrer spezifischen kulturellen Prägung zu betrachten. Und man hätte sich dann jeweils die Frage zu stellen, ob das betrachtete Textexemplar zu einer inner- oder überkulturell gebräuchlichen Textsorte gehört und warum das der Fall ist. Flyer, Fanzines, Graffiti sind überkulturell geprägte Textsorten. Innerkulturell geprägt und von Kultur zu Kultur verschieden ausgeführt sind z. B. Todesanzeigen, Leserbriefe, Rezensionen (vgl. FIX u. a. 2001). Kulturell geprägt sind alle diese Texte aber in jedem Fall (vgl. FIX 1998b).

1.2.3 Prozedurales Textmodell (DE BEAUGRANDE/DRESSLER) und Wissensmodell (HEINEMANN/VIEHWEGER)

Textproduktion und Textrezeption werden mithilfe von Operationen vollzogen, die das „Zusammenspiel der Sprachebenen und kognitiven oder situativen Faktoren" (DE BEAUGRANDE/DRESSLER 1981, 34) regeln. Um in diesem Sinne Texte als **kommunikative Okkurrenzen** beschreiben zu können, wurde von DE BEAUGRANDE und DRESSLER ein **prozeduraler Ansatz** für ein Modell der Textproduktion und Textrezeption entwickelt. Das Modell sieht eine Folge von „Phasen der Verarbeitungsdominanz" (ebd., 41) vor, d. h. mentale Entscheidungs- und Auswahloperationen bei der Produktion und Rezeption. Mit dem Ausdruck „Dominanz" soll deutlich gemacht werden, dass der Vollzug der einen gerade verlaufenden Phase den der anderen Phasen nicht völlig ausschalten muss. Die erste Phase, die **Planung**, ist der Teil der Textherstellung, in dem es um das Ziel geht, das der Textproduzent mit seinem Text erreichen will. Er stellt eine Relation zwischen dem Ziel und den für das Erreichen dieses Ziels geeigneten Mitteln her.

Die zweite Phase ist die **Ideation**. In möglicher Überschneidung mit der Planungsphase vollzieht sich die Ideenfindung. ‚Idee' wird dabei als die „innerlich angelegte Gestaltung von Inhalt" (ebd., 42) verstanden.

In einer dritten Phase, der **Entwicklung**, werden die gefundenen Ideen strukturiert, erweitert, ausgearbeitet, zueinander in Beziehung gesetzt, kurz es wird festgelegt, wie der Inhalt entfaltet werden soll. Diese Vorgänge führen zu bestimmten „Wissensräumen" (ebd., 43), zu innerlich organisierten Anordnungen von gespeichertem Wissen.

Die Ergebnisse der bisher genannten Phasen sind noch nicht an den sprachlichen Ausdruck, schon gar nicht an einen ganz bestimmten gebunden. Aber natürlich muss es die Phase geben, in der nach dem **Ausdruck** gesucht wird. Erfahrungsgemäß bevorzugen in vielen Fällen die Textproduzenten für bestimmte Inhalte typische Ausdrücke, so dass man hier den Begriff des Musters, wie ihn u. a. SANDIG (1989) in die Textbetrachtung eingeführt hat, anwenden kann. An letzter Stelle wird die Phase der **grammatischen Synthese** genannt. Die gefundenen Ausdrücke werden, so ist die Vorstellung, in grammatische Zusammenhänge auf der Textoberfläche gebracht.

Die Aufzählung legt die Annahme nahe, dass die Phasen in einem Nacheinander vollzogen werden. Wir wissen aber (ANTOS 1982), dass die Vorgänge mit- und ineinander wirken. Die Vorstellung, dass die Rezeption ein zur Textproduktion spiegelverkehrter Vorgang ist (DE BEAUGRANDE/DRESSLER 1981, 46 f.), kann, selbst wenn man einräumt, dass Vorgänge sich durchdringen können, nicht aufrechterhalten werden. Sicher ist, dass am Ende des Prozesses der Rezeption (nach einer „Ideenabrufungsphase", ebd., 47) die Ideen stehen sollten, die der Textproduzent im Text umgesetzt hat, aber die Prozesse, die dahin führen, sind eben andere als die der Produktion: Die Rezeption ist kein Prozess des (Mittel) Suchens, Auswählens, Verwerfens, Entscheidens, sondern einer, in dem

nachvollzogen, in dem Erwartungen bestätigt bzw. enttäuscht werden, in dem (bei unkonventionellen Lösungen) Überraschungen verarbeitet und in dem Bewertungen vollzogen werden.
Während DE BEAUGRANDE und DRESSLER ihr prozedurales Textmodell auf der Basis von Verarbeitungsphasen entwickeln, beruht das Wissensmodell von HEINEMANN und VIEHWEGER (1991), mit dem sie ebenfalls bisherige statische Ansätze der Textbeschreibung überwinden wollen, auf der Typologisierung von Wissenssystemen. Der Grundgedanke ist, dass, wie wir oben schon gesehen haben, in die Produktion wie Rezeption von Texten Wissen einfließen muss,

> „mit dem wir die mentale Repräsentation eines Textes in eine Äußerungsstruktur transformieren, wodurch es uns möglich wird, Bewußtseinsinhalte mitteilbar zu machen". (HEINEMANN / VIEHWEGER 1991, 93)

Die verschiedenen Kenntnissysteme müssen in ihrem Zusammenspiel beschrieben werden. Das einzubringende Wissen ist verschiedener Art. Die Autoren setzen sprachliches Wissen, enzyklopädisches Wissen, Interaktionswissen, Wissen über allgemeine kommunikative Normen, metakommunikatives Wissen und Wissen über globale Textstrukturen an.
Sprachliches Wissen. Auch wenn man es eigentlich weiß, muss hier die Tatsache genannt und damit auf die Ebene der Bewusstheit gebracht werden, dass die an der Kommunikation Beteiligten Kenntnisse darüber haben müssen, wie Bewusstseinsinhalte mitteilbar gemacht werden können, wie durch sprachliche Äußerungen Sinn vermittelt werden kann. So müssen die Beteiligten z. B. wissen, wie eine semantische Struktur grammatisch zu realisieren ist, welche Zeichen des Lexikons welche semantischen Strukturen abdecken, wie man Zusammenhänge zwischen Propositionen herstellt, wie man Informationen über das Textganze verteilt usw. Spezifische Zeichen- und Regelkenntnisse sind also nötig. Kohäsion lässt sich auf diese Weise beschreiben, Kohärenz dagegen ist, wie wir oben schon gesehen haben, auf der rein sprachlichen Ebene nicht erklärbar. **Enzyklopädisches Wissen** muss einbezogen werden. Die Vielfalt der Beziehungen, die zwischen den Gegenständen und Erscheinungen der Wirklichkeit existieren, werden im semantischen Gedächtnis reflektiert und gespeichert. Wenn auch sicher ist, dass niemand alle möglichen Erscheinungen und Beziehungen der Wirklichkeit speichern kann, so ist doch anzunehmen, dass die Sprachteilnehmer aufgrund gemeinsamer Erfahrungen typische Ausschnitte eines Realitätsbereichs speichern und so alle über eine gemeinsame Schnittmenge auch enzyklopädischen Wissens verfügen. Zu dieser Schnittmenge gehört gemeinsames Wissen über die Herstellung von Zusammenhängen (z. B. kausale Verknüpfung, Teil-Ganzes-Relation) und gemeinsame Wissensbestände im Bereich des Konzeptwissens (Frames, Scripts, Kernkonzepte). Dass mit diesem Wissen nun gehandelt werden muss, führt uns zum **Interaktionswissen.** Die Herstellung von Texten dient, wie wir gesehen haben, immer der Umsetzung einer Intention. Texte können nicht verstanden werden, ohne dass man ihre Intention erkennt. Daraus folgt, dass der Sprachteilnehmer auch über

Illokutionswissen, d. h. über die möglichen typischen Funktionen von Texten und Teiltexten (vgl. 1.2.1), über Illokutionstypen Bescheid wissen muss. Die Praxis bestätigt, dass die Beteiligten, da sie sich im Normalfall verständigen können, gemeinsam über die Kenntnis solcher Illokutions- bzw. Handlungstypen (FESTSTELLEN/INFORMIEREN, AUFFORDERN, VERSPRECHEN, BEWERTEN) verfügen und auch wissen, welche Formulierungen normalerweise mit einem Handlungstyp verbunden sind.

Das **Wissen über allgemeine kommunikative Normen** bezieht sich auf übergeordnete Prinzipien kommunikativen Handelns, wie sie für Kooperation im Sinne der Gewährleistung von Verständigung eingehalten werden müssen. Es handelt sich also um deontisches Wissen, Wissen darüber, wie etwas beschaffen (gemacht) sein sollte. Die wichtigsten Regeln in dieser Hinsicht sind die von GRICE (1979) formulierten Konversationsmaximen, mit denen er zu erfassen versucht, von welchen Interessen Sprachteilnehmer geleitet sein sollten, wenn sie Verständigung erzielen wollen. Die vier GRICEschen Maximen lauten in der Übertragung durch Peter von POLENZ (1985, 311):

Quantitätsmaxime:	Mache deinen Gesprächsbeitrag so informativ, wie es (für die jeweiligen Zwecke des Redewechsels) nötig ist!
Qualitätsmaxime:	Versuche, deinen Beitrag wahrheitsgemäß zu machen!
Relevanzmaxime:	Bleibe beim Wesentlichen!
Modalitätsmaxime:	Sei klar!

Für den Fall, dass Verständigung erschwert oder gar gefährdet ist, steht dem Sprachteilnehmer **metakommunikatives Wissen** zur Verfügung, d. h. er kennt in der Regel Möglichkeiten des Verhinderns bzw. Behebens von Kommunikationsstörungen. So kennt er so genannte textorganisierende Handlungen und Mittel der Verstehenssicherung (z. B. Präzisieren, Wiederholen, Zusammenfassen, Verstärken) sowie Korrekturmechanismen (z. B. Entgegensetzen, Korrigieren, Verbessern, Richtigstellen).

Das **Wissen über globale Textstrukturen** ist an Textsorten gebunden. Ein und derselbe Sachverhalt kann in Texten verschiedener Textsorten wiedergegeben werden und unterscheidet sich demzufolge, abhängig von der Textsorte, nach seinen globalen Strukturen. Damit sind abstrakte Schemata gemeint, die die globale Ordnung des Textes eines Textmusters festlegen. VAN DIJK (1980) hat solche Superstrukturen z. B. für narrative und argumentative Texte beschrieben. Diese verschieden strukturierten Arten des Darstellens in Texten sind nicht einzelsprachgebunden, sondern übersprachlich und können daher in verschiedenen Kommunikationsgemeinschaften auf dieselbe Weise existieren. Auch diese Strukturen müssen den Beteiligten bekannt sein, wenn sie erfolgreich kommunizieren wollen. Es ist zu überlegen, ob die Art, wie die Behandlung eines Gegenstandes im Text einer Textsorte strukturiert ist, nicht auch zu deren kultureller Prägung gehört.

1.2.4 Thematische Entfaltung (BRINKER)

Der Vorschlag, Texte nach ihrer thematischen Strukturierung – nach der Zuordnung von Einzelinformationen zur jeweiligen Grundinformation des Textes – zu beschreiben, stammt von BRINKER (1988). Er geht davon aus, dass Texte einen thematischen Kern, ein Thema, haben, das nach bestimmten kommunikativen Prinzipien zum Gesamtinhalt des Textes entfaltet wird, und entwickelt einen Vorschlag, der es ermöglichen soll, die thematische Struktur von Textexemplaren (also von realen Texten) zu analysieren. Bei der Entwicklung seines Vorschlags geht er in zwei Schritten vor: Er beschreibt erstens das Thema als Kern des Textinhalts, und er stellt zweitens Arten der thematischen Entfaltung vor. Dabei spielt unsere Alltagserfahrung, dass wir imstande sind, aus Texten verdichtete Textinhalte, Themata also, abzuleiten, eine entscheidende Rolle. Sein Verfahren sieht vor, dass man, vom ‚Gesamtverständnis' und der ‚kommunikativen Absicht' eines Textes ausgehend, bei der Analyse bestimmten Prinzipien folgt: dem Wiederaufnahmeprinzip, dem Ableitbarkeitsprinzip und dem Kompatibilitätsprinzip. Dem **Wiederaufnahmeprinzip** folgt man, wenn man beobachtet, welche Textgegenstände wie, d. h. in welcher sprachlichen Form, im Text wieder aufgenommen werden (vgl. 1.2.1). Nach dem **Ableitbarkeitsprinzip** wird festgelegt, was als Hauptthema des Textes zu gelten hat, nämlich **das** Thema, „aus dem sich alle anderen Themen des Textes am überzeugendsten (für unser Textverständnis) ‚ableiten' lassen" (BRINKER 1988, 52).

Dem **Kompatibilitätsprinzip** liegt die Erkenntnis zugrunde, dass sich Thema und kommunikative Funktion des Textes in einem gewissen Grade bedingen. Daher kann Hauptthema eines Textes nur das sein, das zur Funktion des Textes passt.

Nachdem das Hauptthema eines Textes bestimmt ist – z. B. *Nahost-Friedensverhandlungen* in einem Zeitungskommentar – kann die gedankliche Ausführung, die (durch kommunikative und situative Faktoren bedingte) Entfaltung dieses Themas im Text untersucht werden.

> „Die Entfaltung des Themas zum Gesamtinhalt des Textes kann als Verknüpfung bzw. Kombination relationaler, logisch-semantisch definierter Kategorien beschrieben werden, welche die internen Beziehungen der in den einzelnen Textteilen (Überschrift, Abschnitten, Sätzen usw.) ausgedrückten Teilinhalte bzw. Teilthemen zum thematischen Kern des Textes (dem Textthema) angeben (z. B. Spezifizierung, Begründung usw.)."
> (BRINKER 1988, 56)

BRINKER geht von vier Arten thematischer Entfaltung aus:

(1) deskriptive Themenentfaltung

> „Bei der deskriptiven Themenentfaltung wird ein Thema in seinen Komponenten (Teilthemen) dargestellt und in Raum und Zeit eingeordnet. Die wichtigsten thematischen Kategorien sind also Spezifizierung (Aufgliederung) und Situierung (Einordnung)." (ebd. 59)

Einmalige, historische Vorgänge, wiederholbare, generalisierbare Vorgänge, Lebewesen und Gegenstände können so dargestellt werden. Textsorten, die durch deskriptive Themenentfaltung charakterisiert sind, liegen auf der Hand, z. B. Nachricht, Gebrauchsanweisung und Lexikonartikel.

(2) narrative Themenentfaltung
Die narrative Themenentfaltung bezieht BRINKER vor allem auf Alltagserzählungen. Als Bedingung gilt, dass ein abgeschlossenes Ereignis mit einem gewissen Grad an Ungewöhnlichkeit / Interessantheit als eine ‚Komplikation' dargestellt wird, auf die eine ‚Auflösung' im Sinne einer (positiven oder negativen) Reaktion auf das ungewöhnliche Ereignis folgt. Dies kann von einer ‚Evaluation' (Wertung) und einer ‚Moral' (Lehre) begleitet und in einen situativen ‚Rahmen' eingebettet sein.

(3) explikative Themenentfaltung
Diese Art von Themenentfaltung ist dadurch gekennzeichnet, dass ein Sachverhalt (Explanandum) erklärt wird, indem er aus anderen Sachverhalten des Textes (Explanans) abgeleitet wird. „Das Thema eines explikativ verfahrenden Textes wird demnach durch das Explanandum repräsentiert." (ebd. 65) BRINKER weist darauf hin, dass diese Art von Themenentfaltung oft nur implizit oder unvollständig vollzogen wird, so z. B. im erklärenden Teil einer Gebrauchsanweisung.

(4) argumentative Themenentfaltung
BRINKER stützt sich auf das Argumentationsmodell von TOULMIN und beschreibt die argumentative Themenentfaltung als die Begründung einer (strittigen) These, die das Textthema repräsentiert, durch Vorbringen von Argumenten mithilfe einer Schlussregel (*wenn, dann*), die ebenso wie stützende Aussagen nicht ausformuliert sein muss. Diese Art von Themenentfaltung ist wichtig für alle appellierenden Texte, die den Empfänger durch Angabe von Gründen von etwas überzeugen möchten. Sie kann auch als Teil normativer Texte (z. B. Gerichtsentscheidungen) und als Passage informierender Texte (z. B. wissenschaftliche Abhandlungen) vorkommen.

Die BRINKERsche Beschreibung der Arten von Themenentfaltung erweist sich als für die Analysepraxis sehr geeignet und lässt sich gut auf Textsorten beziehen.

1.2.5 Texttypen – Textsorten – Textmuster

Bisher haben wir uns vor allem mit der Frage nach dem Wesen des Phänomens ‚Text' und mit dessen Beschreibung beschäftigt. Im Zusammenhang mit der Kategorisierung der Themenentfaltung klang das Textsortenproblem aber schon einmal an (vgl. BRINKER 1988, 1997). Neben der Frage nach dem Wesen des Textes gibt es in der Textlinguistik noch eine zweite grundlegende, gegenwärtig im Vordergrund stehende Frage, die nach der Strukturierung des Feldes ‚Text'. Wie lässt sich die Menge der Texte bzw. ihrer Muster sinnvoll strukturieren, gruppieren, klassifizieren? Wir müssen uns spätestens an dieser Stelle bewusst machen, dass ‚Text' nicht als Gesamtphänomen existiert – dies ist ja nur ein gedankliches Konstrukt –, sondern als Menge realer Textexemplare, die sich in wesentlichen Merkmalen gleichen, nämlich in denen, die sie zum Text machen, die sich aber auch in Merkmalen unterscheiden, nämlich in jenen, die sie Gruppen zuordnen. Die Beschäftigung mit Klassifizierungsmöglichkeiten hat ihre Geschichte. Sie setzte bei strikten Typisierungen an und hat heute ihren Schwerpunkt in der auf Alltagswissen begründeten Textsortenbeschreibung.

Strikte Typisierungen nach dem top-down-Verfahren folgen einem theoriebezogenen Ansatz. Sie sind das ältere, sozusagen ‚klassische' Verfahren. Folgt man diesem, so hat man den Untersuchungsbereich, d. h. die Textmenge, von vornherein festzulegen. Im extremen Fall wären es alle möglichen Texte überhaupt, die nach Typen geordnet werden sollten. Kriterien werden nicht aus den einzelnen Textexemplaren selbst abgeleitet, sondern aus vorangegangenen theoretischen Verallgemeinerungen gewonnen und der Untersuchung vorangestellt. ISENBERG (1984) stellt strikte Regeln für diese Vorgehensweise auf, von denen ich einige nenne: **Einheitlichkeit**: Alle Texte müssen nach denselben Kriterien beurteilt werden. **Striktheit**: Es darf nur eine begrenzte Menge von Klassen geben. **Exhaustivität**: Die Typologie muss erschöpfend sein, d. h. alle Texte des untersuchten Textbereiches aufnehmen können. **Eindeutigkeit**: Ein Text darf nur einem Typ zugeordnet werden können.
Solche Typen sind bei ISENBERG: ‚gnosogene' Texte (dem Erkenntnisgewinn dienend), ‚kopersonale' Texte (Beziehungsgestaltung), ‚ergotrope' Texte (Bewältigung einer Sachproblematik), ‚kalogene' Texte (Entfaltung der sozialen Phantasie), ‚religiotrope' Texte (religiöse Daseinsbewältigung), ‚ludophile Texte' (gemeinschaftlicher Lustgewinn). Typologisierungsversuche von dieser Art bringen Probleme in zweierlei Hinsicht mit sich. Zum einen ist die gewünschte eindeutige Zuordnung in der Praxis der Texte nicht immer möglich. Zum anderen bestehen die Schwierigkeiten darin, dass die deduktiven theoretischen Klassifizierungen letztlich auch nur auf der Basis unseres sprachlichen Alltagswissens funktionieren. Wenn man z. B. keine Vorstellung davon hätte, was eine wissenschaftliche Monographie ist, könnte man mit der Zuordnung zu der Kategorie ‚gnosogener Text' wenig anfangen. Der Gewinn dieses theoriegeleiteten Vorgehens besteht darin, mit der Frage nach der Typisierung mehr

über das Wesen von Texten in Erfahrung gebracht zu haben, als man ohne diese Frage wüsste, z. B. wie stark Texte von ihren Funktionen bestimmt sind und welche Funktionen für Texte relevant sein können.

Ein anderer Ansatz der Einteilung von Texten ist das empirische bottom-up-Verfahren, das im Folgenden ‚Textsorteneinteilung' genannt werden soll. In diesem Verfahren werden Textexemplare, Einzeltexte (tokens) in möglichst großer Zahl als Repräsentanten von Textsorten analysiert. Die Analyseergebnisse bilden die Basis für Verallgemeinerungen über globale Textsorten (types). Man könnte nun fragen, ob ein solches nichtobjektiviertes Verfahren wissenschaftlich überhaupt vertretbar sei. Die Frage lässt sich mit einem Hinweis auf die Ethnographie des Sprechens mit Ja beantworten. Man bezieht sich dabei auf die Erkenntnis, dass es im Alltag einer soziokulturellen Gemeinschaft fixierte Gebrauchsweisen, Muster, Routinen gibt, die jedermann kennt und denen man folgt, die zu unserer Alltagskultur gehören. ADAMZIK (1995a) betrachtet Textsorten als Elemente sprachlich-kommunikativer Kompetenz, die in der Auseinandersetzung mit der Wirklichkeit ihre Berechtigung haben. Sie können in diesem Sinne „durchaus unsystematisch" (ADAMZIK 1995a, 28) sein, wie unser Alltag das ja auch ist. Überschneidungen, Unbestimmtheiten kann man als normale, übliche Erscheinungen, wie sie unserer sprachlich-kommunikativen Erfahrung entsprechen, dann gelassen betrachten.

Wenn es um das Erfassen dieser „sprachlichen Routinen auf der Textebene" (ebd.) geht, brauchen wir demnach nicht auf einer widerspruchsfreien Typisierung (s. o.) zu bestehen. Ja, wir könnten mit ihr, wenn wir den realen Umgang mit Texten im Blick haben, gar nichts anfangen. Mit dem Textsortenansatz hingegen bekommen wir die Praxis des Umgangs mit Texten in den Griff. Unser Alltagswissen über Textsorten ist, das muss nun hervorgehoben werden, Musterwissen. Wir haben Textsorten als Muster (im Sinne der kognitiven Psychologie) gespeichert, als Möglichkeitsfelder, in denen es sowohl einige überindividuelle Handlungsorientierungen gibt als auch Ermessensspielräume. Anders gesagt: Es gibt innerhalb der Muster Elemente des Normativen als Handlungsorientierung, und es gibt Nichtgenormtes, Freiräume, die man individuell füllen muss. Was ist nun an Textsorten verbindlich und was frei? Das lässt sich durch eine genauere Beschreibung der Musterhaftigkeit von Textsorten erklären. Was die Beschreibung der Musterhaftigkeit angeht, kann man SANDIG (1978) folgen, die Textmuster als komplexe Sprechakte auffasst, mit jeweils unterschiedlichen, beschreibbaren Teilakten, nämlich mit einer **Textproposition** (die den Text bestimmende Textreferenz und Textprädikation), mit einer **Textillokution** (die den Text dominierende Sprachhandlung) und mit einer **Textlokution** (die für die Textsorte typischen Elemente des Formulierungsaktes). Wenn nun Mustern das Prototypische (s. o.) eigen ist, wenn sie also wiederholbar sind, dann muss die Einteilung von Textsorten nach diesen Mustern vorgenommen werden können. So könnte die Textsorte ‚Gebrauchsanweisung' nach ihrer dominierenden Proposition (ein zu gebrauchender

Gegenstand), nach ihrer dominierenden Illokution (INFORMIEREN, RATEN, gegebenenfalls WARNEN) und nach für diese Textsorte konventionell geregelten sprachlich-lokutiven Mitteln (sprachliches Feld des ANWEISENs und WARNENs z. B.) beschrieben werden.

Aus dem bisher Gesagten ergibt sich eine terminologische Festlegung. Die Termini ‚Textmuster' und ‚Textsorte' werden nicht gleichgesetzt, sondern für die unterscheidende Bezeichnung zweier Seiten ein und derselben Sache verwendet. Gemeinsam erfasst man mit ihnen den Sachverhalt, dass wir Alltagskenntnisse über Texte haben, die es uns ermöglichen, einen Text aufgrund prototypischer Merkmale einer Textgruppe zuzuordnen. Mit ‚Textmuster' wird nun der qualitative Aspekt einer solchen Textgruppe erfasst. Man kann ein Textmuster als eine Anweisung mit prototypischen Elementen und Freiräumen betrachten, das über die jeweiligen inhaltlichen, funktionalen und formalen Gebrauchsbedingungen für Texte einer Textsorte informiert, also über deren thematisch-propositionale, handlungstypisch-illokutive und stilistisch-formulative Mittel. Mit dem Terminus ‚Textsorte' wird der quantitative Aspekt erfasst, der besagt, dass es Gruppen von Texten gibt, die jeweils einem eigenen Textmuster folgen. Unter einer Textsorte ist demnach eine Klasse von Texten zu verstehen, die einem gemeinsamen Textmuster folgen. Diese Festlegung ist, wie wir oben gesehen haben, auch für die Bestimmung typologischer Intertextualität nützlich. Die Tatsache, dass Textmuster in Textexemplaren auch gemischt auftreten können, soll hier abschließend nur erwähnt werden.

1.3 Stil

1.3.1 Stilauffassungen und Textualitätskriterien

Wir haben in Teil 1.2 gesehen, dass Texte nicht unabhängig von ihrer Produktion und Rezeption betrachtet werden können. Die Umsetzung außersprachlicher Voraussetzungen (Situation, Intention, Funktion) auf der Textoberfläche geschieht durch Versprachlichung. Man muss sich bewusst machen, dass auf der Ebene der sprachlichen Äußerung – auch im Bereich der Sachtexte – immer eigene, individuelle Lösungen gefunden werden (müssen), dass unikale Texte entstehen, die sich, von Ausnahmen abgesehen, nicht wiederholen.

Niemand formuliert genauso wie der andere. In dieser notwendigen Eigenständigkeit der sprachlichen Gestaltung zeigt sich die spezifisch stilistische Domäne: die sprachliche Aktualisierung situativer Gegebenheiten durch ein Individuum mit seinen jeweiligen sprachlichen Fähigkeiten und kommunikativen Erfahrungen. Stil konstituiert sich im Kommunikationsprozess – und zwar bei der Rezeption möglicherweise anders als bei der Produktion. Aus dieser Sicht lässt sich zum Verhältnis von Text und Stil sagen: Das reale Textexemplar ist die sinnlich wahrnehmbare, materialisierte Erscheinungsform sprachlichen Handelns, und der Stil des Textes drückt das Spezifische dieses Handelns aus. Stil entsteht erst in der Einheitlichkeit des Textes. Die Gesamtheit aller in einem Text verwendeten Stilelemente in ihrem Zusammenwirken macht den Stil aus. Er wird generell mustergeleitet (s. 1.3.3) hergestellt, freilich in individueller Umsetzung der Muster, was nicht verwundert, wenn wir uns daran erinnern, dass Textmuster neben Prototypischem auch Freiräume des Handelns (vgl. 1.2.5) enthalten. Brechungen der Muster – um eines bestimmten Effektes willen vollzogen – sind dabei durchaus möglich.

Aus dieser Situation ergibt sich eine zweifache Sicht auf Stil. Erstens: Stil als Realisierung der Textoberfläche ist ein **WIE**. Er drückt in der sprachlichen Form das Spezifische des im Text umgesetzten Handelns aus. Zweitens: Stil als Realisierung der Textoberfläche ist auch ein **WAS**. Damit soll gesagt sein, dass Stil immer zusätzlich zu der Primärinformation des Textes durch das WIE, die Art und Weise des Sagens, sekundäre Informationen liefert. Informationen, die sich auf die Beziehung zwischen dem Sender, den von ihm verwendeten Zeichen und dem Empfänger der Zeichen beziehen. Diese Beziehungen sind sozial geprägt, die Informationen daher pragmatischer Natur. Folgende Arten stilistischer Informationen sind zu nennen:

– Stil ist Information des Produzenten an den Rezipienten über die dem Text zugrunde liegende **Situation**.
– Stil ist auch immer **Selbstdarstellung** des Textproduzenten. Durch die Art und Weise, wie man spricht oder schreibt, gibt man – gewollt oder ungewollt – Informationen über das eigene Selbstverständnis, über seine Rollenauffassung und das Image, das man aufbauen oder wahren möchte.
– Stil ist zudem Mittel der **Beziehungsgestaltung**. Durch die Art und Weise, wie man spricht oder schreibt – z. B. autoritär oder gleichberechtigt, offiziell oder privat, streng oder freundlich –, drückt man aus, welche sozialen Beziehungen man zum Empfänger hat oder herstellen will.
– Stil drückt auch aus, welches Verhältnis der Textproduzierende zur **Sprache** selbst hat. Formuliert man konventionell oder originell, normbewusst oder offen für Abweichungen, einförmig oder variabel? All das gibt Auskunft über das Verhältnis zur Sprache, ohne dass der Handelnde sich das bewusst gemacht haben muss.

Aus dem bisher Gesagten lässt sich nun die Aufgabenverteilung bei der Textbeschreibung zwischen Textlinguistik und Stilistik, die als Teil der Textlinguistik anzusehen ist, ablesen.

Die Textlinguistik hat den übergeordneten Blickwinkel. Sie untersucht den Text als komplexe sprachlich-kommunikative Einheit und will erfassen, was **allen** Texten oder Textklassen gemeinsam ist, was also das Phänomen ‚Text' ausmacht. Es geht um universale Texteigenschaften wie die Kriterien der Textualität (vgl. DE BEAUGRANDE / DRESSLER 1981), wie Textmuster, Textstrukturen u. Ä. Allgemeine Regularitäten der Textproduktion und Textrezeption sollen erfasst werden. Die Stilistik dagegen untersucht einen Teilaspekt des Phänomens ‚Text' und des Handelns mit Texten. In ihren Gegenstandsbereich fallen diejenigen spezifischen Regularitäten und Muster, die regeln, wie allgemeine Text- und Textsortenmerkmale in konkrete Texte zu überführen sind.

Die Stilistik beschreibt die Funktion von Stil, ein WAS mitzuteilen, und sie untersucht die Mittel, die zur Verfügung stehen, um das WAS in einer bestimmten Weise – durch das WIE – auszudrücken. Sie hat es mit sprachlich realem Handeln im Spannungsfeld von Vorgegebenem und individueller Umsetzung zu tun. Auf zwei Aspekte, die sich aus der Funktion von Stil – Vermitteln eines WAS – und der Art und Weise der Umsetzung dieser Funktion im WIE ergeben, soll noch kurz eingegangen werden. Zum WAS: Die Möglichkeit, sich durch Stil darzustellen, eine bestimmte Auffassung von sich selbst zu präsentieren, wird in der Praxis des Alltags genutzt, um sich sozial anzupassen oder abzuheben. Die Art und Weise, wie man sich äußert (ebenso die Art und Weise, wie man sich kleidet, wie man sich einrichtet usw.), drücken die Zugehörigkeit zu einer bestimmten Schicht oder Gruppe aus oder genau das Gegenteil, nämlich den Wunsch, nicht dazuzugehören, sich durch seine Stilisierungspraktiken von anderen abzuheben, sich zu unterscheiden. Stilisierung setzt einen einheitlichen Gebrauch von Stilmitteln voraus. Anders gesagt: Alle Stilmittel müssen im Sinne einer Intention zusammenwirken, um als Stil erkennbar zu sein. In dieser Betonung des WIE, der Form, die wesentliche Elemente des Inhalts trägt, liegt ein ästhetisches Moment, wenn man ‚Formästhetik' („Wirkung der Wortleiber", KAINZ 1948, 529)

> „als sinnvolles organisches Ganzes" ansieht, „das die höhere strukturierte und gegliederte Einheit seiner Momente ist" (KAINZ 1932, 69).

Dies alles sind Probleme, denen die Textlinguistik sich außerhalb des Teilbereichs Stilistik nicht stellt.
Innerhalb der Stilistik als linguistischer Teildisziplin wird zwischen Stiltheorie und Stilpraxis (angewandter Stilistik) unterschieden. Die Stiltheorie befasst sich mit den theoretischen Grundlagen der Stilistik. Ihre Aufgabe ist es, das Wesen des Phänomens ‚Stil' zu klären, sich mit Stilauffassungen auseinanderzusetzen, Begriffe und Kategorien zu diskutieren, Muster und Prinzipien des Stilbildens zu finden und zu beschreiben. In der Stilpraxis unterscheiden wir zwischen dem deskriptiven Weg der Stilanalyse (stilistische Erscheinungen eines Textes finden und erläutern, Schul- und Hochschulunterricht), dem präskriptiven Vorgehen (Anleitungen zum Formulieren, z. B. in populärwissenschaftlichen Stillehren und Sprachratgebern) und der Stilkritik (kritisches Werten von Texten nach ihrem Stil, oft mit erzieherisch-moralischer Absicht, Journalismus, Literatur).

Nachdem einige grundsätzliche Bemerkungen zu unserem heutigen Wissen über Stil und zur Stilistik gemacht worden sind, bietet sich nun ein (notwendigerweise knapper) Überblick über ältere und neuere Stilauffassungen an.
Stil als Schmuck der Rede oder **Kleid der Gedanken**. Diese auf die antike Rhetorik zurückgehenden Auffassungen lassen sich mit Bezug auf die fünf Teile der Redevorbereitung, die als Kern der rhetorischen Lehre gelten, erklären. Von den fünf Teilen **Inventio** (Stoffsammlung), **Dispositio** (Stoffordnung), **Elocutio** (Formulieren), **Memoria** (Einprägen der Rede) und **Pronuntiatio** (Vortrag) ist

die Elocutio in unserem Zusammenhang relevant. Der Elocutio kam aus rhetorischer Sicht die Aufgabe der Ausschmückung der Gedanken, der Inhalte mit für den Redezweck geeigneten Stilfiguren zu, also der Schmuck der Rede. Die Vorstellung, dass die sprachliche Gestalt das Kleid der Gedanken sei, geht davon aus, dass Stoffsammlung, Stoffanordnung und Formulierung in einem Nacheinander vollzogen werden. Diese strikte Trennung von Denk- und Formulierungsvorgängen kann man nach heutigen Erkenntnissen über Formulierungsvorgänge nicht mehr aufrechterhalten (vgl. auch 1.2.3, prozedurales Textmodell). Wichtig und heute noch akzeptiert ist, was diese Auffassungen betrifft, dass Stil als etwas Intentionales und aufgrund seiner Musterhaftigkeit als lehrbar angesehen wird. Die Lehre von den Stilfiguren lässt sich in Beziehung setzen zu den Textualitätskriterien Kohäsion und Kohärenz (1.2.2). Die Verwendung von Stilfiguren hat natürlich auch etwas mit Selbstdarstellung als Sekundärinformation durch Stil zu tun – sich als sprachgewandt zeigen – und könnte von daher auch mit dem Kriterium der Informativität in Beziehung gebracht werden.

Phänomenologische Stilauffassung / deskriptive Stilistik. Hinter diesen Bezeichnungen stehen einfache, zumindest wenig spezifizierte Auffassungen von Stil. Es sind solche, die Stil als die sprachliche Form eines Textes, als dessen innere Strukturiertheit ansehen und darüber nicht hinausgehen. Erscheinungen der Sprachverwendung im Text werden konstatiert, aber nicht auf Außersprachliches wie Intention, Funktion, Situation, Tätigkeitsbereich oder Stilwirkung bezogen. So werden Stil und Text aus den außersprachlichen Zusammenhängen, in denen sie zweifellos stehen, herausgelöst. SCHNEIDER beschreibt, um ein Beispiel zu nennen, in seiner "Stilistischen deutschen Grammatik" (1959) Stilwerte grammatischer Kategorien vor dem Hintergrund des Sprachsystems, ohne auf deren Verwendung in Textzusammenhängen einzugehen. SEIDLER geht weiter und setzt in seiner „Allgemeinen Stilistik" (1953) Stilwerte auf allen Ebenen des Sprachsystems an, allerdings beschränkt auf deren ästhetische Leistung. Die Beschreibungen, die in deskriptiven Arbeiten vorgelegt werden, sind in der Regel genau und aufschlussreich. Und niemand würde leugnen, dass Stildeskription wichtig, ja sogar die nötige Vorstufe jeder – wie auch immer begründeten – Herangehensweise an Stil ist. Nur verlangt eine Inventarisierung, wie sie bei der Deskription vorgenommen wird, auch eine Erklärung und Interpretation – im Rahmen einer über das Nur-Sprachliche hinausgehenden Betrachtungsweise.

Stilauffassungen der idealistischen Interpretationsschule / Hermeneutik. Stil gilt in diesen Auffassungen als Sichtbarmachung des Individuellen bzw. als Ausdruck der Befindlichkeit einer Persönlichkeit und wird immer als eine ästhetische Kategorie betrachtet. Das finden wir z. B. in SEIDLERs „Grundfragen einer Wissenschaft von der Sprachkunst" (1978, 24) als Prinzip festgehalten:

„Es soll in der Gestaltung ein Mensch festgehalten sein" und „Stil ist also die Gesamtheit der Züge an einem Sprachwerk, die ihm ästhetischen Charakter verleihen" (ebd.).

Dabei findet SEIDLER ästhetische Möglichkeiten durchaus auch in Sachtexten. Für SPITZER, den sicher bedeutendsten Vertreter der hermeneutischen Schule, gilt als Grundauffassung, dass sich im Sprachlichen das Seelische widerspiegelt. SPITZER, 1887 geboren, Romanist, lehnte sich sehr stark an die Auffassung des Romanisten Karl VOSSLER an, dass Sprachgeschichte als Kultur- und Geistesgeschichte zu verstehen sei, ebenso an die des Philosophen, Historikers und Literaturwissenschaftlers Benedetto CROCE, dessen Grundidee von Sprache ist, dass sie die individuelle künstlerische Tätigkeit des menschlichen Geistes sei. Unter dem Einfluss VOSSLERs und CROCEs, was das Ästhetische betrifft, und unter dem FREUDs, was das Psychologische angeht, kommt er in Abgrenzung zur positivistischen Sprachwissenschaft seiner Zeit (PAUL, BEHAGHEL u. a.) zu dem Schluss, dass das Ästhetische an Sprache und der Ausdruck des Psychischen durch Sprache wieder Beachtung finden muss. Die eigentliche Sprache ist für ihn die ästhetisch gebrauchte; denn von ihr gehen – so SPITZER – alle Neuerungen aus. SPITZER entwickelt keine Methode und entwirft keine Theorie, sondern beschreibt das Verfahren, das er selbst bei der Analyse schöner, besonders gelungener Texte anwendet und das darauf hinausläuft, dass man sich möglichst intensiv in den Text hineinversenkt, sich innerlich auf jedes Detail einlässt, um dem Besonderen des Textes gerecht zu werden und damit den Seelenzustand des Schöpfers dieses Textes zu erfassen. Vom Einzelnen, das dem Interpreten auffällt, geht er zur Interpretation des Gesamttextes über und von dort im Interesse der weiteren Bestätigung seiner Interpretation zurück zu den Details, bewegt sich also im Zirkel. Festzuhalten ist: Stil wird als etwas Unbewusstes, dem Individuum Geschehendes betrachtet. Er ist individuell, subjektiv und daher nicht lehrbar. Wie jeder, der sich mit der Stilanalyse literarischer Texte beschäftigt hat, weiß, kann man bei keinem Ansatz, ob struktur- oder zeichenbezogen, auf eine Stufe des immanenten Herangehens verzichten.

Stil als Phänomen der Textstruktur, als strukturelle Erscheinung. Der Strukturalismus als Wissenschaftsparadigma bringt auch strukturalistische Stilauffassungen mit sich. Die gemeinsame Grundlage verschiedener strukturalistischer Auffassungen von Stil ist, dass Texte immer eine Struktur haben und dass Stil und Stilwirkung entstehen durch die spezifische Art von Beziehungen, die die Elemente einer Struktur, hier die Stilelemente, zueinander haben. Diese erhalten ihren Wert nur durch ihren Platz und ihre Relationen innerhalb dieser Struktur. Aus dieser Beschreibung wird schon ersichtlich, dass die Textualitätskriterien der Kohäsion und Kohärenz (vgl.1.2.2) hier eine wichtige Rolle spielen. Von Bedeutung ist auch das Kriterium der Intentionalität. In strukturalistischen Arbeiten wird vom „Einsatz der Mittel im Hinblick auf eine bestimmte Wirkung" (RIFFATERRE 1973, 32) gesprochen. Die Rede ist davon, dass der Text Signale für Lesarten gibt. Besonders wichtig ist aber das Kriterium der Akzeptabilität; denn in dieser Auffassung hat der Rezipient eine entscheidende Rolle – er muss darauf eingestellt sein, die Strukturen und Relationen dieses Textexemplars zu erkennen und aus ihnen einen Sinn zu erschließen. Die Sprachform eines Textes als Äquivalenz zu sehen, als Phänomen, das durch Gleichwertigkeitsbeziehungen und Parallelitäten entsteht, wie es JAKOBSON beschrieben hat, ist eine solche strukturalistische Auffassung, die man auf die Stilanalyse mit Gewinn anwenden kann. Die Analysen beziehen sich vor allem auf poetische Texte und zeigen auf, wie durch parallele Verwendung von Mitteln auf allen Ebenen der Sprache (Reim, Rhythmus, Satzgliedstellung, Wortwahl usw.) Textualität und poetische Wirkung erzeugt werden. Die Einsicht in die Strukturiertheit eines Textes ist bei nichtliterarischen Äußerungen natürlich nicht so umfassend gewährleistet.

Die Vorstellung, dass Stil die **Abweichung von Erwartetem** ist, wie sie von ENKVIST und RIFFATERRE vertreten wird, beruht auf der Tatsache, dass jeder Text seine eigenen Normen hat, d. h. dass er durch die Art und Weise, wie er angelegt und sprachlich gestaltet ist, Erwartungen weckt. Anders gesagt: Man erwartet, dass der Text mit den Mitteln und Verfahren fortgesetzt wird, mit denen er begonnen hat. Diese eigenen Gesetze des Textes können aber durchbrochen werden: Unerwartetes tritt auf, und damit entsteht ein Überraschungseffekt.

Strukturalistisch ist diese Auffassung insofern, als von Gesetzen ausgegangen wird, die innerhalb des Textes entstehen. Diese werden von RIFFATERRE als Norm betrachtet, deren Bruch ein legitimes Stilprinzip ist. ENKVISTs Vorstellung von Stil als Resultat einer Wahl ist strukturalistisch begründet, weil es um das Verhältnis von paradigmatisch gegebenen Bedingungen und dem syntagmatischen Charakter des vorliegenden Textes geht. Auf der paradigmatischen Ebene findet nach dieser Vorstellung nämlich eine Auswahl zwischen bedeutungs- bzw. funktionsgleichen Mitteln statt, die theoretisch in demselben Kontext austauschbar wären. Viele Analysen setzen genau an diesem Punkt an mit der Frage, warum dieses und nicht jenes andere, auch geeignete Mittel gewählt worden ist.

Funktionale Stilauffassungen. Stil als Umsetzung von außersprachlich Vorgegebenem. Die Realisierung von Stil ist in vielerlei Weise gebunden, z. B. an die Situation, die Intention, die Funktion des jeweiligen Textes, auch an den Tätigkeitsbereich, in dem mit dem Text sprachlich gehandelt wird. In außersprachlich bestimmten Tätigkeitsbereichen dominieren für jeweils bestimmte Funktionen und damit von diesen abhängig spezifische Stilzüge und Stilelemente. Es gibt also spezifische Vorgaben, Muster, denen man zu folgen hat. Die Funktionalstilistik hat es sich zur Aufgabe gemacht, die Regelmäßigkeiten dieser verschiedenen Funktionalstile zu beschreiben (FLEISCHER/MICHEL 1975, genauer 1.3.2.1).

Mit funktionalstilistischen Beschreibungen werden die Intentionalität im Sinne von Textfunktion und auch die Situationalität von Texten erfasst.
Pragmatische und kommunikative Stilauffassungen. In diesen Auffassungen schlägt sich das Wissen von der pragmatischen/sozialen Dimension des Stils nieder. Die Textualitätskriterien der Intentionalität und Situationalität spielen hier die wichtigste Rolle. STOLT (1984) versteht unter Stil die Ausprägung aller am Kommunikationsprozess beteiligten Faktoren. Sie erweitert daher die von LASSWELL (vgl. STOLT 1984, 172) für Kommunikationsvorgänge allgemein aufgestellte Formel Wer – sagt Was – auf welchem Wege – zu Wem – mit welcher Wirkung?, die alle Faktoren der Situation einschließt, um die Frage Wie und bezieht damit ein, was wir unter 1.2.1 als lokutiven Teil einer Äußerung kennen gelernt haben. Die Art der sprachlichen Umsetzung sieht sie als durch den Text bedingt an. Ihre Formel lautet daher: Mit welcher Art von Text – äußert Wer – zu Wem – Was – zu welchem Zweck – Wie? Dass STOLT die Fragen durch den Textbezug und das WIE erweitert, leuchtet ein, dass sie aber die Wirkung nicht mehr berücksichtigt, ist gerade angesichts der Rolle des illokutiven und des perlokutiven Aktes nicht nachzuvollziehen. Die STOLTsche Formel sollte durch die Frage nach der Wirkung ergänzt werden.
Stil ist, folgen wir STOLT, die Art und Weise, etwas zu tun, das WIE ist die Umsetzung situativer Gegebenheiten. Bei SANDIG (1978, 1986), der Hauptvertreterin der pragmatischen Stilistik, liegt der Schwerpunkt auf dem sprachlichen Handeln als der Realisierung der Intentionen des Handelnden und auf der Tatsache, dass Stil sekundäre Information ist – Information über das handelnde Individuum, über sein Bedürfnis, sich sozial anzupassen oder abzugrenzen, über die Art der von ihm gewünschten Beziehungsgestaltung (genauer 1.3.2.2).
Stil als Teil der Textbedeutung. Hier lassen sich alle Stilauffassungen zuordnen, die von einer zusätzlichen, konnotativen Bedeutung (Sekundärbedeutung) ausgehen, sei sie als poetische (den Inhalt in die Form verlagernde) oder als pragmatische (soziale Beziehungen stiftende) zu klassifizieren. Diese Auffassung, die Stil als semantisches bzw. semiotisches Phänomen erfasst (z. B. LERCHNER 1981, 1984b, SANDIG 1986), ermöglicht das Erfassen der poetischen bzw. pragmatischen Dimension eines Textes, der Wahrnehmung dessen, was im Text über die Primärinformation hinausgehend noch mitgeteilt wird. Hier geht es ganz klar um die Textualitätskriterien Kohäsion, Kohärenz, Informativität, Intentionalität und Akzeptabilität.
Stil als Kontextualisierung. Interaktionale Stilistik. Als Ergänzung oder auch als Gegen-Idee zu Stilauffassungen, die von der situativen Geprägtheit von Text und Stil ausgehen, kann die Auffassung betrachtet werden, die Stile als Kontextualisierungshinweise betrachtet (AUER 1992, SELTING 1987, 1997a). Entwickelt wurde diese Auffassung in der Gesprächsanalyse am Beispiel mündlicher dialogischer Texte. Die zugrunde liegende Beobachtung ist, dass Sprecher sich in ihren Äußerungen und mit der Form ihrer Äußerungen nicht nur auf Situationen beziehen, sondern dass sie durch die Art ihres Sprechens und ihrer Interaktion

selbst Situationen konstituieren, z. B. die asymmetrische Gesprächssituation durch nichtautoritäres, Gleichberechtigung ausdrückendes Sprechen symmetrisch gestalten. Stil wird hier als aktiv verwendetes und für die Interaktion wichtiges Gestaltungsmittel betrachtet, das den Kontext verdeutlicht bzw. den Rahmen des Verstehens erst schafft.

Aus der Aufzählung dieser verschiedenen Auffassungen von Stil, zu denen jeweils verschiedene Vertreter mit differenzierten Vorstellungen gehören, wird die Komplexität des Phänomens ‚Stil' deutlich. Der Vertreter einer spezifischen Sicht auf Stil kann auch mehrere der genannten Aspekte dabei verbinden. Das wird z. B. bei der genaueren Betrachtung der pragmatischen Stilistik (1.3.2.2) als handlungs- und zeichenbezogener Auffassung deutlich werden.

Es scheint unmöglich, eine einzige gültige Stilbestimmung zu geben, in der alle wesentlichen Aspekte von Stil enthalten sind. Wir haben zu akzeptieren, dass ein so vielschichtiges Phänomen von verschiedenen Seiten her angegangen werden muss und dass verschiedene Auffassungen berechtigt nebeneinander stehen können. Das muss kein Nachteil sein. Der in Stilanalysen Geübte weiß, dass für bestimmte Aufgaben besonders geeignete Methoden zur Verfügung stehen, für andere Aufgaben wieder andere, ebenfalls sehr geeignete. Will man z. B. einen Sachtext unter dem Gesichtspunkt seiner Funktion oder Partnerbezogenheit stilistisch untersuchen, sind funktionalstilistische oder pragmastilistische Methoden sehr geeignet. Will man dagegen ein Gedicht analysieren, zumal eines, das hermetisch scheint, bieten sich strukturalistische oder semantische Herangehensweisen an, in die in der Regel eine Phase deskriptiven oder werkimmanenten Vorgehens eingeschlossen sein wird.

1.3.2 Funktionalstilistik und Pragmatische Stilistik

1.3.2.1 Funktionalstilistik (FLEISCHER/MICHEL)

Mit dem Begriff ‚Funktion' wird hier der für die Funktionalstilistik grundlegende Sachverhalt bezeichnet, dass es einen korrelativen Zusammenhang gibt zwischen Außersprachlichem (Tätigkeitsbereiche, Kommunikationssituationen, gesellschaftliche Aufgaben) und sprachlichen Gebrauchsweisen (typische Verwendungsweisen von Ausdrucksmitteln des Systems). Nach der Art der außersprachlichen Korrelationen unterscheidet die Funktionalstilistik ‚Funktionalstile' (s. u., z. B. den des Alltags, des Amtsverkehrs, der Wissenschaft, des Journalismus und den der Belletristik), deren Zahl und Beschreibung differieren und die in funktionale Substile (z. B. Funktionalstil der Wissenschaften: Stil der Wissenschaft, Stil der populärwissenschaftlichen Darstellung und Stil der Wissensvermittlung im Unterricht) oder in Textsorten (Gattungen) weiter untergliedert werden können. Die Funktionalstile sind durch dominierende ‚Stilzüge' (s. u.) und ‚Stilelemente' (s. u.) gekennzeichnet. Diese Auffassung von Stil versteht sich als eine auf das Funktionieren und die Wirksamkeit der Sprache orientierte Sprachvorstellung, die Funktion ausdrücklich als gesellschaftsbezogen und das Sprachsystem als ein sich im Dienst der Gesellschaft befindliches Instrument begreift. Die Funktionalstilistik rückt demzufolge den Aspekt des Normativen in den Vordergrund. Die Kategorie der Angemessenheit/ Adäquatheit gilt als zentrales Prinzip der Umsetzung der situativen Faktoren (Produzent, Rezipient, Thema, Intention, Kanal) in die sprachliche Gestalt der Äußerung. In dieser Hinsicht und im Selbstverständnis der Funktionalstilistik als didaktische Stilistik sind Beziehungen zur Rhetorik (Kategorie des ‚aptum') festzustellen. Die Funktionalstilistik von FLEISCHER/MICHEL u. a. setzt eine außersprachliche, gesellschaftliche Funktion von Stil an, nach der sich die Sprachverwendung richtet. Es werden vier Funktionalstile unterschieden: **Stiltyp der Alltagsrede, Stiltyp der Belletristik, Stiltyp der Sachprosa,** der sich unterscheidet in **Stil wissenschaftlicher Texte** und **Stil der Direktive.** Die so genannten ‚Hauptzüge', nach denen die Gliederung vorgenommen wird, sind: **spontan – ausgefeilt, künstlerisch geformt – nicht künstlerisch geformt, Dominanz der Erkenntnisvermittlung – Dominanz der Verhaltenssteuerung.** Diese Hauptzüge bzw. Kriterien sind uneinheitlich. Teils beziehen sie sich auf das Gedanklich-Sprachliche, teils auf das Intentionale. Strittig bleibt, ob man den Texten des Journalismus den Status eines Funktionalstils zuerkennen soll. Als Gegenargument wird die Heterogenität der Texte dieses Bereichs, auch hinsichtlich ihrer Funktionen, angeführt. Diskutieren kann man auch darüber, ob diese Stilbetrachtung für den so genannten Funktionalstil der Belletristik geeignet ist. Es dürfte zumindest schwer fallen, für alle literarischen Texte **eine** dominierende Funktion, **eine** einheitliche Korrelation zur gesellschaftlichen Wirklichkeit festzustellen. Eine Möglichkeit der Weiterentwicklung der Funktionalstilistik, deren Ansatz zumindest für die Analyse und Beschreibung von Sachtexten von unbestreitbarem Nutzen ist, liegt darin, die noch zu grobe Funktionalstileinteilung aufzufächern, indem Textsortenstile der Textsorten beschrieben werden, die den jeweiligen Funktionalstilbereichen untergeordnet sind. Damit erwiese sich die Funktionalstilistik deutlich als Bestandteil der Textlinguistik.

Grundkategorien der Funktionalstilistik sind ‚**Stilelement**' und ‚**Stilzug**'. Jedes sprachliche Mittel kann in einem Textzusammenhang zur Ganzheitlichkeit des Stils beitragen. Es wird, indem es im Zusammenhang mit anderen Elementen seinen spezifischen Wert für das Stilganze erhält, zum Stilelement. Rhythmus, Reim, Tempus, Modus, Wortbildung, Wortart, Wortwahl, die Anordnung von Wörtern, ja sogar die Schreibung einschließlich der Satzzeichen können stilistisch wirken. Demnach sind alle diese Phänomene, wenn sie in einem solchen Wirkungszusammenhang stehen, Stilelemente. Außerhalb dieses Zusammenhangs sind sie es aber nicht. Stilzüge (auch ‚Stilprinzipien') sind Vermittlungsinstanzen zwischen den Stilelementen und dem Stilganzen. Sie stellen eine Art Zwischenebene dar, weniger als das Stilganze und mehr als ein Stilelement. Gemeint ist, dass mehrere Stilelemente auf charakteristische Weise zusammenwirken und damit denselben Wirkungsabsichten dienen. Sie haben präskriptiven Charakter, d. h. sie beziehen sich auf die Textherstellung – indem wir die dominierenden Stilzüge eines Funktionalstilbereichs kennen, wissen wir, wie ein Text dieses Bereichs im Wesentlichen beschaffen sein muss. Beispiele für Stilzüge des Funktionalstils der Wissenschaft sind **sachlich, folgerichtig, klar/fasslich, abstrakt, dicht/gedrängt, genau, unpersönlich**. Stilzüge sind auch deskriptiver Natur. Wir können uns bei der Analyse und Beschreibung von Texten nach ihnen richten und so überprüfen, inwieweit und mit welchen Stilelementen die zu erwartenden (dominierenden) Stilzüge umgesetzt worden sind. Die Bestimmung von Stilelementen und Stilzügen bezieht sich immer auf ein ‚Stilganzes'. Damit ist die Bedingung der Einheitlichkeit des stilbildenden Handelns gemeint. Ein sprachliches Element wirkt nur stilistisch, wenn es im Ensemble anderer Elemente in einem gemeinsamen Sinn verwendet wird. Das intendierte Zusammenwirken der Stilmittel bildet das Stilganze (vgl. hierzu auch 2.4).

1.3.2.2 Pragmatische Stilistik (SANDIG)

Die am Anfang des Abschnitts 1.3.1 vorgestellte allgemeine Stilauffassung trägt wesentliche Züge einer pragmatischen Vorstellung von Stil. Sie wurde als einführende Stilbestimmung an den Anfang gestellt, weil sie die gegenwärtig verbreitetste und grundsätzlich akzeptierte ist. Das Wichtigste soll noch einmal kurz aufgegriffen und auf die Spezifik des SANDIGschen pragmatischen Stilbegriffs bezogen werden. Die pragmatische Stilistik ist eine produktive Weiterentwicklung des sprechakttheoretischen Ansatzes. Stil wird nun nicht mehr auf Einzelwörter oder Sätze, sondern auf ganze Texte bezogen. Innerhalb der Texte ist Stil eine über die sprachliche Form vermittelte Information pragmatischer Art (Sekundärinformation, Stilinformation),

- die die Situation, die dem Text zugrunde liegt, verdeutlicht,
- die sich auf die Selbstdarstellung des Produzenten bezieht,
- die die Beziehungsgestaltung zwischen Produzenten und Rezipienten sprachlich umsetzt,
- die ausdrückt, wie (als welche Textsorte/Gattung) ein Text gelesen werden soll,
- und die schließlich auch etwas über das Verhältnis des Produzenten zu der von ihm benutzten Sprache aussagt.

Aus dieser Aufzählung der Funktionen von Stil wird deutlich, dass das WIE der Mitteilung für das Gelingen von Kommunikation eine große Bedeutung hat. Die Grundgedanken SANDIGs zu ihrer handlungstheoretisch begründeten Stilauffassung sind, mit Bezug auf die Terminologie der Sprechakttheorie, folgende:

- Stil ist als Handeln aufzufassen. Demnach ist er mit den sprechakttheoretischen Kategorien Proposition, Illokution, Lokution und Perlokution zu beschreiben.
- Sprachliches, so auch stilistisches Handeln wird als intentional, absichtsgeleitet aufgefasst.

- Die Alternative Inhalt und Form löst sich mit dem sprechakttheoretischen Ansatz auf. Inhalt wird als die Art der sprachlichen Handlung (Proposition, Illokution), Stil als die Art des Vollzugs der sprachlichen Handlung (Lokution) aufgefasst.
- Sprachlich-stilistisches Handeln ist konventionell und regelhaft. Dabei bezieht SANDIG sich auf Gebrauchstexte und Gebrauchsstile, die erfahrungsgemäß konventionell geregelt sind und die die Beteiligten, damit die Verständigung zustande kommt, wechselseitig kennen müssen.
- Wenn Stile konventionell sind, kann man sie auch nach ihren Konventionen – als Formulierungsmuster – beschreiben.
- Der Produzent kann eine sprachliche Handlung verschieden formulieren und mit den verschiedenen Arten des Formulierens auch Verschiedenes bewirken.
- Der Empfänger erwartet Konventionelles. Auf (gewollte oder ungewollte) Abweichungen vom Konventionellen wird er mit erhöhter Aufmerksamkeit reagieren (vgl. FIX 1997b).

Stilmuster werden, zusammenfassend gesagt, verstanden als Teile von Handlungstypen. Zwei grundlegende Vollzugsweisen (Stilverfahren) sind nach SANDIG DURCHFÜHREN, den Konventionen folgen, und ORIGINALISIEREN / UNIKALISIEREN, von Konventionen abweichen.

Wenn SANDIG (1978, 69 f.) Texte als komplexe Sprechakte auffasst, ist eine wichtige Schlussfolgerung, die man daraus ziehen kann, dass Textmuster nach ihren unterschiedlichen Teilakten beschrieben werden können (vgl. 1.2.5), nach ihrer **Textproposition** (die den Text bestimmende Textreferenz und Textprädikation), nach ihrer **Textillokution** (die den Text dominierende Sprachhandlung) und nach ihrer **Textlokution** (für die Textsorte typische Elemente des Formulierungsaktes) (FIX 1993, 118). Ein solcher Beschreibungsansatz setzt einen ethnomethodologischen Textsortenbegriff voraus, der sich auf das Alltagswissen der Beteiligten stützt (vgl. 1.2.5), darauf, dass alle gemeinsam über die ‚Routinen sprachlichen Handelns' verfügen und sowohl deren Befolgen als auch das gewollte Abweichen von ihnen wahrnehmen und interpretieren können (vgl. FIX 1997b).

1.3.3 Textmuster – Stilmuster

Zu ‚Textmuster' ist unter 1.2.5 im Zusammenhang mit ‚Textsorte' das Wichtigste bereits gesagt worden: Eine Textsorte gilt als Klasse von Texten, die einem gemeinsamen Textmuster folgen, die also von gemeinsamen thematischpropositionalen, gemeinsamen handlungstypisch-illokutiven und gemeinsamen stilistisch-formulativen Grundelementen bestimmt sind. Wie ordnet sich hier das ‚Stilmuster' ein? Es liegt auf der Hand, dass Stilmuster im Bereich des Lokutiven zu suchen sein werden. Die Realisierung von propositionalen und illokutiven Grundelementen im konkreten Text kann ja nur durch die Transposition auf die Textoberfläche, und das heißt, durch die Umsetzung in Sprache geschehen. Dies erfolgt zu großen Teilen mit musterhaften sprachlichen Mitteln und auch durch Abweichung vom Musterhaften. Die Menge der festgelegten musterhaften, konventionellen Mittel, die für die Realisierung von Textsorten zur Verfügung stehen, also das, was man den stilistischen Kode nennen könnte, sind die Stilmuster. Dazu gehören erstens als globale Muster (im Sinne von Möglichkeitsfeldern) die Funktionalstile und Stilzüge. Zweitens sind die Handlungsmuster, also Stilverfahren des DURCHFÜHRENs und ORIGINALISIERENs, hier einzuordnen. Und drittens haben auch die Stilfiguren als Strukturen/Möglichkeiten, die verschieden ausgeführt werden können, Mustercharakter.

1.4 Gesprochene Sprache und Gesprächsanalyse

1.4.1 Gesprochene Sprache und mündliche Kommunikation

Gesprochene Sprache (GS) und mündliche Kommunikation haben in der linguistischen Forschung seit den 60er Jahren mehr und mehr an Bedeutung gewonnen. Mit den technischen Möglichkeiten zur Aufzeichnung von spontanen Gesprächen im Alltag konnte für empirische Forschungen eine sichere Datenbasis zur Verfügung gestellt werden. Dennoch tun sich für Linguisten, die sich in der Breite auch heute noch an den Normen der geschriebenen Sprache orientieren, immer wieder neue Probleme auf, wenn sie mit gesprochenen Äußerungen in alltäglicher spontaner Kommunikation konfrontiert werden, wie z. B. in folgendem fingierten Verkaufsgespräch:

A: Guten Tag, bitte schön?
B: Zwei Doppelbrötchen und ein Mehrkornbrot, bitte.
A: Noch ein Wunsch?
B: Nein Danke, das war's.
A: Fünf zwanzig, bitte. - Danke, schön[en] Tag noch.

Von den sechs Äußerungen beinhaltet nur eine ein Verb, und auch nur ein Hilfsverb. Sprechen wir so wenig in Sätzen? Müsste nicht dabei auch das Konzept vom Satzbegriff hinterfragt werden? In vielen Fällen unserer alltäglichen Kommunikation haben sich „fest etablierte Muster sprachlicher Situationsbewältigung" (vgl. ORTNER 1987, 154) herausgebildet.
So vermutet auch schon Barbara SANDIG 1976: „Viele grammatische Regeln spontanen Sprechens scheinen konventionell an bestimmte Typen sprachlichen Handelns gebunden zu sein." (S. 99). Diese These wird jetzt mehr und mehr durch Einzeluntersuchungen bestätigt, wobei auch deutlich wird – wie SCHLOBINSKI sagt –, dass mit dem Blick auf die GS die „Perspektive zu einer radikalen Pragmatisierung der Syntaxschreibung" (1997, 10) eröffnet wird. So sollten in einem deskriptiv-phänomenologischen Vorgehen, das sich konsequent am Korpus orientiert, die jeweiligen grammatischen Kategorien auch in ihrer interaktiven Relevanz gesehen werden. Grammatische Erscheinungen der GS können immer nur in Abhängigkeit von **Situationalität, Spontaneität, Emotionalität** und **Interaktionalität** gesehen werden.

Seit den 60er Jahren ist eine heute fast nicht mehr überschaubare Fülle von Publikationen zur gesprochenen Sprache und Gesprächsanalyse erschienen, denen es im Wesentlichen um die Beschreibung der gesprochenen Standardsprache, weniger um dialektale Besonderheiten geht.

1.4.1.1 Zum Begriff der gesprochenen Sprache

Bei der Frage, was unter GS zu verstehen ist, wird meist auf STEGER (1967) zurückgegriffen (S. 262-264), der unter gesprochener Sprache nur das versteht,

- was vorher nicht aufgezeichnet wurde,
- was vorher nicht länger für einen bestimmten Vortragszweck bedacht wurde,
- was nicht in Vers, Reim, Melodie oder vergleichbar fester Bindung steht,
- was im Rahmen des jeweils gesprochenen Sprachtyps als ‚normal', d. h. als richtig anzusehen ist (darunter verstehe ich den Textmusterbezug).

SCHANK/SCHOENTHAL (1976, 7) fassen als gesprochene Sprache:

„frei formuliertes, spontanes Sprechen aus nicht gestellten, natürlichen Kommunikationssituationen, Sprache also im Sinne von Sprachverwendung, nicht von Sprachsystem".

Damit sind also auch ausgeschlossen: simulierte (für didaktische Zwecke konstruierte) Dialoge, fiktive/fiktionale und rezitierte GS.
Erste Gedanken zu den Spezifika der gesprochenen Sprache formulierte schon BEHAGHEL vor mehr als 100 Jahren. In den Untersuchungen späterer Jahrzehnte (BAUMGÄRTNER 1959, HÖHNE-LESKA 1975, WEISS 1975, SCHANK/SCHWITALLA 1980, ANTOS 1982 – um nur eine Auswahl zu nennen) wurden folgende sprachliche Merkmale der GS zusammengetragen: im syntaktischen Bereich kürzere Sätze, Einfachsätze, Ellipsen, Ausrahmungen, Nachträge, Prolepsen, Aposiopesen und Anakoluthe, isolierte Spannsätze, asyndetische Anschlüsse; im kommunikativ-pragmatischen Bereich Kontaktparenthesen, Gliederungssignale, Abtönungs- oder Modalpartikeln, Selbstkorrekturen, gefüllte und ungefüllte Pausen, Hörersignale.
Der kritikwürdigste Punkt vieler bisheriger Ansätze scheint zu sein, dass sie den Satz als dominierendes Kriterium angesetzt haben. Davon distanzieren sich SCHLOBINSKI, SCHWITALLA und auch die IDS-Grammatik (ZIFONUN u. a. 1997) Ende der 90er Jahre. Rainer RATH setzt sich 1992 mit der Anwendbarkeit des Satzbegriffs auf die GS auseinander. Er spricht vom Satz als Abstraktum (= Menge aller Regeln zu seiner Bildung) und vom Satz als Konkretum, der durch Zeichensetzung und Vollständigkeitsbedingungen charakterisiert ist (S. 251). In spontanen Gesprächen gelten diese Syntaxregeln zwar weiterhin – so meint er –, denn potentiell werden immer Sätze gebildet, aber Sprecher und Hörer legen „eine eigene interaktive Gliederung über die Syntax" (S. 259). So werden konkrete syntaktische Gebilde „durchsetzt" oder „unterbrochen" von interaktiven Anweisungen, sodass es zur Bildung von **Äußerungseinheiten** kommt,

die mit ‚Sätzen' identisch sein können, aber nicht sein müssen. Äußerungseinheiten sind nach RATH (1992, 262) Ergebnisse interaktiver und kognitiver Prozesse. Diese Prozesse setzen syntaktische Regeln voraus und relativieren sie zugleich. Eine solche Annahme geht konform mit den Erkenntnissen der Wahrnehmungspsychologie, wonach aufeinander folgende Elemente bis zu ca. 3 Sekunden vom Rezipienten als Einheit interpretiert werden können. Zu den Gliederungsinstrumentarien für Äußerungseinheiten zählen prosodische, syntaktische und lexikalische Mittel (s. unter 1.4.1.2).
Aus der anfänglich statistischen Beschreibung der GS-Charakteristika entwickelte sich also bald der Versuch, diese für die GS auffälligen Erscheinungen in ihrer interaktionalen Funktion zu beschreiben. So sind auch heute noch viele besonders in der GS verwendete Strukturen nur unzureichend – wenn überhaupt – beschrieben.
Dabei stellt sich die Frage, haben wir es vielleicht mit einem eigenen System der gesprochenen Sprache zu tun? STEGER verweist 1972 (S. 206) auf ein prinzipiell gleiches System, bei dessen Verwendung im geprochenen Medium Unterschiede der Häufigkeit im Vergleich zur geschriebenen Realisierung deutlich werden. Eine ähnliche Annahme formuliert auch ENGEL 1974 (S. 199), indem er von einer spezifischen Verwendung grammatischer Regeln in der (gesprochenen) Alltagssprache spricht. SCHWITALLA bestätigt diese Häufigkeitsunterschiede im Vorkommen sprachlicher Formen, nennt aber zwei Ausnahmen, die ausschließlich im (konzeptionell) Mündlichen verwendet werden: das Superperfekt (*Ich habe das ganz vergessen gehabt*) und die Operator-Skopus-Konstruktion *weil/obwohl* + Hauptsatz (1997, 19).
Im Folgenden wollen wir uns nur auf die gesprochene Standardsprache beziehen, denn nur sie „verfügt in vollem Umfang über beide Existenzweisen" (NERIUS 1987, 835) und ermöglicht somit den Vergleich zur geschriebenen Sprache.
‚Gesprochene Sprache' heißt eigentlich immer Verwendung der Sprache in phonischer Form, und diese **Realisierungsweise/Existenzweise** kann in ihrer Spezifik immer nur in Gegenüberstellung mit der anderen Möglichkeit der Realisierung, der geschriebenen Form, erfasst werden (vgl. SCHWITALLA 1997, 15). Dabei ist gleichermaßen zu berücksichtigen, dass die differenzierten Bedingungen der Produktion und Rezeption von GS und geschriebener Sprache zu differenzierten Anwendungsbereichen führen und so unterschiedliche Textsorten ausbilden. Diese Ausbildung funktionaler Unterschiede beider Existenzweisen führt nach NERIUS (1987, 832) auch zu einer gewissen strukturellen Differenzierung. Im Wesentlichen geht es also um den Unterschied von **konzeptioneller Mündlichkeit** und **konzeptioneller Schriftlichkeit** (vgl. SCHWITALLA 1997, 17).

Die Bedingungen, die die phonische Realisierungsform/Existenzweise der Sprache ausmachen, sind Flüchtigkeit, Schnelligkeit und Spontaneität der Produktion, die **Face-to-face-Situation** von Sprecher und Hörer, die den Einsatz nonverbaler Elemente in besonderem Maße möglich macht, sowie die wechselnde Aktivität von Sprecher und Hörer. In gemeinsamer Formulierungsarbeit produzieren beide einen Text, wobei es auch zu Überlappungen bzw. simultanem Sprechen kommen kann. Mithilfe von Nachfragen, Fortführungen, Korrekturen, Zustimmungen und Entgegnungen im Zusammenhang mit Konstruktionsübernahmen entsteht ein Gesprächstext. Durch das Moment des Spontanen werden auch „Spuren der Gedankenbildung", wie SCHWITALLA (1997, 30) sagt, erkennbar, denn einmal Gesagtes bleibt auch nach einer Korrektur – im Gegensatz zum Geschriebenen – präsent, man kann es nicht ungeschehen machen. Versprecher, die dabei vorkommen, werden häufig vom Sprecher selbst oder auch vom Hörer gar nicht bemerkt, der Hörer hört i. d. R. eine Lautfolge gleich „richtig", da er ja auf die Bedeutung konzentriert ist. Umfassendere Selbstkorrekturen oder auch Verzögerungen im Formulieren werden vom Hörer kaum oder nur am Rande registriert, denn das würde ihn von der Bedeutungserfassung ablenken. In solch einem spontanen Formulierungsprozess tastet sich der Sprecher langsam vom Vagen zum Präzisieren vor, sodass der Hörer die allmähliche Bedeutungsherstellung mitverfolgen kann (SCHWITALLA 1997, 31, vgl. auch ANTOS 1982). Mit diesen Charakterisierungen gesprochener Texte bewegen wir uns im Kernbereich der GS bzw. mündlichen Kommunikation.

Periphere Bereiche lassen sich z. B. in der Telefonkommunikation erkennen, bei der eine räumliche Distanz zwischen den Partnern besteht, also keine mimischen und gestischen Mittel einsetzbar sind. Auf der anderen Seite könnten als Randbereich schriftlich vorbereitete, aber relativ frei gehaltene Vorträge oder Diskussionsbeiträge auf einer wissenschaftlichen Konferenz angesehen werden, also Formen einer starken Annäherung an konzeptionell Schriftliches. Andreas WEISS (1975) stellt in seinen Untersuchungen fest, dass Texte mit schwierigeren Themen einen geringeren Grad von Spontaneität aufweisen und sich dadurch stärker an die schreibsprachliche Norm angleichen.
Heute kommt als weitere Möglichkeit die Internetkommunikation hinzu, bei der Vertrautheit zwischen den Partnern (vgl. Anm. SCHWITALLA 1997, 19) konzeptionelle Mündlichkeit deutlich werden lässt. Daraus wird m. E. erkennbar, worauf schon viele Linguisten seit BEHAGHEL hingewiesen haben, dass es zwischen gesprochenen und geschriebenen Äußerungen im konzeptionellen Sinne keine scharfe Trennlinie geben kann (s. SCHWITALLA 1997, 17) und dass mit all diesen Abstufungen auf **ein** grammatisches System Bezug genommen wird, dessen Regularitäten in unterschiedlicher Weise zur Anwendung kommen.

1.4.1.2 Sprachliche Besonderheiten der mündlichen Kommunikation

An dieser Stelle sei nur knapp auf die Spezifika der gesprochenen Sprache verwiesen (vgl. hierzu auch Kapitel 4.1.3). Im Analyseteil werden dann charakteristische Phänomene beschrieben und in ihrer linguistischen Fassung problematisiert (s. 3.12). In erster Linie resultieren diese Spezifika aus den **lautlichen** Möglichkeiten einer Äußerung wie Variation der Lautstärke und Akzentuierung, Tonhöhenbewegung, Sprechtempo und Pausen. Diese prosodischen Mittel werden vom Produzenten funktional genutzt zur Gliederung von Äußerungseinheiten und zur Hervorhebung einzelner Äußerungsteile. In ähnlicher Funktion können syntaktische Strukturen eingesetzt werden (meist in Zusammenhang mit der Prosodie), aber auch lexikalische Mittel.

Die **Spontaneität** und der damit verbundene „Versuch-Irrtum-Heurismus" (s. ANTOS 1982) führen zu grammatischen Fehlern, Abbrüchen, Neuansätzen, zu Wiederholungen und sog. Heckenausdrücken. **Situationalität** und **Intentionalität** bringen eine erhöhte Frequenz von Deiktika, Modalpartikeln und Interjektionen sowie Wiederholungen mit sich und ermöglichen elliptische und Hervorhebungsstrukturen sowie situativ und sozial markierten Wortschatz. All diese sprachlichen Charakteristika sind somit auch im Zusammenhang mit nonverbalen Phänomenen zu betrachten.

Mit der **Prosodie** haben wir eine sprachliche Erscheinung, die selbstverständlich nur der gesprochenen Realisierung der Sprache zukommt. Sie gibt uns die Möglichkeit, syntaktisch-semantische Einheiten durch ihre äußere Form als Einheit zu signalisieren. Äußerungseinheiten (s. 1.4.1.1), die von RATH auch als Hypothesen über die kommunikative Gliederung gesehen werden (1992, 253), können prosodisch kürzer oder länger als Sätze sein. Jedoch wirken syntaktische Strukturen von ganzen Sätzen projizierend, sie werden von den Hörern inhaltlich mitkonstruiert (SCHWITALLA 1997, 51). Im Lichte dieser Einheitengliederung stehen folglich prosodische Merkmale im engen Zusammenhang mit einzelnen syntaktischen Phänomenen.

Elisionen, Klitika und **Assimilationen** (Näheres dazu s. unter 3.12) sind charakteristische Erscheinungen gesprochener Sprache. Besonders an einzelnen klitischen Formen im präpositionalen Bereich lässt sich eine Abstufung von regulärem schriftsprachlichem Gebrauch bis zur lockeren gesprächssprachlichen Zusammenziehung ausmachen (*zur Post – aufs Feld – fürn ganzen Tag, aufm Balkon*).

Bekanntermaßen werden Pausen im sukzessiven Formulierungsprozess gern durch **lautliche Signale** wie *äh, ähm* gefüllt, diese können aber gleichzeitig auch Signal dafür sein, dass fortgesetzt werden soll, das Rederecht also weiter beansprucht wird (dazu auch andere lexikalische Signale, s. u.). In der Gesprächssituation kommt es oftmals (und am Telefon fast notwendigerweise) zu **Hörersignalen** an Stellen, wo ein Sprecherwechsel durch Abschluss einer Äußerungseinheit denkbar wäre: *hm, ja*. Wird ein Sprecherwechsel angestrebt, ohne dass der Partner sein Rederecht schon abgeben möchte, erleben wir nicht nur im Alltag, sondern auch vielfach in Mediengesprächen ein simultanes Sprechen (s. Transkriptionstext in 3.12). Treten Pausen nach Einheiten beendenden Signalen (Satzabschluss, Intonation) auf, so dienen sie der zusätzlichen Verstärkung der Äußerungssegmentierung (SCHWITALLA 1997, 56).

Syntaktische Erscheinungen wie Einfachsätze, parataktisches Nebeneinander, Ellipsen, Parenthesen, Prolepsen und andere Vor-Vorfeldbesetzungen, Nachträge, Ausrahmungen, Anakoluthe und Aposiopesen sind in der Forschung als sprachliche Charakteristika der gesprochenen Sprache genannt worden. Einige dieser Phänomene (z. B. Anakoluth, Vor-Vorfeldbesetzung und Ellipse) bedürfen zum gegenwärtigen Zeitpunkt einer differenzierteren Betrachtung, besonders im Hinblick auf ihre interaktive Funktion. So ist z. B. kritisch zu hinterfragen, ob es sich bei der Verwendung von (subordinierenden) Konjunktionen wie *weil* und *obwohl* mit einer Verbzweit-Stellung um fehlerhafte Strukturen (Anakoluthe) handelt (vgl. dazu auch Analyse in 3.12). Susanne GÜNTHNER (1993) beschreibt die unterschiedlichen Diskursfunktionen solcher Strukturen. Sie stellt fest, dass *obwohl* in dieser syntaktischen Struktur eine Korrektur hinsichtlich der vorausgegangenen Äußerung markiert: *Ich nehm noch ein Gläschen. Obwohl – ich hab ja schon drei getrunken.* (S. 56)

Gliederungssignale, die als Operatoren mit speziell illokutivem Potential im Gespräch eingesetzt werden, können unter syntaktischem Gesichtspunkt als Vor-Vorfeldbesetzungen angesehen werden. Dazu zählen Formen von Partikeln (*ja, na ja*), Adverbien bzw. Modalwörter (*also, sicherlich*), adverbiale Wortgruppen (*im Gegenteil – ich habe heute viel Zeit*) und die Anrede bis zum isolierten Spannsatz (*Was ich dir schon lange mal sagen wollte – deine Pflanze entwickelt sich prächtig bei mir.*).

Interjektionen fungieren als selbständige Gesprächsschritte oder Turns (ähnlich den Hörersignalen): *Ach!, Ah!, Hehe!* oder sind als Einstellungsindikatoren der Äußerung vorangestellt: *Ach – das is ja toll!* (Erstaunen), *Oh ja – das is ne gute Idee!* (Begeisterung).

Vagheitsindikatoren, sog. Heckenausdrücke, werden bei Formulierungsproblemen besonders häufig produziert (SCHWITALLA 1997, 173): Heute stark in Mode gekommen sind *sag ich mal, denk ich mal;* andere Beispiele: *oder so, irgendwie, was weiß ich*.

Vielfach sind spontane mündliche Redebeiträge auch reich an lexikalischen Wiederholungen und Wiederholungen ganzer Aussagen, die das Gesagte eindringlicher gestalten und Emotionen verstärken können. Mit Hinblick darauf, dass andererseits durch eine Fülle **elliptischer Strukturen** und **Deiktika** die Äußerungen in hohem Grade ökonomisch gehalten sind, lässt sich das schon von der Funktionalstilistik für diesen Bereich hervorgehobene Prinzip von Ausdrucksökonomie bei gleichzeitiger Ausdrucksfülle (RIESEL 1964) bestätigen. Unter den lexikalisch-grammatischen Phänomenen sind es besonders die **Abtönungspartikeln** (*ja, aber, doch, mal, halt* ...), die die GS charakterisieren, hier also in deutlich höherer Frequenz vorkommen. Nach Dorothea FRANCK

(1980, 31) haben diese Partikeln in der mündlichen Kommunikation die Aufgabe, situationsdefinierend, beziehungsgestaltend, konversationssteuernd und konnektierend sowie illokutionsmodifizierend zu wirken.
Verständlicherweise haben in der ungezwungenen mündlichen Kommunikation des Alltags lexikalische Einheiten ihren Platz, die prädestiniert sind für den Gebrauch im Mündlichen, indem sie Emotionalität und Lockerheit der Sprecher zum Ausdruck bringen, wie z. B. **umgangssprachlich markierte Lexeme** (s. dazu 2.6) oder **Phraseologismen**, die neben ihrer umgangssprachlichen Markiertheit eine Bildlichkeit vermitteln und somit eine Intensivierung des Ausgedrückten erreichen. Dass dieses Bestreben, den Ausdruck zu intensivieren und vom Gewohnten abzuweichen, oft in der mündlichen Kommunikation von entscheidender Bedeutung ist, kann man daran beobachten, dass sich immer wieder neue Phraseologismen herausbilden, die meist in der Sprache einzelner sozialer Gruppen ihren Ursprung haben. Eine besonders kreative Rolle kommt dabei der Jugendsprache zu (z. B. *kein[en] Bock haben, den Abflug machen*).
Gerade im mündlichen Sprachgebrauch lassen sich am ehesten **soziale** oder **regionale** Bindungen einzelner Sprecher an der Lexik erkennen. SCHWITALLA verweist darauf, dass „jede soziale Gemeinschaft [...] ein Repertoire lexikalischer Mittel ausbildet, „an dem sie erkennbar ist." (1997, 184)
Wie oben schon kurz erwähnt, ist die Prosodie untrennbarer Bestandteil einer mündlichen Äußerung und kann entscheidend für die Bedeutungskonstitution der jeweiligen Äußerung sein. Daneben spielen **nonverbale Mittel** wie **Mimik** und **Gestik** sowie der **Blickkontakt** in der Face-to-face-Kommunikation eine nicht zu unterschätzende Rolle (SCHWITALLA 1997, 190). Sie unterstützen (viele Gesten werden oft unbewusst vom Sprecher hervorgebracht) die Äußerungen oder geben Auskunft über die Gefühlslage des Sprechers (Mimik), auch Hörersignale können auf nonverbaler Ebene abgegeben werden (Kopfnicken). Um mündliche Kommunikation in ihrem Funktionieren zu erfassen, müssen folglich alle drei Symbolebenen betrachtet werden: die verbale, die prosodische und die nonverbale (s. SCHWITALLA 1997, 194).

1.4.2 Gesprächsanalyse

Mit der Hinwendung zur gesprochenen Sprache in den 60er Jahren rückte die Sprachwissenschaft bald auch die gesamte Komplexität der mündlichen Kommunikation in das Blickfeld ihrer Forschung. Die pragmatische Wende (s. 1.1) lenkte das Interesse der Forscher auf Vorgänge, Regeln und sprachliche Strukturen der realen alltäglichen Interaktion von Partnern. Insofern stellt sich die Gesprächsanalyse als ein spezieller Teilbereich der Textlinguistik dar.

1.4.2.1 Grundlagen der Analyse von Gesprächen

Während die Forschung zur gesprochenen Sprache (s. 1.4.1) sich in den Anfängen vor allem den syntaktischen Besonderheiten der GS im Vergleich zur geschriebenen Sprache zuwandte und damit Charakteristika aufdeckte, die der Beteiligung mehrerer Partner an der Entstehung eines Gespächstextes und der Spontaneität in der Situation geschuldet sind, betonen spätere Arbeiten zur GS die interaktive Funktion dieser Besonderheiten (s. bes. Vor-Vorfeldbesetzungen, *weil*-Strukturen, Gliederungs- und Hörersignale u. Ä.). So ging mit der Einbeziehung kommunikativ-funktionaler Aspekte aus der GS-Forschung die Analyse von Gesprächen hervor. Diese Disziplin, die Gesprächsanalyse, wurde wesentlich befördert durch die soziologisch (ethnomethodologisch) geprägte **Konversationsanalyse** einerseits und andererseits durch die **Sprechakttheorie** (vgl. 1.2.1). In Zusammenhang mit der Betonung des Handlungscharakters von Sprache, der zwar nur an selbstkonstruierten Einzelsätzen verdeutlicht werden soll, räumt die Sprechakttheorie den Intentionen des Individuums, die sich wiederum auf kollektive Muster beziehen, größeren Raum ein. Das Ziel besteht nicht in der Analyse von Einzelinteraktionen, sondern in der Modellierung der Sprechakt-Kompetenz, in der Erfassung eines abstrakten Regelsystems (vgl. ADAMZIK 1995b, 46). So wurde gefragt nach konventionellen sprachlichen Kennzeichen einzelner illokutiver Akte (sog. Illokutionsindikatoren). Gespräche werden nach diesem Ansatz gesehen als

„komplexe, kommunikative Handlungen, die in umfassende gesellschaftlich-institutionelle Handlungskontexte eingebettet sind und sich aus Sprechakten bzw. Sprechaktsequenzen konstituieren" (BRINKER/SAGER 1989, 17).

Obwohl sich SEARLE selbst sehr skeptisch hinsichtlich einer Erweiterung der sprechakttheoretischen Betrachtungsweise auf Dialoge äußerte, ist eine Untersuchung bestimmter Sprechaktsequenzen zur Erfassung von Dialogmustern/ Dialogtypen letztlich unerlässlich. Dabei kann der Interpret mit der Analyse von Dialogen „Regeln explizieren, die intersubjektiv geteilt werden" (HOLLY 1992, 20). Der illokutionäre Zweck des initialen Sprechaktes bildet dabei den Ausgangspunkt und bringt das kommunikative Ziel des Gesprächs ein (vgl. HINDELANG 1994, 105).

Eine eher prozedurale Perspektive nimmt die **Konversationsanalyse** ein, indem sie fragt: Wie organisieren Mitglieder einer Gesellschaft ihre Alltagswirklichkeit, über welche kollektiv verbindlichen Muster des gemeinsamen Handelns verfügen sie dabei? Ihr besonderes Interesse gilt der Organisation des Sprecherwechsels und den Sequenzregeln der einzelnen **Turns (Gesprächsschritte)** im Gesprächsablauf. In dieser ethnomethodologischen Tradition befinden sich auch Barbara SANDIG und Margret SELTING mit ihrer Gesprächsstilistik, wenn sie Stil als interaktionales Herstellen von Sinn bezeichnen. Stile werden im Gespräch gemeinsam ausgehandelt (s. SELTING 1997a, 4) und damit kann Wirklichkeit geschaffen oder in ihrem Charakter bestätigt werden.

Stile sind somit „Kontextualisierungshinweise" (vgl. auch 1.3.1), indem sie auf gemeinsames Wissen, Situationskontexte und Teilnehmerbeziehungen referieren und damit den Interpretationsrahmen für die Äußerungen liefern (SELTING 1997a, 11). Die gemeinsame Aktivität des Aushandelns von Stil und Sinn in Gesprächen zeigt sich darin, dass jede Reaktion auf eine Vorgängeräußerung eine Interpretation dieser Vorgängeräußerung durch den Partner impliziert (SELTING 1997a, 33).

1.4.2.2 Zur Analysepraxis und ihren Kategorien

Nach BRINKER/SAGER (1989, 17) sind beide Ansätze, der ethnomethodologische und der sprechakttheoretische, als komplementär zu betrachten. Die hohe Komplexität des Gegenstandes erfordert es, wie vielfach betont wird (ADAMZIK 1995b, 53; HOLLY 1992, 20), in der analytischen Arbeit verschiedene Herangehensweisen zu verbinden.

Redekonstellation und Gesprächstypologisierung
Ausgangspunkt für erste Textklassifikationen im Bereich der mündlichen Kommunikation waren die so genannten **Redekonstellationstypen** des Freiburger Modells (STEGER u. a. 1974 in der Weiterentwicklung von HENNE/ REHBOCK 1982), die auf folgenden Kategorien beruhen: Teilnehmerzahl, soziale Beziehung/Rollen und Bekanntheitsgrad der Gesprächspartner, Öffentlichkeitsgrad, Grad der Vorbereitetheit, Themafixiertheit und Modalität der Themenbehandlung, Kommunikationsbereich, Raum-Zeit-Verhältnis, Verhältnis von Kommunikation und nichtsprachlichen Handlungen (vgl. BRINKER/SAGER 1989, 110-112).
Eine grobe Einteilung von Gesprächen schlägt HENNE (1977, 69) vor, indem er in „arbeitsentlastete" und „arbeitsorientierte" Gespräche gliedert. TECHTMEIER (1984, 58 f.) schlägt eine Typologisierung nach Verständigungsart (Monolog – Dialog), nach Rederecht (asymmetrische und symmetrische Dialoge), nach Zielidentität (kooperative und konfliktäre Dialoge) und nach Übereinstimmung der Position (kontroverse und nichtkontroverse Dialoge) vor. Neuere Typologisierungsvorschläge nehmen Bezug auf das von FRANKE 1986 (S. 89) entwickelte Typologisierungskonzept, in dem er drei funktional bestimmte Gruppen aufstellt: **komplementäre** Dialogtypen (DT), bei denen es um die Beseitigung eines Defizits geht, **koordinative** DT, die dem Ausgleich von Interessen dienen, und **kompetitive** DT zur Durchsetzung individueller Ansprüche. Diese Funktionen können sich in den drei Bereichen kognitiv, praktisch und emotiv-psychisch ergeben. Komplementäre Dialoge im kognitiven Bereich hat HUNDSNURSCHER im Handbuch der Dialoganalyse (1994, 234) hierarchisch untergliedert bis zu Textsorten wie Wegauskunft, Meinungsbefragung, Unterrichtsgespräch u. a. Dennoch ist wohl auch heute noch BRINKER/SAGER zuzustimmen, wenn sie meinen, dass die linguistische Gesprächsforschung von der Aufstellung einer stimmigen Gesprächstypologie noch

weit entfernt ist (1989, 113), wobei diese für die Analyse konkreter Gespräche nach ihrer Meinung auch nicht unbedingt notwendig ist. Dafür genügt es,

> „den sozialen und situativen Kontext des jeweiligen Gesprächs (z. B. Kommunikationsform und Handlungsbereich) sowie die übergeordnete Funktion (Zweck, 'Sitz im Leben') zu bestimmen, die das Gespräch in diesem Rahmen erfüllt bzw. erfüllen soll. Ziel dieser kontextuellen und kommunikativ-funktionalen Beschreibung ist es, die Interaktionsbedingungen und -normen zu rekonstruieren, die auf das Kommunikationsverhalten der Gesprächspartner einwirken." (ebd.)

Organisationsstrukturen von Gesprächen
In der Regel weisen Gespräche drei Phasen auf: eine **Eröffnungsphase**, die **Kernphase** (Gesprächsmitte, in der das Hauptthema entfaltet wird) – Nebenthemen können dabei so genannte Gesprächsränder bilden – und die Schluss- oder **Beendigungsphase**. Eröffnungs- und Beendigungsphase sind oft sehr stark ritualisiert, in besonderem Maße wird das in der Telefonkommunikation deutlich (Eröffnung: Vorstellen, Anliegen vortragen; Beendigung: z. B. Dank, Wunschausdruck, Verabschiedungsformel bei gegenseitigem Einverständnis der Partner). Mit diesen Phasen sind makrostrukturelle Elemente erfasst. Auf der mediostrukturellen Ebene beschreibt die Gesprächsanalyse die einzelnen **Gesprächsschritte** (turns) in ihrer Funktion und Abfolge. Diese Gesprächsschritte sind kommunikative Handlungen eines Partners – also monologische Passagen innerhalb des Gesprächs –, die mit einem Sprechakt zusammenfallen können, aber meist komplexer sind (BRINKER/SAGER 1989, 63). Nach ihrer allgemeinen Funktion können Gesprächsschritte (oder auch Gesprächszüge) unterteilt werden in **initiierende/initiative** und **respondierende/reaktive** oder auch **initiativ-reaktive** (nach dem Genfer Modell der Gesprächsanalyse: MOESCHLER 1994, 75). Bestimmten initiativen Gesprächsschritten folgen konventionell bestimmte reaktive Gesprächsschritte, sodass sich charakteristische **Paarsequenzen** ergeben: Frage–Antwort, Angebot–Annahme/Ablehnung, Vorwurf–Rechtfertigung/Entschuldigung. Diese Sequenzierung sowie die Art des **Sprecherwechsels** (turn-taking) bilden den Schwerpunkt auf der mediostrukturellen Ebene der Analyse. Auf mikrostruktureller Ebene wird dann das konkrete sprachliche oder nichtsprachliche Material als Indikator für Sprechaktfunktion (z. B. Modalpartikeln, Satzmodus), für Sprecherwechsel (z. B. Schlusssignal, Blickkontakt ...) und Gesprächsgliederung (z. B. Prosodie, Anredeformen) sowie die von situativem und sprachlichem Kontext bestimmte Form der Umsetzung von Sprecherintentionen (z. B. Ellipsen, umg. Elemente; s. 1.4.1 gesprochene Sprache) betrachtet. Das Stilistische (vgl. Gesprächsstile nach SANDIG/SELTING 1997) äußert sich folglich nicht nur auf dieser Mikroebene in der konkreten sprachlichen Realisierung von Sprechakten/Gesprächsschritten, sondern auch in der Art und Weise der Abfolge von Gesprächsschritten, in der Frage des individuellen Umgangs mit konventionalisierten Abfolgen – also auf der Medioebene (vgl. dazu auch: Pragmatische Stilistik 1.3.2.2).

2 METHODISCHE GRUNDLAGEN DER TEXT- UND STILANALYSE

2.1 Das methodische Konzept des Vergleichens und textanalytische Strategien

Bei aller Unterschiedlichkeit von Text- und Stilauffassungen lassen sich doch gewisse einheitliche methodische Verfahren für das Herangehen an Text- und Stilanalysen erkennen und verallgemeinernd beschreiben. Als allgemeines methodisches Konzept liegt Text- und Stilanalysen immer das Verfahren des Vergleichens (vgl. dazu ausführlicher FIX 1991b) zugrunde. Das vergleichende Feststellen von Gemeinsamkeiten und Unterschieden, von Ähnlichkeiten und Abweichungen kann sich auf verschiedenen Ebenen, mit verschiedenen Bezugsgrößen vollziehen (wobei die Ebenen zwar hierarchisch, aber nicht im Sinne einer abzuarbeitenden Reihenfolge zu verstehen sind):

- **Übertextueller Vergleich**

Der Bezugspunkt liegt hier außerhalb des Textes, ist ihm gewissermaßen vorgeordnet. Ausgehend davon, dass Texte jeweils allgemeinen „Vorgaben" folgen, kann das zu analysierende Textexemplar in Beziehung gebracht werden zu überindividuellem Wissen von Normen (vgl. dazu auch 4.1), Situationen, Funktionen u. Ä. Man fragt, wie ein Text überhaupt, in einer spezifischen Situation, mit einer spezifischen Funktion usw. im Allgemeinen beschaffen sein sollte, welche Text- und Stilnormen erwartet werden, und vergleicht das konkrete Exemplar mit diesen Erwartungen, d. h. der reale Text wird mit einem ideellen, vorgestellten Idealtext verglichen. Als Ergebnis können z. B. verschiedene Grade kommunikativer, situativer oder funktional(stilistisch)er Angemessenheit konstatiert werden. Probleme bei diesem Vorgehen ergeben sich daraus, dass die Bezugsgröße, die überindividuelle Vorstellung im Kopf des Analysierenden, nicht streng fixierbar und auch historisch veränderlich ist.

- **Intertextueller Vergleich**

Ausgangspunkt für diese Vergleichsebene ist die auch für ein Alltagsverständnis von Texten geltende Erfahrung, dass wir Texte immer vor dem Hintergrund bereits produzierter und rezipierter Texte herstellen, aufnehmen und beurteilen. Wenn wir z. B. einen Lebenslauf lesen oder zu schreiben haben, wissen wir schon, wie ein solcher üblicherweise inhaltlich und sprachlich-formulativ beschaffen ist. Bei der Analyse kann man sich diese verallgemeinerte Texterfahrung zunutze machen und das Textexemplar in bewusste Beziehung setzen zu anderen Textexemplaren bzw. zum Wissen über Textsorten, Textmuster und deren Stilmuster (vgl. hierzu ausführlicher die prototypischen Elemente von Textmustern) oder auch nur zu einem mehr oder weniger vagen Gefühl davon. Als Ergebnis der Analyse lassen sich Befolgung, Brechung, Mischung oder (neuerdings stärker genutzt) Montage von Textmustern feststellen und beschreiben. Ergiebig für Text- und Stilanalysen ist z. B. auch der Vergleich propositional gleicher, aber in ihren Illokutionen und Lokutionen deutlich unterschiedlicher Texte oder Textmuster. Auch der Einstieg in die Text- und Stilanalyse über den sog. Erstleseeindruck (auch: Naiver-Leser-Standpunkt) setzt an einem intertextuellen Vergleich an. Im weiteren Sinne beruhen auch individualstilistische und epochenstilistische Untersuchungen auf intertextuellen Vergleichen. Letztendlich laufen alle vergleichenden Analysen zwischen Textexemplaren, Textexemplaren und Textmustern sowie zwischen verschiedenen Textmustern auf ein intertextuelles Vorgehen hinaus.

- **Innertextueller Vergleich**

Texte folgen in ihrer stilistischen Gestaltung im Allgemeinen einem durchgehenden Formulierungs- und Ausdruckswillen ihres Verfassers, was mit dem Begriff der Einheitlichkeit von Stil gefasst wird. Im spezifischen Textexemplar lassen sich demzufolge bestimmte überindividuell bedingte und/oder individuell geprägte stilistische Regelmäßigkeiten erkennen und beschreiben. Der Text ist sozusagen immer mit sich selbst identisch und kann an jeder Stelle mit sich selbst verglichen werden, bildet also seine eigene Bezugsgröße. Auf innertextuellem Vergleichen beruht z. B. die Ermittlung der Stilzüge (als übergreifende Gestaltungsprinzipien oder Stilmerkmale) mit den entsprechenden Stilelementen, aber auch das Feststellen von Auffälligkeiten, Abwandlungen, Unvorhersehbarem, Überraschendem (vgl. Abweichungsstilistik, Stil als Kontrast oder einfach nur Abweichungen als Stilmittel in 4.3). Auch auf hermeneutischen Verfahren und auf rezeptionsästhetischen Ansätzen beruhende Stilanalysen (vgl. 1.3.1) bewegen sich innerhalb der Welt **eines** Textes, bedienen sich also notwendigerweise des innertextuellen Vergleichs.

Überlagert wird dieses methodische Vorgehen des über-, inter- und innertextuellen Vergleichens durch die beiden prinzipiellen und wechselseitig einsetzbaren **Strategien der Analyse bzw. allgemein der Verarbeitung** von Texten (wie überhaupt auch der Verarbeitung von Welt):

- **top down** (‚von oben nach unten', absteigend, erwartungsgeleitet, konzeptuell gesteuert)

Ausgehend von Erfahrungen, Situationssmustern, Erwartungen über Normen, Text- und Stilmuster, Stilzüge u. a. wird der Text von seinem Ganzen zu den Teilen (Stilelementen) hin untersucht.

- **bottom up** (‚von unten nach oben', aufsteigend, inputgeleitet, datengesteuert)

Ausgehend von den einzelnen Erscheinungen auf der Textoberfläche (z. B. den Stilelementen) werden Überlegungen in Bezug auf die Funktion für das Text- und Stilganze angestellt und daraus Verallgemeinerungen abgeleitet. Mit diesem Begriff wird oft das empirische Vorgehen bezeichnet.

Bei der Text- und Stilanalyse werden meist beide Strategien wechselweise verfolgt. Was dem Anfänger mitunter als ein Durcheinander oder gar Chaos erscheint, erweist sich als ein Wechsel von Sichtweisen, durch die die Analyse schrittweise vorangebracht wird.

2.2 Möglichkeiten des Ansatzes für die textlinguistisch-stilistische Analyse

Entscheidend für eine praktikable textlinguistisch-stilistische Analyse ist der **produktive Einstieg, das „textanalytische Know-how"** oder die günstigste **„Eröffnungsvariante"** (LERCHNER 1986). Da prinzipiell mehrere Möglichkeiten bestehen, lassen sich keine allgemeingültigen „Rezepte" geben, wohl aber kann man verallgemeinerbare methodische Herangehensweisen beschreiben. Die Wahl der Variante wird (mit)bestimmt durch die zugrunde gelegte Stilauffassung (z. B. Funktionalstilistik, pragmatische Stilistik, Abweichungsstilistik), durch die Spezifik des Textes (z. B. Sachtext, literarischer Text; Textsorte bzw. Genre; Text als „guter", d. h. prototypischer Vertreter eines bestimmten Musters; auffällige gestalterische Mittel) und durch spezielle (theoretische oder praktische) Analyseinteressen.

Kompatible, d. h. theoretisch und methodisch sich nicht widersprechende Ansätze können dabei miteinander kombiniert oder ergänzend einbezogen werden. Wie das im Einzelnen aussehen kann, wird in den Text- und Stilanalysen im Kapitel 3 vorgeführt.

Textlinguistische Ansätze (vgl. dazu auch 1.2):

- Allgemeine Textualitätsmerkmale (DE BEAUGRANDE/DRESSLER)
- Art der thematischen Entfaltung (BRINKER)
- Art der thematischen Progression (DANEŠ)
- Superstrukturkonzept (VAN DIJK)
- Text(sorten)muster mit prototypischen Grundelementen (Textproposition, Textillokution, Textlokution) (SANDIG, FIX)

Stilistische Ansätze (vgl. dazu auch 1.3):

- Funktionalstilistik (entsprechender Funktionalstilbereich mit seinen jeweiligen außersprachlichen Parametern und sich daraus ergebenden charakteristischen Stilzügen und typischen Stilelementen; nach FLEISCHER/MICHEL oder RIESEL)
- Pragmatische Stilistik/Stil als soziales Phänomen (nach STOLT und FIX: Stil als Faktor im Kommunikationsprozess; Analyse nach den W-Fragen: Wer sagt was mit welcher Art von Text zu wem zu welchem Zweck mit welcher Wirkung wie?; nach SANDIG: Stil als Handeln, als Umgang mit Mustern, Textmuster als Handlungsmuster)

- Weitere Stilauffassungen wie Phänomenologische S. (KAYSER, STAIGER); Stilauffassung der Interpretationsschule, auch: Hermeneutische Schule, werkimmanente Methode (SEIDLER, SPITZER); Strukturalistische S.: Stil als Abweichen von Textnormen (RIFFATERRE); Stil als Äquivalenz (JAKOBSON); Stil als Ergebnis einer Wahl (ENKVIST)

2.3 Möglichkeiten des Einstiegs in die Analyse literarischer Texte

Entsprechend den Besonderheiten literarischer/künstlerischer Texte (literarischer Text als Interpretationsangebot, Fiktionalität, stärkere Individualität und bewusste Unikalität, besonderes Verhältnis von Norm und Freiheit, Notwendigkeit der stärkeren Einbeziehung des ‚institutionellen Rahmens', Grenzen der l i n g u i s t i s c h e n Analyse u. a.) können sich hier auch speziellere Einstiegsmöglichkeiten ergeben (vgl. dazu ausführlicher LERCHNER 1986):

- Simulierung des „Naiver-Leser"-Standpunktes (auch: Erstleseeindrucks). Ausgangspunkt für die im Nachhinein erfolgende bewusste Analyse ist der als Erstes festzuhaltende subjektive Eindruck als Ergebnis eines ganz „normalen", „zum Vergnügen" vorgenommenen Lesevorgangs. Die Analyse hat dann systematisch der Frage nachzugehen, wie dieser subjektive Sinneindruck wohl zustande gekommen ist.
- Verwendung literaturwissenschaftlicher Probleme und Feststellungen als texttheoretische Analysevorgaben. Strittiges, Widersprüchliches, Offenes aus literaturwissenschaftlichen Interpretationen, d. h. die ungelösten Probleme eines anderen, aber eng verbundenen Untersuchungsbereichs werden als Ausgangspunkt gewählt und im Idealfall als ein „Aufeinander-zu-Arbeiten" beider Disziplinen realisiert. Auch ‚institutioneller Rahmen' allgemein als Ausgangspunkt (außertextliche Zusammenhänge, Wissen über Zeitumstände, biographische Daten des Verfassers, Gattungs- und Genrespezifik, Adressatenspezifik u. a.).
- Textgestalterische oder formal-strukturelle Auffälligkeiten als Analyseansatz, d. h. vom Textproduzenten mehr oder weniger bewusst eingesetzte kommunikativ auffällige, signalhaft wirkende Mittel, die in systematische Beziehung gesetzt werden zum Umfeld anderer Textelemente.
- Das ungezielte Niederbringen von analytischen „Sonden" in das Textsubstrat stellt eine weitere, aber methodisch wesentlich schwächere Einstiegsmöglichkeit dar. Dabei werden z. B. nach statistisch begründbaren Wahrscheinlichkeitserwägungen oder unter systematischen Gesichtspunkten bestimmte Teiltexte, Textausschnitte oder Erscheinungen von isoliert betrachteten Ebenen des Sprachsystems ausschließlich mit linguistischen Zielstellungen untersucht.

2.4 Stilelemente – Stilzüge – Stilganzes

Jede Stilanalyse hat eine analytische und eine synthetische Seite. Um den Stil eines Textes als Ganzheit zu erfassen, müssen die einzelnen Ebenen des Textes analysiert und in ihrem Zusammenwirken, in ihrer Leistung für die Ganzheit verallgemeinert und beschrieben werden.

Wir wollen im Folgenden Arbeitsschritte für eine Analyse vorstellen, die jedoch nicht als „Rezept" oder Anweisung betrachtet werden sollen, sondern eher als Empfehlung, als Anleitung für ein Vorgehen, wie es sich in der Praxis bewährt hat. In einem ersten Schritt sollte man in der Regel den gesamten Text betrachten (**makrostilistisches Vorgehen**). Dabei wird sowohl die jeweilige Kommunikationssituation, in der der Text entstanden ist, bestimmt als auch das Thema des Textes. Längere Texte werden in Teiltexte und Teilthemen zerlegt, dabei werden u. a. die Textentfaltung und gleichzeitig Komposition und Architektur des Textes bestimmt. Einem makrostilistischen Vorgehen entspricht auch die vom Textmuster ausgehende Analyse.

Als Nächstes werden die Stilelemente des Textes auf den unterschiedlichen Ebenen des Sprachsystems erfasst (**mikrostilistisches Vorgehen**).
Stilelemente können vor allem sein (vgl. hierzu FLEISCHER/MICHEL/STARKE 1993):

- Elemente thematischer Reihen (Elemente von Topikketten, Frames/ Schemata, semantischen Netzen, Skripts),
- expressive lexikalische Elemente (konnotierte Lexik: Lexik mit stilistischer, fachlicher, regionaler, sozialer und zeitlicher Markierung sowie emotionaler Komponente; Tropen),
- Besonderheiten der Wortbildung (Frequenz einzelner Wortbildungstypen, auffällige Okkasionalismen),
- Erscheinungsformen der Syntax (Satzlänge, Satzarten, Satzformen, markierte Satzgliedstellung; Stilfiguren und grammatische Verflechtungsmittel),
- morphologische Erscheinungen wie Tempus, Modus, Genus verbi, Wortarten ...
- Elemente der lautlichen und graphischen Ebene wie Reim, Rhythmus; Groß- und Kleinschreibung, Satzzeichen ...

Das heißt, **jedes** sprachliche Mittel kann aufgrund seiner Funktion im Text zum Stilelement werden. Zum Teil sind aber auch schon potentielle Stilelemente im Sprachsystem angelegt (vgl. 2.6 stilistische Prädispositionen), deren Potenz im Text genutzt oder umfunktioniert werden kann.

Die im Text gefundenen Stilelemente lassen sich in ihrem funktionalen Wirken zu **Stilzügen** bündeln. Diese sind somit Mittler zwischen der konkreten sprachlichen Ebene, den Stilelementen des Textes, und dem Stilganzen. Stilzüge sind daher charakteristische Gestaltungsprinzipien eines Text- und Stilganzen. In der

Praxis der Stilanalyse wechselt häufig auch das methodische Vorgehen in der Weise, dass die aufgrund einzelner Stilelemente am Text erkannten Stilzüge wiederum zur Suche nach weiteren entsprechenden Stilelementen im Text anregen, was bei PÜSCHEL (1995) anschaulich vorgeführt wird. Wir wechseln also ständig die Perspektive (top down und bottom up, vgl. in 2.1).
Die bei der Analyse eines Textes ermittelten Stilzüge konstituieren den **Stil** des Textes, also die Art und Weise (das WIE), mit der das Mitzuteilende (das WAS) im Hinblick auf einen Mitteilungszweck (das WOZU) gestaltet wird.

Die Literatur stellt unterschiedliche **Stilzugkonzepte** bereit. Elise RIESEL (1959 und 1964) geht vorrangig von der Textproduktion aus und benennt außersprachliche Faktoren wie Kommunikationsbereich und Thema, Situation, Mitteilungszweck und Realisierungsart, die über stilbildende und stilregulierende Ordnungsprinzipien (Stilzüge) die Auswahl des konkreten Sprachmaterials bestimmen, also die Umsetzung der im Kopf des Textproduzenten vorgeprägten stilistischen Charakterisierung, die „die Voraussetzung für eine wirksame Erfüllung der kommunikativen Aufgabe" (1964, 58) bildet. Die Stilzüge sind somit in der Konsequenz dieser funktionalstilistischen Betrachtung vor allem **funktional bedingte Stilzüge**:

- Stil des öffentlichen Verkehrs:
  Unpersönlichkeit, Sachlichkeit, gedrängte Kürze, leichte Fassbarkeit, streng literarische Form (d. h. literatursprachlicher Standard)
- Stil der Wissenschaft:
  Sachlichkeit, Logik, Klarheit, Fassbarkeit, Eindeutigkeit, Sprachökonomie
- Stil der Publizistik und Presse:
  je nach Textsorte variieren die Stilzüge: emotional oder sachlich, Annäherung an Stil der künstlerischen Literatur oder an Stil des öffentlichen Verkehrs bzw. auch an den der Wissenschaft; für alle Textsorten in diesem Bereich muss Allgemeinverständlichkeit angesetzt werden.
- Stil des Privatverkehrs:
  Ungezwungenheit, Lockerheit, Emotionalität und subjektive Bewertung, Konkretheit, Bildhaftigkeit, Schlichtheit und Dynamik, Hang zu Humor, Spott und Satire; charakteristisch ist das Nebeneinander von Ausdrucksökonomie und Ausdrucksfülle.

FLEISCHER und MICHEL (1975) sprechen von den Stilzügen als einer texttheoretischen Kategorie, die nicht die kausal bedingenden Faktoren der sprachlichen Gestaltung erfasst (wie bei RIESEL), sondern „unmittelbar textimmanente Faktoren des sprachlichen Resultats" (S. 63) bezeichnet. Stilzüge von Texten werden demnach ermittelt nach ihrer **quantitativ-strukturellen**

Seite (Häufigkeit, Verteilung und Verbindung von Stilelementen) und nach ihrer **qualitativ-funktionalen** Seite (in Semantik und Gebrauchsweise einzelner Stilelemente angelegte Wirkungspotenzen). Da die Vielfalt sprachlicher Äußerungen unüberschaubar ist, kommen FLEISCHER und MICHEL zu der Schlussfolgerung, dass eine strenge Systematisierung von Stilzügen kaum möglich sei (S. 64), zumal dies auch dem Anspruch an Kreativität in der Sprachproduktion zuwiderlaufen würde. Sie setzen deshalb folgende Hierarchie an (S. 64):

a) Generelle Stilzüge der grundlegenden Funktionalstile (vgl. „funktional bedingte Stilzüge")

b) Spezielle Stilzüge der Genrestile (Textsortenstile) innerhalb der übergreifenden Funktionalstile

c) Originelle, nicht verallgemeinerungsfähige (nicht auf andere Texte übertragbare) Stilzüge des jeweiligen Einzeltextes

HEINEMANN (1974) versucht in Anlehnung an RIESEL (1964, 57 f.) diese sog. inneren Stileigentümlichkeiten in ein theoretisch gefasstes, einheitliches Konzept zu bringen. Er geht davon aus, dass Stilzüge im Text unterschiedliche Dominanzbeziehungen aufweisen. Theoretisch – so meint er – sind alle Stilzugkorrelationen, die er ansetzt, in allen Texten vorhanden, jedoch unterschiedlich akzentuiert. Unter bestimmten Bedingungen können solche Oppositionspaare aber auch irrelevant werden (S. 58). Ausgehend von der Feststellung, dass Stilzüge von Texten die allgemeinsten Relationen des Kommunikationsprozesses widerspiegeln, setzt er drei grundlegende Relationen an, denen sich einzelne Stilzugkorrelationen zuordnen lassen (S. 59):

1. Denotatsrelation (Relation zwischen Text und Denotat)

> knapp – breit
> konkret – abstrakt
> prägnant – polyvalent
> dynamisch – statisch

2. Intentionsrelation (Relation zwischen Text und Sender, mit Blick auf Empfänger)

> subjektiv – objektiv
> expressiv – nullexpressiv
> eindringlich – distanziert
> klar – verschwommen

3. Textrelation (Relation zwischen den verschiedenen sprachlichen Einheiten des Textes)

> locker – geschlossen
> nominal – verbal
> syndetisch – asyndetisch
> gegliedert – ungegliedert
> steigernd (pointiert) – fallend

SOWINSKI (1978) stellt fest, dass der Einsatz verschiedener Stilelemente/ Stilmittel im Text durch gleiche Absichten bestimmt sein kann, sodass diese Stilmittel einen bestimmten Stilzug bilden. Stilzüge sind somit in ihrem Wesen vom Wirkungscharakter der Stilmittel bestimmt. Er nennt folgende Stilzüge (S. 275-278):
Kürze, Weitschweifigkeit, Ausgeglichenheit, Hast, Sachlichkeit, Rationalität, Lehrhaftigkeit, Sentimentalität, Schaurigkeit, Feierlichkeit, Pathos, Preziösität, Volkstümlichkeit, Naivität, Trivialität, Humor, Komik, Witz, Ironie, Groteske, Unsinnigkeit.

In der KLEINEN ENZYKLOPÄDIE DEUTSCHE SPRACHE (1983) hebt MICHEL hervor, dass die Frage der Klassifikation von Stilmerkmalen/Stilzügen eng mit der Klassifikation von (funktionalen) Stiltypen verbunden ist (S. 481), lassen sich doch Stiltypen in einer sehr allgemeinen Weise durch das Auftreten bestimmter Charakteristika der Sprachverwendung beschreiben. Dabei muss jedoch immer in Rechnung gestellt werden, dass innerhalb eines Stiltyps untergeordnete Textsorten durch differenziertes Auftreten und unterschiedliche Kombination von Stilzügen gekennzeichnet sind. Die Vielfalt der anzusetzenden Kriterien für die Stilzugermittlung und die damit auch nicht begrenzbare Anzahl der Stilzüge wird aus der folgenden Übersicht deutlich (S. 482):

1. Kennzeichnung von Stilmerkmalen nach der relativen Häufigkeit, Streuung oder Konzentration bestimmter sprachlicher Mittel im Text:

Kriterium	Stilmerkmale (Beispiele)
1. Wortarten	- verbal, nominal - verbal, substantivisch, adjektivisch
2. Satzformen	- parataktisch (koordinierend), hypotaktisch (subordinierend) - Periodenstil
3. konjunktionale Verbindungsart	- syndetisch, asyndetisch, polysyndetisch - kopulativ, adversativ, kausal ...
4. Stilfiguren	- figurativ (figurenreich) - metaphorisch, metonymisch - personifizierend, allegorisierend, gleichnishaft - periphrastisch
5. Stilschicht/Stilfärbung	- normalsprachlich (neutral) - gehoben, salopp ... - abwertend, gespreizt, spöttisch, vertraulich ...
6. lexikalische Schichten	- Fremdwortstil - archaisierend, anachronistisch - fachsprachlich, gruppensprachlich

2. Kennzeichnung von Stilmerkmalen nach der kognitiven und kommunikativen Funktion der Ausdruckswahl

Kriterium	Stilmerkmale (Beispiele)
1. Redundanzgrad	- aufgelockert, verdichtet - knapp, weitschweifig, umständlich
2. Grad der sprachlich expliziten Wiedergabe logischer Zusammenhänge	- streng logisch verbunden, logisch locker gefügt - klar, verschwommen
3. Erkenntniswert der verwendeten sprachlichen Mittel	- wahrheitsgemäß, wahrheitsfördernd - demagogisch, manipulierend, heuchlerisch
4. Ausdruck moralischer Qualitäten	- parteilich - offen, ehrlich, mutig ...
5. Partnerbezogenheit	- überzeugend - eingehend (auf den Partner) - beeindruckend - förmlich, ungezwungen ...
6. Anschaulichkeitsgrad	- bildhaft, anschaulich, gegenständlich - abstrakt
7. Emotionalität	- sachbetont, erlebnisbetont - nüchtern, emphatisch - lyrisch, hymnisch ...
8. Dynamik	- dynamisch, statisch - variationsreich, gleichbleibend, monoton ...
9. Kompliziertheitsgrad	- schlicht, einfach, natürlich - anspruchslos, ausdrucksarm ... - kompliziert, manieriert ...

Aus diesen Stilzugkonzepten geht hervor, dass die Kategorie ‚Stilzug' sowohl präskriptiv als auch deskriptiv (und damit auch wertend) verwendet wird.

Bei HOFFMANN (1987) werden Stilzüge eher als informative Komponenten des Textes verwendet. Im Sinne der von SANDIG eingeführten Sekundärinformation von Stil (vgl. 1.3.1) vermitteln Stilzüge eine Information über:

1. Gestaltung der Beziehungen zwischen Produzent und Rezipient:
   - Rezeptionserleichterung:
     allgemeinverständlich, lehrhaft, genau
   - soziale Beziehungen:
     förmlich, ungezwungen, höflich
   - Beeinflussung der Gefühlslage:
     erlebnisbetont, feierlich, humorvoll

2. Ausdruck der Beziehungen zwischen Produzent und Gehalt der Aussage:
   sachbetont, rational
   ausgeglichen, lebhaft, humorvoll

3. Beziehungen des Produzenten zum Code:
   variabel, gewandt, geschmückt, originell

Mit den Konzepten der Stilzüge vergleichbar ist das Inventar **formulierungskommentierender Ausdrücke (FKA)**, das ANTOS in seinen „Grundlagen einer Theorie des Formulierens" (1982, 73-75) zusammenstellt. Er hat ca. 200 solcher adjektivischen Bewertungen für sprachliche Produkte aus der Praxis zusammengetragen und sie in Anlehnung an die GRICEschen Kommunikationsmaximen geordnet:

1. Dimension der Ablaufkonstitution:
   fahrig, folgerichtig, konfus ...
2. Relevanz-Dimension:
   abschweifig, akzentuiert, knapp, langatmig, pointiert, schwülstig ...
3. Dimension der Sachadäquanz:
   angemessen, einseitig, euphemistisch, genau, oberflächlich, salopp, vage ...
4. Dimension der Verständnisbildung:
   abstrakt, anschaulich, differenziert, eindeutig, mehrdeutig, verschwommen ...
5. Beziehungsdimension:
   aggressiv, aufrichtig, freundlich, höflich, offen, provozierend, zurückhaltend, zynisch ...
6. Image-Dimension:
   demagogisch, gewagt, ironisch, nüchtern, originell, unbekümmert, ungeschickt ...
7. ästhetische Dimension:
   bonmothaft, elegant, geschliffen, holprig, kunstvoll, schlicht, spritzig ...

ANTOS selbst gibt den Anstoß, zu überprüfen, ob diese Bezeichnungen für Textqualitäten auch als Bezeichnungen für Stilqualitäten geeignet wären. Unseres Erachtens sind sie kompatibel mit der pragmatischen Auffassung von Stil.

2.5 Stilfiguren

Eine spezielle Art von stilistischen Mustern stellen die Stilfiguren dar, die in der antiken Rhetorik als wesentlicher Teil des Ornatus (Schmuckes) systematisch ausgebaut, beschrieben und gelehrt worden sind. Der römische Rhetoriker Quintilian verstand darunter „eine von der alltäglichen Gestalt bewußt (cum ratione) vorgenommene abweichende Änderung", die zu einer „kunstvoll erneuerten Redegestalt" (arte aliqua novata forma) führt.

Die Abweichung vollzieht sich nach vier Prinzipien
1. durch Substitution sprachlicher Mittel (immutatio)
2. durch Auslassung sprachlicher Mittel (detractio)
3. durch Umstellung sprachlicher Mittel (transmutatio)
4. durch Zusatz von sprachlichen Mitteln (adiectio)

Dieser Kategorisierung folgen auch heute noch Stilistiklehrbücher, sie nennen
1. die Figuren des Ersatzes/Tropen
2. die Figuren der Auslassung
3. die Figuren der Umstellung bzw. der Anordnung/des Platzwechsels
4. die Figuren der Hinzufügung

Die rhetorischen Veränderungs- oder auch Abweichungskategorien haben übereinzelsprachliche Geltung, ihre Realisierung ist jeweils von einzelsprachlichen strukturellen und semantischen Bedingungen abhängig (vgl. dazu die Belege aus verschiedenen Sprachen bei LAUSBERG 1990). Da die Abweichungen von einem als „normal" angenommenen Standard regelhaft erfolgen, sind diese Muster lehr- und lernbar.

Ihre textuelle und stilistische Funktion ist nicht generell zu bestimmen in dem Sinne, dass außerhalb des Textes eine 1:1-Relation zwischen Figur und stilistischer Wirkung bestände. Sie sind potentielle Stilelemente und erhalten ihre spezifische Funktion erst im konkreten Text und in seiner stilistischen Ganzheit. In Abhängigkeit vom sprachlichen und situativen Kontext, von der Textsorte, vom Gegenstand der Kommunikation usw. können sie verschiedene stilistische Wirkungen hervorrufen.

Die folgende Zusammenstellung enthält die wichtigsten Tropen und Figuren mit einem illustrierenden Beispiel; weitere Belege zur Übung finden sich in den Aufgaben im Abschnitt 4.5; zu den Tropen und Figuren unter dem Aspekt der Normabweichung vgl. auch Abschnitt 4.3.1; für eine ausführliche Darstellung vgl. LAUSBERG 1990 und SOWINSKI 1991.

2.5.1 Figuren des Ersatzes oder Tropen

Bei diesen Figuren wird der eigentliche Ausdruck durch einen anderen ersetzt, sie werden deshalb auch als lexikalische Figuren bezeichnet.
Man klassifiziert sie nach der Art des Ersatzmechanismus. Die bekanntesten der Tropen (Sing.: der Tropus oder die Trope) sind:

Metapher
> Aristoteles nannte die M. einen abgekürzten Vergleich, weil zwischen Grund- und Übertragungsbegriff eine Ähnlichkeitsrelation besteht, d. h. sie haben ein gemeinsames Merkmal. Dieses wird in der traditionellen Stilistik bezeichnet als tertium comparationis (t. c.), als das Dritte des Vergleichs, und entspricht nach der semantischen Komponentenanalyse einem Sem.

Man hörte die bellenden Stimmen der Offiziere.
Gelegentlich kommt es in der Praxis zu einem fehlerhaften (oder auch scherzhaften) Gebrauch oder einer Vermischung von sprachlichen Bildern (**Katachrese**). *Vor einem Jahr standen wir nahe am Abgrund, jetzt sind wir einen Schritt weiter.*

Personifikation

Spezialfall der M., der Unbelebtem aufgrund von Ähnlichkeit menschliche Eigenschaften zuschreibt.
Wallau wird abgeführt. In den vier Wänden bleibt das Schweigen zurück und will nicht weichen. (Seghers)

Synästhesie

Auch hier spricht die Literatur von einer Untergruppe der Metapher. Es handelt sich um die Übertragung von Eigenschaftsbezeichnungen aus einem Sinnesbereich in einen anderen, es werden somit verschiedene Sinnesempfindungen kombiniert.
Das Heidekraut spielte seine violette Melodie, und nur ein paar Immortellen wagten, mit ein paar Tönen Knallgelb dazwischenzuklimpern. (Strittmatter)

Metonymie

Übertragungsart, in der das eigentliche Wort ersetzt wird durch die Bezeichnung einer Erscheinung, die mit dem Gemeinten in realer Beziehung, also in einem sachlichen (räumlichen, zeitlichen, kausalen) Abhängigkeitsverhältnis steht.

Das Abhängigkeitsverhältnis kann sowohl qualitativ als auch quantitativ (**Synekdoche**) sein.

In der entsprechenden Literatur werden meist spezielle Reihen der Kategorisierung dieser Relation genannt:

a) Raumverhältnis: *Leipzig grüßt seine Gäste*
b) Zeitverhältnis: *Das 16. Jahrhundert erlebte Englands Aufstieg zur Weltmacht.*
c) Stoffverhältnis: *Er stieß ihm das Eisen in den Leib.*
d) Quantitätsverhältnis: *Steinerne Gesichter nehmen die furchtbare Beschreibung der Not des gemeinen römischen Bürgers entgegen.* (Brecht)
e) Kausalverhältnis: *Schenken Sie Ihrem Kind Selbstvertrauen – Fisher-Price-Spielzeug.*
   Sie las Schiller.
f) Teil fürs Ganze (pars pro toto): *Auf der Straße spazierten blonde Sommerfrisuren.* (Weisenborn) / Ganzes fürs Teil (totum pro parte): *Sie aß ein Brot.*

Periphrase

Umschreibung eines Gegenstandes oder einer Erscheinung mit anderen Worten. Während bei der Metapher und der Metonymie der Gesichtspunkt der Ähnlichkeit (Metapher) oder der logischen Abhängigkeit (Metonymie) Grundlage der Übertragung ist, ist die Periphrase in dieser Hinsicht nicht streng geregelt. So wird in der Literatur Periphrase häufig verstanden als Oberbegriff für alle möglichen Arten der Umschreibung (Synonyme, Euphemismen, Neologismen, Okkasionalismen). Periphrase (in notwendiger Abgrenzung zu Paraphrase) als Tropus wird hier nur gefasst als erweiterte Umschreibung durch Gattungsbegriff und ein spezifisches

Merkmal des Artbegriffs, also des eigentlichen Ausdrucks. In dieser Periphrase können sich jedoch weitere Stilfiguren befinden (vor allem Metaphern).
Die Stadt der deutschen Klassik; das schwarze Gold; Wartburgstadt, Klein-Paris.

Hyperbel

Ersetzung des dem Gegenstand oder Sachverhalt „angemessenen" durch einen übertreibenden Ausdruck. Diese Übertreibung kann in zwei Richtungen erfolgen: Entweder wird der Gegenstand/Sachverhalt vergrößert oder verkleinert. Sprachliche Mittel der Hyperbel sind vor allem übertreibende Maß- und Mengenangaben.
Der Spiegel zerbrach in tausend Stücke. Ich warte schon eine Ewigkeit auf dich.

Ironie

Als Tropus ist Ironie definiert als eine Umschreibung durch das Gegenteil.
Das ist ja eine tolle Leistung! (bei einer schlechten Leistung)

Litotes

Umschreibung durch Verneinung des Gegenteils.
Das ist keine Glanzleistung. (bei einer schlechten Leistung)

2.5.2 Figuren der Auslassung, Anordnung oder Hinzufügung

Die folgenden Figuren sind an den Satz als minimale Texteinheit gebunden, sie werden deshalb auch syntaktische Figuren genannt. Sie beruhen nicht auf Ersatz, sondern auf Auslassung, Anordnung oder Wiederholung/Hinzufügung.

Aposiopese

Abrupter Abbruch der Gedankenfolge, plötzlicher Satzabbruch. Die Aposiopese kommt vor allem in Texten der Alltagsrede vor, in der Belletristik als Mittel der Figurensprache.
Ich sag Euch ... ach das ist ja doch zwecklos.

Zeugma (gr.: ‚Joch', ‚Klammer')

Spezialfall des zusammengezogenen Satzes
a) Die Glieder einer Aufzählung liegen nicht auf einer begrifflichen Ebene.
Apfeltörtchen waren nämlich meine Passion - jetzt ist es Liebe, Wahrheit, Freiheit und Krebssuppe. (Heine)
b) Ein polysemes Verb wird in einem zusammengezogenen Satz nur einmal verwendet, wobei aber mehrere Bedeutungen aktualisiert werden.
Ein treues Herz und zwei nimmermüde Hände haben aufgehört zu schlagen.

Ellipse

Syntaktisch unvollständiger Satz.
Rauchen verboten!

Epizeuxis

Unmittelbar aufeinander folgende und nebengeordnete wörtliche Wiederholung, wobei diese unterbrochen sein kann durch eine
Konjunktion: *Er schläft und schläft.*
oder einen Vokativ: *Lauf, Jäger, lauf ...*

Anapher
Wörtliche Wiederholung am Anfang aufeinander folgender Sätze oder Teilsätze.
Danton hat schöne Kleider, Danton hat ein schönes Haus, Danton hat eine schöne Frau; er badet sich in Burgunder, ißt Wildbret von silbernen Tellern und schläft bei euren Weibern und Töchtern, wenn er betrunken ist. (Büchner)

Epipher
Wörtliche Wiederholung am Ende aufeinander folgender Sätze oder Teilsätze.
Doch alle Lust will Ewigkeit,
will tiefe, tiefe Ewigkeit. (Nietzsche)

Parallelismus
Wiederholender Satzbau, der syntaktisch gleichwertige Wörter, Wortgruppen oder Sätze in Texten an gleicher Stelle wiederkehren lässt, häufig mit wörtlicher Wiederholung kombiniert.
Das war der Preis für drei Brote, wenn der Markt – so nannten sie es – ein wenig gesättigt war, und es war der Preis für zwei Brote, wenn der Markt – so nannten sie es – löcherig war. (Böll)

Paronomasie (oder **Annominatio**)
Wortspiel, das auf Wiederholungseffekten beruht, die sich aus zufälliger Lautgleichheit/-ähnlichkeit, aus Möglichkeiten der Flexion und aus Möglichkeiten der Wortbildung ergeben.
Die Auswahl der Besten wird zur Auswahl der Bestien. (Brecht)
Der Kampf aller gegen alle verwandelt sich in den Kampf aller für alle. (Brecht)
Ich bin doch Zimmermann, aber in die Vorzimmer kann ich mich nicht finden. Ein Vorzimmermann ist halt eine eigene Profession. (Nestroy)

Figura etymologica
Wiederholung auf der Basis der etymologischen Verwandtschaft von Wörtern. Verb und Substantiv haben den gleichen Stamm.
Gar schöne Spiele spiel ich mit dir. (Goethe)

Klimax
Aufzählung mit mindestens drei Gliedern, deren semantisches Gewicht in einem steigenden (steigende Klimax) oder fallenden Verhältnis (fallende Klimax) steht. Die Reihenfolge ist daher nicht austauschbar.
Er war fremd geworden in der Zivilisation, in Europa, in Deutschland, in Nippenburg und Bumsdorf. (Raabe)

Antithese
Gegenüberstellung antonymisch gebrauchter Ausdrücke im Text, oft verdeutlicht durch adversative Konjunktionen oder Adverbien.
Der Tag geht – Johnnie Walker kommt

Oxymoron
Scheinbar widersinnige Kombination von Wörtern mit Gegenbedeutung, vor allem in Gestalt von Kopulativkomposita oder attributivisch erweiterten Wortgruppen.
dummklug, der fremde Freund, hässliche Schönheit, Hassliebe, unbürgerliche Bürger

Chiasmus

Kreuzender Satzbau, der syntaktisch gleichwertige Wörter, Wortgruppen oder Sätze in Texten an entgegengesetzter Stelle wiederkehren lässt.

Die Bewegungen der Himmelskörper sind übersichtlicher geworden, immer noch unberechenbar sind den Völkern die Bewegungen ihrer Herrscher. Der Kampf um die Meßbarkeit des Himmels ist gewonnen durch Zweifel; durch Gläubigkeit muß der Kampf der römischen Hausfrau um Milch immer aufs neue verlorengehen. (Brecht)

Häufig sind paralleler Satzbau und chiastische Wortanordnung kombiniert (**Antimetabole**).

Verbrenne, was du angebetet hast, und bete an, was du verbrannt hast.

Asyndeton

Aufzählung, deren Glieder nicht durch Konjunktion verbunden sind.

Alles rennet, rettet, flüchtet. (Schiller)

Polysyndeton

Aufzählung, deren Glieder durch die gleiche wiederkehrende Konjunktion verbunden sind.

Er hat uns geäfft und gefoppt und genarrt. (Heine)

Prolepse

Vorwegnahme eines Substantivs in isolierter Spitzenstellung. Der dazugehörige Satz nimmt das Substantiv pronominal oder adverbial wieder auf.

Und der Haifisch, der hat Zähne ... (Brecht)

Epiphrase

Nachtrag eines Substantivs in isolierter Endstellung. Der dazugehörige Satz enthält bereits ein entsprechendes Pronomen oder Adverb.

Oh, daß sie ewig grün bliebe, die schöne Zeit der jungen Liebe.

Anakoluth

Satzbruch, Folgewidrigkeit im Satzbau. Wie die Aposiopese kommt das A. vor allem in der spontanen Alltagsrede vor, wird aber auch in der Belletristik gelegentlich zur Stilisierung der Figurensprache genutzt.

„Ich dachte wirklich, als sie von diesem Edgar weglief ... das war nur, um bei dir einziehen zu können, da bin ich mir ganz sicher." (I. Schulze)

2.6 Stilistische Prädispositionen im Wortschatz

Bei der Betrachtung des Sprachgebrauchs in der zwanglosen mündlichen Kommunikation stellt sich unweigerlich die Frage der Zuordnung einzelner lexikalischer Einheiten zu so genannten **Stilschichten** oder Stilebenen. Nach einer weiten Bedeutungsauffassung können die nicht-denotativen Informationen wie ‚Nebensinn', ‚Gefühlswert' und ‚Verwendungsbeschränkungen' unter ‚Konnotation' zusammengefasst werden. Solche nicht-denotativen Informationen sind nach LUDWIG (1991) der Bedeutung zugeordnet, „aber nicht bedeutungskonstitutiv" (S. 47). Er führt dazu zwei Gruppen an:

(a) Informationen über Gebrauchspräferenzen und -restriktionen (Stilschichten/Stilebenen, Stilfärbungen, zeitliche, regionale, fachspezifische, gruppenspezifische Markierungen),
(b) Informationen, die emotionale Einstellungen des Sprechers zum benannten Gegenstand oder Sachverhalt anzeigen.

In der Forschung stellt sich dabei die Frage: Sind das lexikonspezifische oder kommunikationsspezifische Informationen? Die lexikographische Praxis abstrahiert bei der Stilschichtzuordnung zumeist von der Kommunikationssituation, den soziolinguistischen und funktionalstilistischen Faktoren (LUDWIG 1991, 205). Besser wäre es, „Hinweise für den situativen Gebrauch" der jeweiligen Lexeme zu geben (206). Hinzu kommt, dass in den Wörterbüchern, die mit Stilschichtmarkierungen arbeiten, keine Hinweise zur angewandten Methode der Ermittlung von Stilschichten zu finden sind, dass also keine einheitlichen Kriterien angewendet werden und dass obendrein die Unterschiedlichkeit des Sprachgefühls von Gewährspersonen sowie der Normenwandel in Rechnung gestellt werden müssen.

FLEISCHER und MICHEL (1975) sprechen in ihrer Stilistik von Prädispositionen lexikalischer Elemente, die ihren stilistischen Wert erst im Textzusammenhang erhalten (S. 68). Diese nicht-denotativen Potentiale lexikalischer Einheiten existieren als konventionalisierte Assoziationen unabhängig vom Kontext, sie

> „beziehen sich auf den präferenten bzw. restriktiven Gebrauch in der Kommunikation und können mit Hilfe kommunikativ-pragmatischer Markierungen lexikographisch fixiert werden." (LUDWIG 1991, 225)

In Anlehnung an WIEGAND (1981) kommt auch LUDWIG zu dem Schluss, dass diese pragmatischen Markierungen nicht Teil der Bedeutung eines lexikalischen Zeichens sind. Sie liefern uns lediglich Vorgaben, deren Befolgung zu kommunikativ angemessener Wortverwendung führt.

LUDWIG entwickelt ein „kommunikatives Prädispositionsmodell", das davon ausgeht, dass ein Lexem prädisponiert ist, in einem bestimmten Bereich der Kommunikation, in bestimmten Textsorten benutzt zu werden (LUDWIG 1991, 228). Er setzt drei Hauptebenen an:

(1) die **„neutrale"** Ebene – deren Lexeme über keinerlei Verwendungsrestriktionen verfügen, also im gesamtdeutschen Sprachgebiet in jeder Situation und jeder Textsorte zu verwenden sind;
(2) die **„über neutrale"** Ebene – mit dem Gebrauch dieser Lexeme hebt sich der Sprecher bewusst vom neutralen Ausdruck ab, er drückt sich „gewählt" aus: *beargwöhnen, währen, Haupt, diabolisch, eruieren;*
(3) die **„unter neutrale"** Ebene – Lexeme dieser Ebene werden in ungezwungener (nicht öffentlicher) Kommunikation, in zwanglosen Gesprächssituationen verwendet.
Hier ist noch weiter zu differenzieren in (a) **umgangssprachlich** – alltäglich zwanglos, insbesondere in familiär vertrauten Situationen:

kriegen, Schwätzchen, gewieft; (b) **salopp** – im Wesentlichen der mündlichen Kommunikation vorbehalten, bei entsprechendem Bekanntheits- und Vertrautheitsgrad der Partner: *abkratzen, bekloppt, Pulle*; (c) **derb** – grobe, drastische Ausdrucksweise mit verletzender Wirkung: *Arsch, bescheißen, kotzen*.
Auf die Bezeichnung „vulgär" verzichtet LUDWIG, denn er sieht hierin ausschließlich Benennungen eines Sachbereichs (Sexual- und Fäkalbereich, dessen Lexeme gesellschaftlichen Tabus unterliegen), die weniger auf kommunikative Bedingungen bezogen sind.

Da die Differenzierung der „unter neutralen" Ebene sich im konkreten Fall oft sehr schwierig gestaltet – insbesondere zwischen umgangssprachlich und salopp – wäre es auch gut möglich, diese Ebene nur in zwei Untergruppen (I und II) zu gliedern (s. LUDWIG 1991, 236).

Die damit erfassten Markierungen der Lexik beruhen auf Einstellungen der Sprachnutzer bezüglich der Verwendung lexikalischer Einheiten in der Kommunikation. Die Lexikographie schreibt diese konventionalisierten Einstellungen fest und muss dabei stets auch davon ausgehen, dass sich solche Einstellungen mit der Zeit verändern, wie sich das an folgendem Beispiel erkennen lässt: Das WDG von 1978 kennzeichnet *ein bißchen* noch als umgangssprachlich; während dieses Lexem heute ohne Markierung im GWDS (1993 und 1999) verzeichnet ist.

Weitere zusätzliche Markierungen lexikalischer Einheiten geben Auskunft über den Gebrauch in bestimmten Bereichen der Kommunikation bzw. in bestimmten Textsorten: z. B. *Auszubildender, Kraftfahrzeug* (= offiziell), *Gastritis, Hektarertrag* (= fachsprachlich), *urst, (echt) geil* (= jugendsprachlich*)*, *Mutti, Opa* (= familiär).

Emotionale Einstellungen des Sprechers zum benannten Objekt verbinden sich meist mit umgangssprachlichen Markierungen: z. B. *Bärenhunger* (umg. emot.), *scheißegal* (salopp emot.). *Rindvieh* ist als „Schimpfwort" verständlicherweise nicht auf das isolierte Lemma, sondern auf den Sprachgebrauch zu beziehen.

Der übliche Sprachgebrauch und damit verbundene Intentionen der Sprecher führen auch zu lexikographischen Markierungen wie z. B. in *vollschlank* (= verhüllend), *Leseratte* (= scherzhaft), *Pantoffelheld* (= spöttisch). Bei diesen Lexemen resultiert die besondere Wirkung und die damit verbundene Verwendungsbeschränkung (meist umgangssprachlich) aus der ungewöhnlichen Verknüpfung der beiden unmittelbaren Konstituenten, während die Markierung „ironisch" nur im Kontext der Verwendung des Sprachzeichens (spezielle Kollokation) zu erfassen ist: z. B. *du hast ja saubere Ansichten* (‚anfechtbar'; alle Beispiele nach LUDWIG, 255 f.).

Klarer als die genannten Markierungen von Sprecherintentionen stellen sich zeitliche und regionale Gebrauchshinweise dar: *Backfisch, spornstreichs* (= veraltend), *Pedell, Barbier* (= veraltet); *Schrippe* (= berlinisch), *titschen* (= ostmitteldeutsch), *Rauchfang* (= österreichisch).

Alle genannten Markierungen beruhen auf einem gesellschaftlichen Verwendungsdurchschnitt, wobei bemerkt werden muss, dass eine „ausgewogene und systematische Bewertung", wie LUDWIG sie anstrebt, nur im Zusammenhang kompletter semantischer Felder vorgenommen werden kann (S. 268).

2.7 Rede- und Gedankenwiedergabe

Die folgenden Abschnitte 2.7 und 2.8 stehen insofern in einem engen Zusammenhang, als es bei den hier beschriebenen sprachlich-gestalterischen Phänomenen um **Perspektivierung** geht, Perspektivierung als „Verfahren des Setzens von Perspektive" (SANDIG 1996, 39) für darzustellende Geschehen oder Sachverhalte:

- **Redewiedergabe (RW)** als Wechsel von der Perspektive des Senders/ Reporters in eine Fremdperspektive oder als Verschmelzung zweier Perspektiven,

- **Erzählsituation (ES)** als künstlerisch gestaltete Perspektive der Darstellung eines fiktiven Geschehens, innerhalb derer ebenso in untergeordneter Weise ein Wechsel von Perspektive möglich (und auch üblich) ist.

Traditionell wird die Redewiedergabe unterteilt in **direkte** (durch Anführungszeichen markierte) Rede, **indirekte** (durch Konjunktiv signalisierte) Rede, **erlebte** Rede und den **inneren Monolog**. Die beiden letzten Arten bleiben im Wesentlichen der künstlerischen Literatur als ein wichtiges Gestaltungsmittel für Erzeugung von Unmittelbarkeit im Erzählprozess vorbehalten. (vgl. „Erzählsituationen" in 2.8)

2.7.1 Redewiedergabe in Sachtexten/nichtfiktionalen Texten

Die kommunikative Praxis lässt erkennen, dass das Phänomen Redewiedergabe weit differenzierter zu sehen ist, als dass es mit der Einteilung in direkte und indirekte Rede gefasst werden könnte. So sind zumindest folgende drei Formen für Sachtexte anzunehmen:
Direkte Rede (DR) als direkte Übernahme aus einem anderen Text, mit Anführungszeichen gekennzeichnet;
indirekte Rede (IR) als Wiedergabe eines anderen Textes aus der Sicht des Reporters mit Referenzverschiebung (Pronomina, Zeit- und Ortsadverbien), redekennzeichnendem Verb (verbum dicendi, z. B. *sagen*, oder auch konversem Verb, z. B. *erfahren*) und subordinierender Konjunktion und/oder Konjunktiv im Nebensatz; wobei zu beachten ist, dass Konjunktiv Perfekt und Konjunktiv Plusquamperfekt eine Vorzeitigkeit zum Redeverb ausdrücken und Konjunktiv Präsens oder Konjunktiv Präteritum eine Gleichzeitigkeit;

Redebericht als verdichtete Form der RW aus der Sicht des Reporters mit redekennzeichnendem Verb und Redegegenstand in der Form einer (meist) präpositionalen Wortgrupppe oder eines satzwertigen Infinitivs.
Mit IR und Redebericht können sich in der Funktion der Auflockerung **Teilzitate** verbinden. Damit kann der Reporter nach seiner Auffassung besonders wichtige oder wirkungsvolle Elemente aus der Originalrede in seinen Satz einbauen.
Wir wollen mit Elisabeth GÜLICH (1978) Redewiedergabe als kommunikative Handlung verstehen, mit der Kommunikationsakte einer zweiten (oder auch weiteren) Ebene eingebettet werden in eine aktuelle Äußerung. Komponenten des Kommunikationsaktes 2 fungieren dabei als Indikatoren für RW auf der ersten kommunikativen Ebene: Sprecher- und Adressatenkennzeichnung, (u. U.) Angaben zur Kommunikationssituation, redekennzeichnendes Verb oder Nomen, Redegegenstand (oder -inhalt) in der Form einer (meist) präpositionalen Wortgruppe, eines satzwertigen Infinitivs oder Nebensatzes mit Konjunktion und/oder Konjunktiv.
Mit der Bezugnahme auf einen zweiten, früheren (oder auch zukünftig vorgestellten) Kommunikationsakt erweist sich RW als eine Erscheinungsform **referentieller Intertextualität** (vgl. 1.2.2). Dabei kann eine mehr oder weniger starke Integration des referierten Textes in den aktuellen Text erfolgen.

Es ergibt sich so folgende Abstufung (vgl. auch BRESLAUER 1996):
A   Syntaktisches Nebeneinander beider Kommunikationsebenen (mit Redeverweis) = minimale Integration: *„Mit mir wird es keine Erhöhung der Zuzahlung geben." Was dieses Versprechen aus dem Munde des Gesundheitsministers Horst Seehofer heute noch wert ist, weiß man inzwischen.* (FR, 14.3.97)
B   Redekennzeichnung mit Redetext (DR) in syntaktischer Unterordnung: *„Der Handlungsbedarf ist auf gar keinen Fall geringer geworden", sagte er am Donnerstag in Nürnberg.* (FR, 7.3.97)
C   Redekennzeichnung mit Verschmelzung der Perspektiven bzw. Adaption in IR (mit Konjunktion und Konjunktiv oder nur Konjunktiv) – auch Kopplung mit Teilzitat: *Kanzler Kohl stellte sich hinter den Regierungssprecher und betonte, er sei mit dessen Äußerungen „sehr einverstanden".* (LVZ, 9.6.98)
D   Redekennzeichnung mit satzwertigem Infinitiv: *Sie forderten vom Bund, die Aufklärung der Einheitskriminalität stärker zu unterstützen.* (LVZ, 7.3.97)
E   Redekennzeichnung/Verb mit präpositionaler oder nominaler Gruppe als Extrakt des Redegegenstandes = maximale Integration: *Mieterbund warnt vor Fallen bei Wohnungssuche* (Überschrift LVZ, 9.6.98);
Bundesinnenminister Manfred Kanther (CDU) wertete den Verlauf des Transports als Erfolg. (LVZ, 7.3.97);
Hauser gelobt Besserung (Untertitel LVZ, 9.6.98)
F   Redeverb ohne Redegegenstand: *... daß ein umworbener Mitarbeiter seinen Chef alarmierte.* (FOCUS 12/97)

G   Vermittlungssignale *sollen, wollen* und *angeblich* – mit Modalfaktor: *Meteoriten sollen Mesopotamien vernichtet haben* (Überschrift LVZ, 15.12.97);
Erst daheim beim Auspacken will er bemerkt haben, daß das köstliche Rindfleisch in Yen-Scheine im Wert von 425000 Mark eingewickelt war. (FOCUS 12/97);
Die Staatsdiener strichen angeblich illegale Nebeneinkünfte von jeweils 1000 Mark pro Monat ein. (FR, 14.3.97)

Im Bereich des journalistischen Sprachgebrauchs ist noch eine gesonderte Gruppe restriktiver, formelhafter Vermittlungsstrukturen (mit Sprecherkennzeichnung, ohne Modalfaktor) hervorzuheben:

- Präposition (meist *nach*) + Redesubstantiv mit Attribut: *Nach Angaben des Verbandes der Deutschen Automobilindustrie verfügt die Branche über 200 Betriebe mit 5000 Jobs.* (LVZ, 4.8.98);
- Teilsätze mit *wie* (mit Ind. oder Konj. im anderen Teilsatz): *Wie die vom Deutschen Kinderschutzbund ... geförderte Vereinigung gestern erklärte, nimmt eine eigens dafür eingerichtete Webseite Hinweise auf kinderpornographische Inhalte in Datennetzen an ...* (LVZ, 4.8.98); *Wie die Gedenkstätte mitteilte, sei damit eine internationale Vereinbarung verletzt worden.* (LVZ, 4.8.98),
- elliptische Strukturen mit *so*: *Sollte die Bereitschaft der Bevölkerung zu Schutzimpfungen jedoch weiter nachlassen, würde er eine Impfpflicht zumindest bei bestimmten lebensbedrohlichen Krankheiten befürworten, so Geisler.* (LVZ, 12.6.98),
- unpersönliche Markierung im Teilsatz mit *hieß es*: *Auch 1998 würden die Großhandels-Umsätze um nominal drei Prozent ansteigen, hieß es.* (LVZ, 4.8.98).

Teilweise lassen diese Strukturen eine Verschmelzung der Perspektiven erkennen (ähnlich C), oder sie tendieren zu einer „maximalen Integration" (ähnlich G).

2.7.2 Redewiedergabe und Gedankendarstellung in künstlerischen Texten/fiktionalen Texten

Die Erzählliteratur ist vielfach durch eine „Mehrstimmigkeit" (BACHTIN: Polyphonie) gekennzeichnet. Es handelt sich dabei um ein Wechselspiel von Erzählerbericht und Personenrede bzw. erzählerischer Darstellung des Figurenbewusstseins.

a) **Personenrede** (linguistische Kennzeichnung s. 2.7.1):
Mit der **direkten Rede** als quasi-dramatischer Form wird das Geschehen szenisch dargestellt und so scheinbar unmittelbar präsentiert (**szenisches Erzählen**). Die DR kann in ihrer Struktur (je nach Intention des Autors) die individuelle Sprechweise und damit die Figuren selbst charakterisieren, bezogen auf Situation, psychische Verfassung, soziale und dialektale Besonderheiten; i. d. R. ist sie mit einem verbum dicendi eingeleitet, gelegentlich erscheinen auch Passagen in sog. **Blankdialog**.

In der **indirekten Rede** ist eine Vermittlungsinstanz, der Erzähler, zwischen sprechende Figur und Leser geschaltet (Ausdruck der Mittelbarkeit). Dadurch ergeben sich Möglichkeiten einer gerafften Darstellung, in die emotionale Momente, soziolektale und idiolektale Momente nur noch in stark abgeschwächter Form eingehen.

Der **Redebericht** beschleunigt noch stärker das Erzähltempo, nimmt nur noch Bezug auf den Tatbestand einer Äußerung mit ihrem Extrakt.

b) **Gedankenbericht** („psycho-narration") und **erlebte Rede**:
Die Wiedergabe der Gedanken von Figuren kann sich wie unter a) beschrieben vollziehen: als DR (mit einfachen Anführungszeichen) bis zur Form des inneren Monologs, als IR mit Konjunktiv oder als **Gedankenbericht** im Vergleich zum Redebericht. In allen Fällen erscheint statt des verbum dicendi ein verbum credendi oder sentiendi (des Glaubens oder Fühlens).

Eine Verschmelzung der Perspektiven von Erzähler und Figur manifestiert sich in der **erlebten Rede (ER)**, die durch den beibehaltenen Erzählrahmen/ **Erzählerperspektive** (3. Pers., meist Präteritum als Erzähltempus) und Sprechweise der Figur/**Figurenperspektive** (deiktische Raum- und Zeitadverbien, für das Mündliche charakteristische syntaktische Strukturen, Fragen, Ausrufe, Interjektionen und Partikeln, stilschichtlich markierter Wortschatz u. Ä.) gekennzeichnet ist. Ohne deutliche Indikatoren bleibt die Abgrenzung zwischen Erzählerbericht und erlebter Rede (i. d. R. handelt es sich um Unausgesprochenes, also ‚erlebte Reflexion') oft sehr schwierig, wenn nicht sogar unmöglich. Eine schillernde „Doppelstimmigkeit" verbirgt sich in diesem künstlerischen Gestaltungsmittel, das als grammatisch-stilistisches Phänomen erst um 1900 unter Sprach- und Literaturwissenschaftlern Beachtung fand (BALLY 1912: „style indirect libre"):

> *... während der Hantierungen des Ankleidens horchte er auf das ängstliche Pochen seines Herzens.*
> *Wie hell es draußen war! Er hätte sich wohler gefühlt, wenn, wie gestern, Dämmerung in den Straßen gelegen hätte; nun aber sollte er unter den Augen der Leute durch den klaren Sonnenschein gehen. Würde er auf Bekannte stoßen, angehalten, befragt werden und Rede stehen müssen, wie er diese dreizehn Jahre verbracht? Nein, gottlob, es kannte ihn keiner mehr, und wer sich seiner erinnerte, würde ihn nicht erkennen, denn er hatte sich wirklich ein wenig verändert unterdessen. Er betrachtete sich aufmerksam im Spiegel, und plötzlich fühlte er sich sicherer hinter seiner Maske, hinter seinem früh durcharbeiteten Gesicht, das älter als seine Jahre war ... Er ließ Frühstück kommen und ging dann aus, ...* (aus: Thomas Mann, „Tonio Kröger")

Der **innere Monolog (IM)** stellt genau genommen eine stumme, nur gedachte direkte Rede dar. Er hebt sich durch das Präsens und den Indikativ sowie die 1. (also „sprechende") Person von Erzählerbericht, indirekter und erlebter Rede ab. Die ausführliche Wiedergabe von Gedanken und Gefühlsregungen der Figuren bewirkt ein **zeitdehnendes Erzählen**. Hier ergibt sich ein Übergang zum „stream of consciousness", der vielfach ein prägendes Moment moderner Erzählliteratur geworden ist (vgl. James Joyce, „Ulysses"). Die stark situationsbezogene und assoziativ verkürzte Formulierung in den Bewusstseinsströmen zwingt den Leser, sich in einem hohen Grad in die Situation der Figur hineinzuversetzen, um so „Leerstellen" im aktuellen Bewusstseinsstrom durch seine Vorkenntnis rekonstruieren zu können.

Der uneinheitliche Gebrauch der Termini **psycho-narration, erlebte Rede, innerer Monolog** und **stream of consciousness** in der Literaturtheorie legt nahe, bei der Unterscheidung dieser Phänomene strikt auf grammatische Sachverhalte zurückzugreifen (s. VOGT 1990, 191 f.).

2.8 Literarische Gestaltungsmittel der Epik - typische Erzählsituationen

2.8.1 Mittelbarkeit - Diegesis

Beim Erzählen werden zwei Ebenen installiert: die Erzählerebene (Damals-dort-Deixis) und die erzählte Ebene/Handlungsebene (Jetzt-hier-Deixis).

Somit kann das Geschehen durch einen Erzählerbericht, aus der überschauenden Erzählerperspektive (panoramatisch) vermittelt werden; i. d. R. geschieht das mit dem Präteritum als Erzähltempus und den Pronomina der 3. Person. Dabei kann die Darstellung auch in die Perspektive der Figur wechseln (DR, Gedankenwiedergabe) oder vermischt werden (IR, ER). Der Erzähler kann den Erzählvorgang thematisieren, das Geschehen kommentieren, Zeitraffungen, Rückblenden und Vorausdeutungen vornehmen (Tempuswechsel als Signal). Man spricht in diesen Fällen von einer **auktorialen Erzählsituation** (nach STANZEL), bei der der erzählerische Blickwinkel und die Auswahl der Informationen in keiner Weise eingeschränkt sind (**Außenperspektive**); z. B. Th. Mann, „Der Zauberberg".

Im Gegensatz dazu werden in einer **Ich-Erzählsituation** stärkere Unmittelbarkeit und scheinbare Authentizität eben durch eine Eingrenzung des Blickfeldes erreicht. Die „epische Distanz" drückt sich hier lediglich als „Zeitabstand, nicht als grundsätzliche Differenz der Seinsbereiche von Erzähler und Geschehen (wie in der auktorialen Erzählsituation)" aus (VOGT 1990, 71). Der Ich-Erzähler ist unter Berücksichtigung dieses Zeitabstandes auch eine Figur auf der Handlungsebene (im Zentrum oder am Rande des Geschehens); z. B. Th. Mann, „Felix Krull". Eine „Spannung zwischen dem erlebenden und dem erzählenden Ich" (STANZEL 1993, 31) prägt diese Erzählsituation. Die Gestaltungsmittel DR, IR, ER sind hier ebenso möglich, während eine Gedankenwiedergabe von anderen Personen aufgrund der eingeschränkten Sicht kaum denkbar ist. Das eigene Innenleben kann hingegen sehr tiefgehend einbezogen werden, sodass sich der Akzent auf eine **Innenperspektive** verlagert, womit sich der Übergang zur personalen Erzählsituation andeutet; z. B. Goethe, „Die Leiden des jungen Werthers".

2.8.2 Unmittelbarkeit - Mimesis

Die Geschehensdarstellung kann auch ohne eine eingeschaltete Erzählerebene, direkt aus der Situation der Handlungsebene heraus (Jetzt-hier-Deixis), also mimetisch-dramatisch erfolgen. Geblieben sind dabei die 3. Person und auch das Präteritum als Erzähltempus, jedoch als ein „episches Präteritum" (HAMBURGER), das in diesem Zusammenhang seine Vergangenheitsbedeutung verloren hat. Das Geschehen vermittelt sich dem Leser in einer solchen **neutralen Erzählsituation** über einen unsichtbar bleibenden Beobachter oder ein „Kameraauge" mit Tendenz zur Beschreibung und ausgedehnter Personenrede; z. B. Kurzgeschichten von Hemingway.

Erzählerloses Erzählen kann ebenso ausgehen von dem eingeschränkten Wahrnehmungsfeld einer Figur. Mit Figurenperspektive und subjektiver Bewusstseinswiedergabe (**Innenperspektive**) gewinnt diese **personale Erzählsituation** vielfältige Gestaltungsmöglichkeiten (psycho-narration, ER, IM ohne Legitimationszwang wie im auktorialen Erzählen) und neigt stark zum „Bewusstseinsroman" (VOGT 1990, 55); z. B. Kafka, „Der Prozeß".
Abschließend ist hervorzuheben, dass sog. erzählerlose Texte ohne diegetische Einsprengsel in der Praxis äußerst selten sind (TAROT 1993, 141).
So gilt auch für alle aufgeführten typischen Erzählsituationen, dass sie „nicht als durchgängige, starre Muster, sondern als leicht veränderbare, kombinierbare und sich ergänzende Einstellungen einer insgesamt flexiblen Erzähloptik" (VOGT 1990, 65) zu verstehen sind.

2.9 Gespräche in künstlerischen Texten

Gespräche in künstlerischen Texten können in gewisser Weise ein Bild unserer alltäglichen Kommunikation entwerfen (ausführlicher vgl. YOS 2001). Sie stellen etwas dar, das zwar in der Realität so nicht überprüfbar ist, jedoch in seiner Komplexität real denkbar wäre, also fiktional ist (vgl. LERCHNER 1984a, 24 f.).
Durch die Gespräche wird der Leser zum Beobachter; das Geschehen erscheint ihm unmittelbar gegenwärtig, miterlebbar. Er ist dabei nicht auf die Sichtweise und explizite Bewertung durch den Erzähler angewiesen, sondern kann sich selbst ein Bild machen von den Figuren und deren Gedanken.
Schon in der literarischen Tradition spielte diese Möglichkeit der Vermittlung von Gedankengut unterschiedlichster Positionen eine gewichtige Rolle. Von der Antike bis zur Aufklärung wurden Gespräche genutzt, um vor der Leserschaft philosophische, moralische und politische Themen zu erörtern. Im 19. Jahrhundert hat Fontane die Gespräche immer mehr zu einem dominanten Mittel des Erzählens gemacht. Für ihn war das der geeignete Weg, den Roman zeitgemäß zu formen (vgl. PREISENDANZ 1984, 473).

Das künstlerische Gestaltungsmittel Gespräch ermöglicht in der Epik differenzierte Formen seiner Umsetzung, vom so genannten **Blankdialog**, der in ausgeprägter Form ein **szenisches Erzählen** bewirkt, bis zum **Redebericht**, der das Gespräch vollständig aus der Perspektive des Erzählers wiedergibt, damit strafft und so zu **panoramatischem** Erzählen führt.

2.9.1 Gespräche in künstlerischen Texten als Kommunikation auf zweiter Ebene

Bei der Betrachtung der Gespräche wollen wir im Folgenden von den in direkter Rede wiedergegebenen Formen ausgehen.

Die fiktionale Kommunikation zwischen den Figuren in künstlerischen Texten ist als integrierter Bestandteil der tatsächlich stattfindenden Kommunikation zwischen Autor und Leser folglich eine Kommunikation auf zweiter Ebene. Die Gesprächsanalyse, die sich mit den verschiedensten Bereichen der realen Kommunikation in der gesellschaftlichen Praxis befasst, grenzt sich deshalb deutlich von fiktionalen Dialogen ab (so z. B. HENNE 1977, 69), denn all diese Bereiche spontaner mündlicher Kommunikation – von der privaten Unterhaltung bis zum Unterrichts- oder Amtsgespräch – können Gegenstand der Literatur und damit fiktional sein. Die Beschäftigung mit künstlerischen Dialogen steht daher innerhalb der Gesprächsanalyse nur am Rande der Untersuchungen. Jedoch können gerade aus der Analyse fiktionaler Dialoge wichtige Erkenntnisse über Regeln und Konventionen in der realen Kommunikation gewonnen werden (BRINKER/SAGER 1989, 13). Da der Autor hier seine Kommunikationserfahrungen des Alltags systematisiert, liefern uns künstlerische Dialoge nahezu ideale Realisierungen von Sprechhandlungsmodellen und den Regularitäten interaktiver Prozesse, dadurch, dass sie von allen störenden Faktoren der realen Kommunikation (die wir zumeist auch im Erleben dieser Kommunikation nicht registrieren) bereinigt sind, so z. B. von Neuansätzen und Wiederholungen, Versprechern und Selbstkorrekturen, Pausen, Satzabbrüchen, Hörersignalen u. dgl. mehr. Die Sprecherwechsel sind in künstlerischen Texten sehr ökonomisch gestaltet, sie folgen den Möglichkeiten einer schriftlich fixierten Fassung – also ohne simultanes Sprechen.

In epischen Texten wird uns die zweite kommunikative Ebene meist graphisch durch Anführungszeichen signalisiert. Der Erzählkontext der ersten kommunikativen Ebene verweist uns dabei auf die situativen Bedingungen, unter denen die Figuren kommunizieren, auf ihre sozialen Beziehungen untereinander und gegebenenfalls auch auf die innere Haltung einer Person. Schon mit der Wahl des **redekennzeichnenden** Verbs (abgesehen von *sagen*, das nur einen formelhaften Charakter trägt) wird die sprachliche Äußerung der Figur mehr oder weniger explizit einer Interpretation durch den Erzähler unterworfen (vgl. OKSAAR 1981, 133). Gleichzeitig wird damit konventionelles kommunikatives Verhalten, dem die Figuren folgen, bewusst gemacht.

2.9.2 Fiktionale gesprochene Sprache

Die in epischen Texten vorgeführte gesprochene Sprache der Figuren stellt nach GROSSE (1972, 625) eine scheinbare Mischform von geschriebener und gesprochener Sprache dar, eine schriftlich konzipierte Form, die gesprochene Sprache simuliert. Der Autor setzt besonders durchdachte Konstruktionen ein, die die Sprachgemeinschaft als charakteristisch für gesprochene Sprache ansieht: **Stilisierung.** Autor wie Leser verfügen gleichermaßen über „schablonenartige Vorstellungen" (GROSSE 1972, 667) von der gesprochenen Sprache; und nur diese werden für deren Imitation genutzt, denn in ihrer Gesamtheit ist die spontan gesprochene Sprache kaum für die Gestaltung literarischer Dialoge geeignet (GROSSE 1972, 662). Einzelne Charakteristika der spontan gesprochenen Sprache wie Satzbrüche, simultanes Sprechen, Versprecher und Korrekturen, Wiederholungen und Neuansätze würden sich außerordentlich hinderlich auf die Rezeption eines geschriebenen Textes auswirken, zumal dies auch unserem ästhetischen Empfinden widerspräche. Auch viele parasprachliche Elemente der gesprochenen Sprache müssen bei solch einer Imitation zumeist entfallen: Mimik, Gestik, Prosodie. Gerade prosodische Merkmale der Äußerung, die nicht selten deren Sinn mitbestimmen, sind nur höchst fragmentarisch in die graphische Form zu übertragen. (Man bedenke die Schwierigkeit, Transkripte der tatsächlich gesprochenen Sprache herzustellen – vgl. in 3.12.) Nur ein verschwindend geringer Teil graphischer Mittel steht konventionell für geschriebene Texte zur Verfügung: etwa Kursiv- oder Gesperrtdruck, Punkte, Gedankenstriche, Ausrufezeichen; damit kann der Autor diese parasprachlichen Aspekte nur vereinzelt kenntlich machen. Wenn er nicht durch verbales Erfassen solcher Aspekte – z. B. in der Redekennzeichnung – die Rezeption der Figurenäußerung bewusst lenkt, ist für den Leser so ein beträchtlicher Freiraum für Interpretationen und die Entfaltung seiner Phantasie geschaffen.

Was bleibt also an Stilisierungsmöglichkeiten für eine gesprochene Sprache innerhalb der Epik? Was ist unter diesen „schablonenartigen Vorstellungen" zu verstehen? Im Bereich der Lexik sind das sozial, regional oder situativ markierte Elemente (s. unter 2.6), insbesondere auch Phraseologismen, Gliederungssignale und kommunikative Partikeln sowie Deiktika. Syntaktische Charakteristika, auf die zurückgegriffen werden kann, sind kurze, parataktische Satzstrukturen, Ellipsen, Ausrahmungen und Nachträge, eventuell Satzabbrüche und klitische Strukturen. Diese sprachlichen Mittel ermöglichen eine realistische Imitation der spontan gesprochenen Sprache. Aber auch bei realitätsnaher Gestaltung gesprochener Sprache fehlt dieser letztlich ein ganz bestimmendes Merkmal der realen mündlichen Kommunikation: die Spontaneität. Spontaneität wird allenfalls simuliert, im Wesentlichen mit den genannten Strukturen der Mikroebene.

2.9.3 Zu Produktion und Rezeption des künstlerischen Dialogs

Mit dem Fehlen von Spontaneität verbunden ist auch ein zweiter grundlegender Unterschied zur realen mündlichen Kommunikation: die Wechselseitigkeit von Produktion und Rezeption, die charakteristisch ist für das Gespräch. Bei künstlerischen Dialogen ist sie erst auf der zweiten kommunikativen Ebene, der fiktionalen, zu finden. Gesprächsbeiträge verschiedener Kommunikationspartner, die den Dialogtext konstituieren, sind somit dem Produzenten des Textes auf der ersten kommunikativen Ebene, dem Autor, zuzuschreiben, der diese Gespräche als ein künstlerisches Gestaltungsmittel nutzt, als ein Mittel des **szenischen Erzählens**. Die Gesprächsbeiträge in fiktionalen Gesprächen weisen dadurch (nach GROSSE) eine dreifache Zuhörerschaft auf: den Leser, der den Text auf der ersten Kommunikationsebene rezipiert und mit seiner kommunikativen Erfahrung vergleicht und interpretiert. Im Prozess des Schreibens ist der Produzent selbst mit seinem Interaktionswissen und seinem Sprachgefühl Prüfstein bzw. erster Adressat der Figurenäußerung. Auf der fiktionalen Kommunikationsebene wechseln die Figuren ständig ihre Rollen als Sprecher und Hörer. Dabei liegt der Grad der Annäherung der Figurenrede an tatsächlich gesprochene Sprache im Ermessen des Autors, ist ein bedeutender Faktor seines **Individualstils**. Die Annäherung an die reale mündliche Kommunikation ist also auf zwei Ebenen denkbar: auf der Ebene der **Dialogstruktur** (in der Gesprächsanalyse Makro- und Medioebene – vgl. 1.4.2.2) und der Ebene der **sprachlichen Mittel** (der Mikroebene).

Letztere fällt zwar als Erstes ins Auge, ist aber nur zu einem Teil verantwortlich für die authentische Wirkung der Dialoge. Eine Analyse der Dialogstruktur offenbart noch eher die „Echtheit" der Kommunikation, da Gesprächszüge und -sequenzen auf Sprecherstrategien verweisen und unser gemeinsames kommunikatives Wissen illustrieren (vgl. BETTEN 1994, 521).

Mit der Art, wie der Autor die Gesprächsführung konzipiert, kann er die Einstellung der Kommunikationspartner zueinander, ihre sozialen Beziehungen illustrieren. Diese Funktion der Beziehungsgestaltung übernimmt ebenso die konkrete stilistische Ausformung der Gesprächsbeiträge. Die sprachliche Gestaltung der Gesprächsbeiträge ist, unter dem Aspekt der Angemessenheit gesehen, für den Rezipienten des Gesamttextes auch Indiz für situative Gegebenheiten des Gesprächs. Was die pragmatische Stilistik (vgl. 1.3.1 u. 1.3.2.2) in nichtfiktionalen Texten mit der Funktion der Selbstdarstellung durch Stil erfasst, kann der Autor fiktionaler Texte zur Charakterisierung seiner Figuren nutzen (regionale oder soziale Gebundenheit, Haltung zum sprachlichen Code ...).

Gespräche als szenisches Erzählen vermitteln so einerseits (wie in der Dramatik) Sachverhalte, die die Handlung vorantreiben, andererseits liefern sie aber auch Informationen über die Figurenkonstellation. Dem konversationellen Verhalten der Figuren kommt folglich ebenfalls eine Bedeutung für die Sinnkonstitution des Gesamttextes zu (vgl. LERCHNER 1984, 127).

3 ANALYSEANSÄTZE UND ANALYSEN

3.1 Analyse eines wissenschaftlichen Textes: funktionalstilistisch

ANALYSETEXT:

5. Zusammenfassung

(1) Um zwischen verschiedenen Individuen Verständigung herzustellen, ist von den Kommunizierenden ein Anteil an Arbeit zu leisten, der für den Sprecher u. a. darin besteht, seine Äußerungen in einer spezifischen, den Verstehensprozessen des Hörers angepaßten Weise zu ordnen. (2) Die dadurch entstehende Strukturierung hängt mit der grundsätzlichen Vagheit der natürlichen Sprache zusammen; eine Eigenschaft, die es ermöglicht, die Sprache mit verschiedenen – den jeweiligen kommunikativen Bedürfnissen entsprechenden – Genauigkeitsgraden zu handhaben. (3) Einerseits macht diese Vagheit den Kommunikationsprozeß überhaupt erst möglich, andererseits ist durch sie die potentielle Gefahr von Verständigungsproblemen und Kommunikationsstörungen latent immer vorhanden.
(4) Die Konsequenzen, die sich aus dieser Eigenschaft für den Kommunikationsprozeß ergeben, bestehen darin, dass die in der Kommunikation ausgetauschten Informationen in einer spezifischen Weise repräsentiert und geordnet werden müssen, um diese Vagheit in einem gewissen Maße zu reduzieren. (5) Texte lassen sich in ihrer linearen Abfolge auch unter dem Aspekt dieser Einschränkung von Vagheit erfassen.
(6) Vagheitsreduzierung hat unmittelbar mit der Herstellung und Sicherung der Verständigung zu tun, und diese Aufgabe hat notwendigerweise Priorität gegenüber anderen Dingen in der Kommunikation, deshalb ist die Reduzierung von Vagheit als ein grundlegendes Organisationsprinzip der sprachlichen Kommunikation anzusehen.

(M. Elstermann (1987): Vagheitsreduzierung als ein grundlegendes Organisationsprinzip der sprachlichen Kommunikation. In: Linguistische Studien. A. 158. Berlin, S. 24-45)

In diesem Beitrag soll ein Text des Funktionalstils der Wissenschaften mithilfe der Kategorien, die die Funktionalstilistik zur Verfügung stellt – ‚Hauptzüge eines Funktionalstils', ‚Stilzug', ‚Stilelement' –, untersucht werden (vgl. 1.3.2.1). Es handelt sich bei dem zu untersuchenden Text um die Zusammenfassung eines wissenschaftlichen Aufsatzes. Der Status der ‚Zusammenfassung' als Textsorte ist bisher nicht abschließend geklärt. So weist GÖPFERICH (1995, 3) auf die Schwierigkeiten hin, die bis jetzt bei der Beschreibung von Einzeltextsorten auch im fachsprachlichen Bereich bestehen.

Zum Beispiel sind die Analysekriterien uneinheitlich, und Textsorten werden bei der Beschreibung nicht zueinander in Beziehung gesetzt. Die Frage, ob die Zusammenfassung, die sich ja immer auf einen vorgängigen Text beziehen muss, den Status einer eigenen Textsorte hat, ob Zusammenfassungen also als eigenständige Texte gelten können, ist noch offen. Für unsere Zwecke ist eine endgültige Klärung dieses Problems jedoch auch gar nicht nötig. Es genügt, wenn wir uns bewusst machen, dass es immer einen Vorgängertext geben muss, auf den sich die Zusammenfassung inhaltlich bezieht, und dass es formale Übereinstimmungen zwischen Vorgängertext, „Primärtextsorte" (GÖPFERICH 1995, 124) und Folgetext, „Sekundärtextsorte" (ebd.) geben kann. Fest steht auf jeden Fall, dass die Zusammenfassung in relativ eigenständiger Funktion auftreten kann, z. B. als Klappen- oder Rückentext eines Buches oder als Werbetext in einem Verlagskatalog. Sie muss für sich allein – ohne Kenntnis des Vortextes – verständlich sein. Darin kann unter den oben genannten Umständen (Werbung) sogar ihr Sinn liegen. Dies berechtigt uns, die Analyse der Zusammenfassung im Wesentlichen ohne Rückgriff auf den Primärtext vorzunehmen. Wir betrachten sie als eigenständigen Text, der aus sich heraus verstanden werden muss und als Einheit analysiert werden kann. Folgen wir der Textsortentypologie von GÖPFERICH (1995, 123 ff.), so gehört die Zusammenfassung (eines wissenschaftlichen Aufsatzes) zu fortschrittsorientiert-aktualisierenden Sekundärtexten, zu denen GÖPFERICH z. B. auch Abstract und Rezension rechnet.

> „Die kommunikative Funktion von *fortschrittsorientiert-aktualisierenden Texten* besteht in der Informationsvermittlung zum Zwecke der Vorantreibung von Wissenschaft und Technik. Bei den Informationen handelt es sich also stets um neue Forschungsergebnisse und Erkenntnisse, die auch in der (Neu)Evaluierung von bereits Bekanntem bestehen können." (ebd., 125)

Dass derselbe Gegenstand für einen anderen Leserkreis auch als publizistisch aufbereiteter, als Lehrbuchtext oder als Interesse weckender populärwissenschaftlicher Text angelegt sein kann, stellt GÖPFERICH (ebd., 125 ff.) dar. Die Stilelemente und Stilzüge werden sich entsprechend unterscheiden.

Dieses Wissen erlaubt uns nun, zur Betrachtung des Funktionalstils überzugehen. In dem Zusammenhang muss darauf hingewiesen werden, dass ich im Vergleich zu meinen Ausführungen in 1.3.2.1 den umgekehrten Weg gehe. Hier setze ich mit meinen Überlegungen an der Textsorte an, dort habe ich die Beschreibung der Textsorten als mögliche Fortsetzung der Funktionalstilistik angeführt. Dass die Textsorte selbst hier am Anfang steht, hat mit ihrem problematischen Status zu tun, der erst beschrieben werden musste. Der Ansatz der Analyse selbst liegt aber dann doch bei der Kategorie des Funktionalstils.

Es handelt sich bei dem vorliegenden Text, der den Namen der Textsorte gleichsam als Überschrift trägt, um einen wissenschaftlichen Text. Wir haben es also mit dem Funktionalstil der Wissenschaften zu tun. Dieser wird bei FLEISCHER und MICHEL (1975) vor dem Hintergrund der „gesellschaftlichen Verhältnisse und [der] Tätigkeit des Menschen" als Teil des „funktionalen Stiltyps der Sachprosa" (ebd., 246) bezeichnet, der wiederum nach der Dominanz von Erkenntnisvermittlung und Erkenntnisfindung auf der einen und Verhaltenssteuerung auf der anderen Seite unterteilt wird in den funktionalen Stiltyp der Wissenschaft und in den der Direktive. Die Rede ist auch, wenn es um den funktionalen Stiltyp der Wissenschaft geht, vom „Kommunikationsbereich der Wissenschaft" (ebd., 246) oder vom „wissenschaftlichen Funktionalstil" (ebd., 251) bzw. vom Stil der Wissenschaft (MICHEL 1983, 486). Dass die Einteilung in Funktionalstile zu grob ist und auf die Beschreibung „gattungs- und situationsbedingter Faktoren" ausgedehnt werden muss, bleibt bei FLEISCHER und MICHEL nicht unerwähnt (ebd., 251). Wir werden aber nun versuchen, mit dem Angebot an Kategorien der Funktionalstilistik auszukommen, um uns ein Bild von deren Möglichkeiten zu machen. Und es wird sich zeigen, dass man damit bereits wichtige funktionsbezogene Stilelemente und Stilzüge des Textes erfassen kann.

Das wichtigste Kriterium, das der Zuordnung zu diesem Funktionalstilbereich dient, kennen wir bereits: Erkenntnisvermittlung. Wir können es noch differenzieren:

> „In wissenschaftlichen Texten dominiert das Streben nach Vermittlung von Erkenntnissen (seien es gesicherte Tatsachen, die Erörterung von Hypothesen, die Darlegung von Beweisen). Dabei geht es um Verallgemeinerungen über den konkreten Einzelfall hinaus." (ebd., 260)

Zweifellos ist wissenschaftliches Schreiben, zumindest im Bereich der Geisteswissenschaften, auch ein Akt, der zu neuen Erkenntnissen führt. Nicht alles, was man in einem wissenschaftlichen Aufsatz festhält, war zuvor schon im Kopf da. Es formierte sich als Denkinhalt im Verlauf des Formulierens.

Es sollen nun zunächst die Stilzüge zusammengetragen werden, die nach der Erkenntnis der Funktionalstilistik in wissenschaftlichen Texten dominieren.

RIESEL (1959, 427 ff.) führt **Sachlichkeit, Logik, Klarheit** und **Fassbarkeit** als wesentliche Stilzüge wissenschaftlicher Texte an. Mit Logik ist hier natürlich nicht die strenge formale Logik gemeint, sondern das, was wir auch Folgerichtigkeit in der Entwicklung von Gedanken nennen. In der 1975 vorgelegten Stilistik differenzieren RIESEL und SCHENDELS die Stilzüge weit mehr. Sie gehen davon aus, dass wissenschaftliche Texte objektive Darstellungen sein müssen, die bestimmt sind von **Logik** im oben beschriebenen Sinne und von deren Teilfaktoren **Klarheit, Sachlichkeit, Genauigkeit, Folgerichtigkeit** und **Abstraktheit**. Wissenschaftliche Texte können aber auch im Dienste polemischer Auseinandersetzung mit anderen Meinungen stehen, und dann sind Stilzüge wie **Expressivität** und **Emotionalität** nicht ausgeschlossen.

Bildhafte Ausdrücke, deren direkte Wortbedeutung uns etwas anschaulich macht
– z. B. *Aussagen extrem verdichten* (statt *komprimieren*), *syntaktisches Ungefähr* (statt *Vagheit*) –, bildliche, im übertragenen Sinn verwendete Wörter
– *schwankende Bedeutung* (statt *Vagheit*), *hintergründig* (statt *implizit*) kann man in beiden Arten wissenschaftlicher Texte finden: in objektiven Texten als Mittel der Erkenntnisfindung (z. B. Metaphern), in polemischen Texten als wirkungssteigernde Mittel.

Bei FLEISCHER/MICHEL (1975, 260 ff.) finden wir die Stilzüge **Abstraktion, Objektivität, Rationalität (Dichte), Genauigkeit** und **Differenzierung der Aussagen nach Bestimmtheitsgrad (Modalität)**. Expressivität gilt als Stilzug nur dann, wenn bestimmte Wirkungen beabsichtigt sind (Überzeugen z. B.). Der Stilzug der **Unpersönlichkeit**, der traditionell in deutschen Wissenschaftstexten und im Bewusstsein der Wissenschaftler immer noch eine große Rolle spielt, wird von FLEISCHER und MICHEL nur eingeschränkt akzeptiert (ebd., 263 f.), andererseits nennen sie „die Bevorzugung des unpersönlichen Ausdrucks" (ebd., 252) an anderer Stelle aber auch uneingeschränkt als Merkmal wissenschaftlicher Texte.

Die Situation der Kommunikation und die Kommunikationsform spielen bei der funktionalstilistischen Betrachtung ebenfalls eine, wenn auch in ihren Ausführungen nicht so stark im Vordergrund stehende Rolle. Die situativen Gegebenheiten werden unter dem Stichwort ‚Determinanten des Stils' (ebd., 54) angeführt: Sprecher/Schreiber, Hörer/Leser, das sprachliche Zeichensystem, der Mitteilungsgegenstand, der Verständigungsweg (mündlich oder schriftlich), die Verständigungsart (monologisch oder dialogisch), die Verständigungssituation (gesellschaftliche Sphäre und spezielle Begleitumstände).

Ohne darauf weiter eingehen zu müssen – denn aus der Soziolinguistik sind die Faktoren des Kommunikationsmodells ja bekannt – kann geschlussfolgert werden, dass diese Faktoren in den verschiedenen Funktionalstilen verschieden beschaffen sein werden und die sprachliche Ausführung dementsprechend funktionalstiltypisch ausfallen wird.

Eine weitere Aufgabe nach der Ermittlung derjenigen Stilzüge, die für einen Funktionaltyp dominierend sind, besteht in der Feststellung der innerhalb eines Funktionalstils für die jeweiligen Stilzüge dominierenden Stilelemente. Für den Funktionalstil der Wissenschaften werden vor allem folgende angeführt, die durchaus jeweils an der Konstituierung mehrerer Stilzüge beteiligt sein können. Es werden im Folgenden die Stilzüge mit einigen für sie typischen Stilelementen aufgezählt:

Abstraktheit (im Sinne von Darstellung gedanklichen Gehalts ohne sinnliche Anschauung und Darstellung von Verallgemeinertem unter Absehung von Einzelfällen): Dazu gehören selbstverständlich abstrakte Substantive, deren Wesen es ist, nichtgegenständliche Erscheinungen zu bezeichnen, wie z. B. *Erkenntnis, Problem, Fragestellung*. Dazu gehören aber auch Termini, da sie verallgemeinern und von unwesentlichen Merkmalen absehen, z. B. *Texttyp, kognitionslinguistisch, Abstraktum.* Funktionsverbgefüge wie *zum Abschluss bringen* statt *abschließen, in Erwägung ziehen* statt *erwägen,* eine *Problemlösung vollziehen* statt ein Problem *lösen* kann man auch dazu zählen, weil bei ihrem Gebrauch auf die Benennung der handelnden Person und damit auf die anschauliche Vorstellung von ihr verzichtet werden kann und weil aussagekräftige Verben wegfallen. Für den Stilzug der Abstraktheit kann auch das Fehlen von Elementen – wie etwa differenzierender Attribute und anschaulicher Wörter – von Bedeutung sein.

Objektivität (Darstellung ohne Stellungnahme des Textproduzenten): alle Mittel unpersönlicher Ausdrucksweise wie Funktionsverbgefüge (s. o.), Sätze mit einem sachlichen Subjekt (und einem persönlichen Dativobjekt): *Das Argument ist nicht stichhaltig. Das Argument leuchtet der Verfasserin nicht ein,* Vermeidung der ersten Person: *Verfasser meint, dass,* Gebrauch des Indefinitpronomens *man: Man muss sich nun folgende Frage stellen ...,* modale Infinitive: *zu untersuchen sein, zu berücksichtigen haben,* Passivkonstruktionen: *das Problem wird in Angriff genommen.*

Sachlichkeit (Darstellung ohne Wertung*):* überwiegend Verzicht auf Mittel der Emotionalität und Expressivität, nur in Fällen, wo eine Aussage relativiert werden soll, Verwendung von Mitteln, die dem Ausdruck von subjektiven Einstellungen dienen, dann aber in knapper und neutraler Form, *nach meiner Auffassung, nach Meinung des Verfassers, meines Erachtens, m. E., soweit ich sehen kann ...*

Differenzierung nach Bestimmtheitsgrad der Aussage (s. o.): Mittel, die dem Ausdruck von Modalität dienen, z. B. *es ist anzunehmen, vermutlich, in der Regel, kann man mit Einschränkung sagen, es ist nicht sicher, eventuell.*

Folgerichtigkeit: Mittel zum Ausdruck von Kausalität und Finalität: z. B. Konjunktionen wie *weil, sodass, um zu,* Adverbien wie *dann, darauf, deshalb,* Tempusstruktur des Textes, Wendungen wie *aus diesem Grunde, nicht zuletzt deshalb, weil.* Mittel der Gliederung des Textes: z. B. Kapitel- und Abschnitteinteilung, Nummerierung. Auch lexikalische Mittel wie *einerseits – andererseits* im mikrostrukturellen Bereich – oder die Formulierung von Überschriften im makrostrukturellen Bereich, die der Verdeutlichung halber oft analog gebaut sind: z. B. *1. Die Einheit des Satzes, 2. Die Einheit des Textes 3. Die Einheit eines Textverbundes.*

Klarheit: z. B. Termini, da sie eindeutig sind (s. o.), Gliederung, da sie eine Übersicht vermittelt, Mittel der Folgerichtigkeit (s. o.), da sie eine Gedankenentwicklung zeigen.

Genauigkeit: z. B. Termini (s. o.), Fachwort, Arbeit mit authentischen Texten wie z. B. Zitate, Belege (die immer nachgewiesen sein müssen).

Dichte: z. B. Mittel der Nominalisierung wie Funktionsverbgefüge (s. o.), Gebrauch deverbaler Substantive, z. B. der Derivate auf *-ung*, alle Mittel der syntaktischen Verdichtung, z. B. durch komplizierte, in sich gestaffelte Satzstrukturen, nominale Rahmen.

Unpersönlichkeit: alle Mittel, die geeignet sind, die Nennung des Textproduzenten zu vermeiden (s. o. **Objektivität, Sachlichkeit**) oder auch Verzicht auf die mögliche Anrede der adressierten Personen *Der Leser wird sich fragen, es wird darauf hingewiesen, Gegenargumente lassen sich entkräften ...*

Wie sieht vor dem Hintergrund der eben aufgezählten Dominanzen die Struktur und Form unseres Textes aus? Zunächst müssen wir uns bewusst machen, dass dies ein symmetrischer Text ist, das heißt, dass Textproduzent und Textrezipient auf derselben Stufe stehen, hier bezogen auf die Wissensvoraussetzungen. Beide müssen wissenschaftlich gebildet sein. Daran misst sich nämlich, was unter Klarheit verstanden wird, und damit ist die Dichte der Darstellung z. B. zu begründen. Der Leser bringt die Voraussetzungen mit, die die Lektüre des Textes zu einem „normalen" (nicht zu schwierigen) Rezeptionsvorgang machen. Auch der Verständigungsweg ist hier von Bedeutung. Die Dichte der Darstellung, wie wir sie – das unterstelle ich hier einmal – in diesem Text finden, ist nur in schriftlichen Texten, da sie eine wiederholte Lektüre erlauben, möglich.

Welche Stilmittel werden nun in diesem Text zur Hervorbringung welcher Stilzüge verwendet? Bereits bei der ersten Lektüre stellt man fest, dass dies ein dichter Text ist; denn man muss, wenn man den Text verstehen will, zunächst einmal die komplizierten Satzkonstruktionen in ihren syntaktischen Bezügen und Abhängigkeiten und in ihrer inhaltlichen Staffelung erkennen. Die Folgerichtigkeit des Textes erschließt sich bei dieser Gelegenheit möglicherweise gleich mit. Schnell wird man durch die Termini und Fachwörter auch auf die Genauigkeit und die Abstraktheit des Textes aufmerksam werden. Sachlichkeit, Verzicht auf emotionale und expressive Ausdrücke, unpersönliche Darstellung sind Züge des Textes, die möglicherweise erst bei der genauen Analyse auffallen.

Die Dichte des Textes zeigt sich bei der Satzanalyse. Als Beispiel kann Satz (1) gelten:

(1) Um zwischen den verschiedenen Individuen Verständigung herzustellen, ist von den Kommunizierenden ein Anteil an Arbeit zu leisten, der für den Sprecher u. a. darin besteht, seine Äußerungen in einer spezifischen, den Verstehensprozeß des Hörers angepaßten Weise zu ordnen.

Dieser Satz ist eine Periode, in der der Hauptsatz *ist von den Kommunizierenden ein Anteil an Arbeit zu leisten* eingerahmt wird von einer vorangestellten Infinitivkonstruktion *um zwischen ... herzustellen* und einem folgenden Relativsatz *der für den Sprecher u. a. darin besteht,* an den sich wiederum eine erweiterte Infinitivkonstruktion anschließt *seine Äußerungen ... zu ordnen.* Während der Hauptsatz die Handlung des Feststellens vollzieht, drückt die vorangestellte Infinitivkonstruktion mit *zu* Finalität aus, der Relativsatz hat attributivischen Charakter und expliziert das im Hauptsatz Festgestellte zusammen mit der folgenden Infinitivkonstruktion. Ausdruck von Kausalität im weiteren Sinne. Feststellen und Explizieren werden im Zusammenhang einer einzigen komplexen Satzkonstruktion, also auf engstem Raum vollzogen. Dieses Prinzip setzt sich über den Text hinweg fort und ist Ausdruck der Dichte des Textes. Zugleich ist die Anordnung vom inhaltlichen Gesichtspunkt her ein Beispiel für gedankliche Folgerichtigkeit. Ziel, Feststellen, Explizieren ergeben sich folgerichtig auseinander. Die Gliederung des Textes in drei Abschnitte mit den Akzentuierungen 1. Beschreibung und Erklärung von *Vagheit*, 2. Konsequenzen und 3. abschließende Feststellung ist ebenfalls Mittel zur Herstellung von Folgerichtigkeit.

Zum Ausdruck von Dichte wie von Klarheit und Genauigkeit dient die wiederholte Verwendung von Termini wie *Sprecher, Hörer, Verstehensprozeß, Kommunikationsprozeß, Kommunikationsstörung* usw. Dass die Verwendung von Termini Klarheit nur dann bewirkt, wenn die Rezipienten über dieselben Wissensvoraussetzungen verfügen, liegt auf der Hand. Nicht jeder Leser wird z. B. bei dem Wort *Vagheit* über das terminologische Wissen verfügen, das diesen Ausdruck als Fall semantischer Unbestimmtheit, Unschärfe der Bedeutung definiert, der nur im Kontext einen eindeutigen Wahrheitswert zugeschrieben bekommen kann. Im Falle der Sekundärtextsorte ‚Zusammenfassung' kann man freilich damit rechnen, dass die Rezipienten im Laufe der Lektüre des Primärtextes das nötige terminologische Wissen vermittelt bekommen haben. Der Rückgriff auf eine ganze Reihe abstrakter Wörter dient dem Ausdruck des Verallgemeinernden der Gedankengänge, d. h. es wird vom Nichtwesentlichen, von Einzelfällen abgesehen und auf Anschauung kein Wert gelegt. Nichtterminologische Abstrakta des Textes sind in diesem Kontext[1] z. B. die Substantive und Wortgruppen *Anteil an Arbeit, spezifische, angepaßte Weise, Strukturierung, Eigenschaft, Bedürfnis, Genauigkeit, Konsequenzen* und die Adjektive *verschieden, spezifisch, grundsätzlich, natürlich (Sprache), kommunikativ, potentiell, latent* usw. Wörter, die eine sinnliche Anschauung vermitteln, gibt es in diesem Text nicht.

---

[1] In anderen Wissenschaftskontexten können diese Ausdrücke wie z. B. *Arbeit, Bedürfnis* sehr wohl definiert sein.

Man könnte sich aber vorstellen, dass abstrakte Ausdrücke auch einmal variiert und durch anschauliche ersetzt werden, wobei freilich immer Anschaulichkeit mit Unschärfe bezahlt werden muss. So könnte *Vagheit* vielleicht durch *Chamäleonartigkeit* ersetzt werden. Zweifellos gewönne die Aussage an Plastizität, gleichzeitig wären aber auch Assoziationen möglich, die vom Anliegen des Textes wegführen, ja sogar Unrichtigkeiten wären angelegt; denn mit *Vagheit von Äußerungen* ist wohl eher ihre Offenheit und Nichtfestgelegtheit gemeint als ihre Wandlungsfähigkeit. Die Genauigkeit des Textes wäre gemindert. Das spielt für populärwissenschaftliche Texte keine entscheidende Rolle, sodass man da Variabilität und Anschaulichkeit im Sprachgebrauch auf Kosten der Eindeutigkeit als völlig angemessen betrachten kann.

Im Sinne von Dichte, Folgerichtigkeit und als Mittel thematischer Entfaltung wirken die in diesem Text zu findenden Isotopieketten, die auf Semrekurrenz und Referenzidentität, systemhaft oder funktional bedingt, beruhen. Beispiele: *grundsätzliche Vagheit, eine Eigenschaft, die ... , diese Vagheit, sie, diese Eigenschaft, diese Vagheit, (Einschränkung von) Vagheit, Vagheits(-reduzierung), (Reduzierung von) Vagheit*. Daneben steht die Kette *reduzieren, Einschränkung, Reduzierung*, die ganz eng mit der Vagheitskette (s. o.) verbunden ist. Außerdem haben wir noch die Ketten *ordnen, geordnet werden müssen* und *Organisationsprinzip*, ebenfalls mit *Vagheit* eng verbunden, und *Verständigung herstellen, Verstehensprozesse, Verständigungsprobleme, Herstellung und Sicherung der Verständigung*[2]. Diese Ketten sind miteinander in der Weise verflochten, dass sie gemeinsam zu der Kernaussage beitragen: **Vagheit** wird **reduziert** durch **Ordnung** mit dem Ziel der **Verständigung.** Der Titel des Aufsatzes, auf den sich die Zusammenfassung bezieht, kann in diesem Sinne als Komprimierung des Textinhaltes gelten: „Vagheitsreduzierung als ein grundlegendes Organisationsprinzip der sprachlichen Kommunikation".

Textzusammenhänge im Sinne von Dichte, Genauigkeit, Differenziertheit und Sachlichkeit werden auch durch die Verwendung von Wörtern bestimmter Sachgruppen hergestellt. Beispiel: Sachgruppe Verständigung/Kommunikation: z. B. *Verständigung, Kommunizierende, Sprecher, Äußerung, Verstehensprozeß, Hörer, natürliche Sprache, kommunikative Bedürfnisse, Kommunikationsprozeß, Verständigungsprobleme, Kommunikationsstörungen, Informationen repräsentieren und ordnen, Texte erfassen.*

Dass die (nur unvollständig wiedergegebene) Sachgruppe fast nur Substantive erfasst – nach ihrer Definition kann sie durchaus verschiedene Wortarten umfassen – ist ein Hinweis auf die Abstraktheit/Begrifflichkeit, die den Text

---

[2] An dieser Kette wird das Problematische deutlich, das darin besteht, sich auf Referenzidentität beziehen zu müssen. Sicher kann man bei diesen Beispielen geteilter Meinung sein, ob sie sich tatsächlich auf denselben Ausschnitt von Wirklichkeit beziehen.

dominiert. Dass der tragende Wortschatz des Textes im Wesentlichen eine einzige Sachgruppe bildet, ist Ausdruck der Konzentriertheit und Gedrängtheit, wie sie einer ‚Zusammenfassung' zukommt.

In diesem Text findet man keine Ausdrücke, die die Objektivität der Aussage auch nur in geringem Maße einschränken. Das passt zur Sekundärtextsorte ‚Zusammenfassung', die Ergebnisse von Denkprozessen gedrängt vorstellt. Prozesse der Erkenntnisfindung wie Argumentieren, Abwägen, Einschränken und ähnliche haben im Primärtext ihren uneingeschränkten Platz. In der Zusammenfassung dürfen sie fehlen, wenn dies auch nicht Bedingung ist. Zu den durchweg nichtmodifizierten objektiven Aussagen passt die unpersönliche Darstellungsweise. Infinitivkonstruktionen (s. o.) wie modale Infinitive *ist von den Kommunizierenden ein Anteil an Arbeit zu leisten ...* geben die Möglichkeit, das Agens ganz auszusparen oder – wie hier – einer anderen Akzentuierung der Information. Satzkonstruktionen mit einem sachlichen Subjekt und einem persönlichen präpositionalen Objekt verlagern die Aufmerksamkeit vom Agens auf die „Sache": *der Anteil von Arbeit ... besteht für den Sprecher darin.* Nachträge wie *eine Eigenschaft, die* ermöglichen ebenfalls unpersönliche Aussagen. Dasselbe ist der Fall bei Passivkonstruktionen *die in der Kommunikation ausgetauschten Informationen .... werden repräsentiert und geordnet.*

Bei der knappen Analyse des Textes kam es darauf an, bestimmende Stilzüge zu finden und die Stilelemente aufzuzeigen, die an der Konstituierung eines oder mehrerer Stilzüge beteiligt sind. Es zeigte sich, dass Stilelemente durchaus polyfunktional wirken können. Dasselbe Verfahren lässt sich auf populärwissenschaftliche Texte, Fach- und Schulbuchtexte ebenso wie auf Texte der Direktive und der Alltagskommunikation übertragen.

Aufgaben:

⇨ 1. Suchen Sie sich einen populärwissenschaftlichen Text und einen Text aus einem Lexikon zum Thema ‚Verständlichkeit' und bestimmen Sie im Vergleich mit dem vorliegenden Text dominierende Stilzüge und Stilelemente.

⇨ 2. Nehmen Sie sich einen längeren Text zu einem naturwissenschaftlichen Gegenstand aus einem Schulbuch (Biologie, Physik oder Chemie) und bestimmen Sie die Stilzüge und Stilelemente unter dem Gesichtspunkt der Themen- und Adressatenbezogenheit des Textes.

⇨ 3. Überprüfen Sie, ob man mit dem Vorgehen der pragmatischen Stilistik diesen Texten gerecht werden kann.

3.2 Analyse eines institutionellen Textes: pragmastilistisch

ANALYSETEXT:

HINWEISE FÜR DIE AUTORINNEN DER ... BROSCHÜRE ZUR GESTALTUNG DER TEXTDATEIEN

(1) die Beiträge sind als **Fließtext** ohne Formatierungen zu schreiben, d. h.
(2) *– ohne jegliche Hervorhebung in Fett-, Kursiv- oder anderen Schriften*
(3) *– ohne Tabulatoren, Einrückungen, festgestellte Ränder u.s.w.* und
(4) – als **WordPerfect-Datei** (bis Version 6.1) **oder**
(5) – **Word-Datei** (letztere bis Version 7, das aber nur nach Absprache, jedoch *nur bis Windows95, kein Windows NT*) und
(6) **keinesfalls im MacIntosh-System!**
(7) Abgabe als **Diskette** oder – in Sonderfällen – (*ebenfalls nur nach Absprache mit der Redaktion!*) als E-Mail. Dabei müssen alle für die Diskettenversion genannten Bedingungen ebenfalls erfüllt sein.
(8) Der Datei sollte ein Manuskriptausdruck beiliegen (1 ½ - oder zweizeilig).
(9) Die Porträt-Abbildungen bitte als "Papier"-Fotos, nicht als Dia oder Datei.

*(10) Jedem Foto ist eine kurze Vita (hauptsächl. wissenschaftl. Werdegang) **und** der Namen des Fotografen beizufügen*
(11) Schließlich müssen jedem Beitrag (für die Autorenliste) die Postanschrift des Autors/der Autoren, Telefon, Faxnummer und E-Mail-Adresse beiliegen.

(12) Rückfragen zu den o. g. Punkten richten Sie bitte an:

Rektorat
Stabsabteilung Öffentlichkeitsarbeit

Tel.:
E-Mail:
Fax:

gez.:   06.12.2000

Für die Bezeichnung der Textsorte, der dieser Text zuzuordnen ist, stehen uns das englische Fachwort ‚style sheet' und deutsche „Umschreibungen" wie ‚Hinweise zur Gestaltung der Druckvorlage', ‚Hinweise für die Manuskriptgestaltung' zur Verfügung. Aus den deutschen Bezeichnungen ergibt sich ein deutlicher Hinweis auf die Einordnung des Textes in einen Textsortenbereich, der durch den dominierenden Handlungstyp des AUFFORDERNs (MOTSCH 1983, vgl. 1.1) gekennzeichnet ist. Da der vorliegende Text, wie zu zeigen sein wird, neben dem ‚Erstsinn' (der Sachinformation) einen sehr ausgeprägten ‚Zweitsinn' (über die Form vermittelte soziale Informationen) aufweist (STOLT 1984, SANDIG 1978, 1986), soll er im Folgenden nach Gesichtspunkten der pragmatischen Stilistik (STOLT, SANDIG) analysiert werden, die von der Existenz ‚stilistischer Bedeutung' ausgeht, die Stil als ‚Zweit'- oder ‚Sekundärsinn' ansieht und im Zusammenhang mit Stil von „sozial relevante/r/ (bedeutsame/r/) Art der Handlungsdurchführung" (SANDIG 1986, 23) spricht. „Die sprachlichen Stileigenschaften" sind nach SANDIG (1986, 20) „Phänomene, mit deren Hilfe intersubjektiv Sinn hergestellt und vermittelt wird". Auf die Art der Sinnherstellung und -vermittlung wie auch auf die Rezeptionsmöglichkeiten wird man bei der Analyse eingehen müssen.

Der vorliegende Text wurde von der Pressestelle einer deutschen Universität[1] an Autorinnen und Autoren von außerhalb, die um einen Beitrag für ein Publikationsorgan der Universität gebeten worden waren, geschickt. Solche Texte werden üblicherweise versandt, um die Herstellung der gewünschten Texte so zu lenken, dass sie möglichst in allen Punkten den Vorstellungen des Verlags bzw. in unserem Fall der Pressestelle entsprechen. Dies ist nicht nur ein übliches, sondern ein durchaus auch berechtigtes Vorgehen, weil im häufig genutzten Offset-Verfahren der Text für die Druckvorlage nicht neu gesetzt, sondern auf fotomechanischem Wege von der Papiervorlage direkt auf die Druckplatte gebracht wird. Es ist daher wichtig, dass er möglichst genau den Vorstellungen der Herausgeber entspricht. Soweit die „technischen" Voraussetzungen.

An dem vorliegenden Text muss uns nach dem bisher Gesagten sowohl interessieren, wie der Erstsinn, also das WAS der Mitteilung, beschaffen ist, als auch und vor allem, welche sekundäre, stilistische Bedeutung uns über das WIE, die Art und Weise des Sagens, vermittelt wird. Letzteres ist nur mit Bezug auf den Erstsinn möglich.

Bevor man mit der Analyse einsetzen kann, sind einige theoretische Voraussetzungen zu klären. Das betrifft zunächst die Kategorie der Institution. Wir haben es hier mit einem institutionellen Text zu tun, an den man erfahrungsgemäß bestimmte Erwartungen hinsichtlich der Sprachgestalt, z. B. Ausdruck von Offizialität, von Förmlichkeit und Höflichkeit knüpft. Weiter ist genauer darauf einzugehen, was unter Stilbedeutung sozialer Art (s. o.) zu verstehen ist und in welchen Spielarten man sie üblicherweise vorfindet. Und schließlich muss etwas zu Sprachhandlungen, speziell zu der des AUFFORDERNs, und deren sprachlicher Umsetzung vorausgeschickt werden.

---

[1] Es handelt sich nicht um die Universität Leipzig.

Bei der Erörterung dessen, was mit ‚Institution' gemeint ist, beziehen wir uns zunächst auf EHLICHs und REHBEINs (1980) kommunikationsbezogene Bestimmung, um diese dann durch eine soziologische noch zu differenzieren. EHLICH und REHBEIN fassen ‚Institution' in der folgenden Weise:

> „Institutionen sind Formen des gesellschaftlichen Verkehrs zur Bearbeitung gesellschaftlicher Zwecke; sie verlangen eo ipso Kommunikation zwischen Aktanten. **Welche Formen des sprachlichen Handelns diese Erfordernisse im einzelnen ausbilden**, ist sowohl nach den aktuellen Zwecken wie nach der jeweiligen Geschichte der Institution unterschiedlich."
> (EHLICH/REHBEIN 1980, 338)

Aus soziologischer funktionalistischer Sicht können Institutionen als „polyfunktionale, vielschichtig-elastische ... soziale Gebilde" (WÖRTERBUCH DER SOZIOLOGIE 1989) in der folgenden Weise beschrieben werden:

> „Sie weisen generell gesprochen ... Schwerpunkte auf und regeln a) die generative Reproduktion (Familie, Verwandtschaft), b) die Vermittlung spezifischer Fähigkeiten, Fertigkeiten und Kenntnisse (Erziehung, Bildung), c) die Nahrungsvorsorge und Versorgung mit Gütern (Wirtschaft), d) die Aufrechterhaltung der geltenden gesellschaftlichen Ordnung nach innen und außen (*Herrschaft*, Politik), e) die Orientierung des Handelns im Rahmen von Wertbeziehungen (*Kultur*, Kultursymbolik)." (WÖRTERBUCH DER SOZIOLOGIE 1989)

Dabei haben Institutionen zu vermitteln zwischen „unterschiedliche/n/, oft gegensätzliche/n/ Anforderungen ..., **die zwischen Gesellschaft und Individuum, vorgegebenem sozialen System und subjektiver Bedürfnisnatur bestehen**" (ebd.).

Übertragen wir diese Feststellungen auf unseren Text, so können wir wohl einen institutionellen Zusammenhang erkennen, der sich im weitesten Sinne der Gruppe e) Kultur als ‚Orientierung des Handelns im Rahmen von Wertbeziehungen' zuordnen lässt. Jemand soll dazu gebracht werden, nach den Prinzipien einer bestimmten kulturellen Praxis – der des Publizierens von Texten mit seinen festen Traditionen und Praktiken nämlich – zu handeln.

Dass bei Institution (Stabsabteilung) und deren Ansprechpartnern (Autorinnen/Autoren) unterschiedliche Bedürfnisse bestehen können, scheint sich hier im Kleinen schon zu zeigen. Jedenfalls setzen die Schreiber des Textes, die Mitarbeiter der „Stabsabteilung Öffentlichkeitsarbeit", voraus, wie man in der Analyse bestätigt finden kann, dass die Autorinnen/Autoren andere Bedürfnisse als sie selbst haben. Während die Stabsabteilung Wert auf genaueste Einhaltung ihrer Hinweise legt (und durch deren sprachliche Umsetzung Anordnungen aus ihnen macht), unterstellt sie, vielleicht aus Erfahrung, bei ihren Autorinnen und Autoren ein Bedürfnis nach Leichtfertigkeit und Eigenmächtigkeit bei der Textherstellung. Von der Sache her – „Bearbeitung gesellschaftlicher Zwecke" – scheint es angebrachter, eine gemeinsame Interessenlage vorauszusetzen: alle Beteiligten, Stabsabteilung wie Autorinnen/Autoren, wollen sicherlich eine allen

Ansprüchen genügende Publikation vorlegen. Es muss auch bedacht werden, dass wir hier kein asymmetrisches Kommunikationsverhältnis haben, wie es z. B. in den Institutionen Schule (zwischen Lehrern und Schülern), Betrieb (zwischen Vorgesetzten und Mitarbeitern) und Armee (zwischen Offizieren und Soldaten) der Fall ist. Die Situation unseres Textes ist symmetrisch: keiner der Beteiligten, weder die Mitarbeiter der Stabsabteilung noch die Autorinnen/Autoren, ist dem anderen gegenüber „in der Oberhand", d. h. keiner hat die Kompetenz, im Sinne einer Aufforderung „in die Handlungsplanung des anderen einzugreifen" (GRUNDZÜGE 1981, 94). In amtssprachlicher Redeweise heißt das: Keiner ist weisungsberechtigt und dürfte dem anderen Befehle, Anweisungen, Direktiven vermitteln. Das traditionelle Verhältnis zwischen Lektoren und Autoren im deutschen Verlagswesen war denn auch immer das einer kooperativen, achtungsvollen Zusammenarbeit mit dem Ziel, eine Publikation von hoher Qualität – auch sprachlicher und drucktechnischer – herzustellen. Diese Fakten müssen bei der Analyse als Hintergrundwissen präsent sein.

Der Text wurde bereits einem Textsortenbereich zugeordnet, in dem der Handlungstyp AUFFORDERN dominiert. Nach MOTSCH (1983) kennen wir die Handlungstypen FESTSTELLEN/INFORMIEREN, AUFFORDERN, VERSPRECHEN und BEWERTEN. AUFFORDERN nun lässt sich auf verschiedene Weise realisieren, z. B. als BITTEN (Ausdruck symmetrischer Beziehungen), ANWEISEN und BEFEHLEN (Ausdruck asymmetrischer Beziehungen). Wenn man nun davon ausgeht, dass

> „ein Text durch (mindestens) einen Handlungstyp determiniert werden kann, der die kommunikative Funktion der gesamten Teiläußerung charakterisiert" (MOTSCH/VIEHWEGER 1981, 22),

so ergibt sich daraus, dass mit der Wahl des Handlungstyps auch die Art seiner Realisierung, z. B. die Umsetzung von AUFFORDERN als BITTEN oder ANWEISEN, den Text determiniert. Wie dies geschieht, werden wir bei der Analyse sehen. Jetzt halten wir zunächst einmal fest, dass die spezifische Realisierung des gewählten Handlungstyps von stilistischer Bedeutung ist. Es wird bei unserem Beispiel nicht schwer fallen, sich die stilistische Bedeutung, die durch die Wahl sprachlicher Mittel des Ausdrucks von BITTEN oder anderer Mittel zum Ausdruck des ANWEISENS erzielt wird, vorzustellen. Im einen Fall könnte durch die sprachliche Form Höflichkeit und Symmetrie, im anderen Fall Distanz und Asymmetrie ausgedrückt werden. Damit sind wir beim Stilbegriff der pragmatischen Stilistik angekommen, auf den noch kurz eingegangen werden muss. Wir haben bereits festgestellt, dass Stil im Verständnis der pragmatischen Stilistik eine über die Form, das WIE, vermittelte Sekundärinformation ist. Wir präzisieren nun, dass es sich in der Mehrzahl der Fälle um soziale Informationen handelt, die über das WIE mitgeteilt werden.

Anders gesagt: Stil gibt immer etwas zu verstehen über die Bedingungen und Ziele der jeweiligen Kommunikation. Dies kann in mindestens vierfacher Hinsicht geschehen:

1. Der Stil eines Textes drückt aus, welche sozialen Beziehungen der Sender zum Empfänger herstellen will: symmetrische oder asymmetrische, private oder offizielle Beziehungen, Ausdruck der Vertrautheit oder Distanz usw.
2. Der Stil eines Textes teilt immer – gewollt oder ungewollt – etwas über das Selbstbild des Senders, sein Rollenverständnis und das Image, das er herstellen und wahren möchte, mit.
3. Der Stil lenkt den Rezeptionsprozess, indem er Anweisungen gibt, wie ein Text gelesen werden soll, so z. B. durch Hinweise auf die Textsorte und die Intentionen des Textes. Institutionelle Texte mit anweisendem Charakter, Fachtexte mit informierendem Charakter „geben" sich auch durch ihren Stil „zu erkennen".
4. Der Stil drückt auch aus, welches Verhältnis der Sender zur Sprache, auch zu ihren sozialen Möglichkeiten hat, dass er „weiß, was er tut", wenn er bestimmte sprachliche Mittel verwendet. Auch dies vollzieht sich unabhängig davon, ob der Sender das weiß oder nicht.

In unserem Text wie in fast allen Texten des institutionellen Verkehrs dominieren die Faktoren der Selbstdarstellung (der Institution) und der Beziehungsgestaltung (zwischen Vertretern der Institution und ihren Klienten). Diese Art sozialer Information kann man über die Sprachgestalt des Textes ermitteln: morphologische, syntaktische, lexikalische Mittel, Mittel der Textverflechtung und übersprachliche Elemente können an dieser Kodierung mitwirken. Über die Analyse der Mittel kann man zur Sekundärfunktion des Stils vordringen. Diese Analyse wird aber erst dann sinnvoll, wenn man von der Textsorte ausgeht; denn, wie STOLT (1984, 165) feststellt, ergeben sich „aus der Textgattung ... bestimmte Voraussetzungen und Grenzen der Formulierung". Zunächst hat man also zu erfassen, um welche Art von Text es sich handelt, in welche Kommunikationssituation er eingebettet ist und welche Sprachhandlungen in dieser Textsorte typischerweise vollzogen werden. Dazu ist oben das Nötige schon gesagt worden. Wir können nun in die Analyse einsteigen. Dem Ansatz der pragmatischen Stilistik (1.3.2.2) entspricht es, sich zunächst die im Text realisierten Sprachhandlungen anzusehen. Dass die Sprachhandlung des AUFFORDERNs den Text, seiner Textsorte entsprechend, dominiert, haben wir bereits festgestellt. In welcher Realisierung taucht das AUFFORDERN nun auf? Wie will der Sender den Empfänger dazu bringen, in einer bestimmten Weise zu handeln? Von POLENZ (1985, 208) beschreibt die Aufforderungshandlungen als ‚Direktiva', auf Zukünftiges gerichtet und partnerbezogen. Dabei bleibt noch offen, welcher Art diese Partnerbeziehungen sind. Die Tatsache, dass es Texte geben muss, die Verhaltens- und Handlungsweisen institutionell regeln, lässt offen, ob dies durch BITTEN, EMPFEHLEN, NAHELEGEN, ANWEISEN oder BEFEHLEN zu geschehen hat, alles Sprachhandlungen, die ausdrücken, dass der Sender den Empfänger der Nachricht dazu bringen will, eine bestimmte Handlung zu vollziehen. Es wird von der Kommunikationssituation, genauer von der Art der Partnerkonstellation abhängen, welche dieser Realisierungsarten, eine verbindliche oder eine unverbindliche, man wählt. In unserem Fall, wo es um kooperatives Handeln im gemeinsamen Interesse gehen sollte, könnte man sich die verbindlichen Sprachhandlungen BITTEN und EMPFEHLEN gut vorstellen. Was geschieht dagegen im vorliegenden Text? Wir finden die Sprachhandlungen BEFEHLEN (Auftrag einer höheren Instanz, der befolgt werden muss), FORDERN (einen Anspruch nachdrücklich kundtun), VERBIETEN (Gebot einer höheren Instanz, etwas zu unterlassen, eine Handlung für nicht erlaubt erklären), EINSCHRÄNKEN (jn. in seinen Handlungsmöglichkeiten verringern, reduzieren, auf ein geringes Maß herabsetzen), ZUGESTEHEN (js. Anspruch auf etwas stattgeben, was heißt, dass man die Kompetenz hat, über die Berechtigung von Ansprüchen zu entscheiden) und nur in ganz geringem Maße BITTEN (an jn. einen Wunsch richten, nicht verpflichtend) und INFORMIEREN.

Analyse:

In Zeile (1) finden wir zwei Aussagen/Prädikationen. Die erste wird prädikativ, als verbales Prädikat ausgeführt: */Die Beiträge/ sind als Fließtext zu schreiben.* Wir haben es mit einem modalen Infinitiv (sein+zu+Infinitiv) zu tun: *zu schreiben sein*. Von modalen Infinitiven wissen wir, dass sie Ausdruck einer „Anordnung" (GRUNDZÜGE 1981, 3.1 §74, 75), Ausdruck des *Müssens* sein können (DUDEN. GRAMMATIK 1995, §187, 188). Dies ist in unserem Beispiel der Fall. Die zweite Aussage steckt im Attribut als einer potentiellen Prädikation, die auf die prädikative Grundstruktur zurückgeführt werden kann (HELBIG/ BUSCHA 1984, 585). Sie lautet in der prädikativen Auflösung: *Der Fließtext darf keine Formatierungen aufweisen.* Verneintes ‚dürfen' können wir ebenfalls als *Sollen* bzw. *Müssen* verstehen, d. h. als Verpflichtung zu einem bestimmten Handeln durch jemand anderen, hier einschließlich der Aufforderung, ein bestimmtes (anders geartetes) Handeln zu unterlassen. Beide Aussagen dienen dazu, einen Anspruch nachdrücklich kundzutun, sind also als **FORDERN** aufzufassen.

Dasselbe trifft für die Zeilen (2), (3), (4) und (5) zu. Auch hier finden wir die Sprachhandlung des FORDERNs. Ausformuliert könnten diese Forderungen lauten :

(2) *Der Fließtext darf keine Hervorhebungen ... aufweisen.*
(3) *Der Fließtext soll ohne Tabulatoren ... geschrieben sein.*
(4) *Der Fließtext soll als WordPerfect-Datei ... geschrieben sein.*
(5) *Der Fließtext soll als Word-Datei geschrieben sein.*

In (5) sind in der Klammer noch andere Aussagen enthalten: ZUGESTEHEN (5a), EINSCHRÄNKEN (5b), EINSCHRÄNKEN (5c), VERBIETEN (5d). Sie lauten ausformuliert:
(5a) Die Word-Datei darf (?) bis Version 7 geschrieben werden.
(5b) Das darf aber nur nach Absprache geschehen.
(5c) Auf jeden Fall darf es nur bis Windows 95 geschehen.
(5d) Windows NT darf nicht benutzt werden.

Die in Klammern angegebenen verkürzten Aussagen mit den Sprachhandlungen des ZUGESTEHENs, EINSCHRÄNKENs und VERBIETENs beruhen ebenso wie alle Äußerungen des FORDERNs auf der Weisungskompetenz der Schreiber dieses Textes. Stellte man sich die oben stehenden Äußerungen als BITTEN formuliert vor, was dem Anliegen des Textes nicht zuwiderliefe, verkehrte sich das Kompetenzverhältnis:
Wir bitten Sie, die Beiträge als Fließtext ... zu schreiben.
Wir bitten Sie, keine Formatierungen vorzunehmen.
Wir bitten Sie, auf jegliche Hervorhebungen zu verzichten.

In diesen konstruierten Beispielfällen liegt die Kompetenz auf der Seite der Angesprochenen. Es handelt sich nun nicht mehr um **Weisungs-**, sondern um **Entscheidungskompetenz**. Im Wesen der Sprachhandlung BITTEN liegt ja begründet, dass den Angesprochenen freigestellt ist, ob sie das vorgetragene Anliegen erfüllen wollen oder nicht. Unter dem Aspekt der pragmatischen Dimension des Handelns kann man hinsichtlich der Anwendung der oben genannten Sprachhandlungen zu folgender Gegenüberstellung kommen: Sprachhandlungen, die dem anderen Entscheidungsmöglichkeiten überlassen und die in unserer Kultur als höflich gelten, wie das BITTEN, können für ein kooperatives Arbeitsverhältnis nützlich sein. Sprachhandlungen des FOR-DERNs, BEFEHLENs und ähnliche sind hingegen besonders geeignet, wenn man seine Partner strikt verpflichten, in gewisser Weise sogar einschüchtern will. Wir sehen hier schon, dass über die Sprachgestalt tatsächlich sozialer Sinn vermittelt werden kann. Das trifft natürlich auch für alles Folgende zu. Zeile (6) *keinesfalls im MacIntosh-System!* ist der klare Ausdruck eines strikten Verbots. Der Kern der Mitteilung dieses Verbots ist: *Der Beitrag darf nicht im MacIntosh-System geschrieben werden.* Verneintes *dürfen* ist, wie wir oben schon gesehen haben, als *sollen* bzw. *müssen* zu verstehen, hier speziell als Aufforderung, etwas in einer bestimmten Weise **nicht** zu tun. Es handelt sich um verneintes Gebieten, also die Sprachhandlung des **VERBIETEN**s. Sie wirkt durch den elliptischen Ausdruck wie auch durch die auf diese Weise ermöglichte unpersönliche Ausdrucksweise besonders unverbindlich. Die Autoren des Textes selbst treten nicht in Erscheinung, und niemand wird (mit Ausnahme einer einzigen Stelle (12)) angeredet.

Lediglich unter ‚Rückfragen' tauchen die Vertreter der Institution im Text (hier anonymisiert) auf. Das Adverb *keinesfalls* verstärkt durch seine Semantik (keinerlei Entscheidungsmöglichkeit) die verbindliche und strikte Wirkung der Aussage noch. Spätestens hier müssen wir auch auf die nonverbalen, d. h. auf die typographischen Elemente des Textes eingehen. Der Fettdruck dieser Zeile und das fett gedruckte Quadrat, das die Zeile am Anfang markiert, heben sich von den vielen anderen typographischen Markierungen noch einmal deutlich ab und betonen auf diese Weise die Wichtigkeit und Verbindlichkeit dieser Mitteilung.

In (7) begegnet uns die Sprachhandlung des BEFEHLENs: *Abgabe als Diskette*. Dass es sich hier um BEFEHLEN handelt, wird über die Form der Mitteilung kundgetan. Ein Befehl ist, wie wir oben schon gesehen haben, eine Aufforderung durch eine höhere Instanz, der man unbedingt Folge zu leisten hat. Traditionell sind Befehle in knapper, unverbindlicher Form gehalten, man denke nur an die sprichwörtlichen Kasernenhofbefehle, die sicher aus Gründen der Zeitökonomie, gewiss aber auch, weil man die Angesprochenen als Rangniedere betrachtet, knapp und herrisch ausfallen. Was auf dem Kasernenhof seine Berechtigung haben mag[2], ist im Verhältnis zwischen Vertretern einer Universität und ihren Partnern von außen (und auch von innen) sicher höchst unangebracht. In (7) sind weitere Aussagen in der Sprachhandlung des ZUGESTEHENs (7a) und des EINSCHRÄNKENs (7b) enthalten. Diese werden ergänzt durch eine Aussage, die als FORDERN vollzogen wird (7c):

(7a) In Sonderfällen können/dürfen Sie den Text als E-Mail abgeben.
(7b) Dies ist aber nur nach Absprache mit der Redaktion möglich.
(7c) Dabei müssen alle für die Diskettenversion genannten Bedingungen erfüllt sein.

Insgesamt dienen auch alle Aussagen in (7) dem Ausdruck des strikten nachdrücklichen FORDERNs.

In (8) finden wir abgeschwächtes FORDERN, realisiert durch den Konjunktiv II von *sollen*, der in bestimmten Kontexten zum Ausdruck des EMPFEHLENs verwendet wird. Das ist auch hier der Fall.
(8) Der Datei sollte ein Manuskriptausdruck beiliegen ($1^1/_2$- oder zweizeilig).
Dieses abgeschwächte FORDERN geschieht wohl kaum, um aus Gründen der Beziehungsgestaltung einen milderen Ton anzuschlagen – der ist nach den vorangegangenen harschen Aufforderungen nicht zu erwarten –, sondern vermutlich, weil Wiederholung im Ausdruck vermieden werden soll.
(9) Die Porträt-Abbildungen bitte als „Papier"-Fotos, nicht als Dia oder Datei.

---

[2] Auch daran könnte man zweifeln. Auf dieses Feld institutioneller Sprache will ich mich hier aber nicht begeben.

Die Mitteilung in (9) ist durch die Höflichkeitsformel/Partikel *bitte* deutlich als Sprachhandlung des BITTENs gekennzeichnet, die gewöhnlich verwendet wird, um einen Wunsch, einen Vorschlag höflich auszudrücken. Wir können die Äußerung in zwei Aussagen zerlegen:
(9a) Senden Sie die Porträtabbildungen bitte als „Papier"-Fotos.
(9b) Senden Sie die Abbildungen bitte nicht als Dia oder Datei.
Durch die unpersönliche und elliptische Ausdrucksweise – Fehlen der Anrede, Fehlen des Prädikats – wird die Höflichkeit der Aussage wieder eingeschränkt.

(10) Jedem Foto ist eine kurze Vita (hauptsächl. wissenschaftl. Werdegang) und der Namen des Fotografen beizufügen.
In (10) kehren die Schreiber wieder zum modalen Infinitiv, der ein SOLLEN ausdrückt, und damit zum Ausdruck ihrer Weisungskompetenz zurück. Noch deutlicher wird der Anspruch auf Weisungskompetenz in der Äußerung (11) ausgedrückt.

(11) Schließlich müssen jedem Beitrag (für die Autorenliste) die Postanschrift des Autors/der Autoren, Telefon, Faxnummer und E-Mail-Adresse beiliegen.
Die letzte Äußerung schließlich ist ein Hinweis auf die Möglichkeit der Nachfrage.

(12) Rückfragen zu den o.g. Punkten richten Sie bitte an: ...
Dieser Hinweis ist höflich formuliert und drückt Achtung vor dem Partner aus. Wir finden zum ersten Mal die direkte Anrede *Sie*, und wir stoßen auf die Höflichkeitsformel *bitte*, hier zur Unterstreichung einer höflichen Aufforderung eingesetzt.

Fassen wir alle Beobachtungen zu den Sprachhandlungen und ihrer Realisierung zusammen, müssen wir zu dem Schluss kommen, dass die Handlungen des FORDERNs, ZUGESTEHENs und EINSCHRÄNKENs gegenüber dem BITTEN deutlich dominieren. Das bedeutet, dass mit sprachlichen Mitteln das autoritäre Selbstbild einer Institution entworfen wird, die sich ihren Partnern von außen und innen als weisungsberechtigt und misstrauisch darstellt. Dabei bleibt zunächst dahingestellt, ob sie das will oder nicht. Wir werden aber noch sehen, dass in diesem Fall hinter der gewählten Ausdrucksweise ein deutliches Wollen steht.
Die unpersönliche Ausdrucksweise, der Verzicht auf Selbstbezeichnung (möglich wären z. B. *wir, die Redaktion, die Stabsabteilung*) und, von einer Ausnahme abgesehen, auf die persönliche Anrede (*Sie, sehr geehrte Autorinnen und Autoren, sehr geehrte Damen und Herren*) bewirkt, dass die Schreiber dieses Textes, da sie sozusagen nicht in Erscheinung treten, auch nicht greifbar sind und persönlich nicht verantwortlich gemacht werden können. Und sie hat

weiter zur Folge, dass die Betroffenen, diejenigen also, die bestimmten Pflichten genügen sollen, als Personen im Text gar nicht vorkommen. Auf eine Reihe von Möglichkeiten der Höflichkeit und Kontaktherstellung wird auf diese Weise von vornherein verzichtet. Der Unpersönlichkeit des Ausdrucks dienen die modalen Infinitive, die einen passivischen Nebensinn haben und daher Konkurrenzformen des Passivs (DUDEN. GRAMMATIK 1995, § 186, 187, 317) sein können. Sie sind es auch im Hinblick auf die Möglichkeit, sich unpersönlich auszudrücken. Im Dienste der Unpersönlichkeit stehen neben den modalen Infinitiven auch die elliptischen Ausdrücke und die unpersönlich gebrauchten Verben *sollen* (8) und *müssen* (11), die die Nennung eines Agens im Satz ersparen.

Zur Wortverwendung ist nicht viel zu sagen. Die reiche Verwendung von Termini geschieht im Interesse der Genauigkeit. Deren Kenntnis kann bei den Lesern vorausgesetzt werden. Insofern wird auf dieser Ebene ein symmetrisches Sender-Empfänger-Verhältnis zum Ausdruck gebracht. Die Wörter, die der Realisierung der Sprachhandlungen dienen, sind wenig auffällig. Zu nennen sind aber die Verben *sollen* und *müssen*, die eindeutig eine starke Verpflichtung, das FORDERN, ausdrücken. Genannt werden müssen auch die Wendungen *ohne jegliche Hervorhebung* (2) als starker Ausdruck uneingeschränkten VERBIETENs und die Wendungen *das aber nur nach Absprache* (5), *jedoch nur bis zu...* (5) als ebenfalls starke Ausdrücke, die hier dem EINSCHRÄNKEN dienen. Fast interessanter als die Wortwahl sind die typographischen Mittel für die Semantik des Textes. Betrachtet man den Text unter dem Gesichtspunkt seiner Typographie, dann stellt man zunächst eine ungewöhnliche Vielfalt von Mitteln des Hervorhebens fest. In einem zweiten Gang wird man dann auf typographische Markierungen funktionaler Unterschiede stoßen, die aber nicht durchgehalten werden. Fachwörter werden fett gedruckt, manchmal aber auch ganze Wendungen mit dem Ziel der Hervorhebung: **keinesfalls im MacIntosh-System!** Textstellen, die der Mahnung, der eindringlichen Verpflichtung dienen sollen, werden zum Teil kursiv, zum Teil fett und kursiv gesetzt: *ohne jegliche Hervorhebung, ebenfalls nur nach Absprache mit der Redaktion*. So wird z. B. der Ausdruck **ohne** *jegliche Hervorhebung* in seiner Nachhaltigkeit durch den Fettdruck von *ohne* noch verstärkt. Warum und wo die vorhandenen Unterstreichungen vorgenommen werden, bleibt unklar. Insgesamt lässt sich ein klares Prinzip nicht feststellen, nur die Absicht, möglichst vieles möglichst stark und verschieden hervorzuheben.

In dem Zusammenhang muss uns auch die Verwendung der Satzzeichen interessieren: Die Äußerungen (1) bis (6) werden durch ein fett gedrucktes Ausrufezeichen abgeschlossen. Ein zweites, ebenfalls fett gedrucktes Ausrufezeichen findet man in (7) hinter dem Ausdruck in der Klammer: *ebenfalls nur **nach Absprache mit der Redaktion**!* In beiden Fällen dienen die Ausrufezeichen dem Ausdruck einer emotionalen Beteiligung, die man als ‚nachdrücklich' charakterisieren kann.

Fasst man alle in der Analyse gefundenen Ergebnisse zusammen, so kommt man zu dem Schluss, es mit einem autoritären Text zu tun zu haben, dessen Schreibern nichts an der Herstellung einer kooperativen Beziehung zu ihren Autorinnen und Autoren liegt, sondern die meinen, durch die Unbedingtheit ihrer Forderungen das von ihnen gewünschte Ziel – die einwandfreie Druckvorlage – zu erreichen. Das Selbstbild, das sie vermitteln, ist autoritär, die Adressatenbeziehung, die sie durch ihren Text ausdrücken, ist demzufolge asymmetrisch.

Der Text kann nun noch im Zusammenhang mit Folgetexten betrachtet werden, was die Analyse stützen und bestätigen wird. Einer der angeschriebenen Autoren hat in einem Antwortbrief, in dem zunächst Sachprobleme behandelt wurden, auch Bezug auf den Brief der Stabsabteilung genommen. Es heißt im zweiten Teil des Briefes:

> „Ich erlaube mir die Anmerkung, dass ich den Stil Ihres Hinweisblattes, der mich zu einer Art Befehlsempfänger macht, unangemessen finde. Schließlich arbeiten wir doch im gemeinsamen Interesse zusammen und sollten uns auch entsprechend höflich behandeln."

Der Schreiber dieser Zeilen hatte im Blick, was man in der pragmatischen Stilistik unter ‚Vermittlung sozialen Sinns' durch Stil, unter ‚Beziehungsgestaltung' versteht. Er hat sich, wenn er es auch nicht so ausgedrückt hat, deutlich auf die ‚Sekundärinformationen durch Stil' bezogen. Wie sieht nun die Reaktion der Angesprochenen, die allerdings einer dritten Person gegenüber geäußert wurde, aus? Welchen Sinn wollten die Schreiber ihrem Text auf der Stilebene geben? Ich zitiere aus diesem Brief:

> „ ... Ein Wort zu dem Merkblatt für Autoren. Wir (die gesamte Redaktion in der Stabsstelle Öffentlichkeitsarbeit) arbeiten damit seit mehr als vier Jahren erfolgreich. Ich habe mir diese Hinweise nicht selbst „ausgedacht". Sie wurden vielmehr seinerzeit von allen Redaktionsmitgliedern und Mitgliedern der Abteilung Öffentlichkeitsarbeit entsprechend unseren technischen Erfordernissen gemeinsam erarbeitet und vom Redaktionsbeirat beraten und verabschiedet (incl. Rektor als Herausgeber). Inzwischen wurde schon über eine in manchen Punkten noch weniger moderate Formulierung nachgedacht, da das A und O für den erfolgreichen Druck unserer Publikationen nun einmal die moderne Computertechnik ist und ohne konsequente Einhaltung der Autorenhinweise die Endfertigung nicht möglich ist. ... Allerdings haben wir in all den Jahren noch nie ein Merkblatt ohne das dazugehörende Anschreiben ... verschickt ... So lange wir mit der bestehenden Technik arbeiten – und das ist die Meinung des gesamten Redaktionsteams – können wir von keinem der für die Dateien und Anlagen geforderten Parameter abweichen.
>
> Mit freundlichen Grüssen"

Die Notwendigkeit der in dem Merkblatt gegebenen Hinweise stand nun freilich in dem Brief des einen Autors nicht zur Debatte, sondern es wird deutlich auf Stilfragen und höflichen Umgang miteinander Bezug genommen. Die Schreiberin der Stabsstelle verwechselt in ihrer Reaktion Primär- und Sekundärfunktion des bemängelten Textes. Niemand hat Anstoß an den Forderungen selbst genommen (Primärinformation), niemand bezweifelt, dass deren Erfüllung notwendig ist, wohl aber ist die autoritäre Art, wie die Forderungen vermittelt werden (Sekundärinformation), als störend empfunden worden. Die Stabsstelle hat offensichtlich niemals erwogen oder gar ausprobiert, ob ein höflicher, kooperativer Ton vielleicht eher zur Einhaltung der genannten Forderungen führte, mit der die Stabsstelle, wie der letzte Absatz des Briefes zeigt, Schwierigkeiten hat.
Als Abschluss seien Hinweise für die Manuskriptgestaltung wiedergegeben (s. S. 94), die eine andere Herausgebergruppe bei einigen Publikationen an ihre Autorinnen und Autoren vermittelt hat und die, wären sie nicht erfolgreich, sicher geändert worden wären. Sie zeigen eine deutlich andere, symmetrische Art der Partnerzuwendung.

Aufgaben:

⇨ 1. Nehmen Sie analog zu der Analyse dieses Beitrags eine Untersuchung des unten stehenden Textes „Hinweise zur Manuskriptgestaltung ... " unter dem Aspekt der Sekundärinformation von Stil vor.

⇨ 2. Suchen Sie sich einen institutionellen Text aus dem Bereich der Verwaltung, bestimmen Sie die Kommunikationssituation dieses Textes und analysieren Sie ihn ebenfalls unter dem Aspekt der Gestaltung sozialer Beziehungen durch Stil.

⇨ 3. Informieren Sie sich über Institutionen und ihre Funktionen (Schule, Rechtswesen, Verkehrswesen usw.) und stellen Sie fest, welche Textsorten für diese Bereiche typisch sind.

BEISPIELTEXT:

HINWEISE ZUR GESTALTUNG DES MANUSKRIPTES FÜR DIE VERÖFFENTLICHUNG IM BAND...

Der Satz des Bandes wird von uns selbst durchgeführt. Wir möchten Sie deshalb bitten, unten aufgeführte Hinweise so genau wie möglich einzuhalten bzw. bei Abweichung uns so bald wie möglich davon in Kenntnis zu setzen. Sie erleichtern dadurch unsere Arbeit erheblich.

Termine

Bitte schicken Sie uns Ihren Beitrag bis spätestens ... (Posteingang) zu. Beachten Sie bitte, daß es uns aufgrund der kurzen Zeit bis zur Abgabe des druckfertigen Manuskripts leider nicht möglich ist, **inhaltliche** Änderungen **nach** Eingang Ihres Beitrages zu berücksichtigen.

Form

Wir möchten Sie bitten, uns Ihre Texte als Computerdatei zur Verfügung zu stellen. Bitte legen Sie Ihre Dateien auf einer für **MS-DOS/Windows formatierten 3 ½ Zoll Diskette** bei und behalten Sie eine Sicherheitskopie zurück. Der Satz des Buches erfolgt mit dem Textverarbeitungsprogramm **MS Word für Windows**. Wir bitten Sie daher, die formatierte Version in einer für dieses Programm lesbaren Version abzuspeichern. Im Idealfall wären dies Word für Windows 2, 6, 97, aber auch WordPerfect für Windows wäre möglich. Legen Sie bitte außerdem **einen Ausdruck Ihres Beitrages** bei, damit wir uns beim Layout an der von Ihnen gewünschten Formatierung orientieren können.

Typographie/Formate

- Text fortlaufend und linksbündig
- keine Silbentrennung
- keine Einrückungen am Zeilenanfang bei Absätzen
- keine Seitenzahlen oder Kopfzeilen
- Standardschriftart: Times New Roman mit **14 Punkt**

Behalten Sie ansonsten die Standardeinstellungen Ihres Textverarbeitungsprogramms bei.

Typographische Auszeichnung

- Beispiele und Beispielsätze *kursiv*
- längere Zitate als Blockzitat
- **Fettdruck** zur Hervorhebung

Anmerkungen

- in maschinell verwalteten Endnoten
- Standardnumerierung

3.3 Analyse zweier künstlerischer Texte: strukturalistisch

ANALYSETEXTE:

Text1:

Die Mühen der Gebirge liegen hinter uns,
vor uns liegen die Mühen der Ebenen.

(Bertolt Brecht. Aus dem Epigramm ‚Wahrnehmung' 1949)

Text 2:

BEIM NACHDENKEN ÜBER VORBILDER

Die uns
vorleben wollen

wie leicht
das Sterben ist

Wenn sie uns
vorsterben wollten

Wie leicht
wäre das Leben

(Erich Fried 1969)

An diesen beiden Texten sollen Grundprinzipien strukturalistischer Text- und Stilbetrachtung gezeigt werden. Dabei wird sich die Analyse am Prinzip der **Parallelität,** wie es vor allem Roman JAKOBSON entwickelt hat, orientieren.

Strukturalistische Auffassungen von Stil gehen, wie wir bereits gesehen haben (vgl. 1.3), davon aus, dass Texte über ihre Struktur konstituiert werden, d. h. dass alle Elemente, die an der Ganzheit eines Textes beteiligt sind, ihren Wert und ihre Bedeutung durch die gegenseitige Bezüglichkeit innerhalb des Textganzen bekommen. Stil als Teil des Textes entsteht folgerichtig durch die spezifischen Relationen, in denen sich die Elemente des Stilganzen, die Stilmittel (vgl. 2.4), befinden. Es ist in dem Zusammenhang wichtig, sich bewusst zu machen, dass **jedes** sprachliche und parasprachliche Element Stilmittel sein kann, das seinen Wert und seine Bedeutung durch seine Stellung und seine Beziehungen innerhalb der Struktur des Stilganzen erhält. Außerhalb dieser Struktur muss der Stilwert nicht vorhanden sein. In Borcherts Erzählung „Die lange lange Straße lang" z. B. erhält das im Sprachsystem neutrale Adjektiv *lang* neben einer Reihe anderer Wortwiederholungen durch sehr häufige Wiederaufnahme den Stilwert der Monotonie, des Eindrücklichen. Wir sehen hier, wie der Autor Signale für den Leser setzt (vgl. 1.3.1, RIFFATERRE).

Es wurde in 1.3 auch schon darauf hingewiesen, dass bei einer solchen Text- und Stilauffassung die Kriterien der **Kohäsion** und **Kohärenz** und vor allem das der **Akzeptabilität** – die Einstellung des Rezipienten, einen kohäsiven und kohärenten Text zu erwarten (vgl. DE BEAUGRANDE/DRESSLER 1981, 9 f.) – von entscheidender Bedeutung sind. Der Rezipient muss sich auf das Entdecken von Textzusammenhängen – auf der Basis von Äquivalenzbeziehungen – einlassen und imstande sein, aus den Textbeziehungen einen Sinn abzuleiten. Dabei hilft ihm, besonders, wenn Kohärenz und sogar – auf den ersten Blick – Kohäsion nicht zu entdecken sind, das Phänomen der Parallelität. Im Folgenden werde ich auf diese Erscheinung am Beispiel der Arbeiten JAKOBSONs, für die die Begriffe ‚Äquivalenz' und ‚Parallelität' zentral sind, knapp eingehen. JAKOBSON ergänzt die BÜHLERschen Funktionen der Sprache bzw. der Nachricht: **emotiv** (expressiv), **konativ** (Ausrichtung auf den Empfänger) und **referentiell** (denotativ, kognitiv) um die **phatische** Funktion (Kontaktfunktion), die **metasprachliche** Funktion (verdeutlichend, im Sinne von ‚sich über Sprache und Sprechen verständigend') und die **poetische** Funktion (vgl. JAKOBSON 1972, 103 ff.). Die Aufmerksamkeit des Rezipienten von Nachrichten mit poetischer Funktion wird auf das Sprachliche, auf die Art, **wie** die Nachricht **gemacht**, **wie** sie **gestaltet** ist, gelenkt, ein Vorgang, den man auch unter den Bezeichnungen ‚Selbstreferentialität' und ‚foregrounding' kennt.

> „Die *Einstellung* auf die *Nachricht* als solche, die Zentrierung auf die Nachricht um ihrer selbst willen, ist die poetische Funktion der Sprache."
> (JAKOBSON 1972, 108)

JAKOBSON betont, dass die poetische Funktion nicht auf das, was er ‚Wortkunst' (Dichtung) nennt, beschränkt sei. Dort aber sei sie dominierend. Seine eigenen Untersuchungen zur Rolle des Parallelismus in Texten mit poetischer Funktion setzen bei der Volksdichtung an, werden dann aber vorwiegend an Dichtungstexten ausgeführt. Immer liegt ihnen der Gedanke der Parallelität, den er in der folgenden Weise beschreibt, zugrunde.

> „Der Parallelismus ... ist eine Verweisungsbeziehung eines Zeichens auf ein anderes, das ihm als Ganzes oder wenigstens in einem seiner beiden Seiten (des *signans* oder *signatum*) ähnlich ist. Eines der beiden ‚korrespektiven' Zeichen, wie sie Saussure nennt ..., verweist auf das andere, das im selben Kontext anwesend oder mitenthalten ist ... "
> (JAKOBSON 1988, 129)

Die poetische Funktion ist für JAKOBSON zwingend an das Vorhandensein von Äquivalenz und Parallelität im Text gebunden, wobei nach seiner Auffassung Parallelität auf allen Ebenen des Systems auftreten kann. Neben ‚Parallelität' sind zwei weitere Begriffe für JAKOBSONs Ideengebäude zentral: **Selektion** und **Kombination**.

"Was ist das empirische linguistische Kriterium für die poetische Funktion? Vor allem, welches ist das unentbehrliche, jeder Dichtung inhärente Merkmal? Um diese Frage zu beantworten, müssen wir auf die beiden Grundordnungsarten, die in sprachlichem Verhalten gebraucht werden, zurückgehen: *Selektion* und *Kombination*. Wenn ‚child' das Thema einer Nachricht ist, dann wählt der Sprecher unter den gegebenen, mehr oder weniger ähnlichen Hauptwörtern wie ‚child, kid, youngster, tot', die alle in gewisser Hinsicht äquivalent sind, und sucht dann, um das Thema auszuführen, aus sinnverwandten Worten eines aus: ‚sleeps, dozes, nods, naps". Die beiden gewählten Wörter werden im Sprechen kombiniert. Die Selektion vollzieht sich aufgrund von Äquivalenz, Ähnlichkeit und Unähnlichkeit, Synonymie und Antinomie, während die Kombination, die Herstellung der Sequenz, auf Kontiguität beruht. *Die poetische Funktion projiziert das Prinzip der Äquivalenz von der Achse der Selektion auf die Achse der Kombination.* Äquivalenz wird zum konstitutiven Verfahren einer Sequenz erhoben." (JAKOBSON 1972, 109 f.)

JAKOBSONs Vorstellung vom Zugang zur Poesie ist also strikt sprachbezogen. Er nennt Poesie nicht von ungefähr ‚Wortkunst' und erschließt sie sich auf linguistischem Wege. Elmar HOLENSTEIN (1974) hat aus JAKOBSONs Konzeption von Poesie fünf grundlegende Prinzipien abgeleitet, die im Folgenden vorgestellt werden. Das erste ist **das phänomenologische Prinzip.** Gemeint ist die von JAKOBSON betonte Einstellung auf den Ausdruck, die Konzentration auf den sprachlichen Teil des Textes. Für die Analyse bedeutet dies, dass man „die Wirkung der ungewöhnlichen Organisation der sprachlichen Äußerung" auf den Rezipienten zu erfassen hat (HOLENSTEIN 1974, 10), die vom Autor vor allem durch die Herstellung von Ähnlichkeits- und Kontrastbeziehungen, insgesamt durch einen verfremdenden Umgang mit der Sprache (s. u.) erreicht wird. Dieser Umgang folgt dem, was man das **strukturalistische Prinzip** JAKOBSONs nennen kann. Es bildet den Kern seiner Auffassungen. Die Einstellungen auf den Ausdruck, auf die ungewöhnliche Organisation einer Äußerung realisieren sich (vgl. auch HOLENSTEIN 1974, 11) in der Projektion des Ähnlichkeitsprinzips von der paradigmatischen auf die syntagmatische Ebene, auf der in nichtpoetischen Texten das Ambiguitätsprinzip den Vorrang hat (JAKOBSON 1972, 109 f., s. o.). Den Vorgang kann man sich an dem oben genannten Beispiel JAKOBSONs (1972, 109 f., s. o.) vor Augen führen: Beim Herstellen eines Textes wird aus einer Anzahl gleichwertiger Ausdrücke – JAKOBSON nennt *child, kid, youngster, tot* – einer ausgewählt und mit anderen, ebenfalls aus einer Menge gleichartiger ausgewählten – *sleeps, dozes, nods, naps* – zu einer sinnvollen Aussage kombiniert und in Äquivalenzbeziehungen gestellt. Dies geschieht nach dem Prinzip der Ähnlichkeit, wie die Beispiele zeigen.

Der Sturm fegte über das Land,
die Böen rasten über die Felder.

Das Wort *Sturm* wird durch *Böen* wieder aufgegriffen, die Wörter *Land* und *Felder* können ebenso wie *fegen* und *rasen* als äquivalent angesehen werden. Die parallele syntaktische Struktur ist die Voraussetzung dafür, dass man die Wortbedeutungen als äquivalent rezipiert.

> Mein Leben war so nackt
> wie die grauen Klippen,
> mein Leben war so kalt
> wie die weißen Höhen

In dem Vierzeiler aus „Zwei Strandgedichte" von Edith Södergran (1990) finden wir eine parallele syntaktische Struktur, innerhalb derer mit ebenfalls paralleler Zuordnung der syntaktischen Strukturen zu den Verszeilen inhaltliche Äquivalenzen angeboten werden. Im Rahmen der Struktur dieser vier Zeilen müssen uns *nackt* und *kalt*, *graue Klippen* und *weiße Höhen* als äquivalente Ausdrücke erscheinen, die verwendet werden, um dieselbe Befindlichkeit, etwa Unbehütetsein, auszudrücken. Am „Geländer" der Erscheinungsformen von Parallelität entlang kommt der Interpretierende zur Bestimmung des Sinns, den er dem von seinem Wesen her vagen und kontextabhängigen Text zuschreiben will.

> Die Mühen der Gebirge liegen hinter uns,
> vor uns liegen die Mühen der Ebenen.

Sehen wir uns den zweizeiligen Text von Bertolt Brecht auf seine besondere Organisation hin an, finden wir auf den ersten Blick nicht nur Ähnlichkeit, sondern sogar Gleichheit. Nicht äquivalente, sondern dieselben Wörter, nämlich *Mühen* und *liegen,* werden gebraucht. Vorstellbar wäre ja auch, dass – der alten Stilregel ‚Vermeide Wiederholung' folgend – *Mühen* ersetzt würde, z. B. durch *Anstrengungen.* Dass dies nicht der Fall ist, sondern dass hier Parallelität in der striktesten Form – als Gleichheit – hergestellt worden ist, gibt Anlass zum Nachdenken und einen Hinweis auf die besondere poetische Struktur dieses Zweizeilers. Sieht man genauer hin, entdeckt man ja, dass das Nomen *Mühen* jeweils Teil einer Wortgruppe ist: *Mühen der Gebirge, Mühen der Ebenen.* Die Wortgruppen nun befinden sich durchaus nicht in einem Gleichheitsverhältnis, sondern in einem antonymischen. Dasselbe beobachten wir bei dem zweifachen Gebrauch des Verbs *liegen.* Auch hier könnte man sich einen Austausch in einem Fall durch ein Verb wie z. B. *sich erstrecken* vorstellen. Dass dies nicht sinnvoll wäre, merkt man dann, wenn man auch hier der Bedeutung der Wortgruppen nachgeht: *vor jemandem liegen, hinter jemandem liegen.* Die Bedeutungen sind antonymisch: etwas ist abgeschlossen, etwas ist noch offen. Wir haben es mit einer „figuriert-motivierten Prägung" (FEILKE 1996, 251 f.) zu tun, d. h. mit einer grammatisch regulären, aber semantisch dem „Ausdruck als ganzem zugeordneten Funktionsbedeutung" (ebd., 251). Mit diesen sich inhaltlich widersprechenden Prägungen wird dem suggerierten einfachsten Fall von Parallelismus, der in der Wortwiederholung oder synonymischen Wiederaufnahme besteht und der auf Äquivalenzen in der Bedeutung beruht, der kompliziertere Fall, der der antonymischen Wiederaufnahme, ‚Sinnverlagerung' (JAKOBSON), vorgezogen. Will man dies interpretieren, liegt es nahe, einen sprachlichen doppelten Boden anzunehmen. Das gilt ebenso für die Nominalgruppen als figurierte Prägungen: *die Mühen der Gebirge, die Mühen der Ebenen*. Die scheinbare Gleichheit aller Bemühungen wird durch den Gebrauch desselben Nomens *Mühen* suggeriert, nur um diese Suggestion sofort wieder durch die die Bedeutung spezifizierenden Genitivattribute aufzuheben und zu „zerstören". Ein Überraschungs- und Verfremdungseffekt tritt durch die bildlichen Ausdrücke ein. Man wird gleichsam auf dem Umweg über die bildliche Vorstellung zu der dadurch besonders eindrücklichen Einsicht geführt, dass sich die scheinbar gleichen Mühen doch nicht gleichen, dass die nichtauffallenden *Mühen der Ebenen*, die Anstrengungen des Alltags ohne Höhen und Tiefen, uns möglicherweise mehr Kraft abverlangen als die auffallenden, vor uns aufragenden nichtalltäglichen *Mühen der Gebirge*.

Synonymischer und antonymischer Parallelismus sind die Grundtechniken, die JAKOBSON für poetische Texte ansetzt. Die sinndeterminierende bzw. sinnmodifizierende Funktion des Kontextes ist dabei immer mitzudenken. JAKOBSON weist nachdrücklich darauf hin, dass das Phänomen des Parallelismus auf allen Ebenen des Textes zu entdecken ist: phonologische Äquivalenzen als Reim, Alliteration, Assonanz z. B., syntaktische Äquivalenzen als Übereinstimmungen von Satzstrukturen, lexikalische Äquivalenzen als Wiederholungen, als synonymische und antonymische Ausdrücke, als Ausschnitte aus Wortfeldern. Auf das Wirken des strukturalistischen Prinzips hat man sich einzustellen, will man einen Text mit poetischer Funktion, in seinem ‚foregrounding', erfassen. Man muss den Strukturen dieser besonderen Organisationsweise nachgehen und sie zu deuten versuchen.

> „Ein solches System durchgängiger Entsprechungen weist mehrere Ebenen auf: Korrespondenzen können in der Komposition und Anordnung syntaktischer Konstruktionen, grammatischer Formen und Kategorien auftreten, aber auch als lexikalische Synonyme, als Wiederholungen ganzer Wörter sowie in der Zusammenstellung von Lautverbindungen und prosodischen Schemata. Ein solches System verleiht den parallelisierten Versen klare Homogenität und Vielfältigkeit zugleich. Die vollständige Matrix läßt die lautlichen, grammatischen und lexikalischen Formvariationen und Bedeutungen überzeugend hervortreten." (JAKOBSON 1982, 92)

Nun bezieht JAKOBSON in seine Darlegungen des strukturalistischen Prinzips auch immer die Beobachtung ein, dass originelle Wortkunst durch Überraschungen gekennzeichnet sei. Die Erwartungen, die durch eine im Textverlauf geläufig gewordene Parallelismus-Technik entstehen, werden an einer bestimmten Stelle gebrochen, und damit wird Aufmerksamkeit erzeugt. Der Über-

raschungseffekt ist, das muss man sich deutlich machen, nur vor dem Hintergrund des Geläufigen, Erwarteten möglich. So auch in dem Zweizeiler von Brecht.
Die durch die Wiederholung gleichstrukturierter Satzglieder (Nomen + Genitivattribut als Subjekte, Prädikate und Präpositionalgefüge) erzielte Parallelität wird gebrochen durch die **Stellung** der Satzglieder. In der Terminologie der Rhetorik haben wir es mit einem Chiasmus zu tun, d. h. mit der Fortführung einer antithetischen Aussage unter Umkehrung der Wortfolge – hier in pointierender Absicht (vgl. KRAHL/KURZ 1984). Die parallelen Satzglieder werden in umgekehrter Reihenfolge aufgeführt:

| Subjekt | - | Prädikat | - | Adverbialbestimmung |
| Adverbialbestimmung | - | Prädikat | - | Subjekt |

Die dadurch erreichten Effekte bestehen in Folgendem: Die Gegensätze *hinter uns* und *vor uns* stoßen direkt aufeinander und werden so hervorgehoben. Die *Mühen der Ebenen*, um die es in dem Text ja eigentlich geht, erhalten nach dem Prinzip der Gliedfolge nach dem Mitteilungswert eine hervorgehobene Stellung am Ende des Textes. Und schließlich wird das inhaltlich Antithetische auch in der Form ausgedrückt, indem die Gegensätze *Mühen der Gebirge* und *Mühen der Ebenen* den Anfang und das Ende des Textes bilden. Die Beschreibung der Binnenbeziehungen des Zweizeilers von Brecht sollte des JAKOBSONsche Kernprinzip, das strukturalistische Prinzip, verdeutlichen und mögliche Analysezugänge beispielhaft vor Augen führen. Das dritte Prinzip, das JAKOBSONs Überlegungen bestimmt, ist das **hermeneutische**. Es hängt eng mit dem phänomenologischen Prinzip, also mit der Aufgabe, die Sprache, den Ausdruck ernstzunehmen, zusammen. Eben die Elemente des Texts in ihrer wechselseitigen Abhängigkeit sind zu entdecken. Dabei ist, wie wir es vom hermeneutischen Zirkel kennen, der Weg vom Einzelnen zum Ganzen, von diesem wieder zum Einzelnen und dies in beliebiger Fortsetzung zu gehen. Der Weg zum Sinn eines Textes darf nicht an den phonologischen und grammatischen Strukturen vorbeiführen. Ganz im Gegenteil: Man hat, untersucht man ein ‚Wortkunstwerk', das ‚Wort' nicht nur in seiner Bedeutung, sondern in **all** seinen Bezügen ernstzunehmen. Anders als für Vertreter der phänomenologischen Stilistik und Interpretationsschule wie SPITZER (vgl. 1.3.1) gilt für JAKOBSON das hermeneutische Prinzip auch für den Text im Rahmen seiner Traditionen. Wie das einzelne Element für den Text ist auch der Text im Verhältnis zur Tradition und zur Kultur, in der er steht, das Einzelne im Verhältnis zum Ganzen und muss so betrachtet werden. So hat der Text als strukturelle Einheit zwar Autonomie und muss als autonome Einheit untersucht werden, ist aber zugleich Element einer größeren Einheit, Teil seiner Kultur.
Das vierte Prinzip, das **futuristische**, beruht auf der Tatsache, dass JAKOBSON Wortkunstwerke als etwas „Gemachtes", Dichten als das Befolgen bestimmter „handwerklicher" Verfahren betrachtet (vgl. HOLENSTEIN 1974, 18 f.).

Das zentrale Verfahren ist das des Verfremdens, das wir am Beispiel des Brecht-Textes als (wenn auch geringfügige) Brechung einer Erwartung beobachten konnten: Der Text wird anders fortgesetzt, als man erwarten könnte. Der Chiasmus wird anstelle einer parallelen Anordnung der analogen Satzglieder gewählt.

Das fünfte JAKOBSONsche Prinzip ist das **wissenschaftliche**. In aller Kürze sei dazu nur gesagt, dass damit die konsequente Anwendung der ersten vier Prinzipien gemeint ist. Das entspricht der Beobachtung, dass in die europäische Dichtung des 20. Jahrhunderts linguistische und sprachphilosophische Überlegungen ihrer Autoren aufgenommen werden oder dass diese auf die Werke Einfluss ausüben. Reflexion – Wissenschaft – und schöpferisches Hervorbringen – Dichtung – gehen Hand in Hand. Als wichtigste daraus hervorgehende Einsicht ist geblieben, dass die auf handwerkliche Weise („wissenschaftlich") hergestellten Beziehungen innerhalb eines Textes als fundamentale Basis jeder Textanalyse zu betrachten und daher konsequent, unter Beachtung aller genannten Prinzipien, zu untersuchen sind.

Am oben stehenden Text von Erich Fried „Beim Nachdenken über Vorbilder" lässt sich das Prinzip strukturalistischer Textbetrachtung durch Aufdecken der verschiedenen Arten von Parallelitäten gut im Zusammenhang zeigen. Das soll im Folgenden versucht werden.[3]

Der Inhalt lässt sich auf die – zugegeben banale – Formel bringen: Wenn die, die den Krieg wollen, stürben, könnten wir gut leben. Die Auflösung der Fried'schen Form, hier vollzogen, um zu einer Art Inhaltsangabe zu gelangen, zeigt in aller Deutlichkeit die inhaltliche Funktion, die die Textgestalt hat. Nicht ohne Grund habe ich die Banalität der Umformulierung gewagt. Zu fragen ist nämlich, was verloren geht, wenn man diesem Text die Form nimmt. Um diese Frage beantworten zu können, ist der Bezug auf die Parallelitäten nötig. Wir sehen einen Text von acht Zeilen vor uns, von denen jeweils zwei als Verszeilen zu einer „Strophe" geordnet sind. Syntaktisch sind die Verhältnisse soweit eindeutig, als man das Ganze als einen sich über alle acht Zeilen bzw. vier Zeilenpaare erstreckenden Satz bestimmen kann, sodass die äußere vierfache Gliederung des Textes nicht seiner syntaktischen Struktur, eben der eines einzigen Satzes, entspricht. Innerhalb dieses Satzes findet jedoch auch eine syntaktische Gliederung statt, die sich in der Binnengliederung widerspiegelt: Die ersten zwei Zeilen *Die uns / vorleben wollen* bilden einen (vorangestellten) Subjektsatz in der stilistischen Funktion einer Prolepse (betonte Anfangsstellung eines Satzgliedes mit möglicher Wiederaufnahme durch ein Personalpronomen). Wieder aufgenommen wird das als Gliedsatz vorangestellte Subjekt im dritten Zweizeiler durch das Pronomen *sie*: *Wenn sie uns / vorsterben wollten*. Darauf komme ich später zurück. Das zweite Zeilenpaar hat die syntaktische Funktion

---
[3] SANDIG (1986, 66f.) hat das Gedicht unter dem Aspekt analysiert, wie die Textform Stilwirkung hervorbringen kann. Ihr Untersuchungsinteresse ist also ein anderes. Dass dennoch Beobachtungen übereinstimmen, versteht sich, wenn man am selben Text arbeitet.

eines Objektsatzes, der vom Subjektsatz abhängig ist (etwas wird vorgelebt). Beim dritten Zeilenpaar handelt es sich um einen irrealen Konditionalsatz (Ausdruck einer nicht oder wenig wahrscheinlichen Bedingung oder Voraussetzung für das im Hauptsatz Gesagte), dem im vierten Zeilenpaar der Hauptsatz, nach seiner kommunikativen Bestimmung ein Ausrufesatz, folgt.
Parallelität besteht hier darin, dass jedes der vier Zeilenpaare jeweils einen Satz (Gliedsatz oder Hauptsatz) repräsentiert. Hervorzuheben ist, dass der Text mit einem Ausrufesatz, also mit dem Ausdruck von emotionaler Beteiligung, endet. Parallelität findet sich innerhalb der acht Zeilen auch hinsichtlich der Strukturen und des Wortgebrauchs. Zunächst einmal ist die Wiederholung der Zeile 3 durch Zeile 7 *wie leicht* als uneingeschränkter Fall von Parallelität zu nennen.
Eingeschränktere Parallelität finden wir in den Zeilen 1 und 5, wo *die uns* wieder aufgegriffen wird durch *wenn sie uns*. Die Modifikation besteht darin, dass *die* in der Funktion des Demonstrativpronomens (*diejenigen, die*) identifizierend auf etwas noch Unbestimmtes, das der Erklärung durch die folgende Aussage bedarf, vorausweist, während das Personalpronomen *sie* hier in anaphorischer Funktion auf etwas bereits Gesagtes, also Bestimmtes, rückverweist. Antonymisches also auch hier. Die Zeilen 2 und 6 sind von derselben syntaktischen Struktur, und wir finden dasselbe Wortbildungsmuster bei *vorleben* und *vorsterben*. Sie unterscheiden sich aber in zweierlei Hinsicht, semantisch und morphologisch. Der semantische Unterschied: Bei gleicher Wortstruktur haben die Verben antonymische Bedeutung. *Vorsterben* fällt allerdings mit einer Bedeutungsvariante aus der eben beschriebenen Parallelität heraus; denn neben der Bedeutung ‚vorführen, wie man stirbt' realisiert man auch eine zweite: ‚früher sterben', beide Varianten sind okkasionell. Während ‚vorführen, wie man stirbt' mit *vorleben* als ‚vorführen, wie man lebt' in antonymischem Zusammenhang steht, ist die zweite Bedeutungsvariante von *vorsterben* ohne Pendant und kann daher als ein Erwartungsbruch, also als verfremdendes Element angesehen werden. Der Unterschied nach den Formen: *Wollen* im Indikativ steht *wollten* im Konjunktiv gegenüber, der sachlichen Feststellung der Ausdruck eines Wunsches. Dass es sich in beiden Fällen um die Verknüpfung von Verben mit dem Modalverb *wollen* handelt, setzt den Gebrauch nicht gleich: *wollen* in Zeile 2 drückt den Wunsch aus, *wollten* in Zeile 6 dient vor allem als Konjunktivanzeiger, wie wir ihn aus irrealen Konditionalsätzen kennen. *Wollen* in Zeile 2 drückt den Willen **derer** aus, **über die gesprochen wird**, *wollten* in Zeile 6 dagegen den Willen dessen, **der da als lyrisches Subjekt spricht**, bzw. den Willen derer, in deren Namen er spricht. Scheinbare Gleichheit entpuppt sich also bei näherem Hinsehen als Gegensätzlichkeit, wenn man davon auszugehen bereit ist, dass der Wille der Besprochenen und der Wille des Sprechenden entgegengesetzte Intentionen sind. Nicht synonymische, sondern antonymische Parallelität also. Es bleiben die Zeilen 4 und 8 (*wie leicht*) *das Sterben ist* und (*wie leicht*) *wäre das Leben*. Auch hier haben wir den Gegensatz von Indikativ und Konjunktiv. Das, was

nach Meinung derer, über die gesprochen wird, als sicher gelten kann, steht im Indikativ, die am Ende geäußerte Hoffnung des lyrischen Ich im Konjunktiv wird als etwas nur Vorgestelltes ausgedrückt.

Diese beiden Zeilen weisen mit der Umkehrung der Satzgliedfolge von Subjekt–verbum finitum in verbum finitum–Subjekt eine chiastische Anordnung auf, die der inhaltlichen Antonymie von *Sterben* und *Leben* formal entspricht. Dass man in Zeile 4 den Indikativ, bezogen auf das Sterben, findet und in Zeile 8, bezogen auf das Leben, den Konjunktiv, macht die Unsicherheit, das nur Vorgestellte, aber nicht Reale (und vielleicht nicht Realisierbare?) deutlich. Inhaltliche Parallelität findet man bei Wörtern, die nach ihrer Wortart verschieden sind: *vorleben – Leben, vorsterben – Sterben*. Formale Parallelität und damit auch semantische Parallelität (dieselbe Wortart und derselbe Wortbildungstyp) besteht zwischen *vorleben – vorsterben* und *Leben – Sterben*. Dass die Wörter *vorleben* und *Leben* den Text eröffnen und – die Wörter *Sterben* und *vorsterben* einschließend – den Text auch beenden, gibt ihnen eine besondere Dominanz und deutet auf die „Überlebensfähigkeit" des Lebens hin. Das Leben „umringt" das Sterben. Der Gegensatz von *die/sie* und *uns*, also einerseits das Verweisen auf die anderen und andererseits auf eine Gruppe Gleichgesinnter, in die das lyrische Ich sich durch die Verwendung des Personalpronomens in der ersten Person Plural einbezieht, schafft eine weitere Antonymie im Text.

Fasst man alle Beobachtungen zusammen, so hat man ein ganzes Netz von synonymischen und antonymischen Parallelitäten im syntaktisch-morphologischen und im semantischen Bereich. Berücksichtigt man nun noch den Titel, der als Bezugsgröße für den gesamten Text fungiert, so stellt man fest, dass mit dem Wort *Vorbilder* formal und inhaltlich ein grundsätzlicher Bezug zum Text hergestellt wird, formal durch den Gebrauch des Elements *vor-*: *Vorbild*, *vorleben* und *vorsterben*, inhaltlich durch die Wortbildungsbedeutung der Verben, die genau wie bei *Vorbild* als „eine musterhafte, teilweise lehrende Tätigkeit" (FLEISCHER/BARZ 1995, 341) bezeichnet werden kann.

Das Aufzeigen wichtiger Parallelitäten des Textes sollte als Nachweis dafür dienen, dass man mit der strukturalistischen Herangehensweise tief in die formale und inhaltliche Struktur eines Textes eindringen kann. Die auf diese Weise erworbenen Einsichten in den Text können die Basis einer wohlbegründeten Interpretation des Textes bilden. Es ist auf diese Weise sicher auch deutlich geworden, was man an Sinnzusammenhängen verlöre, wenn man den Text auf seinen inhaltlichen Extrakt reduzierte. In seiner Form liegen die wesentlichen Elemente der Bedeutung dieses Textes.

Aufgaben:

⇨ 1. Suchen Sie sich Kinderreime (z. B. Abzählreime) und zeigen Sie die Parallelismen dieser Texte. Gehen Sie dabei zugleich auf die Textualitätskriterien Kohärenz und Akzeptabilität ein. Wieso und wie spielen sie eine Rolle bei der Analyse solcher gereimten oralen Volksdichtung?

⇨ **2.** Zeigen Sie an einem mehrstrophigen Gedicht ihrer Wahl die Rolle von Rhythmus und Reim als Mittel der Parallelität für die Textkonstitution. Erläutern Sie als Voraussetzung Ihrer Analyse zunächst einmal, was wir unter Reim und Rhythmus verstehen. (KURZ 1999)

⇨ **3.** Versuchen Sie, sich dem Sinn des nachfolgenden Gedichtes von Gomringer über das Aufdecken von Parallelitäten im Sinne JAKOBSONs zu nähern.

> worte sind schatten
> schatten werden worte
>
> worte sind spiele
> spiele werden worte
>
> sind schatten worte
> werden worte spiele
>
> sind spiele worte
> werden worte schatten
>
> sind worte schatten
> werden spiele worte
>
> sind worte spiele
> werden schatten worte
>
> (Eugen Gomringer)

3.4 Analyse zweier Pressetexte: funktionalstilistisch, textsortenbezogen

ANALYSETEXTE:

Ende für Rheinhausen

Krupp legt Stahlwerk still

Duisburg (AFP/AP). Der Stahlkonzern Krupp-Hoesch will sein Stahlwerk in Duisburg-Rheinhausen schließen. Durch die Stillegung sowie Rationalisierung bei den Stahlwerken in Dortmund will Krupp-Hoesch rund 4500 Arbeitsplätze abbauen. Wie der Vorstandsvorsitzende der Krupp-Stahl AG, Jürgen Harnisch, mitteilte, werde der Arbeitsplatzabbau zum größten Teil noch 1993 erfolgen. Das von den Vorständen von Krupp und Hoesch erarbeitete Konzept muß allerdings noch von den Aufsichtsräten gebilligt werden. Als wahrscheinlicher Termin für die Entscheidung gilt der 31. März. Die Schließung von Duisburg-Rheinhausen sei im Interesse des Überlebens des Konzerns unvermeidlich, so Harnisch. Mit der Stillegung des Stahlwerks gehen dort 2300 Arbeitsplätze verloren. (LVZ, 11.3.93)

Protest gegen Hüttenschließung in Rheinhausen
Zweierlei Stahl-Maß
Von HELGE-HEINZ HEINKER

Einen Tag nach Bekanntgabe des Krupp-Hoesch-Beschlusses, das Stahlwerk Rheinhausen stillzulegen, sind die betroffenen Arbeiter gestern vor den Düsseldorfer Landtag gezogen. Der nordrhein-westfälische Ministerpräsident Rau sagte ihnen Unterstützung zu und verlangte vom politischen Bonn, Flagge zu zeigen. Selbst die üblicherweise geschmähten Bestandsgarantien kamen ins Gespräch.

Wut und Enttäuschung der Rheinhausener Stahlkocher, die vor fünf Jahren den Fortbestand ihres Werks erstreikt hatten, sind verständlich. Und trotzdem drängt sich der fatale Eindruck auf, daß in der deutschen Stahlbranche mit zweierlei Maß gemessen wird.

2000 Arbeitsplätze, die veschwinden, bedeuten harte Einzelschicksale. Niemand sollte schulterzuckend darüber zur Tagesordnung übergehen. Doch daß die ostdeutsche Stahlindustrie innerhalb von zwei Jahren achtzig Prozent ihrer Kapazität verloren hat, wird wie ein unabänderliches Naturereignis mit weit weniger Aufmerksamkeit registriert. Allein 1992 ist in der Ost-Industrie die Hälfte aller Arbeitsplätze verschwunden. Ein unerhörter Vorgang in der gesamten Wirtschaftsgeschichte. Sachsens Ministerpräsident Biedenkopf sagte dazu anläßlich der Messeeröffnung, es sei eine große politische Leistung gewesen, den ostdeutschen Unmut an der Explosion zu hindern.

Mit dieser Feststellung sollte sich aber nur jemand begnügen, der das Ende der Talsohle fest vor Augen hat. Noch ist Besserung nicht in Sicht, während der Westen gerade in die Rezession schlittert.

Tatsache bleibt, daß die zurückliegenden Boomjahre in den alten Bundesländern für strukturelle Weichenstellungen verschlafen wurden. Jetzt muß die Aufgabe in der Krise gelöst werden. Das macht sie ökonomisch kompliziert und politisch äußerst heikel. (LVZ, 11.3.93)

Zwei Texte mit annähernd gleichem Gegenstand liefern die Grundlage für die folgende funktionalstilistische Betrachtung. Damit soll belegt werden, dass – wie es sich in der Funktionalstilistik schon andeutet (vgl. 1.3.2.1 und 2.4) – die funktional bedingten Stilzüge genauer auf Textsortenstile zu beziehen sind.

Unsere kommunikativen Erfahrungen lassen uns sofort die Textsorte beider Texte erkennen. Das heißt, wir haben ein spezielles Wissen über globale Textstrukturen gespeichert (vgl. 1.2.3), aufgrund dessen wir den einen Text als **Nachricht** und den anderen als **Kommentar** einordnen können. Beide Textsorten nehmen als informations- und meinungsbetonte Textsorten einen zentralen Platz in der Presseberichterstattung ein (vgl. LÜGER 1995, 70). Die Textsortenbestimmung haben wir (im Normalfall der Presselektüre) aus den textexternen Faktoren wie Kommunikationsbereich und -situation und dem Medium abgeleitet; dazu gehört auch unser Wissen über den Aufbau der Zeitung (wichtige Nachrichten auf Seite 1 und Kommentare auf Seite 3 der LVZ). Aber auch textinterne Faktoren – und diese spielen in unserem Falle, da wir die Texte aus ihrem normalen Kontext genommen haben, sicher die größere Rolle – verweisen auf die jeweilige Textsorte: prototypische sprachliche Mittel, Architektonik, Textinhalt. Die Textlinguistik erfasst die prototypischen Merkmale von Texten bestimmter Art unter qualitativem Aspekt mit dem Begriff des Textmusters (s. 1.2.5). Aufgrund solcher in unserem Wissen gespeicherten Muster können wir konkrete Texte einer Textsorte zuordnen, wenn diese Texte eben dem uns bekannten Muster folgen. Die Funktionalstilistik konzentriert sich bei ihrer Textcharakterisierung im Wesentlichen auf textsortenbedingte Stilzüge und prototypische sprachliche Mittel. (In der Sicht der pragmatischen Stilistik wäre das vergleichbar mit dem Stilmuster als Teil des Textmusters.)

Ein sprachliches Mittel, das alle journalistischen Texte auszeichnet, ist die Realienbezeichnung: Eigennamen, Titel, Zahlenmaterial (*Duisburg-Rheinhausen, Krupp-Hoesch, Jürgen Harnisch, Ministerpräsident Rau, 4500 Arbeitsplätze, 1992* ...). Realienbezeichnungen ergeben sich als Konsequenz aus dem Anliegen journalistischer Texte, über die gesellschaftliche Realität zu berichten oder sich damit auseinanderzusetzen. Bei der Nachricht finden wir als spezielles, das Textmuster prägendes Mittel die Angabe des Ortes und der Nachrichtenagentur als Quelle der Information. Dies bewirkt im Zusammenhang mit Realienbezeichnungen und Redewiedergaben einen hohen Authentizitätsgrad. Im Kommentar erscheinen solche Quellenangaben nicht, stattdessen gibt sich hier der Textproduzent mit seinem Namen zu erkennen. Kommentare geben eine subjektive Einschätzung gesellschaftlich-politischer Sachverhalte (STRAUß 1986, 50 f.), die der Rezipient nach Möglichkeit auch übernehmen sollte. Diese ausgeprägte Wirkungsabsicht schlägt sich in Stilzügen dieser Textsorte wie ‚emotional wertend' (und damit ‚subjektiv'), ‚anschaulich', ‚antithetisch' und betont ‚syndetisch' nieder.

Welche Stilelemente des vorliegenden Kommentars führen nun zu den genannten Stilzügen, die folglich auch „Stileigentümlichkeiten" des konkreten Textes sein müssten? Wir gehen damit vorrangig nach der Top-down-Strategie vor (vgl. 2.1). Der komplementäre Weg einer Bottom-up-Strategie ist dabei jedoch auch immer präsent.

Der Stilzug ‚emotional wertend' drückt sich aus in den Adjektiven *verständlich, fatal* (= abwertend), *hart, unerhört,* auch in Verben wie *sich aufdrängen, erstreiken* und im metaphorischen Gebrauch von *verschlafen* und *schlittern*. Die zweimalige Verwendung des intransitiven Vorgangsverbs *verschwinden* mit dem Subjekt *Arbeitsplätze* (im Vgl. zu *werden abgebaut*) suggeriert das Fehlen eines menschlichen Urhebers, eben ein Ausgeliefertsein gegenüber diesen Vorgängen wie bei einem *unabänderlichen Naturereignis*. Im Kontext dieses Kommentars wird dadurch eher indirekt eine subjektive Wertung zum Ausdruck gebracht. Der Rezipient wird angehalten, durch Einbeziehung seines Weltwissens (Inferenzziehung), diese inhaltlichen Leerstellen für sich zu füllen und damit auch Stellung zu beziehen. Im substantivischen Bereich fallen Metaphern auf (*Talsohle, Weichenstellung*), die sowohl dem Stilzug ‚emotional wertend' als auch dem Stilzug ‚anschaulich' zuzuordnen wären. Hieran wird deutlich, dass Stilzüge, obgleich auf unterschiedlichen Relationsebenen erfasst (vgl. 2.4), sich hierarchisch im Text ordnen lassen, dass also Anschaulichkeit zum emotionalen und subjektiven Charakter des Textes beitragen kann. Aus einem Phraseologismus (*mit den Schultern zucken*), der Anschaulichkeit der Darstellung bewirken kann, bildet der Autor hier eine verkürzte Struktur (*schulterzuckend*), die im Zusammenhang mit anderen Phänomenen, wie z. B. den Nomina actionis *Bekanntgabe, Besserung, Weichenstellung* u. a., Gedrängtheit in der sprachlichen Form hervorruft.

Subjektiv vermittelte Anschaulichkeit und dadurch einen ausgeprägten Rezeptionsanreiz liefert die Überschrift *Zweierlei Stahl-Maß*. Der Bindestrich in einer geläufigen Wortbildungskonstruktion (ein ‚Maß[band] aus Stahl') signalisiert, dass es nicht um diese konkrete Gerätebezeichnung geht, sondern um ein (abstraktes) Maß, das an die Stahlindustrie angelegt wird. In der Kombination mit *zweierlei* verbirgt sich wiederum ein *Phraseologismus (mit zweierlei Maß messen)*, dessen Bedeutung auf das Thema des Kommentars verweist. Das Wortspiel vom *Stahl-Maß* kann zwar die Aufmerksamkeit des Lesers wecken, gibt aber auf den ersten Blick keine Hinweise auf den wirklichen Gegenstand des Kommentars. Das leistet die knapp (in einer nominalen Wortgruppe) und sachlich formulierte Dachzeile (*Protest gegen Hüttenschließung in Rheinhausen*). In *Zweierlei Stahl-Maß* deutet sich schon an, dass der Text durch Gegenüberstellungen charakterisiert ist und damit von dem Stilzug ‚antithetisch' geprägt. Im weiteren Text wird dies vor allem hervorgehoben durch adversative und konzessive Konjunktionen und Konjunktionaladverbien: *trotzdem, doch, aber, während*.

Das Argumentieren ist ein konstitutives Verfahren des Kommentars. Die vom Autor aufgestellte These klingt schon in der Überschrift an und wird explizit am Ende des zweiten Absatzes formuliert: *daß in der deutschen Stahlbranche mit zweierlei Maß gemessen wird*. Zu dieser These liefert der Autor Argumente: die vergleichsweise geringe Beachtung der Kapazitätsvernichtung in der ostdeutschen Stahlindustrie, der Verlust der Hälfte aller Arbeitsplätze in der Ost-Industrie innerhalb des Jahres 1992. Die Kraft dieser Argumente wird gestützt durch Bezugnahme auf eine Politikeräußerung (Referieren mittels indirekter Rede), deren Inhalt im folgenden Absatz durch Zurückweisen gewertet wird, was sich an der Oberfläche im empfehlenden Konjunktiv *sollte* und der einschränkenden Partikel *nur* festmachen lässt. Die Gründe für dieses Zurückweisen muss sich der Rezipient durch Inferenzen selbst erschließen. Er muss zwischen den Zeilen lesen. Aus der abschließenden Feststellung, dass im Osten keine Besserung der wirtschaftlichen Lage abzusehen ist, *während der Westen gerade in die Rezession schlittert*, kommt der Autor zu der subjektiv wertenden

Schlussfolgerung, dass diese Probleme zu lösen *ökonomisch kompliziert* und *politisch äußerst heikel* ist, eben wegen dieser unterschiedlichen Bedingungen in Ost und West.

Die genannten Konjunktionen und Konjunktionaladverbien des Textes sind letztlich auch Ausdruck einer ausgeprägten Textverflechtung, wofür der Stilzug ‚syndetisch' genannt werden könnte. Kohärenz wird hier explizit mit Mitteln der Kohäsion erzeugt. Verflechtung an der Oberfläche des Textes wird des Weiteren erreicht durch Pronomina wie *Das (macht) sie (ökonomisch kompliziert), (mit) dieser (Feststellung)*, Pronominaladverbien *(schulterzuckend) darüber, (sagte) dazu* und Partikeln, die durch ihre Hervorhebungsfunktion im Kontext konnektierend wirken: *Selbst (die geschmähten ... Bestandsgarantien), Allein (1992), Noch (ist Besserung nicht in Sicht)*. Das Konjunktionaladverb *trotzdem* wird in seiner verbindenden Funktion noch verstärkt durch die anreihende Konjunktion *und*, die den Satz einleitet.

Die Gedrängtheit der Informationen, die wir im Text aus den häufig vorkommenden Nomina actionis ablesen konnten, ist wohl auch wegen der Platzvorgaben für die Kommentare als textsortenprägender Stilzug anzusetzen. Noch deutlicher tritt Gedrängtheit/Knappheit in Nachrichtentexten hervor. Wiederum sind es Nomina actionis, mit denen die dargestellten Vorgänge in unserem Text verdichtend ausgedrückt werden: *Stillegung, Entscheidung, Schließung, Arbeitsplatzabbau*. Das letzte Beispiel fasst als Determinativkompositum eine ganze Aussage zusammen: *Arbeitsplätze werden abgebaut*. Nach solchen alternativen Ausdrucksweisen sollte man bei der Betrachtung der stilistischen Wirkung des konkreten Textbeispiels gelegentlich suchen und sich dabei die Unterschiede bewusst machen. Sehen wir uns den gesamten Teilsatz an *werde der Arbeitsplatzabbau noch 1993 erfolgen*, stellen wir fest, dass die Formulierung durch die Substantivierung insgesamt aber auch nicht kürzer wird, denn das Nomen zum Ausdruck der Handlung steht in einem Funktionsverbgefüge, dessen Verb semantisch verblasst ist und nur noch grammatische Funktionen im Satz übernimmt. So kommt es also letztlich zu einer Pseudoknappheit an dieser Textstelle. Jedoch wird damit auch eine Ausdrucksvariation zum vorhergehenden Satz (*4500 Arbeitsplätze abbauen*) erreicht, es wird stärker verallgemeinert und der Stilzug ‚nominal' unterstützt. Beide Stilzüge stehen in einem wechselseitigen Zusammenhang. Im Gegensatz zu einer verbalen Ausdrucksweise, die Aussagen in Form ganzer Sätze (und Teilsätze) erkennen lässt, werden die Aussagen bei einer nominalen Ausdrucksweise in nominalen Gruppen verdichtet. Dazu dienen verschiedene Arten von Attribuierungen (und auch Appositionen im Zusammenhang mit Eigennamen), die man gegebenenfalls in eine verbale Satzstruktur auflösen kann wie im Beispiel des nominalen Rahmens (der Linkserweiterung des Nomens): *Das von den Vorständen von Krupp und Hoesch erarbeitete Konzept* kann aufgelöst werden in einen Attributsatz: *Das Konzept, das von den Vorständen von Krupp und Hoesch erarbeitet wurde*. Die verwendeten Nomina actionis ziehen in der

verdichteten Darstellung der Handlung die aus dem verbalen Bereich stammenden Komplemente nach sich als semantisch-kommunikativ notwendige Attribute: *die Stillegung des Stahlwerks, die Schließung von Duisburg-Rheinhausen.*
Der sachlich-objektive Charakter des Berichtens wird im Nachrichtentext durch einen möglichst hohen Grad an Authentizität unterstützt. Im Zusammenhang mit den Realienbezeichnungen trägt dazu nicht unwesentlich die Redewiedergabe bei, das Verfahren des Referierens von Äußerungen kompetenter Personen zu der jeweiligen Problematik. Redewiedergabe als ein Ausdruck referentieller Intertextualität erscheint im vorliegenden Text in der Form der indirekten Rede, die es ermöglicht, den ursprünglichen Wortlaut der Äußerung aus der Sicht des Reporters in mehr oder weniger verdichteter Form in den primären Nachrichtentext einzubauen. Dafür haben sich im journalistischen Sprachgebrauch auch bestimmte formelhafte Strukturen herausgebildet (vgl. 2.7.1), wie in unserem Text zu erkennen ist: *Wie der Vorstandsvorsitzende ... mitteilte, werde der Arbeitsplatzabbau zum größten Teil noch 1993 erfolgen.* Die zweite referierte Äußerung in der indirekten Rede fasst die Redekennzeichnung noch knapper, indem sie in einer elliptischen Struktur nur auf den Sprecher verweist: *Die Schließung von Duisburg-Rheinhausen sei im Interesse des Überlebens des Konzerns unvermeidlich, so Harnisch.* Diese hier verwendeten Formen der Redewiedergabe sind somit auch Belege für den Stilzug ‚knapp/gedrängt'. Die Sätze der Nachricht sind relativ kurz (nur bis 18 Wörter) und einfach konstruiert (zwei geläufige Redekennzeichnungsstrukturen und ein noch überschaubarer nominaler Rahmen), so wird der Text leicht ‚fasslich'. Der informelle Extrakt der Nachricht liegt letztlich schon in der Überschrift und der Dachzeile. Der erste Satz nimmt beides wieder auf: *Der Stahlkonzern Krupp-Hoesch will sein Stahlwerk in Duisburg-Rheinhausen schließen.* Für den eiligen Leser mag das an Information genügen. Vielfach enthalten deshalb die ersten Sätze in Nachrichtentexten ein resultatives Perfekt, das neue Sachverhalte/Ergebnisse von Aktivitäten im gesellschaftlichen Leben konstatiert. Wer mehr Information darüber haben möchte, kann im weiterführenden Text über vorausgehende Handlungen, Vorgänge und über Zusammenhänge Genaueres lesen: *Grünen-Fraktionschef Rezzo Schlauch hat von seiner Partei für seinen Vorstoß zur Bezahlung unter Tarif eine Abfuhr erhalten ...* (LVZ, 28.11.2000).
Bei der Betrachtung der Stilzüge darf jedoch nicht vergessen werden, dass trotz des ‚sachlich-objektiven' und distanzierenden Anspruchs in Nachrichtentexten durch subjektive Auswahl und Präsentation gerade bei der Redewiedergabe die Meinung des Rezipienten beeinflusst werden kann (vgl. STRAUß 1986, 49 und YOS 1997).
Für beide intertextuell verbundene Textsorten des Funktionalstils der Presse und Publizistik sind also zum einen gemeinsame Stilzüge wie Allgemeinverständlichkeit, Sprachökonomie (Gedrängtheit/Knappheit) anzusetzen, zum anderen treten in Kommentar und Nachricht deutlich ausgeprägte Dominanz-

unterschiede von Objektivität und Subjektivität hervor. Die Unterschiede drücken sich nicht nur auf der Ebene des sprachlichen Materials aus, sondern ebenso auf der darüber liegenden Ebene sprachlicher Handlungen, also in der Art und Weise der Themenbehandlung, die sich dann in den speziellen Stilzügen niederschlägt. Während die Nachricht resultatsorientiert über ein gesellschaftlich relevantes Ereignis berichtet (und dabei auch referiert), kommentiert und bewertet der Autor eines Kommentars das Ereignis, ordnet es in größere Zusammenhänge ein, bringt Argumente für seine Sicht des Problems und kommt zu subjektiv gefärbten Schlussfolgerungen. Eine solche Beschreibung der beiden Textsorten greift auf den Textmusterbegriff mit seinen drei Arten von Grundelementen (thematisch-propositional, handlungstypisch-illokutiv, stilistisch-formulativ) zurück, wie er in Textlinguistik und pragmatischer Stilistik verwendet wird (vgl. 1.2.5 und 1.3.3).

Aufgaben:

Für eine Analyse des folgenden Textes könnten Sie verschiedene Zugangsmöglichkeiten wählen (s. dazu 2.2):

⇨ 1. Analysieren Sie, ausgehend von der Funktionalstilistik, den vorliegenden Text nach funktional bedingten und textsortenbedingten Stilzügen (mit den entsprechenden Stilelementen) und textsortenprägenden Stilelementen.

Oder:

⇨ 2. Beschreiben Sie das Textmuster, das diesem Text zugrunde liegt, und stellen Sie die konkrete Umsetzung dieses Musters am Text dar.

Oder:

⇨ 3. Nehmen Sie für die Analyse des vorliegenden Textes die Lasswell-Formel (in der Bearbeitung von Stolt und Fix) zum Ausgangspunkt (s. 1.3.1)

Beachten Sie dabei, dass Sie auch bei unterschiedlichen Ansätzen immer zur detaillierten Darstellung des WIE der Textgestaltung mittels der Stilzüge und Stilelemente kommen müssen. Berücksichtigen Sie ebenso, dass in Pressetexten aufgrund des Zeitdrucks bei der Produktion nicht alle Formulierungen einer kritischen Prüfung standhalten. Beurteilen Sie den Text auch unter diesem sprachkritischen Aspekt.

Clinton reicht Vietnamesen die Hand zur Versöhnung

Ho-Chi-Minh-Stadt (rtr). US-Präsident Bill Clinton hat bei seiner historischen Vietnam-Reise dem ehemaligen Kriegsgegner die Hand zur Versöhnung ausgestreckt und wirtschaftliche Zusammenarbeit angeboten. In einer Rede zum Abschluss seines dreitägigen Besuches sagte Clinton gestern in Ho-Chi-Minh-Stadt, die USA wollten Partner Vietnams sein und wünschten dem Land Erfolg. „Die Jahre der Feindseligkeit" seien vorbei. In der Hauptstadt Hanoi war Clinton zuvor mit seinem Wunsch, das kommunistische Land möge sich politisch öffnen, auf Ablehnung gestoßen.

Tausende Vietnamesen säumten die Straßen, als Clinton mit Frau Hillary und Tochter Chelsea durch Ho-Chi-Minh-Stadt, dem früheren Saigon, fuhr. Dem Präsidenten schlug eine Welle der Sympathie entgegen: Viele Vietnamesen wollten ihm die Hand schütteln und riefen „Willkommen" und „Hallo".
(LVZ, 20.11.2000, S.1)

3.5 Analyse dreier Texte: intertextuell

ANALYSETEXTE:

Lied der Deutschen
(Heinrich Hoffmann von Fallersleben)

Deutschland, Deutschland über alles,
Über alles in der Welt.
Wenn es stets zu Schutz und Trutze
Brüderlich zusammenhält
Von der Maas bis an die Memel,
Von der Etsch bis an den Belt,
Deutschland, Deutschland über alles,
Über alles in der Welt.

Deutsche Frauen, deutsche Treue,
Deutscher Wein und deutscher Sang
Sollen in der Welt behalten
Ihren alten, schönen Klang,
Und zu edler Tat begeistern
Unser ganzes Leben lang
Deutsche Frauen, deutsche Treue,
Deutscher Wein und deutscher Sang.

Einigkeit und Recht und Freiheit
Für das deutsche Vaterland!
Darnach laßt uns alle streben
Brüderlich mit Herz und Hand.
Einigkeit und Recht und Freiheit
Sind des Glückes Unterpfand -
Blüh im Glanze dieses Glückes,
Blühe, deutsches Vaterland!

Auferstanden aus Ruinen
(Johannes R. Becher)

Auferstanden aus Ruinen und der Zukunft zugewandt,
laßt uns dir zum Guten dienen, Deutschland, einig Vaterland.
Alte Not gilt es zu zwingen, und wir zwingen sie vereint,
denn es muß uns doch gelingen, daß die Sonne schön wie nie
über Deutschland scheint.

Glück und Friede sei beschieden Deutschland, unserm Vaterland.
Alle Welt sehnt sich nach Frieden, reicht den Völkern eure Hand.
Wenn wir brüderlich uns einen, schlagen wir des Volkes Feind.
Laßt das Licht des Friedens scheinen, daß nie eine Mutter mehr
ihren Sohn beweint.

Laßt uns pflügen, laßt uns bauen, lernt und schafft wie nie zuvor,
und der eignen Kraft vertrauend steigt ein frei Geschlecht empor.
Deutsche Jugend, bestes Streben unsres Volks in dir vereint,
wirst du Deutschlands neues Leben. Und die Sonne schön wie nie
über Deutschland scheint.

Kinderhymne
(Bertolt Brecht)

Anmut sparet nicht noch Mühe,
Leidenschaft nicht noch Verstand,
daß ein gutes Deutschland blühe
wie ein andres gutes Land.

Daß die Völker nicht erbleichen
wie vor einer Räuberin,
sondern ihre Hände reichen
uns wie andern Völkern hin.

Und nicht über und nicht unter
andern Völkern wolln wir sein
von der See bis zu den Alpen
von der Oder bis zum Rhein.

Und weil wir dies Land verbessern,
lieben und beschirmen wir's.
Und das liebste mag's uns scheinen
So wie andern Völkern ihrs.

Jeder Staat repräsentiert sich nach außen durch seine nationalen Symbole, somit auch durch seine Nationalhymne. Nationalhymnen sind demnach als politische Texte zu verstehen. Wenn wir im Folgenden die drei Gedichte betrachten, so soll das – hier stark verkürzt – unter folgenden Aspekten (•)geschehen.

- **Politisches Gedicht und historischer Kontext**

Eine wesentliche Besonderheit politischer Texte generell besteht in ihrer quantitativ größeren Kontextgebundenheit. Dabei wird unter Kontext ihre Eingebundenheit in eine spezifische historisch-gesellschaftliche Situation verstanden. Die Gedichte sind Ergebnis der Auseinandersetzung des Autors mit seiner konkreten gesellschaftlichen Wirklichkeit und geben Aufschluss über die Vorstellungen und Utopien, die der Verfasser hat.

Es ist demnach bei einer Analyse politischer Texte immer die Zeit ihrer Entstehung als eine entstehungsgeschichtliche Kategorie einzubeziehen. Weiter sind zu beachten wirkungsgeschichtliche Kategorien wie die Rezeption des Textes und seine Wirkung (vgl. GAST 1973, 74 f.). Gerade diese Kategorien sind bei allen drei Liedern nahezu brisant. Im Folgenden sei kurz auf diese Faktoren eingegangen.

Das „Lied der Deutschen"

Hoffmann von Fallersleben schrieb das Gedicht während eines Helgoland-Aufenthaltes im Jahre 1841 in einer Zeit nationaler Zersplitterung, rechtlicher Repressalien gegenüber freiheitlich gesinnten Personen und der Bedrohung durch Frankreich. Er beschrieb damit nicht ein real existierendes Deutschland, sondern seine Idealvorstellungen von einem zu verwirklichenden Deutschland. 1922 wurde das Gedicht Nationalhymne und blieb es auch im Nationalsozialismus. Zu dieser Zeit wurde es stets zusammen mit dem Horst-Wessel-Lied gesungen. 1949, mit Gründung der Bundesrepublik, entwickelte sich zwischen dem Bundespräsidenten Theodor Heuss und dem Bundeskanzler Konrad Adenauer eine Diskussion um dieses Lied: Adenauer wünschte die dritte Strophe als Nationalhymne für den neuen deutschen Staat:

> „Daher die erneute Bitte der Bundesregierung, das Hoffmann-Haydn'sche Lied als Nationalhymne anzuerkennen. Bei staatlichen Veranstaltungen soll die dritte Strophe gesungen werden."

Heuss war mit folgendem Argument dagegen:

> „Als mich die Frage nach einer Nationalhymne bewegte – und das liegt längst vor meiner Wahl zum Bundespräsidenten –, glaubte ich, daß der tiefe Einschnitt in unserer Volks- und Staatsgeschichte einer neuen Symbolgebung bedürftig sei, damit wir vor der geschichtlichen Tragik unseres Schicksals mit zugleich reinem und freiem Herzen in klarer Nüchternheit des Erkennens der Lage bestehen werden." (ARGUMENTE GEGEN DAS DEUTSCHLANDLIED 1989, 5)

Er stimmte letztendlich jedoch dem Vorschlag Adenauers 1952 zu (vgl. ebenda).

„Auferstanden aus Ruinen"
Mit der Gründung der DDR zeigte sich die Notwendigkeit, dem zweiten deutschen Staat ebenfalls eine Nationalhymne zu geben. Der Präsident der DDR, Wilhelm Pieck, erteilte dazu im Oktober 1949 Johannes R. Becher den Auftrag:

> „Der erste Vers sollte die Demokratie in Verbindung mit der Kultur haben. Der zweite Vers die Arbeit in Verbindung mit dem Wohlstand des Volkes. Der dritte Vers die Freundschaft mit den Völkern in Verbindung mit dem Frieden. Der Refrain sollte die Einheit Deutschlands zum Inhalt haben."
> (zit. nach GIBAS 1999, 253)

Als die DDR 1972 die Konzeption eines einigen Deutschland aufgab und in der Verfassung der Deutschland-Begriff gestrichen wurde, hatte die DDR – als wohl einziges Land der Welt – eine Nationalhymne, deren Text weder gelernt noch gesungen wurde.

Am 28.10.1989 forderte der Zentralrat der FDJ eine „singbare Nationalhymne", am 8.1.1990 wurde der Text offiziell wieder zugelassen, nachdem der Versteil *Deutschland, einig Vaterland* auf den Montagsdemonstrationen programmatisch verwendet worden war.

„Kinderhymne"
Fast zeitgleich mit „Auferstanden aus Ruinen", 1950, schrieb Brecht die Kinderhymne, sie war bis 1972 im Literaturkanon der Schule enthalten, wurde aber dann – wohl wegen ihrer dritten Strophe – kommentarlos gestrichen.

Das Nebeneinanderbestehen der zwei Nationalhymnen war bis 1989 so selbstverständlich wie die Existenz der beiden deutschen Staaten. Mit der Einigung stellte sich jedoch die Frage nach einer gemeinsamen Hymne. Unter anderem wurde vorgeschlagen, das Becher'sche Gedicht mit der Melodie Haydns zu wählen, besonders aber war die Brecht'sche Kinderhymne in der Diskussion (DIECKMANN 1991).

• **Intertextuelle Bezüge zwischen den Liedern**

> „Bechers Hymne, viel stärker aber Brechts ‚Kinderhymne' sind anspielungsreiche Varianten, geistreiche Umformungen von Hoffmann von Fallerslebens ‚Lied der Deutschen'; und so wie sich auch Becher auf das Lied der Deutschen bezieht, trägt Brecht später in **seiner** Hymnenversion Anspielungen auf Bechers Text vor".
> (MÜLLER 1989, 137)

Dieser Aspekt der Intertextualität, das Sich-aufeinander-Beziehen, soll im Folgenden untersucht werden. Nach DE BEAUGRANDE/DRESSLER (1981) ist Intertextualität generell eine immanente Erscheinung von Texten. Deutlicher differenziert HOLTHUIS (1993) den Begriff der Intertextualität. Sie unterscheidet zwei Arten: typologische und referentielle Intertextualität (vgl. 1.2.2). Als typologische Intertextualität fasst sie, dass alle Einzeltexte zu verstehen sind als Repräsentanten eines bestimmten Texttyps/Textmusters (vgl. 1.2.5). Auf unsere Texte angewendet heißt das, alle drei Texte gehören zum lyrischen Genre Hymne. Dieses ist auf der propositionalen Ebene besonders gekennzeichnet durch einen erhabenen Inhalt, auf der illokutiven Ebene durch PREISEN und auf der stilistisch-formulativen Ebene häufig durch Merkmale der gehobenen Sprache. Zwei der Lieder sind Nationalhymnen, die den Preis Deutschlands zum Inhalt haben, PREISEN liegt ebenfalls bei Brecht in der „Kinderhymne" vor. Die gleiche propositionale Ebene ist nun noch dahingehend zu spezifizieren, dass gefragt wird, welches Deutschland gepriesen werden soll. Damit sind wir im Bereich der referentiellen Intertextualität. Gemeint ist damit nach HOLTHUIS die (meist) explizite Beziehung eines Textes auf einen Vortext und deren Realisierung in Formen wie Zitat, Anspielung usw. Die eigentliche Grundlage der Analyse wird dabei zweifelsohne der Vortext resp. der Prätext sein. In Anlehnung an FRANZKE (1994, 214) ist beim „Lied der Deutschen" auch von einem Prägetext zu sprechen; dieser ist zu verstehen als ein Text, der nachfolgende initiiert und prägend gewirkt hat.

„Lied der Deutschen"
Es ist eine Besonderheit künstlerischer Texte, dass sie im Vergleich zu Sachtexten mehr Lesarten erlauben, sie sind ein offenes Rezeptionsangebot an den Leser und nicht so sehr eine bindende Vorschrift. Jede Lesart ist jedoch gebunden an den Text, er ist das Objektive einer jeden Interpretation.

Betrachtet man Lesarten und Rezeptionen des „Liedes der Deutschen", besonders der ersten Strophe, so fällt allerdings eine außerordentliche Interpretationsvielfalt auf. Es sei hier lediglich eine Interpretation aus dem Jahre 1904 zitiert:

> „Zu den schönsten Vaterlandsliedern gehören die von Hoffmann von Fallersleben. Als Student besuchte er Jakob Grimm, den Altmeister deutscher Sprache und Volksart, und sprach ihm seine Absicht aus, in Italien und Griechenland seine lateinischen und griechischen Sprachstudien fortzusetzen. ‚Liegt Ihnen Ihr Vaterland nicht näher?' meinte der deutsche Mann. Diese Frage schlug bei Hoffmann wie ein Blitz ein. Er widmete sich forthin dem Studium der deutschen Literatur. Zu Hoffmanns schönsten und bekanntesten Vaterlandsliedern gehört ‚Das Lied der Deutschen: Deutschland, Deutschland über alles!'. ... Der rechte Deutsche liebt sein Vaterland über alles, ehrt das Weib, weilt gern in der Familie, übet die Treue gegen Fürst und Obrigkeit wie im Verkehr (sic! R. G.), begeistert sich an Wein und Lied zu edlen Taten, lebt nach Gesetz und Recht, strebt nach Befreiung von Knechtschaft, hält brüderlich mit den Stammesgenossen zusammen und verteidigt das Vaterland gegen alle Feinde."
> (POLLACK 1904, zit. bei SCHMIDT 1982, 641 ff.)

Auch wenn heute nur die dritte Strophe des Gedichtes als Nationalhymne gesungen wird, müssen die beiden ersten Strophen in die Betrachtung einbezogen werden, um intertextuelle Bezüge zwischen den Texten aufzudecken. Wir werden demnach im Folgenden, als Grundlage für die intertextuelle Betrachtung, das „Lied der Deutschen" ansatzweise interpretieren. Dabei folgen wir im Wesentlichen den Arbeitsschritten einer stilistischen Interpretation, versuchen aber gleichzeitig, mit den Beschreibungsebenen des Textmusters zu arbeiten. Dies dient dem Ziel, letztendlich intertextuelle Bezüge auf den unterschiedlichen Textmuster-Beschreibungsebenen nachzuweisen.

Das Gedicht ist im regelmäßigen Rhythmus geschrieben und hat alternierende Kadenzen (männlich-weiblich). Durch die Trochäen erhält es Volksliedcharakter, wird also singbar. Dies korreliert mit dem Titel „Lied der Deutschen". Thema des Gedichtes ist die Beschreibung Deutschlands, und zwar eines erst zu schaffenden Deutschlands. Hoffmann von Fallersleben beschreibt seine Vision von Deutschland.

In der ersten (und am häufigsten [fehl-]interpretierten) Strophe wird vor allem der Gedanke der Einheit Deutschlands ausgeführt. Dabei bezieht sich der Dichter auf die Grenzen des Deutschen Bundes: Maas, Memel, Etsch und Belt. Eingeschlossen wird die Strophe durch *Deutschland, Deutschland über alles, über alles in der Welt.*

In der zweiten Strophe werden deutsche Traditionen bzw. Tugenden angepriesen in Form einer Viererfigur: Frauen, Treue, Wein und Gesang. Hoffmann von Fallersleben beruft sich dabei auf den bereits bei Luther angepriesenen Tugendkatalog von Wein, Weib und Gesang.

Die dritte Strophe schließlich drückt am ehesten das Visionäre des Liedes aus, indem sie Ziele nennt und expressis verbis als solche ausweist.

Diese knappe, vor allem propositionale Momente beschreibende Analyse soll jetzt ergänzt werden durch eine Untersuchung der dominierenden Illokutionen des Textes. Zweifelsohne ist in der zweiten Strophe das PREISEN der deutschen Tugenden dominant, in der dritten Strophe das AUFFORDERN. Auf die konkreten sprachlichen Mittel wird noch einzugehen sein.

Auf die erste Strophe soll und muss gerade wegen der unterschiedlichen historischen Lesarten genauer eingegangen werden. Dazu müssen bereits an dieser Stelle sowohl die sprachliche Oberfläche als auch der institutionelle Rahmen des Gedichtes betrachtet werden. Als das Gedicht geschrieben wurde, also 1842, fehlte der Zusammenhalt, die Einigung Deutschlands war Desiderat. Dieser Zusammenhalt wird jedoch als die Voraussetzung für *Deutschland, Deutschland über alles ...* gesehen, gleich ob man den mit *wenn* eingeleiteten Nebensatz als temporal oder konditional bestimmt. Die zur vieldeutigen Interpretation führende Leerstelle liegt jedoch in der einleitenden Ellipse, bei der das Verb fehlt. Damit liegen Leerstellen sowohl im Semantischen als auch im Grammatischen vor. Semantisch wären sie aufzufüllen u. a. mit *lieben, stellen,* aber auch *herrschen.* Die Unterschiede in der Interpretation werden hier schon deutlich. Die Ellipse kann und muss aber auch grammatisch ergänzt werden durch: *Ich liebe/werde lieben/ sei geliebt*, also in dem Sinn, dass *Deutschland* Objekt ist. Es kann aber auch Subjekt eines vervollständigten Satzes werden: *Deutschland soll herrschen/Deutschland herrscht/ ist zu stellen*. Bei einer solchen Ergänzung wird die Subjektivität der ersten Ergänzungsvariante weitgehend zurückgenommen und es kommt zu dem in der nationalsozialistischen Lesart bekannt gewordenen (Absolutheits-)Anspruch eines Großdeutschlands.

Die jeweilige Auffüllung der Leerstellen und die Betrachtung des Entstehungskontextes bestimmt in der ersten Strophe letztendlich die rezipierte Illokution. Für das Jahr 1841 kann man als dominierende Illokution das AUFFORDERN annehmen, während des Nationalsozialismus jedoch das FESTSTELLEN und KONSTATIEREN eines Tatbestandes. Das Lied wurde bei der Rezeption aus seinem Entstehungskontext herausgerissen.

In einem dritten Schritt werden jetzt die stilistisch-formulativen Elemente der Hymne analysiert.

Die Verwendung des Gedichts als Nationalhymne, seine Thematik und Entstehungszeit lassen a priori expressiven Wortschatz erwarten. Diese Expressivität wird durch unterschiedliche sprachliche Mittel erzeugt. Interessant dabei ist, dass fast alle expressiv wirkenden Elemente typische Mittel eines rituellen Sprachgebrauchs sind. Hier wären zu nennen:

a) Wiederholungen:
Das Gedicht beginnt mit einer Wiederholung von *Deutschland*. Beim Dichter sind auch in anderen Gedichten solche wiederholten Nennungen zu finden, so z. B. *Deutschland, Deutschland, o heil'ger Name, o süßer Klang* und *Deutschland, Deutschland, heil deinem Namen*.

Die Wiederholung setzt sich fort in einer Anadiplose, in der *über alles* als letztes Glied einer metrischen Wortgruppe zu Beginn der nächsten metrischen Wortgruppe wieder aufgenommen wird (LAUSBERG 1990, 82).

Wiederholend ist auch in jeder Strophe der Kyklos, eine Einrahmung durch gleiche Wörter. Die drei Strophen haben jeweils den gleichen Anfang und das gleiche Ende.

Als letzte und m. E. für die Intertextualität besonders relevante Art der Wiederholung seien genannt die Häufung der Wörter *Deutschland* und *deutsch*. *Deutsch* wird im Gedicht elfmal verwendet, und zwar in der zweiten Strophe bei der Aufzählung des deutschen Tugendkatalogs in einem Kyklos und in der dritten Strophe nicht-kyklisch in der Verbindung *deutsches Vaterland*, *Deutschland* in der ersten Strophe viermal in eben dem genannten Kyklos. Das heißt, die Häufung von *deutsch* und *Deutschland* ist bedingt auch durch die ausschließliche Distribution der Wörter in den kyklischen Teilen des Gedichts und der Überschrift. Gerade dadurch aber wird *deutsch* fast zur Beschwörungsformel.

b) Zwillingsformeln:
Als spezifische Art der Phraseologismen sind Zwillingsformeln vor allem durch ihre Struktur charakterisiert. Häufig sind sie noch zusätzlich durch Assonanz (*Schutz und Trutze*) oder Alliteration (*Herz und Hand*) markiert. Solche Formeln sind in rituellen Texten aller Art anzutreffen.

c) Hochwertwörter:
Als Hochwertwörter sind Wörter zu verstehen, die allgemein positiv bewertet werden, in ihrer Bedeutung jedoch unterschiedlich auslegbar sind. Die dritte Strophe, also die heutige Nationalhymne, beginnt mit der polysyndetischen Reihe *Einigkeit und Recht und Freiheit*, mit drei klassischen Hochwertwörtern, die an die Ziele der Französischen Revolution angelehnt sind. Zur Entstehungszeit des Liedes hatten sie einen genau definierbaren Inhalt: erstrebt werden sollten die Einigkeit Deutschlands als Staat, das gleiche Recht für Bürger und Adlige und die Rede-, Presse- und Glaubensfreiheit. Ähnliche Forderungen begegnen übrigens auch in der Paulskirche-Verfassung. Gerade der vage Charakter der Wörter als Hochwertwörter ermöglichte den Mißbrauch des Liedes als Hymne eines Großdeutschlands.

Im Zusammenhang mit dem Status eines Wortes als Hochwertwort soll auch das Adjektiv *deutsch* betrachtet werden. MÜLLER (1989) verweist mit Recht darauf, dass *deutsch* um 1840 nicht nur Herkunftsadjektiv war, sondern auch Wertadjektiv und zitiert dazu den entsprechenden Eintrag im Grimm'schen Wörterbuch:

> „*deutsch* bezeichnet das edle und treffliche; und diese Bedeutung wurzelt in der unauslöschlichen liebe der deutschen zu ihrem vaterland und in dem gefühl von dem geist, der es belebt. ein *deutscher mann* ist ein tüchtiger, redlicher, tapferer, *deutsche treue* soll nie gebrochen werden, ein *deutsches gemüt* ist ein stolzes, wahrhaftes" (zit. bei MÜLLER a.a.O.).

Diese Polysemie von *deutsch* lässt dann auch Interpretationen wie die oben angeführte vom „Charakter eines echten Deutschen" zu. Auch dadurch und durch die Eigenschaft von *Einigkeit*, *Recht* und *Freiheit* als Hochwertwörter wird eine Vielfalt von Lesarten des Gedichts gefördert.

In einem nächsten Schritt sollen die morphologischen stilistischen Mittel des Gedichtes analysiert werden. Das Gedicht besteht aus 117 Wörtern, davon sind, bedingt durch Ellipse und eine Vielzahl von Aufzählungen, neben 26 Substantiven lediglich 7 Verben. In der ersten Strophe steht nur das Verb *zusammenhält*, also ein Verb im Indikativ, allerdings in einem Konditionalsatz. In der zweiten Strophe finden sich die Verben *sollen behalten ... und ... begeistern*, d. h. eine Kombination von Voll- und Modalverb. Damit ist neben der oben genannten dominierenden Illokution des PREISENS auch die Illokution AUFFORDERN realisiert. In der dritten Strophe schließlich sind an verbalen Konstruktionen zu finden: ein Adhortativ *laßt uns streben*, ein Indikativ *sind* und die wiederholten Imperative *blüh'*, *blühe*.

Diese Konstatierung sprachlicher Mittel soll jetzt Ansatzpunkt für die Darstellung der intertextuellen Bezüge sein.

„Auferstanden aus Ruinen"

> „Als charakteristisch für Prägetexte kann angesehen werden, daß sie bei Veränderungen einer konkret-historischen Situation, der jeweils ein bestimmtes Bedingungsgefüge politischen Handelns ... entspricht, neue Akzente im politischen Orientierungsrahmen setzen. In ihnen können aber auch alte politische Handlungsorientierungen angesichts veränderter Handlungsbedingungen im Interesse einer sozialen Gruppe bekräftigt und verteidigt werden. Texte, die dem Bedürfnis nach Handlungsorientierungen entsprechen und zudem soziale Interessen prononciert artikulieren, werden im politischen Diskurs bevorzugt aus dem Reservoir von Vortexten wiederaufgenommen. ... Als Indiz dafür, daß ein Prägetext vorliegt, kann gelten, daß dieser auch im Diskurs anderer politischer Interessengruppen eine erhöhte Aufmerksamkeit findet und er im Zuge der Abgrenzung gegenüber anderen politischen Interessengruppen und anderen Diskursen direkt oder indirekt distanzierend oder ablehnend wiederaufgenommen wird." (FRANZKE 1994, 215)

Als Becher 1949 „Auferstanden aus Ruinen" schrieb, war den Bürgern der neu gegründeten Deutschen Demokratischen Republik der Text der alten Nationalhymne noch bekannt, sie wussten auch um den Missbrauch dieses Liedes durch den Nationalsozialismus. Andererseits waren ihnen die Gründungsmythen ihres neuen Staates vertraut. Und genau da sind zwei Ausprägungen von Intertextualität in der Becher'schen Hymne zu suchen, nämlich in der Auseinandersetzung mit der alten Hymne und der Bejahung der neuen Weltanschauung. Wir setzen also zweierlei Arten intertextueller Bezüge voraus, zum einen die Wiederaufnahme und zum anderen die Entgegensetzung. Es sollen im Folgenden diese beiden Arten intertextueller Bezüge exemplarisch aufgelistet und kommentiert werden.

a) Wiederaufnahme:
Auferstanden aus Ruinen – Am 19. 7. 1945 hielt Pieck in Berlin eine Rede, in der er u. a. sagte: „Städte und Menschen wurden zu Ruinen. ... Wir müssen neues Leben aus den Ruinen von Städten und Menschen entstehen lassen". Dieser intertextuelle Bezug ist aber auch im Zusammenhang zu sehen mit der generellen Verwendung religiöser Metaphorik in Texten der KPD/SED nach 1945 und in den ersten Jahren der DDR.

b) Entgegensetzung:
Laßt uns pflügen, laßt uns bauen, lernt und schafft ... – Diese Passage steht m. E. im Gegensatz zum alten Tugendkatalog *Deutsche Frauen, deutsche Treue, deutscher Wein und deutscher Sang.*

„Kinderhymne"

Die „Kinderhymne" ist das schlichteste und einfachste der drei Gedichte. Schon in der Architektur – vier Strophen mit je vier Versen – zeigt sich der Volksliedcharakter.

Im Gedichttitel wird bereits deutlich, wen Brecht als primäre Rezipienten seines Liedes sehen will, nämlich die Kinder als die Generation, die ein friedliches Deutschland schaffen könnte. Er geht einen Schritt weiter als Becher, er spricht die Kinder an, während Becher in der dritten Strophe von „Auferstanden aus Ruinen" schreibt: *Deutsche Jugend, bestes Streben unsres Volks in dir vereint, wirst du Deutschlands neues Leben*....

Man kann annehmen, dass die meisten seiner jungen Rezipienten aber auch die alte Nationalhymne kannten. Ihnen musste klar gemacht werden, dass die darin dargestellte Haltung zu Deutschland in der Nachkriegszeit nicht mehr zeitgemäß ist. Das heißt, Brecht musste sich im Gedicht mit der Ideologie des „Liedes der Deutschen" auseinandersetzen und gleichzeitig seine Auffassung von einem neuen zeitgemäßen Patriotismus darstellen. Gedichte sind aber keine Texte, in denen explizit erörtert wird. Die Auseinandersetzung erfolgt deshalb primär über intertextuelle Verfahren des Entgegensetzens. Diese sind in der „Kinderhymne" besonders häufig.

Als solche sprachlichen Mittel der Entgegensetzung sind enthalten:

1. *Anmut sparet nicht noch Mühe, Leidenschaft nicht noch Verstand.* Diese Viererfigur nennt den neuen Tugendkatalog, diesmal – wie auch bei Becher – nicht konstatierend, also als etwas Bestehendes, sondern, durch den Imperativ verdeutlicht, als etwas, was es zu schaffen gilt.

2. Auffallend ist vor allem die Verwendung des Wortes *deutsch/Deutschland*. Während es bei Hoffmann von Fallersleben 15-mal vorkam, bei Becher sechsmal, verwendet Brecht lediglich einmal *Deutschland*, und das in der Kollokation *ein gutes Deutschland blühe wie ein andres gutes Land*. Deutschland wird bei Brecht also nicht so sehr anderen Völkern gegenüber hervorgehoben, sondern bewusst in den Kontext der anderen Völker gestellt.

3. Die dritte Strophe des Gedichts ist insgesamt eine Entgegensetzung zum alten „Deutschlandlied", indem sie dieses korrigiert, und zwar sowohl in Bezug auf die fehlinterpretierbaren ersten Verse als auch auf die neuen Grenzen, die als Ergebnis des Zweiten Weltkrieges entstanden waren.

Drei Lieder über Deutschland – dreimal lyrischer Ausdruck von patriotischen Vorstellungen über Deutschland, jeweils entstanden in einer konkreten historischen Situation und nur aus ihr heraus interpretierbar. Eine Loslösung der Gedichte aus ihrem Entstehungskontext führt, wie die Rezeptionsgeschichte zeigt, zu einer Fehlinterpretation oder zu Verboten der Lieder. So schrieb denn auch der Lyriker Bernd Jentzsch 1978 sein „Verbotenes Lied" montiert aus fünf Zitaten aus diesen drei Liedern:

O Vaterland, o Vaterland.
Laßt uns dir zum Guten dienen,
Einigkeit und Recht und Freiheit.
Brüderlich mit Herz und Hand.
Und das liebste mags uns scheinen,
So wie andern Völkern ihrs.
Und der Zukunft zugewandt.

Aufgaben:

⇨ **1.** Untersuchen Sie die Komposition der Becher'schen Hymne und vergleichen Sie sie mit dem „Lied der Deutschen".

⇨ **2.** Vergleichen Sie die Metaphorik der beiden Gedichte.

⇨ **3.** Nennen Sie aus dem Becher'schen Gedicht weitere Beispiele für biblische Topoi.

⇨ **4.** Welche Hochwertwörter werden bei Becher verwendet, wie nimmt er die Hochwertwörter Hoffmann von Fallerslebens auf?

⇨ **5.** Nennen Sie weitere sprachliche Mittel des intertextuellen Bezuges zum „Lied der Deutschen".

⇨ **6.** Untersuchen Sie die „Kinderhymne" Brechts unter dem Aspekt intertextueller Bezüge zum Becher'schen Gedicht.

⇨ **7.** Welche Funktionen haben die zahlreichen Vergleiche im Gedicht?

⇨ **8.** In den „Flüchtlingsgesprächen" schreibt Brecht:

„Es heißt, man liebt das, für das man Schweiß vergossen hat. Das wäre eine Erklärung für eine Erscheinung wie die Vaterlandsliebe".

Wie wird dieser Gedanke im Gedicht ausgedrückt?

3.6 Analyse einer politischen Rede: rhetorischer Ansatz

Es ist eine Eigenart moderner Politik, dass sie vor allem kommunikativ erfahren wird. Politik hat sich versprachlicht. Deshalb kommt der Analyse politischer Reden eine große Rolle zu. Diese Prozedur muss allerdings so erfolgen, dass im Ergebnis nicht lediglich eine Aufzählung von sprachlichen Mitteln der Textoberfläche steht, sondern dass sich eine Erklärung und Interpretation anschließt.

Im Herbst 1989 vollzog sich in den neuen Bundesländern ein Kommunikationswandel, wie er in der Regel sonst nur über längere Etappen der Sprach- und Gesellschaftsgeschichte verläuft. Die Bezeichnung „Kommunikationswandel" impliziert den Vergleich als Verfahren, den Vergleich zwischen zwei Zuständen. Diese zwei Zustände sind die öffentliche Sprache der DDR und die öffentliche Sprache der BRD (falls es sie überhaupt in einer Homogenität gibt). Texte für die beiden Eckpunkte sind dabei die Rede Erich Honeckers zum 40. Jahrestag der DDR am 7.10.1989 und die Regierungserklärung de Maizières am 18.3.1990, die beide das Ende der DDR besiegelten, die Rede Honeckers durch ihre Problemamputiertheit und die Rede de Maizières dadurch, dass sie den Anschluss an die BRD verkündete.

Die Wende im eigentlichen Sinne umfasst den Zeitraum vom Oktober 1989 bis zum März 1990. Diese Zeit ist nicht homogen, sie ließe sich gliedern nach dem Zustand des Parlamentarismus. BURKHARDT/FRITZSCHE (1992) differenzierten in die DDR- oder Betonphase (bis zum 13.11.1989), ihr folgte die Wendephase, eine Art Übergangsparlament (bis zum 7.3.1990).

Eine weitere Gliederung wäre im Anschluss an HIRSCHMAN (1992) möglich, der innerhalb der Entwicklung der Bürgerrechte drei Etappen skizziert: 18. Jh. Kampf um Freiheitsrechte, 19. Jh. Kampf um politische Rechte und 20. Jh. Kampf um soziale Rechte. Diese Etappen sind m. E. auch in den Prozessen der Wende zu entdecken. Der Kampf um Freiheitsrechte, also primär um Rede- und Pressefreiheit, war bis zum 4.11.1989 dominierend und fand an diesem Tag seinen Höhepunkt in der Demonstration auf dem Berliner Alexanderplatz.

Möglich erscheint auch eine Gliederung nach den dominanten Losungen, weil sie am ehesten die Befindlichkeit der DDR-Bevölkerung widerspiegeln: „*Wir wollen raus*" (4.9.) – „*Wir bleiben hier*" – (5.9./2.10.) – „*Wir sind das Volk*" (6.10.) – „*Wir sind ein Volk*" (7.11.) – „*Deutschland, einig Vaterland*" (8.11.), aber auch „*Wir lassen uns nicht BRDigen*".

Deutlich wird an den Losungen, wie rasch sich in der Wende Entwicklungen vollzogen. Was heute den Erwartungen entsprach, war morgen schon überholt. Deutlich wird aber auch, wie sehr sich die Erwartungen änderten, die Losungen sind zum Teil Belege für sprachliches Entgegensetzen.

Wie wichtig in dieser Zeit die Kommunikation war, verdeutlichen oppositionelle Briefe, Losungen und Demonstrationsreden. So forderte am 2.9.1989 ein Brief der Konferenz der Evangelischen Kirche von Honecker „mündige Beteiligung" und eine „produktive Diskussion". Der Gründungsaufruf der Bürgerrechtsbewegung Neues Forum begann mit den Worten: „In unserem Land ist die Kommunikation zwischen Staat und Gesellschaft gestört." In diesen Texten fällt der hohe Grad an Metakommunikation auf, man reflektierte häufig über misslingende Kommunikation. Dies spiegelt sich auch in den Gründen für Ausreisen der DDR-Bürger wider: 74 % nannten fehlende Meinungsfreiheit; 72 % die Unmöglichkeit, das eigene Leben zu bestimmen; 69 % die schlechten Zukunftsaussichten, 65 % politische Unterdrückung, 56 % niedrigen Lebensstandard.

Wie sah sie aus, diese gestörte Kommunikation in der DDR? Wesentlich für das Verständnis von öffentlicher Sprache in der DDR und auch von Reden der Wendezeit ist m. E. eine detaillierte Betrachtung der Kommunikationsverhältnisse.

Die führende Rolle der Partei verhinderte von vornherein eine Kommunikation zwischen gleichberechtigten Partnern. Auch innerhalb der Partei unterlag Kommunikation dem ‚Leninschen Prinzip' des ‚demokratischen Zentralismus'. Öffentlich gemacht wurde dies in der DDR durch die Rede Otto Grotewohls über die „Politik der Partei und die Entwicklung der SED zu einer Partei neuen Typus" auf der 1. Parteikonferenz im Februar 1949. Grotewohl verkündete, der Parteiorganismus sei nur dann „gesund und leistungsfähig, wenn alle Glieder die Anweisungen des Kopfes der Partei befolgen" (zitiert bei ARNOLD/MODROW 1996, 14). Die Hierarchie auf der Parteiebene wurde übertragen auf alle öffentlichen Kommunikationssituationen, auch wenn in ihnen von der Sache her die soziale Rolle und der Parteirang irrelevant gewesen wären. In der DDR-Öffentlichkeit wurde das Merkmal ‚Stellung in der Parteihierarchie' als so dominant gesehen, dass andere Aspekte der Rollengebundenheit wie ereignisbezogene als sekundär vernachlässigt wurden (GEIER 1997, 341).

Grenzen zwischen den **genera orationis** (Redegattungen) im Sinne der antiken Trias sind in der öffentlichen Redepraxis der DDR nur schwer zu ziehen.

In allen öffentlichen Kommunikationssituationen war die Rolle der Zuhörer durch die Parteihierarchie geregelt, sodass strukturelle Dialogizität fehlte, die Zuhörer also keine Entscheidungsfunktion hatten.

Daneben ist der Zeitbezug des zugrunde liegenden Sachverhaltes, der **res**, ein weiteres Differenzierungskriterium der genera. Die res liegt bei Reden des **genus laudativum** (Fest- oder Prunkrede) in der Vergangenheit, ebenso bei Reden des **genus iudiciale** (Gerichtsrede). Reden des **genus deliberativum** (politische/beratende Rede) dagegen beziehen sich auf die Zukunft. In der sozialistischen Ideologie trat aber ein immer größer werdender Utopieschwund ein, die ursprünglich primäre Orientierung auf die Zukunft im Kommunismus ging zunehmend verloren. Zukunft war nicht mehr Legitimationsspender für gegenwärtiges Handeln. Dieses wurde mehr und mehr durch die Vergangenheit legitimiert. Der Bezug auf die Zukunft fehlte also in späteren DDR-Reden. Dominanzen der temporären Bezüge werden somit auch unbrauchbar für eine genus-Zuordnung.

POLLACK nennt als symptomatisch für die Gesellschaftsstruktur der DDR die Entdifferenzierung. Das bedeutet u. a.,

> „daß alle gesellschaftlichen Teilbereiche der Herrschaft des Politischen unterstellt und dadurch in ihrer Autonomie und in der freien Verwirklichung ihrer systemspezifischen Prinzipien eingeschränkt waren. [...] Die SED-Führung nahm eine Ebenenverwischung vor und richtete die gesamte Gesellschaft als ihre Organisation ein." (POLLACK 1990, 294)

Analog dazu kam es zu einer Entdifferenzierung der öffentlichen Sprache.

> „Die SED hatte nur einen Ton, und den gab die Wissenschaft des Marxismus-Leninismus vor, ganz gleich in welcher Umgebung, aus welchem Anlaß und mit welcher Absicht zu reden und zu schreiben war". (EPPLER 1992, 43)

Die enge Verflechtung von Partei und Staat äußerte sich in der DDR u. a. darin, dass der Führungsanspruch der SED in der Verfassung der DDR verankert war, dass Parteibeschlüsse verbindlich waren für den Ministerrat und dessen Mitglieder, dass im Wesentlichen eine Personalunion von Partei- und Staatsführung bestand. Damit sind Parteitagsdokumente, Politbüro- und ZK-Beschlüsse dem „regulativen Sprachspiel" (GRÜNERT 1984) zuzuordnen. Realiter war es in der DDR auch so: Texte dieser Art wurden nicht nur gelesen, sondern „ausgewertet". Es gab die Übereinstimmung zwischen Textproduzenten und -rezipienten, diese Texte als normierend, als regulativ anzusehen.
Die von KOPPERSCHMIDT (1976, 87) genannten Gelingensbedingungen für persuasive Kommunikation, die er sowohl aufseiten des Senders als auch aufseiten des Empfängers sieht, sind nicht gegeben. Die führende Rolle der Partei verhinderte a priori persuasive Kommunikation, wie sie zwischen gleichberechtigten Partnern geführt wird. Hinzu kommt, dass das für persuasive Kommunikation notwendige Strittige nach Auffassung der DDR-Ideologie ebenfalls nicht gegeben war. Die marxistisch-leninistische Ideologie verstand sich als eine wissenschaftliche Ideologie. In Fällen, wo selbst die Partei sich scheute, das Wahrheitskriterium anzuwenden, sprach sie von den Kategorien ‚Parteilichkeit' und ‚Nützlichkeit'. Auch damit wurden Sachverhalte dem Bereich des Strittigen und Argumentativen entzogen.
Für DDR-Reden empfiehlt sich deshalb m. E. folgende Einteilung, die die Kommunikationshierarchie zugrunde legt:
Als wesentliche Textsorte im politischen Diskurs sind Reden generell den Sprachspielen GRÜNERTS (1984) zuzuordnen. Er differenziert in vier Sprachspiele, die charakterisiert sind zum einen durch die Intentionen und ihre sprachlichen Realisationen, zum anderen durch das spezifische Sender-Empfänger-Verhältnis.
Das **regulative Sprachspiel** ist gekennzeichnet durch die Machtbefugnis der sprachlich Handelnden. Es normiert und regelt als bedeutsamstes Sprachspiel moderner Gesellschaften das Zusammenleben der Menschen.

Das **instrumentelle Sprachspiel** dagegen artikuliert Wünsche von unten nach oben, also Wünsche und Forderungen gegenüber der institutionalisierten Macht. Innerhalb nicht-demokratischer Staaten ist die Erstellung und Erfassung solcher oppositioneller Texte erschwert, da sie nicht Teil der öffentlichen Kommunikation werden können. Die meisten öffentlichen und halboffiziellen Texte der DDR von unten nach oben aber sind nicht Teil des instrumentellen Sprachspiels, da sie – selbst wenn sie kritische Momente enthalten – primär affirmativ sind. In Analogie zu BRAUNGART (1991, 92) könnte man sie als „sprachlich vollzogene zeremonielle Akte" bezeichnen. „... die rhetorik verrät die gesinnung, und so gibt es das gespräch mit der macht allenfalls in form eines verhörs" (SCHEDLINSKI 1990, 5). Die beiden anderen Sprachspiele, das **integrative** und das **informativ-persuasive**, umfassen vor allem Texte, bei deren Produktion symmetrische Verhältnisse existieren oder in denen die sozialen Beziehungen zwischen den Kommunikationspartnern irrelevant sind. Damit fallen unter diese Sprachspiele im Wesentlichen Texte des genus laudativum und des genus deliberativum im klassischen Sinn, so auch die vorliegende Rede Stefan Heyms.

Die öffentliche Sprache der DDR wurde – nicht erst seit der Wende – oft untersucht. Als Eigenarten zählt HELLMANN (1997, 17) auf: Vorliebe für lange, feierliche Titulaturen, Freund-Feind-Schemata, dogmatische Selbstgewißheit, Aktivierung bzw. Gängelei der Bevölkerung sowie realitätsferne Schönfärberei, die letztendlich zum Selbstbetrug führte, ein hoher Anteil marxistisch-leninistischer Terminologie und propagandistischer Formeln aus der Wirtschafts- und Sozialpolitik, gepaart mit Elementen des bürokratischen Direktivenstils und spezifisch institutionellem Vokabular.

Die Demonstration am 4.11.1989
Am 4.11.1989 fand in der DDR die erste nicht von oben, sondern von unten organisierte Demonstration statt. Auf dem Berliner Alexanderplatz waren etwa 700.000 DDR-Bürger dem Aufruf von Künstlern Berliner Theater gefolgt:

> „Veränderung hat begonnen, aber unser Mißtrauen ist noch nicht beseitigt. Bisher vollzogene personelle Veränderungen (das waren die Ablösung Honeckers durch Krenz am 19.10. bzw. am 24.10. Harry Tischs als FDGB-Vorsitzender, Margot Honeckers als Volksbildungsministerin, Gerald Göttings als CDU-Vorsitzender, Heinrich Homanns als NDPD-Vorsitzender, der 1. Bezirkssekretäre von Suhl und Gera und des Leipziger Oberbürgermeisters; R.G.) sind unbefriedigend. Die Analyse der Lage unseres Landes, die ehrliche Selbstkritik der politisch Verantwortlichen steht weiterhin aus. Wir sind dafür, daß es weitergeht. Die Menschen in unsrem Land sind wach geworden. Jetzt geht es darum, daß sie wach bleiben.
> Verfassungsgrundsätze müssen eingehalten, Diskrepanzen zur Gesetzgebung verändert werden. Das Recht muß durchschaubar und für die Menschen anwendbar sein, Rechtssicherheit ist eine wesentliche Grundlage für die

Entwicklung der sozialistischen Demokratie. Uns geht es um grundsätzliche Veränderungen in der Medienpolitik, die künftig Machtmißbrauch einzelner ausschließt." (NEUE CHRONIK DDR, 1990, 57 f.)

Diese Wendeepoche ist Höhepunkt der Wende. Es herrschte eine fast ideale Kommunikationssituation mit Zwanglosigkeit, Symmetrie und Chancengleichheit.

In Berlin sprachen 29 Persönlichkeiten aus Kultur und Politik der DDR, Schriftsteller wie Stefan Heym, Christa Wolf, Christoph Hein, weiter Friedrich Schorlemmer, Markus Wolf, Gregor Gysi, Günter Schabowski, der damalige SED-Bezirkssekretär Berlins, und Schauspieler wie Steffi Spira und Ulrich Mühe. Die Redezeit war auf 5 Minuten beschränkt, die Redner sprachen von einer improvisierten Bühne aus, nämlich von der Plattform eines LKW.

Es ist eine Besonderheit der Rhetorik im 20. Jahrhundert, dass generell von einer Mehrfachadressiertheit auszugehen ist. Die Zuhörer sind also zu differenzieren in primäre, die unmittelbar anwesenden, und sekundäre, die vor allem über Massenmedien die Rede verfolgen. Versucht man die primären Zuhörer zu charakterisieren, so sind sie weitgehend homogen in Bezug auf die negative Beurteilung der alten DDR. Nicht einig aber sind sie sich in Bezug auf die Zukunft. Das aber spielte zur damaligen Zeit keine Rolle. Es bestand ein weitgehendes Machtvakuum und es war auch nicht Ziel der Demonstration, dieses zu füllen. Es ging vielmehr darum, den beseitigten „Gefühlsstau" zu ersetzen durch Spontaneität, Kreativität und Aktivität. Die Reden sind Ausdruck der Befreiung und weniger argumentative Diskurse, das rationale Moment ist meist sehr gering in ihnen ausgeprägt. So fordern die Redner in der Regel auch nicht zu politischen Handlungen auf.

Im Folgenden soll die Rede Stefan Heyms näher betrachtet werden. Bereits die antike Rhetorik betont, dass die Person des Redners wesentliches Moment des **aptum**, der Angemessenheit, ist. Zum einen ist sie durch die Kategorie der Glaubwürdigkeit wichtiges Element der Redewirkung, zum anderen ist sie es durch die Partnerhypothesen. Damit ist gemeint, dass Stefan Heym den DDR-Bürgern bekannt war als oppositioneller Schriftsteller, der schon immer Kritik an der DDR-Führung und ihren Vorstellungen von Sozialismus geübt hatte und dessen Bücher vor allem in der BRD verlegt worden waren. Er war aber auch bekannt als Schriftsteller, der trotz aller Repressalien – 1979 war er aus dem Deutschen Schriftstellerverband ausgeschlossen worden – die DDR nicht verlassen hatte.

Beide Momente der Glaubwürdigkeit, Wahrhaftigkeit und epistemische Glaubwürdigkeit, d. h. Sachkenntnis, waren bei ihm vorhanden. Dadurch und durch sein hohes Alter und seine Lebenserfahrungen konnte Heym anders sprechen als andere Redner, er konnte Ratschläge geben. SCHORLEMMER (1992) schreibt über ihn:

„Eine leise Stimme der Vernunft ist gegenwärtig (im Januar 1990) chancenlos. Als die sanfte Gewalt der Vernunft gegen die Macht der SED kritisch erhoben wurde, wurde sie gehört. Symbolfigur war vielleicht Stefan Heym, ein bißchen auch Stephan Hermlin. Jetzt erhebt sie sich, die sanfte Stimme der Vernunft, kritisch gegen die Masse, vorher gegen die Macht. Und jetzt wird sie überhört."
(S. 16)

Christa Wolf schildert ihre Eindrücke vom 4.11.1989 so:

„Am 4. November haben wir einen schönen und hoffentlich für die Zukunft wichtigen Moment erlebt während einer großen Demonstration hier in Berlin, zu der Künstler aufgerufen hatten. Es waren Menschenmassen auf der Straße, die sich souverän, kritisch, zugleich aber auch heiter verhielten. Obwohl vorher Angst herrschte, daß diese Demonstration uns durch Provokateure, zum Beispiel von der Staatssicherheit, aus der Hand geraten könnte. Aber die Menschen waren so entschlossen, sich das nicht zerstören zu lassen, daß die Gefahr nicht real wurde. Das war auch ein guter Moment für das Zusammengehen von Intelligenz und anderen Schichten der Bevölkerung." (WOLF 1990, 132)

Sie bezeichnet den 4. November als den „Punkt der größtmöglichen Annäherung zwischen Künstlern, Intellektuellen und anderen Volksschichten" und „keineswegs, wie westliche Reporter es staunend sehen wollten, (als) Zufallsprodukt eines glücklichen Augenblicks".

Die Gliederung der Rede entspricht der klassischen Rhetorik, allerdings fehlt das **exordium**, die Einleitung mit der Funktion der Beziehungsherstellung. Das mag verschiedene Gründe haben: Zum einen war die Redezeit beschränkt, zum anderen kann man wohl davon ausgehen, dass die primären Zuhörer schon ein Verhältnis zu den Rednern hatten, zumindest zu den meisten. Von daher ist es nicht verwunderlich, dass nur drei Reden ein exordium im klassischen Sinne haben.

Heym beginnt nach der Anrede direkt mit der Darstellung des Ist-Zustandes, also der **narratio**. Das Bild vom aufgestoßenen Fenster charakterisiert sowohl Vergangenheit als auch Gegenwart. Dass Heym, wie VOLMERT (1992) schreibt, dabei auf die Öffnung der Grenzen anspielt, ist nicht zutreffend. Ziel der friedlichen Revolution war damals ein anderer, besserer Sozialismus und noch nicht die Einheit Deutschlands. Sprachlich auffallend ist, dass DDR-Vergangenheit mit umgangssprachlichem Wortschatz dargestellt wird. Die Verwendung der Alltagssprache dient hier der Beziehungsgestaltung zwischen Redner und Zuhörern. Gleichzeitig ist sie ein bewusstes Entgegensetzen zur bisherigen öffentlichen Sprache.

Der emphatischen Situationsbeschreibung folgt ein auf persönliche Erinnerungen rekurrierender Rückblick. Diese Passage ist interessant im Hinblick auf die Partnerhypothesen Heyms. Sie zeigt ein differierendes Verhältnis von Konsens und Dissens zwischen dem Redner und den Hörern.

Für den Dissens ist die Personaldeixis der Rede wichtig. Sie liefert auch Ansatzpunkte für die Komposition der Rede. Der erste Teil der Rede bezieht sich auf den Ist-Zustand mit dem neutralen Indefinitpronomen *einer*. Im gleich darauf folgenden Teil der Rede, der die Vergangenheit, den War-Zustand behandelt, fällt eine antithetische Verwendung von *ich* und *sie* auf: *Und ich sagte: So tut doch etwas! Und sie sagten: Wir können doch nichts tun.*

Dieser Dissens wird von Heym aber nur indirekt formuliert, er ist jetzt nicht mehr wesentlich, er betrifft, wohl Heyms Partnerhypothesen, vor allem die Vergangenheit. In einer späteren Rede, am 9.12.1989, artikuliert Heym Dissens explizit:

> "Wie Sie wissen, habe ich meine Meinung klar und deutlich auch schon zu einer Zeit gesagt, als andere schwiegen. Ich denke, das gibt mir das Recht, auch jetzt zu sprechen, selbst wenn das, was ich zu sagen habe, mich bei manchen von Ihnen nicht populär machen sollte." (HEYM 1990, 296)

Das heißt, Heym sieht zwar Dissens in Bezug auf die Vergangenheit zwischen sich und den Zuhörern, scheint aber zu glauben, bei ihnen eine solche Autorität zu besitzen, dass er einen z. T. pathetisch-belehrenden Ton anschlagen kann. Dies wäre unter Partnerhypothesen II. Grades zu fassen.

> (Aber) „die Oppositionellen in der DDR haben sich zum Teil über ihre Akzeptanz im Volk täuschen lassen, als Tausende und Hunderttausende ihnen zuhörten, sie beklatschten und sie sich durch die Westmedien belobigen ließen. Endlich konnten differenzierte Reden in der DDR gehalten werden! Es war erstaunlich, mit welcher Zuhörbereitschaft und Zuhörfähigkeit ein Volk in seiner Feierabendrevolution plötzlich auf die zuvor Gemiedenen hörte und dabei stolz auf sich selber wurde. Die Oppositionsgruppen waren sich nicht klar darüber, daß dies nur so lange funktionieren würde, als der Machtkampf noch nicht entschieden war." (SCHORLEMMER 1992, 38)

In diesen Passagen finden sich weitere Momente des sprachlichen Entgegensetzens: *Welche Wandlung!*
Hier zeigt sich auch, wie wichtig der Kontext für die Interpretation selbst der rhetorischen Figuren ist. Die Antithetik, der Gegensatz zwischen War- und Ist-Zustand, ist z. T. nur in impliziten Vergleichen, über Anspielungen realisiert. Diese Anspielungen (s. dazu SVENSSON 1984, 126) sind nur zu verstehen, wenn der Bezug zur historischen Situation hergestellt wird bzw. wenn er vom Rezipienten des Textes hergestellt werden kann. Im Text liegen z. T. nur implizite Vergleiche zwischen Demonstrationen in der DDR und der Demonstration vom 4.11. vor:

DDR	4.11.
Schöngezimmerte Tribüne	*Lkw-Plattform*
bestellter Vorbeimarsch	*eigener, freier Wille*
vor den Erhabenen	*für Freiheit und*
	Demokratie und für
	einen Sozialismus,
	der des Namens wert ist

Das Verstehen von Anspielungen setzt also historisches Wissen voraus, im Gegensatz z. B. zum Mitverstehen, das über sprachliches Wissen erfolgt. Anspielungen im politischen Text sind sowohl im weiten intertextuellen als auch im historischen Zusammenhang zu sehen. Sie fungieren als typische Leerstellen des politischen Textes, deren vollständige Referenz vom Rezipienten zu vollziehen ist. Gelingt ihm dies nicht, so verlieren Anspielungen ihr historisches Moment und werden für den Rezipienten zu Stereotypen, zu Klischees und damit zu Phrasen. Daher ist für die Interpretation einer politischen Rede die Kenntnis des politischen Kontextes wichtig, soll eine Analyse nicht zur „linguistischen Fliegenbeinzählerei" geraten.

Weitere Antithetik liegt in der Verwendung der Personaldeixis. Für die Vergangenheit sieht Heym eine Antithetik von *ich* und *sie*. Für den Ist-Zustand dagegen verwendet er das inklusive *Wir*. VOLMERT (1989, 122 ff.) sieht in der angemessenen Verwendung von *wir* eine wesentliche Voraussetzung für den persuasiven Erfolg einer Rede. Wichtig dabei ist,

> „daß der Sprecher auf kognitiver und möglichst auch emotionaler Ebene von den Adressaten als Mitglied der Wir-Gruppe akzeptiert wird: Er muß versuchen, (a) als Autorität bzw. Instanz (b) von hinreichender Glaubwürdigkeit (c) in einer wichtigen Frage, (d) die für die Interessen der Wir-Gruppe von Relevanz ist, zu erscheinen". (ebenda)

Während es kennzeichnend für politische Rede im 20. Jahrhundert ist, dass sie vor allem Entscheidungen im Nachhinein legitimiert, ist bei den Reden in der Zeit der Wende der „politische und soziale Ernstfall der Rhetorik" (UEDING 1991, 14) eingetreten. Damit ist gemeint, dass tatsächliche Entscheidungen beeinflusst werden sollen. Die hierarchischen Kommunikationsbeziehungen sind weitgehend beseitigt, und es geht – besonders bei Heym – um die Gestaltung der Zukunft. Hier sehe ich einen Unterschied zwischen der Rede Heyms und der Christa Wolfs. Die Wichtung von War-, Ist- und Soll-Zustand bei beiden Rednern ist unterschiedlich.

Das Schlüsselwort des folgenden Teils ist *Macht*. VOLMERT (1992, 73) verweist zu Recht darauf, dass dieses Wort im Herbst 1989 weitgehend stigmatisiert war. Heym aber bedient sich bewusst dieses Wortes. So entsteht die thematische Reihe: *regieren, Macht, alle ... teilhaben an Macht, Kontrolle der Bürger, Demokratie, Herrschaft des Volkes* bis hin zur klassischen **peroratio** *Freunde,*

Mitbürger, üben wir sie aus, diese Herrschaft. In diese thematische Reihe eingebaut ist übrigens der argumentierende Satz *denn Macht korrumpiert, und absolute Macht korrumpiert absolut,* den Heym auch in seiner Rede als Alterspräsident des Bundestages zitiert. Heym macht keine euphorischen Versprechungen, sondern verweist auf die Schwierigkeiten. Er erfüllt damit die Bedingungen demokratischer Beredsamkeit: Er zeigt die Ambivalenz der Probleme und verweist auf die Kosten der Siege. Merkmal einer guten politischen Rede ist nicht (nur) eine rhetorische Brillanz.

> „Gegenwärtig dürfte rhetorische Brillanz in einem ... Glaubwürdigkeitsprofil kaum vorkommen, weil sie sprachlich eine Souveränität gegenüber der Sache anzeigt, die dem Redner eher als Täuschungs- und Überlistungsversuch oder noch mehr: als mangelndes Problembewußtsein angelastet wird."
> (KOPPERSCHMIDT 1989, 222)

Auf dieses Moment des Zusammenhangs von Bonität und Glaubwürdigkeit/ Problembewusstsein des Redners hinzuweisen erscheint mir wesentlich.
Eine von der antiken Rhetorik geforderte Tugend ist die **puritas**. Dieser Begriff ist nicht nur zu fassen als im Sinne instrumentaler Normen richtiges Sprechen, sondern er beinhaltet auch Anpassung an die **consuetudo**, an die Redegewohnheiten. Diese sind in Relation zu den Hörern zu sehen. Die consuetudo des ZK z. B. hatte sich nicht geändert, die der zahlenmäßigen Mehrheit allerdings. Das Volk der DDR lehnte die hinlänglich bekannte Art alter Verlautbarungen ab.
„Der Protest richtete sich gegen die Kombination (sprachlicher Einzelphänomene, R. G.) insgesamt" (HOPFER 1992, 113). Damit wird die besondere Rolle der Nominationsverwendung sichtbar. Deutlich wird aber auch, dass Lexik in politischen Texten auf der Basis des aptum untersucht werden muss.

> „Es ist vor allem ihre idealtypische Verwendung, die Schlüsselwörter in Geschichte und Politik erfolgreich macht. Mit ihrer Hilfe kann die unzulängliche Gegenwart vor der Instanz der Zukunft angeklagt werden. Begriffe wie *Freiheit,* ... aber auch *Demokratie* und *Sozialismus* sind Idealtypen, die Parteinahme verlangen, welche der Adressat kaum verweigern kann. Sie sind an einem Begriff festgemachte Zukunftsentwürfe mit Vergangenheitsdeutungen. Sie suggerieren politische Programme, ohne sie deutlich zu explizieren. Diese Schlüsselwörter tendieren zu Utopien und geben sich aus als Realitäten, zumindest als realisierbare Projektionen. Sie vereinheitlichen Abstufungen, Unterschiede und Widersprüche und verzichten so auf Konturen." (BERGSDORF 1996, 23)

Das Zitat wurde in dieser Ausführlichkeit gebracht, weil sich an ihm alle Probleme verdeutlichen lassen, die die Opposition in der DDR während der Wende hatte: Die Utopie Sozialismus war als Realität ausgegeben worden. Sie wurde von einem großen Teil der DDR-Bevölkerung aufgrund der Lebenserfahrungen negativ bewertet. Diese Bewertung übertrug sich auch auf das Wort *Sozialismus*. Als Idealtyp aber verzichtet das Wort auf Konturen.

Sozialismus war zum „Gummiknüppel" geworden:

> „Es gab Zeiten, in denen das Wort 'Sozialismus' für ganze Generationen Erniedrigter und Unterdrückter ein magnetisches Synonym für eine gerechtere Welt war, und für die Ideale, die mit diesem Wort ausgedrückt worden waren, wurden Menschen fähig, lange Jahre ihres Lebens zu opfern und vielleicht gar das Leben ... selbst ... . Doch in meiner Heimat ist aus demselben Wort – also dem Wort Sozialismus – schon längst ein ganz gewöhnlicher Gummiknüppel geworden, mit dem irgendwelche reich gewordenen und an nichts glaubenden Bürokraten alle ihre frei denkenden Mitbürger in den Rücken schlagen, wobei sie sie Feinde des Sozialismus und antisozialistische Kräfte nennen." (HAVEL 1989)

In der Wende änderte sich das aptum öffentlicher Sprache sehr schnell. Die Mehrheit empfand Benennungen wie *Sozialismus* und *Demokratie* als untauglich – und dennoch waren sie nötig. Es vollzog sich, was Biedenkopf 1973 metaphorisch als das „Besetzen von Begriffen" bezeichnet hatte. Die Wörter mussten vor allem umgedeutet werden.

> „Gegen eine vorgegebene, meist dem Gegner zugeschriebene deskriptive Bedeutung eines Wortes wird bei Konstanthaltung des Ausdrucks und meist auch der deontischen Bedeutung versucht, inhaltlich-deskriptive Bedeutungselemente zu tilgen und/oder hinzuzufügen. Oft geht es darum, einem politischen Traditionswort neue, ‚zeitgemäße' (Teil-)Inhalte zu geben." (KLEIN 1991, 57)

So kann Stefan Heym nicht auf Nominationen wie *Sozialismus*, *Macht* und *Demokratie* verzichten, sie sind tragende Pfeiler auch seiner Rede. Er kann diese Lexik aber nur „wiederaufbereitet" verwenden, Erläuterungen zu ihnen sind aus „gesellschaftlich bedingter necessitas" (LAUSBERG 1990, 68) unumgänglich.
In der Passage *Der Sozialismus - nicht der Stalinsche, der Richtige – den wir endlich erbauen wollen, zu unserem Nutzen und zum Nutzen ganz Deutschlands* erfolgt die Neutralisierung von *Sozialismus* durch die correctio,

> „die Verwerfung eines (vom Gegner verwendeten) auf die Sache im Sinne der eigenen Partei nicht zutreffenden Wortes und dessen Ersatz durch ein im Sinne der eigenen Partei auf die Sache zutreffendes (diversivokes oder multivokes) Wort" (LAUSBERG 1990, 123).

Hier arbeitet Heym mit der Formel ‚non x, sed y', die der Unterscheidung dient und den von ihm gemeinten Sozialismus expressis verbis von dem in der DDR praktizierten abgrenzt. Die Neutralisierung der belasteten Wörter erfolgt also bei Heym in erster Linie über Abgrenzungsprozeduren.
Eine andere Art des Umgehens mit stigmatisierten Benennungen zeigt Heyms Verwendung des Wortes *Macht*. Auch dieses Wort wird zuerst eingeführt, indem gesagt wird, wie Macht nicht gebraucht werden darf.
Interessant ist in diesem Zusammenhang auch die Syntax des Textes: Ausrahmungen lassen sinnwichtige Wörter der thematischen Reihe an die exponierte Stelle des Satzendes rücken:

Alle, alle müssen teilhaben an dieser Macht
... muß unterworfen sein der Kontrolle der Bürger
... ist nicht denkbar ohne Demokratie
... üben wir sie aus, diese Herrschaft.

Diese Wörter bereiten zum einen den Schlussappell semantisch vor und lassen ihn ganz im Sinne der antiken Rhetorik zur (variierten) Wiederholung, Zusammenfassung und gleichzeitig zum Höhepunkt werden. Zum anderen aber tragen sie dazu bei, ‚Macht' im Sinne der Wendezeit neu zu definieren und damit implizit abzugrenzen von ‚Macht' im Sinne der alten SED-Führung.

Auch wenn die Rede Stefan Heyms letztendlich ohne Langzeitwirkung blieb, ist sie es wert – wie auch die anderen Reden der Wendezeit –, in aller Ausführlichkeit als Dokument einer bedeutenden Zeit interpretiert zu werden.

Rede Stephan Heyms auf dem Alexanderplatz in Ost-Berlin am 4.11.1989, nach der Fernsehübertragung verschriftlicht:

> Liebe Freunde, Mitbürger, es ist, als habe einer die Fenster aufgestoßen nach all den Jahren der Stagnation, der geistigen, wirtschaftlichen, politischen, den Jahren von Dumpfheit und Mief, von Phrasengewäsch und bürokratischer Willkür, von amtlicher Blindheit und Taubheit.
> Welche Wandlung! Vor noch nicht vier Wochen: Die schöngezimmerte Tribüne, hier um die Ecke, mit dem Vorbeimarsch, dem bestellten, vor den Erhabenen. Und heute, heute Ihr, die Ihr Euch aus eigenem freien Willen versammelt habt für Freiheit und Demokratie und für einen Sozialismus, der des Namens wert ist.
> In der Zeit, die hoffentlich jetzt zu Ende ist, wie oft kamen da die Menschen zu mir, mit ihren Klagen. Dem war Unrecht geschehen, und der war unterdrückt und geschurigelt worden, und allesamt waren sie frustriert. Und ich sagte: So tut doch etwas. Und sie sagten: Wir können doch nichts tun.
> Und das ging so in dieser Republik, bis es nicht mehr ging, bis sich soviel Unbilligkeit angehäuft hatte im Staate und soviel Unmut im Leben der Menschen, daß ein Teil von ihnen weglief. Die anderen aber, die Mehrzahl, erklärten, und zwar auf der Straße, öffentlich: Schluß, ändern, wir sind das Volk!
> Einer schrieb mir – und der Mann hat recht: Wir haben in diesen letzten Wochen unsere Sprachlosigkeit überwunden und sind jetzt dabei, den aufrechten Gang zu erlernen, und das, Freunde, in Deutschland, wo bisher sämtliche Revolutionen danebengegangen und wo die Leute immer gekuscht haben, unter dem Kaiser, unter den Nazis und später auch.
> Aber sprechen, frei sprechen, gehen, aufrecht gehen, das ist nicht genug. Laßt uns auch lernen zu regieren. Die Macht gehört nicht in die Hände eines einzelnen oder ein paar weniger oder eines Apparates oder einer Partei. Alle, alle müssen teilhaben an dieser Macht. Und wer immer sie ausübt und wo immer, muß

unterworfen sein der Kontrolle der Bürger. Denn Macht korrumpiert, und absolute Macht, das können wir heute noch sehen, korrumpiert absolut. Der Sozialismus – nicht der Stalinsche, der Richtige – , den wir endlich erbauen wollen, zu unserem Nutzen und zum Nutzen ganz Deutschlands, dieser Sozialismus ist nicht denkbar ohne Demokratie. Demokratie aber, ein griechisches Wort, heißt Herrschaft des Volkes.

Freunde, Mitbürger, üben wir sie aus, diese Herrschaft.

Aufgabe:

⇨ Suchen Sie sich eine politische Rede und ordnen Sie diese in ihren historischen Kontext ein. Analysieren Sie die Rede nach dem rhetorischen Ansatz.

3.7 Analyse eines künstlerischen Textes: Textualitätskriterien

„Alles aber, was das Gedicht enthält, ist für alle da, nämlich für jeden, der sich damit beschäftigt, und er bekommt es vom Gedicht genau in dem Ausmaß, als er sich damit zu beschäftigen versteht. Die Rekonstruktion von an der Herstellung beteiligten Gedanken anhand des Gedichtes kann jeder für sich selbst unternehmen und wird es nicht unbedingt anders als der Autor tun."
(Ernst Jandl 1976, 18f.)

ANALYSETEXT:

1944	1945
krieg	krieg
krieg	krieg
krieg	krieg
krieg	krieg
krieg	mai
krieg	
krieg	
krieg	
krieg	
krieg	
krieg	
krieg	

(markierung einer wende)

(Ernst Jandl)

Dass Text- und Stilanalysen von Texten auszugehen haben, erscheint als eine Selbstverständlichkeit, die keiner besonderen Betonung bedarf. Wie aber verhält es sich mit Gebilden, denen auf den ersten Blick keine Texthaftigkeit und u. U. auch nur bedingt Sprachlichkeit zuerkannt werden kann? Am Beispiel von Ernst Jandl, „1944   1945" soll ein mögliches Herangehen an solche Produkte sprachkünstlerischer Tätigkeit gezeigt werden.

Da hier nach dem ersten Eindruck Texthaftigkeit überhaupt in Zweifel gezogen werden könnte, wollen wir zunächst dieser Frage nachgehen und sie mit textlinguistischen Methoden zu beantworten versuchen. Allgemein dürfte für eine poetische Richtung, die sich besonders über die Sprache als Material definiert, ein linguistischer Ansatz auch für die literarische Textanalyse erfolgversprechend sein. JANDL (1976, 59) führt selbst an einem Gedicht vor, was Experimentieren heißt, wenn es mit Sprache als Material und in der Hoffnung auf ein Gedicht geschieht. Dabei zeigt sich sehr schnell, dass eher statisch angelegte Textmodelle, die als ein Hauptkriterium grammatische Kohärenz annehmen müssen, hierfür ungeeignet sind: Sieht man einmal von dem darunter stehenden erklärenden Zusatz in Klammern (*markierung einer wende*) ab, der als Syntagma grammatisch strukturiert und in einen vollständigen Satz transformierbar ist, finden sich im „eigentlichen Text" an keiner Stelle grammatische Beziehungen auf der Textoberfläche (zur Analyse von „grammatikarmen" Texten vgl. auch FIX 1998a). An impliziten grammatischen Informationen liefert der „Text" höchstens, dass *krieg* und *mai* Wörter sind und (trotz Kleinschreibung) der Wortart Substantiv (mit den entsprechenden morphologischen Kategorien) angehören, Abstrakta darstellen und *mai* semantisch als Monatsname fungiert. Die beiden Ziffern in der Überschrift (hier ist zumindest formal und funktional ein Teiltext zu erkennen) sind Äquivalente für Zahlbegriffe.

Erklärungspotenz verspricht dagegen die dynamische, prozedurale Textauffassung von DE BEAUGRANDE und DRESSLER, bei der nicht allein das Resultat, sondern die Operationen und Intentionen sowohl bei der Textproduktion als auch bei der Textrezeption in den Blick genommen werden. Von besonderer Bedeutung für unseren Untersuchungsgegenstand sind zunächst das senderzentrierte Kriterium der **Intentionalität** und das empfängerbezogene der **Akzeptabilität**. Des Weiteren spielen die Kriterien **Informativität**, **Situationalität** und **Intertextualität** eine wichtige Rolle. Scheinbar gar keine oder höchstens eine ganz geringe Rolle spielen hier **Kohäsion** und **Kohärenz**. Bei oberflächlicher Betrachtung müsste hier unsere Beschäftigung eigentlich schon wieder beendet sein, denn nach der Textauffassung von DE BEAUGRANDE/DRESSLER handelt es sich um einen Nicht-Text, wenn auch nur eines der sieben Textualitätskriterien nicht erfüllt ist. So schnell wollen wir aber unsere Analyse nicht abbrechen, haben wir es doch offensichtlich mit einer ‚kommunikativen Okkurrenz' zu tun, mit einem Gebilde, das zum Austausch von Informationen in der Kommunikation dienen soll und sich dabei sprachlicher Mittel bedient. Mit einiger Berechtigung können wir unterstellen, dass der Sender, Ernst Jandl, der auch explizit im Buchtitel genannt und im Nachwort von Klaus Pankow näher vorgestellt wird (das Nachwort mit dem Titel „Ernst Jandls Sprachüberraschungen" (S. 36-38) liefert wichtige Angaben zum ‚institutionellen Rahmen'), damit eine bestimmte Absicht, eine bestimmte Intention verfolgt. Das Textualitätskriterium der **Intentionalität** meint die

Einstellung des Textproduzenten, einen kohäsiven und kohärenten Text zu bilden, um damit seine Absichten zu erfüllen, d. h. Wissen zu verbreiten oder ein in einem Plan angegebenes Ziel zu erreichen (DE BEAUGRANDE/DRESSLER 1981, 8 f.). Die formale Gestaltung des Buches (Einbandgestaltung, Illustrationen, Typographie) signalisiert, dass wir hier nicht, wie bei einem Sachtext, eine relativ eindeutig zu bestimmende Intention zu erwarten haben, sondern bewusst vager zu fassende, sich auch überlagernde Intentionen wie APPELLIEREN, ANREGEN, ÄSTHETISCH WIRKEN, auch indirekt GEFÜHLSBETONT INFORMIEREN. Mit der Intentionalität korrespondiert die Einstellung des Empfängers, „einen kohäsiven und kohärenten Text zu erwarten, der für ihn nützlich oder relevant ist" (DE BEAUGRANDE/DRESSLER 1981, 9). Hier weisen DE BEAUGRANDE/DRESSLER schon selbst darauf hin, dass Textverwender normalerweise Toleranz üben gegenüber Erzeugnissen, denen es z. B. ihre Produktionsbedingungen schwer machen, Kohäsion und Kohärenz aufrecht zu erhalten (S. 9). Und entsprechend der Textsorte, dem sozialen oder kulturellen Kontext und der Wünschbarkeit von Zielen setzt ggf. die Aktivität des Empfängers ein, die darin besteht, dass er selbst durch eigene Beiträge zum Textsinn die Kohärenz unterstützen kann. Dieser „Eigenanteil" ist vor allem zu leisten z. B. bei sprachlichen Produkten im Erst- oder Zweitspracherwerb, die oft die nötige Kohäsion und Kohärenz vermissen lassen. Aber gerade auch bei künstlerischen Texten ist der Rezipient selbst aktiv an der Sinngebung beteiligt. **Akzeptabilität** ist somit nicht nur eine bestimmte Erwartung und Einstellung des Rezipienten, sondern auch seine (und in solchen Situationen besonders geforderte) Bereitschaft und Fähigkeit zur Sinngebung. Die Offenheit der sprachlichen Struktur fordert bei dem vorliegenden Text geradezu die Phantasie und die eigene Aktivität des Lesers heraus, er kann sich dieser indirekten Aufforderung nur schwer entziehen.
In groben Zügen könnte die (Re)konstruktion eines **kohäsiven** und **kohärenten** Textes durch das Zusammenwirken sprachlicher und kognitiver Operationen etwa so erfolgen:
Die Ziffern *1944* und *1945*, die als Überschrift fungieren, benennen das Thema, die beiden letzten Jahre des 2. Weltkrieges. Liest man die Ziffern, werden sie ohne Zögern als Jahreszahlen formuliert, d. h. nicht als *„eintausendneunhundertvierundvierzig und -fünfundvierzig"*, sondern in der für die Jahreszahlen von 1100 bis 1999 üblichen Weise nach Hunderten zusammengefasst (vgl. DUDEN. RICHTIGES UND GUTES DEUTSCH 1997, 402). In unserem Weltwissen sind markante historische Ereignisse in ihrer zeitlichen Einordnung gespeichert, besonders präsent sind dabei Daten und Ereignisse der jüngeren Geschichte. Mit den Jahreszahlen wird zugleich das Konzept der Gliederung des Jahres in 12 Monate aktualisiert, formal unterstützt durch die Anordnung der Wörter *krieg* in einer 12-zeiligen Spalte. Unser sprachlich-enzyklopädisches Wissen von Krieg umfasst die lexikalische Bedeutung ‚eine Auseinandersetzung, ein Konflikt über einen meist längeren Zeitraum, bei denen verschiedene Länder oder Teile eines

Landes/Volkes mit Waffen gegeneinander kämpfen', typische Kollokationen wie *ein blutiger, grausamer, verlorener, aussichtsloser Krieg, es herrscht Krieg, in den Krieg ziehen, müssen, aus dem Krieg heimkehren*, zahlreiche usuelle Komposita wie *Kriegsausbruch, -bericht, -gegner, -gericht, -grab, -invalide, -opfer, -schauplatz, -tote(r), -verbrechen, -wirren, Angriffs-, Bomben-, Vernichtungs-, Weltkrieg* (alle Angaben nach LWB) mit den entsprechenden Konzepten. Nach FIX (1998a, 166) steckt „in Wortbedeutungen auch schon Grammatik" im Sinne von Beziehungen, sodass ein Text mit unvollständiger Kohäsion „allein schon durch seine unverbunden nebeneinander stehenden Wörter ein gewisses Maß an Kohäsion aufweisen" könnte. Je nach individuellen Erfahrungen und Erlebnissen, Erzählungen von Eltern, Großeltern usw. kommen subjektive Konnotationen hinzu. Als Jahreszahlen implizieren die Ziffern ein zeitliches Kontinuum und eröffnen Beziehungen zur Zeit vor dem Januar 1944 und nach dem Mai 1945. Ebenfalls nicht explizit angesprochen, aber assoziativ verbunden werden die Jahreszeiten Frühling, Sommer, Herbst und Winter. Im vorletzten Jahr des 2. Weltkrieges herrschte also immer noch Monat für Monat Krieg mit all seinen Schrecken, mit Tod und Zerstörung, Luftangriffen, Hunger, Kälte, wachsender Angst, Aussichtslosigkeit, Hoffnungen, Qualen, Beschwernissen. So beginnt auch das Jahr 1945, wo im Januar, Februar, März, April dieser Zustand anhält, aber, wie aus Berichten, Tagebuchaufzeichnungen, Briefen dieser Zeit bekannt, die Desillusionierung immer stärker wird, angst- und hoffnungsvoll der Frontverlauf verfolgt, das Ende des Krieges herbeigesehnt wird. Im 5. Monat ist es dann endlich so weit, die Wende zum Frieden wird eingeleitet, im Text markiert mit dem antithetisch wirkenden Monatsnamen *mai* (des in Klammern stehenden erklärenden Zusatzes *markierung einer wende* bedarf es eigentlich gar nicht). Denkbar wäre anstelle des metonymisch verwendeten Monatsnamens auch referenzidentisch (und zur gleichen Begriffsklasse wie *krieg* gehörend) das Antonym *frieden* (wie es auch im Wörterbuch erscheint und in unserem mentalen Lexikon gespeichert ist), aber mit einem allgemeineren Bedeutungs- und Assoziationspotential und damit wesentlich weniger wirkungsvoll. Neben dem sprachlich nicht explizit erscheinenden, aber kognitiv zu erschließenden Konzept ‚Frieden' mit seinen Assoziationen werden gleichzeitig alle Vorstellungen aufgerufen, die sich neben der denotativen Bedeutung ‚fünfter Monat des Jahres' mit *Mai* verbinden: Frühling, Erwachen der Natur, Neubeginn, Hoffnung... (vgl. GRIMM 1991, Bd. 12, 1470: „der mai wird als die blüte- und glanzzeit der natur gepriesen", „er ist die zeit der liebe", „allgemeiner für frühlingszeit", „bildlich, die blütezeit des menschlichen lebens, die jugendzeit", „auch der jugendliche glanz, der diese blütenzeit anzeigt", „der neue trieb eines baumes"). Mit diesen Assoziationen korrespondiert als nichtsprachliches Mittel die Illustration, wo sich das frische Grün einer Birke als ein Zeichen für Hoffnung und Zuversicht aus der düsteren Trümmerlandschaft erhebt.

Zum Vergleich kann auszugsweise ein für Sachtexte zu diesem Thema typischer Text herangezogen werden, die Rubriken Politik und Wirtschaft/Tägliches Leben aus dem Lexikonartikel zu den Jahren 1944 und 1945 in „Der große Kulturfahrplan. Die wichtigsten Daten der Weltgeschichte" (STEIN 1993, 1154-1163; ein solcher intertextueller Vergleich könnte auch bei der Textanalyse im Deutschunterricht angestellt werden):

Rubrik Politik:

1944: ... Sowjettruppen besetzen Krim und dringen bis zur Weichsel und nach Warschau vor; besetzen Rumänien, Bulgarien und Ungarn ... Überraschende dt. Ardennenoffensive bringt alliierte Truppen vorübergehend in schwierige Lagen, bis Wetterbesserung ihre Luftüberlegenheit zur Wirkung kommen läßt (bedeutet Schwächung der dt. Ostfront) ... Mißglückter Versuch dt. Offiziere und Politiker, Hitler durch Attentat zu beseitigen und seine Diktatur zu stürzen ... Am 1. August 524277 In- und Ausländer in den nationalsozialist. KZ-Lagern ... Erfolgreiche Invasion der Anglo-Amerikaner und ihrer Verbündeten an der Küste der Normandie ... Einsatz der V 1- und V 2-Raketenwaffen gegen England ohne wesentlichen Erfolg ... „Dt. Volkssturm" aufgerufen und mangelhaft bewaffnet ...

1945: Konferenz von Jalta zwischen Roosevelt, Churchill und Stalin; Aufteilung Deutschlands in Besatzungszonen ... Zweifacher nächtlicher Luftangriff auf Dresden zerstört die Stadt und fordert große Opfer ... Die Eroberung der dt. Ostgebiete durch sowjet. Truppen löst eine – oft zu späte – Massenflucht aus. Viele Menschen, besond. Kinder, erfrieren. ... Deutschland wird von Westen und Osten her vollständig besetzt; ... Die Verteidigung Berlins erfordert große Opfer unter Soldaten und Zivilbevölkerung ... Am 9.5. 00.01 Uhr tritt dt. Gesamtkapitulation in Kraft.

Rubrik Wirtschaft/Tägliches Leben

1944: ... An der Westfront stehen 209 dt. Bomber u. 2473 dt. Jäger 2682 anglo-amerikan. Jägern gegenüber ...

1945: Verluste i. 2. Weltkrieg etwa: je 25 Mill. getöteter Soldaten u. Zivilisten; direkte Kosten: 1 Bill. Dollar, indirekte Kosten: 2 Bill. Dollar

Dt. Verluste im 2. Weltkrieg: ca. 3 Mill. gefallene Soldaten und 3,6 Mill. getötete Zivilisten, 0,45 Mill. durch Luftangriff getötete Zivilpersonen, 2 Mill. Kriegsbeschädigte (6295 Kriegsblinde), 1 bis 2 Mill. in Flüchtlingstrecks Verstorbene oder nach dem Osten Verschleppte. Pro Tag des Krieges 2500 Deutsche getötet oder verwundet ...

Als Intention dominiert hier das SACHBETONTE INFORMIEREN. Das Thema wird, aufgespalten in Teilthemen, in chronologischer Abfolge deskriptiv entfaltet, detailliert, faktenreich und sprachlich mit textsortentypischen stilistisch-formulativen Grundelementen gestaltet.
Was im Sachtext thematisch getrennt dargestellt und sachlich-nüchtern formuliert ist, was durch die Fakten in ihrer Dimension und Dichte aber auch eine emotional starke Wirkung auf den Rezipienten hat, die politische Situation und die Auswirkungen der Politik auf das tägliche Leben der Menschen, wird von Jandl auf äußerst komprimierte und expressive Weise emotional bewegend zusammengeführt. Die Reduzierung auf nur zwei verschiedene Lexeme als Textbausteine und die Nutzung der Möglichkeiten ihrer Menge und Anordnung (fünfzehnfache eindringliche Wiederholung des einen Lexems und qualitativ und quantitativ kontrastierender Einsatz des anderen) lässt Raum für individuelle Assoziationen (z. B. dass sich noch im sechsten Kriegsjahr Monat für Monat der Kriegszustand in beängstigender Weise fortsetzt, welche zusätzlichen Belastungen und Gefahren die verschiedenen Jahreszeiten im Krieg für Soldaten und Bevölkerung bedeuten ...). Bei aller Individualität von Interpretationen dürfte der gemeinsame Kern solcher Assoziationen das stereotypische Alltagswissen über das allgemeine Konzept ‚Krieg', über das auch Kinder schon verfügen, und über das speziellere ‚2. Weltkrieg' sein. Wenn für Gertrude Stein, die von Jandl in seinen „Mitteilungen aus der literarischen Praxis" (JANDL 1976, 30 f.) zitiert wird, Poesie ein „Aufrufen von Benennungen" ist, dann trifft das hier in besonderem Maße zu. Obwohl eigentlich nur die Benennungen zweier Ereignisse „aufgerufen" werden, vermittelt der Text ein ganz erstaunliches Maß an Spannung und Dynamik und entfaltet eine narrative Struktur mit Rahmen, Ereignis, Komplikation und Auflösung (vgl. dazu auch JANDL 1976, 80: Fast alle Gedichte sind wie ein Film; haben Zeit-Dimension, Ausdehnung in der Zeit).
Der Vergleich mit einem möglichen Sachtext führt uns zur Frage nach dem Kriterium der **Informativität**, womit das Ausmaß der Erwartetheit bzw. Unerwartetheit oder Bekanntheit bzw. Unbekanntheit/Ungewissheit der dargebotenen Textelemente gemeint ist (DE BEAUGRANDE/DRESSLER 1981, 10 f.). Dabei lassen sich bei bestimmten Texten offensichtlich Textrezipienten durch einen Inhalt, den sie selbst durch Inferenz beisteuern, leichter überzeugen als durch explizite Formulierungen. Der Grad an expliziter Information für den Rezipienten, der sich über wichtige Daten der Weltgeschichte genauer informieren will, ist im Sachtext eindeutig höher. Es ist aber auch in relativ hohem Maße voraussagbar, welcher Art die Informationen sind und wie sie sprachlich realisiert werden. Der an Sachinformationen interessierte Rezipient wird mit hoher Wahrscheinlichkeit dort, aber kaum in einem Kinderbuch von Jandl mit dem Titel „Im Delikatessenladen" danach suchen. Wie in einem künstlerischen Text solche geschichtlichen Daten und Ereignisse ästhetisch, emotional umgesetzt werden, ist dagegen nicht voraussagbar. Welche Maßstäbe dafür gelten können, hat

LERCHNER anschaulich in seinem – Lehramtsstudenten besonders, aber nicht nur ihnen ans Herz zu legenden – Bändchen „Wenn ein Buch und ein Kopf zusammenstoßen ... Vom Umgang mit literarischen Texten im Unterricht" (LERCHNER 1991, 18) beschrieben:

> „ ... wo neben der reinen Inhaltsangabe nichts von jenem bedeutsamen ›Rest‹ im dargelegten Sinn bleibt, wo alles, aber auch alles ›gesagt‹ ist, vom Leser kaum eigene Anstrengungen zur Sinn-Erfüllung abverlangt werden, liegt zumindest der Verdacht nahe, daß es mit dem künstlerischen Wert des Werkes so weit her nicht sein kann."

Der Grad an impliziter Information ist in Texten, die eigene Anstrengungen des Lesers verlangen, potentiell sehr hoch und wird je nach Bereitschaft, Fähigkeit, Weltwissen, Erfahrungswissen usw. des Rezipienten unterschiedlich realisiert und empfunden.

Mit der Hinwendung zum quantitativen und qualitativen Mehr von künstlerischen Texten sind wir eigentlich schon beim Kriterium der **Situationalität**, der Einbettung in situative Bedingungen der Kommunikation angelangt, das hier nun nicht noch einmal ausführlich erörtert werden muss. Wichtig ist aber noch das Vorkommen des Textes in einem Kinderbuch für die Altersgruppe ab 10 Jahre und gemeinsam mit Texten, die auch weniger ernsthafte Themen aus Freude am Spielen mit Sprache behandeln (z. B. die bekannten Gedichte „ottos mops" oder „etüde in f"). Dass Kinder an Sprachspielen und an dem eigenen (oft zweckfreien) spielerischen Umgehen mit Sprache und sprachlichen Strukturen Gefallen finden, ist auch aus der Spracherwerbsforschung bekannt (vgl. BUTZKAMM 1989, 62 f.). Der Wechsel vom heiteren Sprachspiel mit eher alltäglichen, oft belanglosen Inhalten zur ernsten Kriegsthematik (neben „1944 1945" noch „vater komm erzähl vom krieg" und „im schlaf") am Ende des Buches erfolgt unerwartet, macht aber bewusst, dass auch das Thema Krieg und Frieden zum Leben und zum Wissen über die Welt gehört. Hier wird nicht in oft schon gehörter Weise Wissen vermittelt und vordergründig belehrt, sondern „unauffällig an Gefühle und Erfahrungen der Leser" appelliert, wie es sich LERCHNER wünscht (1991, 19). Und von einem Dichter, der sich als Erwachsener die Freude am kindlichen Spiel mit sprachlichen Formen (wie es z. B. in Abzählreimen, Nonsensegedichten usw. geübt wird) bewahrt hat, werden auch ernste Botschaften eher angenommen.

Die vorliegende Textfassung wird durch nichtsprachliche Mittel wie Illustration, Farbgebung in ihrem Aussagegehalt unterstützt und verstärkt. Für den mündlichen Vortrag dieses Textes – und Jandl-Texte sind häufig als sog. Sprechgedichte oder Lautgedichte auch so intendiert und realisiert; manche verlangen geradezu das Sprechen, wie Jandl im Gespräch mit KONZAG (1985, 863) betont, bieten sich daneben durch den Einsatz nonverbaler Mittel (vor allem mit vokalem, d. h. mit Stimm- und Sprechwerkzeugen hervorgebrachtem Verhalten; zu den verschiedenen Aspekten nonverbalen Verhaltens vgl. HELFRICH/

WALLBOTT 1980) dem Sprecher noch weitere bzw. andere Gestaltungs- und Informationsmöglichkeiten und dem Hörer Verstehensmöglichkeiten. Eindrucksvolle Beweise dafür hat Jandl selbst bei Lesungen seiner Texte geliefert.

Intertextualität zeigt sich in verschiedener Hinsicht: Referentielle Intertextualität haben wir bereits hergestellt mit dem zum Vergleich herangezogenen Sachtext aus dem „Großen Kulturfahrplan". Typologisch wäre nicht nur danach zu fragen, ob das Ganze überhaupt ein Text ist, sondern – bejaht man diese Frage – auch weitergehend danach, welchem Genre (bzw. welcher Textsorte) er zuzuordnen ist. Die im Nachwort eingangs gestellte Frage „Sind das hier wirklich Gedichte?" (S. 36) ist berechtigt, geht man vom Alltagswissen über Gedichte aus, besonders von dem hier noch kindlich geprägten. Und so vermutet auch der Verfasser des Nachwortes: „So ganz sicher seid ihr euch da wahrscheinlich nicht ...". Diese Fragestellung und mögliche Antworten könnten z. B. bei der Behandlung im Deutschunterricht auch als Analyseeinstieg genutzt werden. Die Frage impliziert aber auch, dass es sich bei den in dem Bändchen enthaltenen Texten offensichtlich doch um Gedichte handelt (wie es auch der Untertitel besagt), die aber in unterschiedlichem Grade Alltagserwartungen von Gedichten erfüllen. Im Kontext aller dieser Texte ist aber eben auch „1944   1945" als Gedicht zu akzeptieren. Jandl selbst spricht ebenfalls von Gedichten und thematisiert auch explizit den Gedanken der Intertextualität, wenn er sagt:

> „ ... man konnte, wenn man seine eigenen Gedichte zu schreiben begann, nicht so tun, als sei man nicht umringt von Gedichten. Unter diesen freilich durften es nur die wenigsten sein, die einem für das eigene Bemühen einen Wink gaben."
> (JANDL 1976, 24 f.)

Intertextuelle Bezüge ließen sich weiter zu bevorzugten Themen und zu anderen Texten Jandls, zu Jandl als Mitbegründer der „Wiener Gruppe", zu seinen literarischen Vorbildern sowie allgemein zur Richtung der experimentellen (oder auch: konkreten) Poesie herstellen (vgl. dazu weiterführend auch JANDL 1976, 1987; KONZAG 1985; MÜLLER 1987 mit der linguistischen Analyse zweier Gedichte). Einen im weiteren Sinne intertextuellen Aspekt bringt auch der Autor des Nachwortes ein, wenn er auf andere Schriftsteller verweist, die „mit Kindern und für Kinder Sprachspiele entdeckt" haben (S. 38), wie zum Beispiel Franz Führmann („Die dampfenden Hälse der Pferde im Turm von Babel") und Kito Lorenc („Die Rasselbande im Schlamassellande").

Die Analyse sollte zeigen, dass sich das Textmodell von DE BEAUGRANDE/ DRESSLER, obwohl nicht in erster Linie für künstlerische Texte konzipiert, doch gerade für diese Art von Texten als erklärungsfähig und auch für stilistische Analysen produktiv erweist. Stellt man sich die Textualitätskriterien nicht als eine nacheinander abzuarbeitende Reihenfolge vor, sondern als Modellierung simultan ablaufender Prozeduren mit wechselseitigen Beziehungen, dann kann ihre Erfüllung auch durch ein Aufeinander-zu-Arbeiten bei der Textanalyse überprüft werden. Es ist anzunehmen, dass auch bei der Textverarbeitung durch den textlinguistisch nicht vorgebildeten, naiven Leser intuitiv solche Prozeduren aktiviert werden und bei Nachfrage auch in analogen alltagssprachlichen Begriffen oder Fragestellungen („Sind das hier wirklich Gedichte?") beschrieben werden könnten.

Aufgaben:

⇨ 1. Analysieren Sie unter textlinguistischen und stilistischen Aspekten das Gedicht „wanderung" von Ernst Jandl (im Anschluss an Ihre eigene Analyse können Sie zum Vergleich die Analyse von Robert MÜLLER 1987 heranziehen).

        wanderung

  vom vom   zum zum
  vom zum   zum vom

  von vom zu vom

  vom vom   zum zum

  von zum zu zum

  vom zum   zum vom
  vom vom   zum zum

  und zurück

⇨ 2. In Aufgabe drei in Abschnitt 3.3 finden Sie ein weiteres Beispiel für einen „grammatikarmen" Text. Wählen Sie jetzt (im Unterschied zum Vorgehen in 3.3) als Analyseansatz die Untersuchung nach den Textualitätskriterien.

⇨ 3. Die Spezifik künstlerischer Texte, ihr quantitatives und qualitatives Mehr besteht auch in einer spezifischen Ausprägung der Textualitätsmerkmale. Zeigen Sie das an einem Vergleich des Gedichts „Der Panther" von Rainer Maria Rilke mit einem Sachtext über Panther (vgl. dazu auch POETHE 1996).

3.8 Analyse eines epischen Kurztextes: Textsorte/Textmuster

ANALYSETEXT:

F. C. Weiskopf

Der alte Liebermann

Ein Kunsthändler aus Brüssel traf wenige Wochen nach Hitlers Machterschleichung Max Liebermann, der – sei es wegen seines hohen Alters, sei es, weil er den richtigen Augenblick zur Emigration versäumt zu haben oder anderswo nicht leben zu können glaubte – in Berlin geblieben war, im Kaffeehaus Kranzler Unter den Linden. Der Maler saß allein an einem versteckten Tisch im Hintergrund des großen Saales und kritzelte Fratzen auf die Rückseite der Speisekarte.

„Ihr Aussehen gefällt mir nicht, Meister", sagte der Belgier nach den ersten Worten der Begrüßung. „Essen Sie nicht zuwenig? Wie geht es Ihnen überhaupt?"
„Ach, wissen Sie", entgegnete Liebermann, „heutzutage kann man gar nicht soviel fressen, wie man kotzen möchte."
(Aus: F. C. Weiskopf 1965, 227 ff.)

Zu unserem Alltagswissen über Texte gehören auch prototypische Vorstellungen von Textsorten bzw. Textmustern (vgl. dazu DIMTER 1981; ADAMZIK 1995a), von denen wir uns sowohl bei der Textproduktion als auch bei der Textrezeption leiten lassen. Erworben haben wir dieses Wissen im Laufe unseres Lebens durch zunehmende Erfahrungen im Umgang mit unterschiedlichen Texten, aber in jeweils wiederkehrenden, typischen Konstellationen (wobei sich wieder Berührungen mit dem Textualitätskriterium Situationalität ergeben). Dieser allseitige Zusammenhang von Texten vor dem Hintergrund schon erfahrener und noch zu erfahrender Texte wird im Textmodell von DE BEAUGRANDE/DRESSLER mit dem Begriff Intertextualität erfasst.

Auch für die Text- und Stilanalyse bildet der intertextuelle Aspekt der Textmusterbeschreibung einen produktiven Zugang. Vor allem bei Sachtexten, aber auch bei künstlerischen Texten bestimmter Genres (für literarische Texte ist traditionell der Begriff ‚Genre' oder ‚Gattung' üblich) ist dieser Ansatz gut geeignet. Wenn dem Text keine ausdrückliche Genrebezeichnung beigegeben ist, ist dieser Ansatz allerdings problematisch bei solchen Genres, die sich eigentlich erst als Ergebnis einer mehr oder weniger detaillierten Textanalyse erschließen (z. B. Parabel). In anderen Fällen dagegen ergibt mitunter schon der Erstleseeindruck (auch: Naiver-Leser-Standpunkt), dass es sich z. B. um eine Fabel, ein Märchen, eine Anekdote, eine Kalendergeschichte u. a. handelt. Dann können ergänzend und das Alltagswissen präzisierend Sachwörterbücher (z. B. von WILPERT 1989), enzyklopädische Nachschlagewerke oder Lehrbücher herangezogen werden. Die allgemeinen Genrebeschreibungen liefern oft schon das Analyseraster für die Text- und Stilanalyse.

Bei literarischen Textsorten können zugleich ganz allgemein künstlerische, ästhetische Intentionen unterstellt werden, die mit entsprechenden Erwartungen auch hinsichtlich einer bestimmten sprachlich-stilistischen Gestaltung verbunden sind. Der konkrete Text kann auf dieser Grundlage daraufhin untersucht werden, wie das allgemeine Muster individuell und einmalig inhaltlich und sprachlich realisiert ist.

Bei dem hier zu analysierenden Text wird auch der naive Leser aufgrund seines Alltagswissens schnell erkennen, dass es sich um eine Anekdote handelt: In pointierter Zuspitzung wird in knapper Weise eine charakteristische Episode aus dem Leben einer bekannten Persönlichkeit erzählt. Bei einer textlinguistischen Beschreibung des Textmusters ‚Anekdote' nach prototypischen thematisch-propositionalen, handlungstypisch-illokutiven und stilistisch-formulativen Grundelementen würde sich das etwa so darstellen:

Textproposition: ein für den Charakter, die Eigenart einer meist historischen Persönlichkeit (auch Zeitepoche, Gesellschaftsschicht, Geistesrichtung) kennzeichnendes Ereignis, das real oder fiktiv (dann aber zumindest als möglich, real vorstellbar) ist

Textillokution: erlebnisbetontes (subjektives) INFORMIEREN, realisiert in der dominierenden Sprachhandlung ERZÄHLEN; zugleich ANREGEN, UNTERHALTEN

Textlokution: sprachliche Mittel zur Angabe von Personen, Ort und Zeit und des zeitlichen Nach- und Miteinanders; treffende, oft konnotierte Substantive, Adjektive und Verben zur Charakterisierung von Personen und ihren Handlungen; sprachliche Mittel der Komprimierung (Satzbau, Wortbildung); Mittel der Redewiedergabe (oft direkte Rede); schnelles Zusteuern auf die Pointe (oft scharfe oder heitere, treffende Aussage)

Zu analysieren ist nun im Einzelnen, wie im konkreten Textexemplar das Textmuster realisiert ist. Hier wird die Begegnung eines Kunsthändlers mit dem bekannten Maler Max Liebermann erzählt, die so stattgefunden haben könnte. Mit der Beschreibung der Lebensumstände und der Wiedergabe der schon sprichwörtlich gewordenen sarkastischen Äußerung Liebermanns wird zugleich die Persönlichkeit Liebermanns und das Wesen des Hitlerregimes charakterisiert (zur Authentizität des Ausspruchs „Ich kann gar nicht so viel essen, wie ich kotzen möchte!" und zur Entwicklung als geflügeltes Wort vgl. auch GEFLÜGELTE WORTE 1981, 643 f.). Die im Mittelpunkt stehende Person wird sprachlich auf verschiedene Weise und nach verschiedenen Aspekten bewertet. Die Überschrift referiert auf das Alter, mit *Maler* und der Anrede *Meister* werden Profession und Meisterschaft benannt, sein persönliches Befinden wird mit der feststellenden Aussage über sein *Aussehen*, den Angaben zu Art und Weise und Ort des Sitzens (*allein an einem versteckten Tisch im Hintergrund*) sowie der stilistisch (umgangssprachlich) und semantisch markierten Angabe der derzeitigen Beschäftigung (*kritzelte Fratzen*) ausgedrückt. Die Tätigkeit, die unter anderen Umständen weniger auffällig wäre, steht jetzt im Kontrast zu künstlerischer Meisterschaft: *kritzeln* wird im WDG mit ‚(sinnlose) Striche, Schnörkel machen' umschrieben, und das LWB nennt als möglichen Grund „z. B. aus Langeweile od. Nervosität".

Der Text ist architektonisch (äußerlich) in drei Abschnitte gegliedert, die mit der Komposition, der inhaltlichen Gliederung, korrespondieren. Der erste Abschnitt enthält Angaben zur allgemeinen und konkreten Situation, zu Ort, Zeit, handelnden Personen und Beweggründen und entspricht erzähltechnisch dem Rahmen, mit dem i. d. R. eine Erzählung beginnt. Der erste Satz ist mehrfach zusammengesetzt und mit 48 Wörtern zwar auffällig umfangreich, aber gemessen an den in ihm enthaltenen Informationen doch stark verdichtet, was dem Stilzug der Knappheit und Verdichtung entspricht. Bei genauerer syntaktischer Analyse zeigt sich ein kunstvoller Satzbau, der den erfahrenen Anekdotenschreiber verrät. Der Hauptsatz mit den Angaben zu den handelnden Personen, zu Zeit und Ort als den äußeren Umständen des Ereignisses umschließt auf der ersten Abhängigkeitsebene einen wiederum unterbrochenen Relativsatz mit näheren Angaben zur Person Liebermanns und darin eingeschlossen auf der zweiten Ebene eine komplexe Kausalbestimmung mit der Angabe seiner möglichen Beweggründe, also innerer Umstände des Ereignisses. Formal besteht die Kausalbestimmung aus der Verknüpfung von Satzglied und zusammengezogenem Gliedsatz, verbunden durch die zweiteilige koordinierende Konjunktion *sei es – sei es*, die semantisch als disjunktiv (eine Entscheidung fordernd) zu beschreiben ist. Alternative Konnektoren in dieser Funktion wären *entweder – oder* und *oder*. Setzt man sie probeweise an dieser Textstelle ein, wird deutlich, dass sie zu sehr auf einen Beweggrund abzielten, die gewählte Variante aber alle genannten Gründe als gleichermaßen denkbar und akzeptabel erscheinen lässt.

Die Abschnitte zwei und drei bilden kompositorisch mit Frage und Antwort als aneinander grenzende, d. h. wechselseitig voraussagbare Paare im Dialog eine Einheit. Zugleich ist mit zwei Turns und einem Sprecherwechsel eine minimale Dialogstruktur erfüllt. Das erzählte Ereignis entwickelt sich bis zum Ende des zweiten Abschnitts logisch und ohne Höhepunkte, es wäre auch in einer Alltagssituation vorstellbar. Die Frage des Kunsthändlers besteht aus einer Feststellung, einer Vergewisserungs- und einer Ergänzungsfrage und zielt auf das persönliche Befinden Liebermanns ab. Mit dem dritten Abschnitt vollzieht sich eine Wende im logischen Ablauf. Entsprechend dem Charakter der Anekdote ist zwar eine Pointe zu erwarten, es ist aber nicht voraussagbar, welche. Die Antwort bezieht sich auf das Befinden der Allgemeinheit, in das das eigene eingeschlossen ist: Das Temporaladverb *heutzutage* mit der Bedeutung ‚Gegenwart', das Indefinitpronomen *man* und das Modalverb *können* drücken die Verallgemeinerung aus. Die Wirkung wird verstärkt durch die antithetisch verwendeten derben/vulgären Wörter *fressen* und *kotzen* (nach GEFLÜGELTE

WORTE 1981, 643, erscheint das erste Verb im Originalbeleg in der normalsprachlichen Stilschicht als *essen*). Zugleich wird mit *fressen* das in der Frage enthaltene *essen* stilistisch kontrastierend wieder aufgenommen, aber mit anderen Assoziationen. Isoliert hätte die sarkastische Aussage keine politische Bedeutung, der Textsinn ist nur durch unser enzyklopädisches Wissen zu erschließen. Die Wiedergabe des Dialogs erfolgt in der direkten Rede. Auch hier wollen wir eine alternative Ausdrucksmöglichkeit mit der Umformung in die indirekte Rede erproben:

Das Aussehen des Meisters (?) gefalle ihm nicht, sagte der Belgier nach den ersten Worten der Begrüßung, ob er nicht zuwenig esse, wie es ihm überhaupt gehe.
Liebermann entgegnete, dass man heutzutage gar nicht so viel fressen könne, wie man kotzen möchte.

Bei indirekter Redewiedergabe verliert diese Passage viel an Unmittelbarkeit, Authentizität und Glaubwürdigkeit (die derben Ausdrücke wirken aufgesetzt). Redetypische Mittel wie die Anrede *Meister* lassen sich nicht adäquat umformen, Redefloskeln wie *Ach, wissen Sie* fallen ganz weg. Bei direkter Rede kann durch die Stellung der Redeeinleitung zwischen Einleitungsfloskel und eigentlichem Redetext die Spannung in der Pointe erhöht werden.

Durch Verallgemeinerung der Wirkung der einzelnen Stilelemente gelangen wir zu den Stilzügen. Betrachtet man die Anekdote als eine Textsorte im Übergangsbereich von Belletristik und Publizistik, dann sind neben Stilzügen der Belletristik bestimmte funktional bedingte Stilzüge von Presse und Publizistik zu erwarten. Genannt wurde schon Dichte bzw. Knappheit (wozu auch die zahlreichen adjektivischen und substantivischen Attribute beitragen). Bedingt durch den Gegenstand und den Zwang zu dessen wirkungsvoller sprachlicher Aufbereitung ist für publizistische Texte allgemein Ausgewogenheit zwischen sachbetonter Objektivität und autorbetonter Subjektivität anzunehmen. Dem Charakter der Anekdote entspricht in diesem Text eine Steigerung im Grad der Expressivität. Im ersten Teil überwiegen Stilelemente, die eher Sachlichkeit und Neutralität bewirken (Angaben zu den Umständen des als authentisch anzunehmenden Ereignisses, Realienbezeichnungen), im zweiten Teil solche, in denen Wertung und Expressivität zum Ausdruck kommen (konnotierte Lexik, wie auch schon bei *Machterschleichung* im sonst eher neutralen Teil; Antithese).

Abschließend und zusammenfassend wollen wir zum Vergleich noch auf die Merkmale einer Anekdote verweisen, wie sie in einem Lehrbuch (ARENS/RAHN 1990, 177) in übersichtlicher und auch für eine textlinguistisch-stilistische Analyse geeigneter Weise zusammengestellt sind:

„1. Kurze Geschichte, in deren Mittelpunkt häufig eine historische Persönlichkeit steht (daneben auch Vertreter eines Berufsstandes, einer Gesellschaftsschicht o. ä.)
2. Darstellung eines bestimmten Ereignisses (die Situation wird durch Angaben über Ort und Zeit näher gekennzeichnet)
3. Das erzählte Ereignis ist tatsächlich geschehen oder wird für möglich gehalten.
4. Straffe Ausrichtung auf die Pointe am Schluß
5. Die erzählte Begebenheit wirft ein bezeichnendes Licht auf eine bestimmte Charaktereigenschaft der betroffenen Person oder auf eine interessante Einzelheit in deren Leben.
6. Verwendung der Umgangssprache zur Erhöhung der Verständlichkeit (Abweichungen sind als stilistische Besonderheiten zu werten, hinter denen sich eine bestimmte Absicht verbirgt ...)
7. Verwendung der direkten Rede, um den Realitätscharakter zu erhöhen, besonders zur Heraushebung der Pointe
8. Sorgfältige Auswahl der die Situation treffend kennzeichnenden Ausdrücke
9. Überwiegend einfacher, reihender Satzbau, um die Verständlichkeit zu erhöhen. Gelegentlich aber auch schwierige Satzgefüge mit mehreren, teilweise untergeordneten Gliedsätzen, um Spannung zu erzeugen, die sich in der Pointe löst"

Solche didaktisch aufbereiteten Beschreibungen der Text- und Stilmuster bekannter literarischer Genres können als Bestätigung, zur Kontrolle eigener Analyseergebnisse herangezogen werden, aber auch als Analysevorgaben, die am konkreten Text zu überprüfen sind, den Ausgangspunkt bilden.

Mit der Vorstellung von Textmustern sind unter textlinguistischen Aspekten die Analyseansätze nach **Superstrukturen** (VAN DIJK) bzw. nach der **Themenentfaltung** (BRINKER) kompatibel, die hier ergänzend einbezogen werden können. Eine Superstruktur stellt eine Art abstraktes Schema dar, das die globale Ordnung eines Textes festlegt und aus einer Reihe von Kategorien besteht, deren Kombinationsmöglichkeiten auf konventionellen Regeln beruhen. Diese Kategorien sind bei der narrativen Superstruktur das aus KOMPLIKATION und AUFLÖSUNG bestehende EREIGNIS als Kern der Erzählung und der RAHMEN (bestimmte Situation, bestimmter Platz, bestimmte Zeit, bestimmte Umstände), die zusammen die EPISODE bilden; EPISODE und EVALUATION (mentale Reaktion, Meinung, Einschätzung durch den Erzähler) machen die GESCHICHTE aus, der die MORAL (praktische Schlussfolgerungen) den Charakter einer narrativen Superstruktur verleiht (vgl. ausführlicher VAN DIJK 1980, 140 ff.).

Die verschiedenen Kategorien der Superstruktur sind deutlich bestimmten sprachlichen (syntaktischen und semantischen) Strukturen zugeordnet. Der RAHMEN wird in unserem Analysebeispiel durch den ersten Satz gebildet, dessen Satzglieder die Fragen des Lesers nach dem Wer, Wann, Wo, Was, Warum beantworten. Der zweite Satz leitet das EREIGNIS ein, das als Kern mit der Frage des Kunsthändlers die KOMPLIKATION und mit der Antwort Liebermanns deren AUFLÖSUNG enthält. MORAL und EVALUATION sind nicht explizit formuliert, sondern implizit durch die Erzählhaltung sowie durch denotative und konnotative Elemente realisiert. Das narrative Schema wird hier in einer für das Textmuster/Genre typischen Weise erfüllt. Die Abfolge der Kategorien der Superstruktur und ihre stark komprimierte sprachliche Fassung ist konventionell mit der Erzähltextsorte Anekdote verbunden.

VAN DIJK geht übrigens bei der Beschreibung der narrativen Superstruktur nicht von der literarisch ausgefeilten Erzählung aus, sondern vom Grundmuster des alltäglichen Erzählens (wie es z. B. auch in anekdotenhaften Alltagserzählungen oft virtuos beherrscht wird).

Auch von den Grundformen thematischer Entfaltung als der gedanklichen Ausführung des Themas kann angenommen werden, dass sie sich in der Sprachgemeinschaft als bewährte Muster herausgebildet haben und bei der Textproduktion und Textrezeption mehr oder weniger intuitiv wirksam werden. BRINKER (1997, 68) geht nicht wie VAN DIJK hierarchisch vor, seine Darstellung der narrativen Themenentfaltung (auch bei ihm v. a. für Alltagserzählungen charakteristisch) enthält aber analog als konstitutive Elemente:

- ein durch ein abgeschlossenes, singuläres Ereignis repräsentiertes Thema, das nach Quasthoff gewisse „Minimalbedingungen von Ungewöhnlichkeit" bzw. nach van Dijk ein „Interessantheitskriterium" erfüllt und an dem der Erzähler in irgendeiner Weise beteiligt ist;
- als zentrale Kategorien die „Komplikation" (Darstellung des ungewöhnlichen Ereignisses) und die „Resolution" (Auflösung der Komplikation in positiver oder negativer Hinsicht) sowie die „Evaluation" (Bewertungen, emotionale Einschätzungen und Stellungnahmen des Erzählers zu den erzählten Ereignissen);
- hinzukommend die „Orientierung" (Angaben zu Ort, Zeit, handelnden Personen usw.) und ggf. die „Koda" (Moral, Lehre für die Zukunft).

Aufgaben:

⇨ 1. Wählen Sie einen Text aus (Anekdote, Fabel, Märchen, Lebenslauf, Leserbrief usw.), den Sie textlinguistisch (nach prototypischen Textmustermerkmalen) und stilistisch (nach der individuellen Umsetzung, nach Stilzügen und Stilelementen) analysieren.

⇨ 2. Beschreiben Sie das dem folgenden Text zugrunde liegende Textmuster nach Textproposition, Textillokution und Textlokution.

Die Katze und die Mäuse

Die Mäuse, die von einer Katze sehr geplagt wurden, berieten in einer Versammlung, wie sie sich ihres gefährlichen Feindes besser erwehren könnten. Eine junge Maus glaubte, die Lösung des Problems gefunden zu haben. „Wenn die Katze", sagte sie, „um den Hals ein Glöckchen trüge, würde dieses bei jedem Schritt ertönen und uns warnen, so dass wir genügend Zeit hätten, ungefährdet unsere Behausung zu erreichen." Das sei eine vortreffliche Idee, lobten die anderen Mäuse – bis auf eine, die meinte: „Der Vorschlag ist wirklich ausgezeichnet. Aber wer von uns wird der Katze das Glöckchen umhängen?"

(Äsop; nacherzählt von Rudolf Hagelstange, aus: Deutschstunden. Lesebuch 6, S. 168)

3.9 Analyse eines Werbetextes: pragmastilistisch

ANALYSETEXT:

Für Kinder bewegen wir Welten
unicef
Kinderhilfswerk der Vereinten Nationen.

UNICEF
Deutschland

Postfach 520 429
50953 Köln
Tel 0221/93650-0
Fax 0221/93650-280

04155
Frau

Sabine Christiansen
Herbst 1996

<u>Ihr neuer Grußkartenkatalog und ein herzliches Dankeschön!</u>

Liebe Frau Schulze,

Sie verwenden Unicef-Grußkarten und zeigen damit, daß Ihnen das Wohl notleidender Kinder am Herzen liegt. Deshalb freue ich mich besonders, Ihnen heute <u>Ihren Unicef-Winterkatalog</u> zu überreichen. Sicher sind Sie schon gespannt auf die neuen Karten!

Ich schreibe Ihnen, weil Unicef für mich eine besondere Bedeutung hat.
Denn Unicef hilft <u>den Schwächsten und Hilfsbedürftigsten</u>: den Kindern.
Das tröstet mich, wenn ich Ihnen in den Tagesthemen über Armut und Elend berichten muß. – Und es tröstet mich, daß es <u>Menschen wie Sie</u> gibt.
Denn ohne Ihre Hilfsbereitschaft könnte Unicef diese wichtige Arbeit nicht leisten.

Gemeinsam mit Unicef unterstützen Sie Projekte in über 140 Ländern, die bedürftigen Kindern <u>eine Zukunft schaffen</u>. Mit jeder Unicef-Grußkarte, die Sie versenden oder verschenken, helfen Sie dabei. Dafür danke ich Ihnen.

Jetzt freuen Sie sich sicherlich schon auf Ihren neuen Katalog. Ich wünsche Ihnen viel Vergnügen bei der Auswahl Ihrer Winter- und Weihnachtskarten.

Mit herzlichen Grüßen

Sabine Christiansen

P.S. Ein Sortiment möchte ich Ihnen besonders <u>ans Herz legen</u>: Die Kinderzeichnungen auf Seite 38. Die Phantasie und Lebensfreude, die aus den Bildern spricht, haben mich stark beeindruckt. Helfen wir mit, daß <u>bald alle Kinder</u> zeigen können, was in ihnen steckt!

Textanalysen auf der Grundlage der pragmatischen Stilistik verfolgen, kurz gefasst, das Ziel, **Stilabsichten** auf der Senderseite und **Stilwirkungen** auf der Empfängerseite zu rekonstruieren und zu beschreiben. Der pragmastilistische Ansatz ist methodisch vor allem für solche Texte angemessen und Erfolg versprechend, bei denen ausgeprägte Wirkungsabsichten bestehen und in denen es besonders auf die Gestaltung sozialer Beziehungen zwischen Sender und Empfänger ankommt, z. B. bei Kontakt herstellenden und appellierenden Texten (Kontaktanzeigen, Bewerbungsschreiben, Aufrufe, Aushänge, Reden, politische und Wirtschaftswerbung u. a.). Bezogen auf die allgemeineren und noch nicht textsorten- oder stilmusterspezifischen Textualitätskriterien entspricht dieser Aspekt dem Kriterium der Intentionalität. Kommunikation und damit auch Text- und Stilproduktion finden immer auch in konkreten Situationen statt, und für typische Kommunikationsereignisse haben sich in der Gesellschaft typische Situationsmuster herausgebildet. Damit korrespondiert das Textmerkmal der Situationalität. Ein solches Situationsmuster ist das der Werbekommunikation mit typischen Merkmalen hinsichtlich Sender-Empfänger-Beziehung, Textfunktion und Stilmuster. Zwar nimmt die traditionelle Funktionalstilistik (RIESEL; FLEISCHER/MICHEL) keinen eigenen Funktionalstil der Werbekommunikation an, aber in Arbeiten zur Sprache der Werbung wird konstatiert, dass der Bereich der Werbetexte als eigener Stilbereich im Sinne einer funktionalen Stilistik mit typischen Stilzügen und Stilmitteln angesehen werden kann (SOWINSKI 1979, 121; 1998, 76). RÖMER (1976, 206) betrachtet die Sprache der Wirtschaftswerbung als Teil eines größeren Ganzen, der „Propagandasprache".
Bei der Fülle und Erscheinungsvielfalt von Werbetexten fällt es schwer, für die Analyse einen einzigen auszuwählen. Die Auswahl hängt auch vom Untersuchungsinteresse ab, z. B. ob man eine bestimmte Textsorte wie Werbeanzeige, Werbeplakat, Werbebrief oder eine Mustermischung oder Mustermontage beschreiben, ob man neben sprachlichen besonders auch nichtsprachliche semiotische Mittel untersuchen will.

Für die vorliegende Analyse wurde ein Werbetext ausgewählt, der nicht (nur) für ein Konsumprodukt (Auto, Kosmetik, Nahrungs- und Genussmittel usw.) wirbt und damit eigentlich die prototypischen Erwartungen an einen Werbetext nicht ganz erfüllt. Geworben wird hier gleichzeitig für einen übergeordneten gemeinnützigen Zweck (Unterstützung der Aktivitäten von Unicef), dem der Rezipient dient, wenn er der Aufforderung zum Kauf eines bestimmten Produkts (Unicef-Grußkarten) folgt. Die Einbindung in den übergeordneten humanitären und sozialen Zweck führt auch zur stärkeren Verbindung von appellierender und informierender Textfunktion. Die appellierende dominiert, die informierende ist untergeordnet oder zugeordnet und dient dem übergeordneten Ziel.

Als methodisch günstig erweist sich bei einer pragmastilistisch orientierten Analyse das Ansetzen an den W-Fragen: **Wer – sagt was – mit welcher Art von Text – zu wem – zu welchem Zweck – mit welcher Wirkung – wie?** (= Erweiterung der Lasswell-Formel der Kommunikation durch STOLT und FIX, vgl. 1.3.2).

Mit der Frage nach dem **Wer** wird der Sender, der Textproduzent, in seiner sozialen Rolle, mit seinen persönlichen und ggf. gesellschaftlichen Interessen, in seinen Beziehungen zum Empfänger charakterisiert. Der Primärsender, das deutsche Komitee für UNICEF e. V., tritt über einen Sekundärsender mit dem Empfänger in direkten Kontakt. Als Sekundärsender fungiert mit Sabine Christiansen eine einem breiteren Publikum bekannte Fernsehjournalistin und -moderatorin, ihr Foto erscheint an der wahrnehmungspsychologisch günstigsten Stelle im linken oberen Teil und zeigt sie mit ernster, besorgter und betroffener Miene. Darüber befindet sich als erster Blickfang in einem Block das optisch hervorgehobene und semantisch mehrdeutige Motto von Unicef *Für Kinder bewegen wir Welten*, der Schriftzug und das Signet sowie der Name der Organisation in paraphrasierter Form (*Kinderhilfswerk der Vereinten Nationen*). Zu dieser Zeit (Herbst 1996) war Sabine Christiansen Moderatorin der „Tagesthemen" der ARD, worauf auch im Text verwiesen wird (ARD wird als Wissen vorausgesetzt), das verleiht ihr schon institutionell bedingt das Image der Seriosität und Glaubwürdigkeit. Gleichzeitig ist sie sozusagen regelmäßiger abendlicher Gast im Wohnzimmer und den Zuschauern bekannt und vertraut. Als Reporterin muss sie auch über solche Themen wie Armut und Elend berichten. Dass sie daran auch innerlich emotional Anteil nimmt, drückt sie durch ihr Bedürfnis nach Trost aus. Diesen Trost kann sie sich selbst spenden, indem sie sich vor allem für die Schwächsten und Hilfsbedürftigsten, die Kinder, engagiert. Diesen Trost spenden ihr aber auch engagierte Menschen, die sie wiederum in ihrem Selbstbild als ‚hilfsbereit, uneigennützig' bestätigt sowie als ‚auch andere damit emotional entlastend' apostrophiert. Im P. S. wird mit der als Adhortativ (ermahnender Konjunktiv) gebrauchten konjunktivischen Form der 1. Person Plural (*Helfen wir mit ...*) zur gemeinsamen Aktion aufgefordert. Mit ihrem eigenen Engagement für eine humanitäre Organisation vermittelt Frau Christiansen zugleich ein positives Bild von sich als ‚sozial engagiert' und pflegt damit wiederum auch ihr eigenes Image. Der eigentliche Sender, die Institution Unicef als nichtstaatliche Organisation (zu unserem Weltwissen gehört mehr oder weniger exakt: Hilfsorganisation für Kinder aller Nationen, von den UN 1946 gegründet, seit 1950 vorwiegend für Kinder in den Entwicklungsländern tätig, Friedensnobelpreis 1965) besitzt in der öffentlichen Meinung ebenfalls ein positives Image. Darin kann sich auch der Empfänger einbeziehen, der *gemeinsam mit Unicef* tätig ist. Die Wirkung auf den Empfänger wird noch verstärkt, wenn die Werbebotschaft über eine bekannte Persönlichkeit vermittelt wird. Dieser direkte persönliche Kontakt wird mit der Textsorte (= **Art von Text**) und ihren entsprechenden inhaltlichen und gestalterischen Mitteln hergestellt. Im Werbebrief verbinden sich auf effektive Weise Elemente des persönlichen Briefs (direkter persönlicher Kontakt) mit denen eines Werbetextes (Aufforderung zum Erwerb eines bestimmten, als erstrebenswert dargestellten Produktes als typische Textproposition und -illokution, typische stilistisch-formulative Elemente). In der Textsortenbezeichnung ‚Werbebrief' werden sowohl die Textfunktion (= **zu welchem Zweck**; nach BRINKER: Appellfunktion; nach SEARLE: Illokutionsklasse Direktive; nach E. U. GROßE: Aufforderung/Textklasse der dominant auffordernden Texte) als auch die Kommunikationsform (Brief als dialogische schriftliche Form) thematisiert. Der Adressatenkreis (= **zu wem**) bei Werbebriefen kann unterschiedlich spezifisch sein. Bei Werbetexten für soziale und humanitäre Zwecke werden oft gezielt bestimmte Berufsgruppen bzw. Personen mit einem bestimmten Bildungsgrad angesprochen, bei denen Interesse und Bereitschaft erwartet werden. In unserem Beispiel hat der Empfänger auch schon früher Interesse und Engagement bekundet, worauf die feststellenden Aussagen *Sie verwenden Unicef-Grußkarten und zeigen damit, daß Ihnen das Wohl notleidender Kinder am Herzen liegt.* und *Gemeinsam mit Unicef unterstützen Sie Projekte in über 140 Ländern* ... sowie die Bestätigung der Hilfsbereitschaft verweisen. Das in der Fangzeile (im Geschäftsbrief entspräche das dem Betreff) formulierte *herzliche Dankeschön* stellt sowohl den Bezug zur bisher geleisteten Hilfe als auch zu der auch weiterhin erwarteten her, sie wird als real vorausgesetzt. Zu den psychologischen Mitteln von Werbestrategien gehört das Ansprechen bestimmter Triebe bei den Rezipienten (v. a. vitale, soziale, Genuss-, Kulturtriebe). Hier werden soziale Triebe wie die nach Hilfsbereitschaft, Unterstützung *Schwächerer* und *Hilfsbedürftiger* und nach Beteiligung an der Schaffung von Zukunftschancen für alle angesprochen. Gleichzeitig kann man sich auch anderen gegenüber als sozial engagiert zu erkennen geben und ein positives Selbstbild von sich vermitteln, indem man Unicef-Grußkarten versendet oder verschenkt.

Der Inhalt, das **Was**, entspricht der für das allgemeine Muster von Werbetexten typischen Textproposition: Ein Produkt wird in seinen positiven Eigenschaften und damit für den Empfänger als attraktiv und erstrebenswert dargestellt.

Das **Wie** ist nach einer pragmatischen Auffassung von Stil die Art und Weise, mit der das Mitzuteilende im Hinblick auf den Mitteilungszweck gestaltet wird. Bei der Analyse des Wie ist es praktikabel, vom Textganzen zu seinen Teilen vorzugehen.

Der Aufbau von Werbetexten (d. h. Architektonik und Komposition) folgt häufig einem typischen Muster, das in der Werbeforschung schon seit längerem als AIDA-Formel bekannt ist:

A = Attention (Wecken von Aufmerksamkeit; hier durch die im linken oberen Teil angeordneten sprachlichen und nichtsprachlichen Textteile sowie durch den beiliegenden Grußkartenkatalog)

I = Interest (Wecken von Interesse; hier durch die Fangzeile und die informierenden Abschnitte über die Motive des Senders, den Anteil des Empfängers und die Ziele von Unicef, weiter auch durch den Inhalt des Grußkartenkatalogs)
D = Desire of possession (Wecken eines Besitzwunsches; hier ist der Erwerb des Produktes Glückwunschkarten verbunden mit dem Erwerb des Gefühls, Hilfe geleistet, sein soziales Gewissen entlastet zu haben)
A = Action (Aufforderung zum Handeln; sie besteht konkret im Auslösen einer Bestellung, wozu hier eher indirekt mit dem vorgezogenen Dank, mit dem Wünschen von Vergnügen bei der Auswahl, mit der im P. S. formulierten besonderen Empfehlung und durch eine vorbereitete Bestellkarte veranlasst wird)

Das Thema wird argumentativ entfaltet (nach VAN DIJK: argumentative Superstruktur), wobei das Argumentationsmuster sowohl „persuasiv-überredend" als auch „rational-überzeugend" (BRINKER 1997, 140) realisiert wird. Als These ließe sich formulieren: Mit der Verwendung (= Kauf) von Unicef-Grußkarten kann man sich zugleich sozial engagieren und sich selbst und anderen eine Freude machen. Die Hauptargumente, gestützt durch untergeordnete sachliche und emotionale Argumente, sind über den Text verteilt und sprachlich explizit und implizit formuliert: *Unicef hilft den Schwächsten und Hilfsbedürftigsten: den Kindern* durch *Projekte in über 140 Ländern, die bedürftigen Kindern eine Zukunft schaffen. Diese wichtige Arbeit* könnte nicht ohne die *Hilfsbereitschaft* von Menschen wie der Adressatin geleistet werden. Indem man Unicef-Grußkarten verwendet, ist man an den Aktivitäten von Unicef beteiligt. Mit dem Kauf tut man nicht nur anderen etwas Gutes, sondern erwirbt auch ein ansprechendes Produkt (auf das man *gespannt* wartet, das man mit *Vergnügen* auswählt, das man als *Grußkarte* verschicken kann). Das Wissen um solche Organisationen wie Unicef und die *Hilfsbereitschaft* von Menschen tröstet, wenn man *über Armut und Elend berichten muss*. Alle Kinder sollen zeigen können, was an *Phantasie und Lebensfreude,* wie sie z. B. aus *Kinderzeichnungen* spricht, *in ihnen steckt.* Als eine allgemeine Schlussfolgerung ergibt sich: Es gibt viel Armut und Elend in der Welt, vor allem bei Kindern, aber der Einzelne hat auch die Möglichkeit, etwas dagegen zu tun.

An Stilelementen finden sich im Text zum einen solche, die charakteristisch sind für die Textsorte (persönlicher) Brief: direkte persönliche, vertraute Anrede (*Liebe Frau* ...); vertraulichere Grußformel (*Mit herzlichen Grüßen*); persönliche Unterschrift; persönlicher Bezug auf die Partner (Personalpronomen *ich/Sie* und entsprechende Flexionsformen bzw. Possessivpronomen); emotional gefärbte Lexik (*das Wohl, notleidend, freue mich besonders, gespannt, besondere Bedeutung, tröstet mich, Armut und Elend, wichtige, bedürftig, stark beeindruckt*); formelhafte Wendungen (*ein herzliches Dankeschön, Ich wünsche Ihnen viel Vergnügen*); alltagssprachliche Wörter und Wendungen (*am Herzen liegt, gespannt, sicherlich, ans Herz legen, zeigen können, was in ihnen steckt*).

Zum anderen finden sich Stilelemente, die besonders für Werbetexte typisch sind (zu sprachlichen Mitteln der Werbekommunikation und zur Analyse von Werbetexten vgl. auch ausführlicher RÖMER 1976; SOWINSKI 1979; 1998; JANICH 1999): Wiederholungen, Hervorhebungen durch farbliche Gestaltung (wichtige Textteile sind im Original blau hervorgehoben) und Typographie (Unterstreichung der Textelemente, mit denen der Empfänger noch einmal ganz besonders angesprochen und interessiert werden soll, die seine Entscheidung besonders beeinflussen sollen: *Ihren neuen Unicef-Winterkatalog, den Schwächsten und Hilfsbedürftigsten, Menschen wie Sie, eine Zukunft schaffen, ans Herz legen, bald alle Kinder*); positiv konnotierte Wörter, hier vor allem im Zusammenhang mit den angesprochenen sozialen Trieben (*Hilfsbereitschaft, wichtige Arbeit, unterstützen, Zukunft, helfen, Phantasie, Lebensfreude*); Superlativ in der Funktion des Elativs (*Schwächsten und Hilfsbedürftigsten*). Als direktes sprachliches Mittel der Aufforderung dient der Adhortativ, bei dem sich im Unterschied zu anderen appellierenden Formen der Sender selbst mit einschließt, was die Eindringlichkeit und die Chance auf Befolgung erhöht. Als indirekte Form der Aufforderung kann die Wortgruppe *Ihr neuer Grußkartenkatalog* in der Betreffzeile angesehen werden (aus einem Katalog soll man Waren auswählen und bestellen). Der Satzbau von Werbetexten ist meist einfach und überschaubar, auf schnelle und leichte Verständlichkeit bedacht. Einfache Satzgefüge, wie sie auch in der gesprochenen Sprache anzutreffen sind (z. B. zum Ausdruck von Objekt-, Temporal-, Kausal-, Attributbeziehungen), stehen neben einfachen Sätzen. Auch die isolierten begründenden *Denn*-Sätze erinnern an mündliche Satzstrukturen. Als rhetorische Mittel verleihen parallele Satzkonstruktionen (*Das tröstet mich, wenn .... – Und es tröstet mich, daß ...*) mit wörtlicher Wiederholung des Verbs den Aussagen Eindringlichkeit. Der Doppelpunkt als graphostilistisches Mittel hebt die Apposition *den Kindern* hervor.

Unter inhaltlichen und formalen Aspekten ist für Werbetexte auch der Umfang relevant. Aufmerksamkeit und Interesse lassen sich nur erhalten, wenn der Text nicht zu lang ist und ein bestimmtes Maß an Redundanz nicht überschreitet (obwohl andererseits gerade Redundanz charakteristisch für bestimmte Werbetexte sein kann).

In der Verallgemeinerung der Stilelemente zu Stilzügen gelangen wir zu solchen Merkmalen wie ‚persönlich, eindringlich, appellativ, persuasiv, verheißend', die in dieser Bündelung charakteristisch für einen Werbebrief sind. Typisch ist auch eine geschickte Mischung von Emotionalität und Sachlichkeit.

Eine Grundannahme der pragmatischen Stilistik ist, dass der Stil eines Textes immer auch Informationen sozialer Art vermittelt und damit über sich selbst hinausweist: auf die Selbstdarstellung des Produzenten, die Beziehungsgestaltung zwischen dem Produzenten und dem Rezipienten, auf die Rezeptionssteuerung (vgl. Abschnitt 1.3.2). Indizien dafür haben wir an der Textoberfläche nachweisen können.

Über die tatsächlich eingetretene **Wirkung** eines Textes lassen sich keine absoluten Aussagen treffen, sie ist immer individuell und außer von der wirkungsvollen sprachlichen Gestaltung auch von der Erwartung, der Einstellung und anderen Faktoren abhängig. Wir können lediglich Überlegungen zu potentiellen, wahrscheinlichen Wirkungen anstellen. Nach unserer Analyse ist anzunehmen, dass der Text zumindest bei einem Teil der Adressaten die gewünschte Wirkung erzielt. Die Werbebotschaft wird durch eine bekannte und als glaubwürdig zu erachtende Persönlichkeit des öffentlichen Lebens übermittelt. Der Erwerb eines kreativ gestalteten Produkts lässt sich mit karitativem Engagement verbinden. Und sprachlich-stilistisch ist die Botschaft in einer recht ausgewogenen Mischung von appellierenden und informierenden, sachlichen und emotionalen Elementen gehalten.

Aufgaben:

⇨ 1. Analysieren Sie einen Werbetext Ihrer Wahl unter pragmastilistischen Gesichtspunkten.

⇨ 2. Vergleichen Sie unter pragmastilistischen Aspekten die folgenden Texte miteinander. Gehen Sie dabei besonders auf die Gestaltung sozialer Beziehungen durch Stil ein.

Fahrgäste ohne gültigen Fahrausweis haben 60 DM erhöhtes Beförderungsentgelt zu zahlen.

Sehr geehrter Fahrgast!
60 DM SIND VIEL GELD ...
Nach den Allgemeinen Beförderungsbedingungen müssen wir diesen Betrag von Ihnen erheben, wenn Sie öffentliche Verkehrsmittel ohne gültigen Fahrausweis benutzen.
Kaufen Sie sich lieber etwas Schönes dafür! Sie tun sich einen großen Gefallen und ersparen uns unangenehme Arbeit.

(Aushänge in den Straßenbahnen Leipzig, Halle, Frankfurt/O., Anfang/Mitte der 90er Jahre)

Sehr geehrte Fahrgäste,
bitte halten Sie Ihren gültigen Fahrausweis für Kontrollen bereit. Sollten wir Sie ohne gültiges Ticket antreffen, müssen wir Sie zur Zahlung von DM 60,- auffordern.

Vielen Dank für Ihr Verständnis   Ihre Leipziger Verkehrsbetriebe

(Aushang in den Straßenbahnen Leipzig, seit 1997)

Herzklopfen von der ersten bis zur letzten Station kostet bei uns nur DM 60,-
Schwarzfahren kostet DM 60,- und 'ne Menge Nerven.
Fahrgästen ohne gültigen Fahrausweis müssen wir eine Gebühr von DM 60,- berechnen.

Für nur DM 60,- hören wir uns auch jede originelle Ausrede an!
Schwarzfahren kostet DM 60,- und 'ne Menge Nerven.
Fahrgästen ohne gültigen Fahrausweis müssen wir eine Gebühr von DM 60,- berechnen.

Einmal im Mittelpunkt stehen gibt's bei uns für nur DM 60,-
Schwarzfahren kostet DM 60,- und 'ne Menge Nerven.
Fahrgästen ohne gültigen Fahrausweis müssen wir eine Gebühr von DM 60,- berechnen.

Auffällige Gesichtsröte gibt's bei uns für nur DM 60,-
Schwarzfahren kostet DM 60,- und 'ne Menge Nerven.
Fahrgästen ohne gültigen Fahrausweis müssen wir eine Gebühr von DM 60,- berechnen.

(Aushänge in den Straßenbahnen Leipzig, seit 1999)

3.10 Analyse eines künstlerischen Textes: Formen der Redewiedergabe und Erzählsituation

Aus den Ausführungen in 2.7 und 2.8 geht hervor, dass in künstlerischen Texten verschiedene Formen der Redewiedergabe vermischt werden. Vor allem aber, wenn es in den gedanklichen Bereich geht und die Abgrenzung oft noch schwieriger wird, rät VOGT in seiner Darstellung, strikt auf grammatische Sachverhalte zurückzugreifen (1990, 191 f.). Wie wir gesehen haben, ist die Rede- und Gedankenwiedergabe in der künstlerischen Gestaltung epischer Texte eine Möglichkeit, das dargebotene Geschehen unterschiedlich zu perspektivieren, von der klaren Erzählerperspektive, in der Gespräche stark raffend als Redeberichte dargestellt werden können, über Mischformen wie die erzählerdominierte indirekte Rede (IR) bis zur Perspektive der Figuren, die in jeder direkten Rede (DR) steckt und in jedem inneren Monolog. Die erlebte Rede (ER), die oft Ausgangspunkt für Passagen personalen Erzählens ist, hat beide Perspektiven miteinander verschmolzen.

Der folgende Textausschnitt aus Martin Walsers Novelle „Ein fliehendes Pferd" ist hinsichtlich seiner Gestaltungsmittel nicht leicht zu fassen. Verschiedene Formen von Rede- und Gedankenwiedergabe fließen ineinander, manches bleibt in der Schwebe. Aus diesem Grunde wollen wir den Zugang über die rein sprachlichen Tatbestände wählen. Im Zentrum sollen dabei die Verben stehen: die für die Gesprächswiedergabe wichtigen verba dicendi (und sentiendi), die morphologischen Formen Indikativ oder Konjunktiv bzw. Präteritum oder Präsens im Aussageverb.

Den ersten diesbezüglichen Anhaltspunkt im Text bietet das Verb *denken*: *Wahrscheinlich ein ehemaliger Schüler, dachte Helmut.* Auffällig ist, dass an keiner Stelle des Textes Anführungszeichen die direkte Rede oder Gedanken der Figuren markieren. Es müssen also verbale Mittel den Status der jeweiligen Passage signalisieren. Im vorliegenden Fall wird Eindeutigkeit erreicht durch das Verb *denken,* hinzu kommt, dass das Modalwort *wahrscheinlich* den vermutenden Charakter des Gedankens unterstreicht und somit Figurendiktion andeutet. In den folgenden Sätzen verweisen die Abtönungspartikel *ja*, das Bedauern ausdrückende *leider*, das verallgemeinernde Indefinitpronomen *man/einen/ einem* und emotional wertende Lexik (*gequält bis aufs Blut, Mordsweib, kreischende Kinder, mit pappigen Fingern, quatschen einem die Ohren voll, tolle Biographien*) auf die Perspektive der Figur. Betrachten wir in diesem Kontext die ersten Sätze (vor dem Verb *denken*), lässt sich hier auch schon diese verallgemeinernde und subjektiv wertende Sicht feststellen (*man, geländehaft rund, überflußlos, hoch lodernder Blondschopf*), sodass wir von Beginn an von deutlicher Figurenperspektive sprechen können, die bis zur Wiedergabe der Rede ehemaliger Schüler reicht mit den sich anschließenden Auslassungspunkten, die weitere Gedanken Helmuts andeuten.

Hier scheint sich nun der Erzähler mit einigen Bemerkungen zur Charakterisierung des Helmut einzuschalten, wobei allerdings Helmuts Perspektive noch mitschwingt (*rücksichtslose Blusen, zum Glück*). Der erste Absatz des Textes ist gekennzeichnet durch die Darstellung von Reflexionen der Figur, der Ablauf des Geschehens wird damit verzögert und es kommt so zu einem **zeitdehnenden Erzählen**. Mit dem *nein* am Anfang des folgenden Abschnittes wird wieder deutlicher an die Figurenperspektive angeschlossen und erst jetzt scheint die Begrüßung vollzogen. Die Fortsetzung des Dialogs wird in indirekter Rede wiedergegeben und hält so beide Perspektiven präsent, am Schluss gewinnt die Figurenperspektive wieder die Oberhand durch das modalisierende *natürlich* und die Zeitdeixis *jetzt*. In präsentischer Form werden die Ehefrauen vorgestellt, sodass es fast wie direkte Rede anmutet, wenn nicht die Außenperspektive eines Erzählers durch die Appositionen hineinkäme: *Und das ist also Sabine, Helmuts Frau. Und das ist Helene, genannt Hel, Klaus' Frau.* – eine Form von erlebter Rede, die ursprüngliche Rede im Dialog unterstellt. Für die Arbeit an diesem Text ist es also angebracht, erlebte Rede und erlebte Reflexion/erlebtes Denken zu trennen (s. STEUBE 1985, 392 f.). Die hier zu betrachtenden Formen stellen tatsächlich eher Gesprächsbeiträge der Figuren als nur ihre Gedanken dar; im Allgemeinen wird ja unter ‚erlebter Rede' die Reflexion einer Figur verstanden (vgl. 2.7).

Im Folgenden verweisen das Verb *spüren*, die Deixis *jetzt* und der stark wertende Vergleich *eine Frau wie eine Trophäe* wieder auf Figurenperspektive. Es schließt sich eine recht lange Passage vorgestellter Äußerungen des Helmut im Konjunktiv der IR an, die mit einem klärenden Erzählerkommentar abgeschlossen wird (falls der Leser den hypothetischen Konjunktiv *hätte sagen müssen* nicht mehr im Blick hat): *All das sagte Helmut nicht.* Der weitere Verlauf des Gesprächs wird nicht inhaltlich, sondern nur knapp mit Verweisen auf Rede erfasst (*redeten, gab Auskünfte*), was ein **zeitraffendes Erzählen** bewirkt.

Beginnend mit dem Adverb *plötzlich* wird das Geschehen vorangetrieben, ein besonderes Vorkommnis wird in seiner Auswirkung vom Erzähler beschrieben. Was zum Aufschrei von Klaus Buch geführt hat, wird uns aus der Situation in der Form direkter Rede der Figuren dargestellt, **szenisch** vorgeführt. *Gehört das Tier euch, fragte er.* Der Schluss dieser Passage wird mittels Redebericht und indirekter Rede gerafft: *Sie entschuldigte sich vielmals bei Klaus Buch und versprach, daß sie Otto überwachen werde.*

In der Darstellung der nächsten Gesprächspassage vermischen sich in einer subtilen Weise mehrere Formen von Rede- und Gedankenwiedergabe. Der Anfang wird vermittelt über Gedanken der Figur (ER), die jedoch ein Reflektieren des möglichen Gesprächsbeitrages darstellen. Merkmale von Figurendiktion (*Ja, also, die* [für Personen = umg.]. und die Ortsdeixis *hierher, draußen*) sind offensichtlich. Es schließt sich die unmittelbar auf diesen Inhalt Bezug nehmende Reaktion Sabines in direkter Rede an: *Also keinen Kilometer*

von uns weg, sagte Sabine. Im Kontext der präsentischen Verbformen ergibt sich die Interpretation der nächsten Verbform als Konjunktiv und damit als IR: *Sie, Sabine und Helmut, wohnten in derselben Richtung, schon elf Jahre lang.* Indikativisch und im Präsens geht die Gesprächsdarstellung weiter, jedoch vorerst nicht als direkte Rede, sondern, wie aus der pronominalen Form (*sie* jeweils mit Namen in der Apposition) ersichtlich, als eine Form erlebter Rede. Die folgenden Äußerungen mit Anfangssignal, Interjektion und Anrede mit Anredepronomen lassen wieder direkte Rede erkennen (*Also, wenn das nicht lustig ist, Helmut. Mensch, Helmut, wie findest du das?*) und gehen zum Schluss in eine Form erlebter Rede über, deren Figurendiktion besonders an der Bestätigungspartikel *doch* erkennbar wird (*Doch, das findet er auch lustig*). Auch die nächsten Sätze mit Präsensformen (*Hel und Klaus segeln viel. Sabine und Helmut liegen lieber faul am Wasser, dann sitzen sie herum.*) müssen wegen dieser Formen als Bestandteil des Gesprächs angesehen werden, können aber nicht direkte Rede sein, sondern u. U. ein Extrakt des Gesagten, vermittelt über einen „Reflektor" als Form erlebter Rede. Anschließend tritt Helmuts Perspektive erneut hervor: *Er wußte, daß Sabine sich nicht wirklich beklagte. Es gefiel ihr eben, jetzt so zu tun, als beklage sie sich.* Die Abtönungspartikel *eben* und die Zeitdeixis *jetzt* sind Indikatoren dafür. Unterstützend kommt im nächsten Satz das Modalwort *vielleicht* hinzu und weiter unten *offenbar* und das auf Personen bezogene umgangssprachliche Demonstrativpronomen *der* (*Daß der sich so freute*) sowie eine weitere Deixis, die das Hier und Jetzt markiert: *nun*. Im weiteren Verlauf des Gesprächs stehen die Beiträge von Klaus Buch im Vordergrund. Die Wiedergabe beginnt mit elliptischen Formen in einer Art „abstrahierter Rede" (in Anlehnung an KURZ 1976) und endet mit einer Bestätigung erheischenden Formel *Stimmt doch, oder?* (DR). Dem folgt eine wertende Einschätzung, die aus der verallgemeinernden Perspektive Helmuts stammen könnte und sich so an den Beginn des Ausschnitts anknüpfen ließe. Die weiteren Äußerungen Buchs werden in IR abgefasst, bis zur Unterbrechung durch Helmut, die aufgrund von Ortsdeixis, Modalwort und umgangssprachlicher Markiertheit der Verwendung des Modalverbs (als Indikatoren für Figurenperspektive) im Zusammenhang mit 3. Person und dem Erzähltempus Präteritum als „Normalfall" erlebter Rede identifiziert werden kann: *Er wollte hier weg.*
Die Vielfalt der Mittel des unmittelbaren Darstellens, des Erzählens aus der Situation heraus (Mimesis) kann an diesem Textausschnitt m. E. gut nachvollzogen werden. Es dominiert – wie auch in der gesamten Novelle – eine personale Erzählsituation, die Züge neutralen Erzählens erkennen lässt (siehe „Reflektor"), aber auch diegetische Einsprengsel aufweist, was in der Praxis durchaus üblich ist (vgl. TAROT 1993, 141).

ANALYSETEXT:

Plötzlich stand ein zierlicher junger Mann vor ihrem Tisch. In Blue jeans. Ein blaues Hemd, das offen war bis zu dem ungefärbten Gürtel, in den Zeichen eingebrannt waren. Und neben dem ein Mädchen, das durch die Jeansnaht in zwei deutlich sichtbare Hälften geteilt wurde. Wie sie, wohin man schaute, geländehaft rund und sanft war, war er überall senkrecht durchtrainiert, überflußlos. Auf der tiefbraunen Brust hatte er nur ein paar goldblonde Haare, aber auf dem Kopf einen dicht und hoch lodernden Blondschopf. Wahrscheinlich ein ehemaliger Schüler, dachte Helmut. Das passiert einem ja leider immer wieder, daß man von ehemaligen Schülern oder Schülerinnen angesprochen wird. Und meistens von denen, die vorher alles getan haben, einem die Arbeit in der Schule unerträglich zu machen. Die, die einen gequält haben bis aufs Blut, die bauen sich dann plötzlich vor einem auf, grinsen, strecken die Hand her, stellen einem ein Mordsweib vor oder so ein erschütterndes Mädchen; womöglich auch noch ein paar glücklich kreischende Kinder, die einen mit pappigen Fingern berühren; dann quatschen sie einem die Ohren voll mit ihrer tollen Biographie und legen Reuebekenntnisse ab, beteuern, daß sie erst im Lauf der Jahre eingesehen hätten, was er für ein *klasse* Lehrer gewesen sei ... Er konnte sich die Sentimentalitätsausbrüche seiner vormaligen Peiniger nur mit Widerwillen und Ekel anhören. Er sah den Herrschaften, während sie redeten, auf die Schuh- beziehungsweise Zehenspitzen. Das tat er ja auch in der Schule. Darum *Bodenspecht*. Es dürften die Mädchen gewesen sein, die diese Kopf- und Körperhaltung bei ihm bewirkt hatten. Mit ihren rücksichtslosen Blusen und Hosen. Einmal hatte ihn die Kraft zur Verstellung verlassen; er hatte hingelangt; zum Glück hatte die Betroffene es für ein Versehen gehalten.

Nein, der flammende Blonde in Blau, mit Augenweiß und Zähneweiß und nackten Füßen und schönen unbeschädigten Zehen, war kein Schüler, es war Klaus Buch. Und Klaus Buch wollte nicht glauben, daß ihn sein Schulkamerad und Jugendfreund und Kommilitone Helmut nicht mehr kenne. Helmut konnte sich nur immer wieder entschuldigen. Sein Erinnerungsvermögen für Gesichter und Namen sei professionell erschöpft, sagte er. Er habe sich schon zu viele Gesichter und Namen merken müssen. Klaus Buch ... - er log sich vorwärts - ... natürlich, jetzt erwache in ihm die Vertrautheitsempfindung, sowohl dem Namen wie dem Gesicht gegenüber. Und das ist also Sabine, Helmuts Frau. Und das ist Helene, genannt Hel, Klaus' Frau. Als er dieser Hel die Hand gab, spürte er, daß Klaus jetzt ein Kompliment erwartete. Das war ein Frau wie eine Trophäe. Zumindest hätte Helmut seinem früheren Freund Klaus jetzt sagen müssen, wie perplex er, Helmut, sei, weil Klaus eher aussehe, als sei er ein Schüler von Helmut. Obwohl er jetzt allmählich zugeben müsse, einen Freund gehabt zu haben, der Klaus Buch geheißen und ausgesehen habe wie der junge vor ihm stehende Mann, könne er den vor ihm Stehenden überhaupt nicht mit dem in seiner Erinnerung allmählich auftauenden Klaus Buch zusammenbringen, einfach weil sein Klaus Buch inzwischen auch sechsundvierzig sein müßte, während der vor ihm Stehende doch eher sechsundzwanzig sei. Samt seinem Mädchen. Vor allem wegen seines Mädchens. All das sagte Helmut nicht. Kein Kompliment. Du wirst dich wundern, dachte er. Er sah den beiden auf die Fußspitzen. Auch ihre Zehen lagen wohlig und gerade nebeneinander. Die beiden redeten. Redend setzten sie sich. Sitzend redeten sie weiter. Helmut dachte an die Tagebücher Kierkegaards. Sabine gab alle Auskünfte, die durch Hels und Klaus' Reden nötig wurden. Helmut nickte. Plötzlich fuhr Klaus Buch mit einem hellen Schrei hoch und schüttelte eine Hand durch die Luft, als sei sie ihm gerade verbrannt oder durchschossen worden. Helmut und Sabine begriffen nichts. Zum Glück lachte Helene Buch. Als Klaus Buch sich wieder gefaßt hatte, schaute er vorsichtig unter den Tisch. Gehört das Tier euch, fragte er. Aber der hat doch noch nie jemanden gebissen, sagte Sabine. Hel sagte: Bei seinem Ekel vor Hunden genügt die geringste Berührung, und der Schock ist fertig. Sabine sagte: Otto, Platz. Sie entschuldigte sich vielmals bei Klaus Buch und versprach, daß sie Otto überwachen werde.

Ja, also, seit drei Jahren kommen die auch schon hierher in Urlaub. Und wohnen draußen in Maurach. Also keinen Kilometer von uns weg, sagte Sabine. Sie, Sabine und Helmut, wohnten in derselben Richtung, schon elf Jahre lang. Sie, Hel und Klaus, hatten das Mittelmeer satt. Das ist wirklich lustig, daß sie seit drei Jahren nebeneinander Urlaub machen und einander nie gesehen haben. Also, wenn das nicht lustig ist, Helmut. Mensch, Helmut, wie findest du das? Doch, das findet er auch lustig. Hel und Klaus segeln viel. Sabine und Helmut liegen lieber faul am Wasser, dann sitzen sie herum. Es klang, als beklage sie sich bei Klaus Buch über Helmut. Helmut nickte. Er wußte, daß Sabine sich nicht wirklich beklagte. Es gefiel ihr eben, jetzt so zu tun, als beklage sie sich. Es war vielleicht eine Art Kompliment für Klaus Buch. Sie wurde ganz aufgeregt vor Freude über die freudige Aufregung, in die Klaus Buch durch diese Begegnung versetzt worden war. Daß der sich so freute, ihren Mann wieder getroffen zu haben, tat ihr offenbar gut. Sie schaute Klaus Buch mit einer Art Seligkeit an. So als hätte sie auf ihn seit langem gewartet und sei nun gespannt auf jedes Wort von ihm. Dieser Klaus Buch konnte nicht aufhören, von seinem Jugendfreund Helmut zu schwärmen. Schon mit vierzehn "Zarathustra" gelesen. Ihnen allen voraus. Pubertät mit Dornenkrone. So eine inzüchtige Zielsüchtigkeit. Immer schon. Stimmt doch, oder? Klaus Buch formulierte so, daß man, wenn man widersprach oder zustimmte, fast nur der Formulierung, aber nicht dem Gesagten widersprach oder zustimmte. Helmut sei immer schon der Prophet in Hosenträgern gewesen, was! Die heilige Hektik in Person. Einfach entzündet. Barfuß und entzündet, anders kenne er seinen Helmut nicht. Oft genug sei die Entflammung ins Physische übergesprungen. Alle vier Wochen habe man für drei bis fünf Tage nur zu den Fenstern hinaufschauen können, hinter denen - und zwar hinter scheußlich rostroten Vorhängen - Helmut seine Entzündungen ausbrennen ließ. Helmut unterbrach ihn. Er wollte hier weg. Inzwischen hörten sicher schon Leute mit.

Auch hatte er das Gefühl, Klaus Buchs Frau langweile sich beim Anhören dieser sie überhaupt nicht betreffenden Formulierungen. Sie entkämen ihm aber nicht, sagte Klaus Buch. Er lade hiermit die Halms zum Abendessen ein und sei eigentlich nicht bereit, irgendeine Form der Absage zu akzeptieren. [Ende des Kapitels gekürzt]

(Martin Walser: Ein fliehendes Pferd, Kap. 2, S. 17-21)

3.11 Analyse eines fiktionalen Gesprächs

Mit Bezug auf den Abschnitt 1.4 soll im Folgenden die Analyse eines kurzen fiktionalen Gesprächs vorgeführt werden:

> Der Vater räusperte sich und sagte dann sehr ruhig und bestimmt: „Komm zurück. Übernimm den Hof. Du kannst in der Genossenschaft arbeiten oder in der Stadt, das wird sich alles finden. Aber übernimm den Hof. Ich kann es nicht mehr. Alles verkommt."
> „Ich bin kein Bauer" erwiderte Dallow gequält.
> Der Alte schüttelte den Kopf. „Das wird sich finden. Hier hast du Arbeit. Hier gehört dir ein Hof. Und das halbe Haus auch. Und wenn du nicht hier wohnen willst, bauen wir an. Oder wir kaufen dir den leerstehenden Ausbau."
> Dallow schüttelte unentwegt den Kopf. Er schloß die Augen, bevor er sagte: „Es ist zu spät, Vater. Jetzt gehöre ich nicht mehr hierher."
> Der alte Bauer sah zu seiner Frau.
> „Es ist gut", sagte sie, „laß ihn. Hier wird er auch nicht glücklich."
> „Aber der Hof", begann der Bauer erneut, unter dem Blick seiner Frau jedoch verstummte er.

(Aus: Christoph Hein, Der Tangospieler, S. 80/81)

Redekonstellation und Dialogtyp

Der vorliegende Ausschnitt, der sich aus dem Erzählkontext relativ einfach (was bei fiktionalen Gesprächen durchaus nicht die Regel ist) als Kern eines familiären Gesprächs herauslösen lässt, hat in erster Linie die Funktion, den Konflikt zwischen Vater und Sohn darzustellen. An dem Gespräch sind drei Personen beteiligt, die in einem engen verwandtschaftlichen Verhältnis zueinander stehen. Jedoch haben sie sich über die Jahre auseinander gelebt. Das Gespräch, das sie am Abend in der elterlichen Wohnung führen, hat also inoffiziellen und symmetrischen Charakter, ist aber themafixiert. Der Vater hat sich gedanklich in gewisser Weise auf das Gespräch vorbereitet, seine Strategie bedacht; verfolgt er doch ein Ziel, von dem er weiß, dass der Sohn dieses kaum – auf jeden Fall nicht vollständig – für sich akzeptieren wird. Es handelt sich also um einen kompetitiven Dialog, mit dem der Vater seine Ziele durchsetzen möchte. Die Gegensätzlichkeit der Ziele führt zum konfliktären Gespräch, durch welches letztlich nichts am status quo verändert wird, jedoch die Wirklichkeit in Bezug auf Sachverhalte und Beziehungen der Kommunikationspartner bestätigt wird.

Dialogorganisation
Der konfliktäre und kompetitive Charakter des Gesprächs äußert sich darin, dass der Vater insgesamt vier kommunikative Akte (nicht gleichzusetzen mit verbalen Äußerungen) vollzieht, während der Sohn in der Defensive nur zweimal sich äußert, mit gleicher zugrunde liegender Intention. Die Initialphase wird vom Vater mittels eines initiativen Gesprächsschritts mit einer Aufforderung (zwei imperativische Formen) gestaltet, der gleich darauf ein Vorschlag (mit Alternative) folgt. Der Abschluss dieser Einheit *das wird sich alles finden* könnte als Ermutigung zum Akzeptieren des Vorschlags gesehen werden. Im letzten Teil seines Gesprächsbeitrags wiederholt der Vater die Aufforderung und setzt die Begründung hinzu, verleiht seinem Anliegen so den nötigen Nachdruck. Die knappe entgegensetzende und sehr allgemeine Feststellung des Sohnes *Ich bin kein Bauer* ist sowohl eine Ablehnung des Angebots als auch die Begründung für diese Ablehnung. Dieser kurze reaktive Gesprächszug Dallows wirkt gleichzeitig wieder initiierend auf den Gesprächspartner. Mit einer sprachbegleitenden Geste weist er die Ablehnung seines Sohnes zurück, wiederholt die Ermutigung *Das wird sich finden*, die an dieser Stelle die Entgegensetzung zur Feststellung *Ich bin kein Bauer* markiert und so auf Entwicklungsmöglichkeiten verweist. Er schließt weitere Argumente für die Annahme seines Angebots an: Arbeit, Besitz, Wohnung und macht Vorschläge, die möglichen Gegenargumenten vorbeugen sollen: *Und wenn du nicht hier wohnen willst, bauen wir an. Oder wir kaufen dir den leerstehenden Ausbau.* Dallow reagiert seinerseits nun mit der ablehnenden Geste des Kopfschüttelns und verwehrt dem Vater seinen Blick (er will es ihm nicht so direkt ins Gesicht sagen), denn seine Ablehnung ist unumstößlich, wie sich aus dem Zeitfaktor (*Es ist zu spät, Vater.*), den er als Begründung anfügt, ableiten lässt. Seine Begründung expliziert er noch mit Bezug auf seine gewandelten Lebensumstände: *Jetzt gehöre ich nicht mehr hierher.* Der Vater bleibt die Erwiderung schuldig, der auf seine Frau gerichtete Blick ist als Reaktion auf die Äußerung des Sohnes und initiativ als Hilfeersuchen an die Ehefrau und Mutter zu verstehen. Mit ihrer beschwichtigenden Äußerung gegenüber dem Vater (*Es ist gut, laß ihn.*) ratifiziert sie den ausweglosen Stand der Diskussion. Der zweite Teil des Gesprächsschrittes (*Hier wird er auch nicht glücklich.*) stellt, an den Adressaten Ehemann gerichtet, eine Begründung für den Abbruch der Diskussion dar, in Bezug auf den Kommunikationspartner Sohn ist es eher ein Akzeptieren seiner Haltung. Mit der adversativen Konjunktion *aber* signalisiert der Vater, dass er auf seiner Absicht besteht. Der Blickkontakt zu seiner Frau als ein kommunikativer Akt bewirkt jedoch den Abbruch der begonnenen Äußerung, er gibt letztendlich sein Ziel auf.

Merkmale gesprochener Sprache
In den Gesprächen künstlerischer Texte ist die in realer mündlicher Kommunikation so schwierige Einheitengliederung durch den Autor exakt festgelegt. Es zeigt sich an unserem Text, dass diese pauschale Vorstellung von kurzen, parataktischen Hauptsätzen in der GS offensichtlich zu einem wichtigen Stilisierungsmittel geworden ist. Dabei ist eine hohe Frequenz von einleitenden koordinierenden Konjunktionen zu bemerken: *aber* als Ausdruck des Entgegensetzens, *oder* zur Kennzeichnung von Alternativen und das einfach kopulative *und* (auch zur Fügung einer Isolierung: *Und das halbe Haus auch.*). Gemäß den Erfordernissen in der mündlichen Kommunikation, die verbalen Rahmen möglichst kurz zu halten, finden wir auch hier bei der Koordination von Satzgliedern die Ausrahmung des zweiten Teils: *oder in der Stadt*. Im zweiten Gesprächsschritt des Vaters wird den Argumenten durch die Anapher in Form der Ortsdeixis *hier*, die die Situationseinbindung des Gesprächs deutlich werden lässt, Eindringlichkeit verliehen.

Zur Rolle der Erzählerrede
Die Kennzeichnung der Figurenrede erfolgt – neben den konsequent eingesetzten Anführungszeichen – im Textausschnitt zweimal durch vorangestelltes *sagen*, einmal ist es zwischengeschaltet. Mit der Verbalisierung von sprachbegleitenden Handlungen (*Der Vater räusperte sich und sagte ...*; *Er schloß die Augen, bevor er sagte ...*) und die sprachliche Äußerung charakterisierenden Adjektiven (*sehr ruhig und bestimmt, gequält*) entwirft der Erzähler ein Bild von der Kommunikationssituation und der psychischen Verfassung der Partner. So können sprachbegleitende Handlungen, die sich auf eine Figur beziehen, auch das redekennzeichnende Verb ersparen: *Der Alte schüttelte den Kopf.* Und damit kann der Autor die Beschreibung nichtsprachlicher kommunikativer Handlungen als einen wichtigen, sinngebenden Bestandteil des Gesprächs konzipieren. An zwei Stellen, wo nicht das formelhafte *sagen* benutzt wird, unterstützen die redekennzeichnenden Verben den illokutiven Wert der Äußerung: *erwiderte Dallow* hebt den Gegensatz hervor, *begann der Bauer erneut* unterstreicht das Insistieren. Die illokutive Rolle der einzelnen Gesprächsschritte lässt sich zum einen an sprachlichen Indikatoren der Äußerung erfassen, zum anderen aber lenkt uns der Erzähler schon in eine bestimmte Richtung der Interpretation. Funktionieren von Kommunikation kann somit durch künstlerische Dialoge auf die Ebene der Bewusstheit gehoben werden, die wiederum erst in einer gesprächsanalytischen Untersuchung deutlicher fassbar wird.

Aufgaben:

⇨ **1.** Beschreiben Sie unter Hinzuziehung des Romankontextes folgenden Gesprächsausschnitt aus Heinrich Bölls „Billard um halb zehn" (S. 33/34)
- nach Redekonstellation und Gesprächstyp (beziehen Sie sich dabei auch auf den Niederschlag dieser Kategorien in den sprachlichen Strukturen des Gesprächs),
- nach der Funktion und dem Zusammenwirken der einzelnen Gesprächsschritte (gehen Sie dabei ebenso von sprachlichen Strukturen als Indikatoren für bestimmte Funktionen aus),
- nach der künstlerischen Form der Darbietung des Romangeschehens in Bezug auf die Rede- und Gedankenwiedergabe.

"Führen Sie den Herrn sofort ins Billardzimmer, Kuhlgamme."
"Nein."
"Sie führen den Herrn ins Billardzimmer."
"Nein."
"Es würde mich betrüben, Kuhlgamme, wenn das uralte Dienstverhältnis, das sie mit diesem Hause verbindet, an der Verweigerung eines einfachen Befehls scheitern sollte."
"In diesem Hause, Herr Direktor, ist nicht ein einziges Mal der Wunsch eines Gastes, ungestört zu bleiben, mißachtet worden. Ausgenommen natürlich die Fälle höherer Gewalt. Geheime Staatspolizei. Da waren wir machtlos."
"Betrachten Sie meinen Fall als einen Fall höherer Gewalt."
"Sie kommen von der Geheimen Staatspolizei?"
"Ich verbitte mir eine solche Frage."
"Sie werden den Herrn jetzt ins Billardzimmer führen, Kuhlgamme."
"Wollen Sie, Herr Direktor, als erster das Banner der Diskretion beflecken?"
"Dann werde ich selber Sie ins Billardzimmer führen, Herr Doktor."
"Nur über meine Leiche, Herr Direktor."

Man muß so korrupt sein wie ich, so alt wie ich, um zu wissen, daß es Dinge gibt, die nicht käuflich sind; Laster ist nicht mehr Laster, wenn es keine Tugend mehr gibt, und was Tugend ist, kannst du nicht wissen, wenn du nicht weißt, daß es sogar Huren gibt, die gewisse Kunden abweisen. Aber ich hätte es wissen müssen, daß du ein Schwein bist [...].
"Sie gehen jetzt sofort zum Empfang zurück, Kuhlgamme, ich übernehme diese Sache. Treten Sie beiseite, ich warne Sie."
Nur über meine Leiche, und es ist schon zehn vor elf, und in zehn Minuten wird er sowieso die Treppe herunterkommen. Ihr hättet nur ein bißchen nachzudenken brauchen, dann wäre uns das gesamte Theater erspart geblieben; aber auch für zehn Minuten: Nur über meine Leiche. Ihr habt nie gewußt, was Ehre ist, weil ihr nicht wußtet, was Unehre ist. Hier stehe ich, Jochen, Hotelfaktotum, korrupt, von oben bis unten voll lasterhaften Wissens, aber nur über meine Leiche kommt ihr ins Billardzimmer.

⇨ **2.** Analysieren Sie ein Kapitel aus Ingo Schulzes „Simple Storys" (z. B. Kap. 5, Kap. 12 oder Kap. 16) in Bezug auf
- die Darbietungsform der Gespräche (verschiedene Formen der Redewiedergabe),
- sprachliche Mittel der Figurenrede, die die Dialogstruktur (s. 1.4.1.2) erkennen lassen,
- sowie (mit Bezug auf 2.9) Stilisierungsmittel für mündliche Kommunikation in den Passagen direkter Rede.
- Gehen Sie abschließend auf die jeweilige Erzählsituation und deren sprachliche Indikatoren im Text ein.

3.12 Analyse eines Fernsehdialogs: Gesprächsanalyse und Merkmale gesprochener Sprache

Redekonstellation - Gesprächstyp - Gesprächsstruktur (vgl. 1.4.2.2)

Als Vorlage für die Analyse eines Gesprächs wurde ein Fernsehdialog aus der Kochsendereihe mit Alfred Biolek, „alfredissimo", gewählt. Derartige inszenierte Dialoge verfolgen zwei Ziele: Zum einen wird dem Zuschauer die Zubereitung besonderer Gerichte vorgeführt. Es handelt sich also um einen – wenn auch inszenierten – „arbeitsorientierten", handlungsbegleitenden und somit symmetrischen Dialog. Zum anderen hat dieser aber auch die Aufgabe, dem Fernsehzuschauer einen prominenten Gast in seinem Lebensumfeld, seinem Hobby, dem Kochen, und seiner künstlerischen Entwicklung vorzustellen. Zu diesem Zweck muss der Gesprächsleiter den Gast befragen, und der Gast erzählt. Wir haben es so in gewisser Weise mit einem asymmetrischen, komplementären Dialog zu tun.

Wenngleich für solch eine Sendung Konzepte vorliegen, der Inhalt also vorbedacht ist, weist die konkrete Umsetzung durchaus ein hohes Maß an Spontaneität auf, sodass sie sich gut für unser Ziel, spontane Dialoge zu untersuchen, eignet. Gleich der Einstieg in den Dialog forciert den Spontaneitäts- oder Unmittelbarkeitseindruck. Es gibt keine Anfangsphase – zumindest sehen wir sie nicht. Wir werden als Rezipienten dieses Medienprodukts unmittelbar in eine Situation hineinversetzt – das Fenster geht auf, wir können das Geschehen miterleben. Eine Schlussphase ist dann deutlicher herausgearbeitet: Man hat gut gegessen und getrunken, fasst zusammen, bewertet die Produkte gemeinsamer Kochtätigkeit und spricht sich gegenseitig Dank aus. Dabei läuft schon der Abspann, und so hat das inszenierte Gespräch offiziell sein Ende.

Der erste vernehmbare Gesprächsbeitrag stammt vom Gesprächsleiter (B.). Es handelt sich dabei lediglich um einen Kommentar zur Tätigkeit, die sein Gast gerade ausführt. Dieser bestätigt und fügt eine Einschränkung hinzu, die das *richtig* relativiert. B. ratifiziert das im nächsten Gesprächsschritt. H. päzisiert als

Nächstes sein *nicht so gründlich sein*. Dadurch kommt es zu einer Redundanz, einer „Fülle" im Ausdruck der Information: *Son bisschen was kann auch dranbleiben son bisschen vom andern kann auch dazu.*
Beginnend mit einem *und*, das gleich darauf wiederholt wird, erstreitet sich B. sein Rederecht. Die Wiederholung der Konjunktion könnte Indikator dafür sein, dass sich der Sprecher über seine Formulierungen noch nicht im Klaren ist, das Rederecht aber behalten will. Es folgt ein initiativer Gesprächsschritt, der eine Bestätigung nahe legt und aber auch andere Reaktionsmöglichkeiten offen hält, was der Satzabbruch hinter *oder* erkennen lässt. Der reaktive Gesprächszug von H. stellt eine Entgegensetzung dar, die Bestätigung von B.s erstem Frageteil erfolgt also nicht. Die Entgegensetzung wird durch Wiederholungen von *ich liebe Lamm, ich liebe Lammfett* in (6) und (8) und die Betonung von *Fett* emotionalisiert. Die Gesprächsbeiträge (7) und (8) werden simultan gesprochen, woran sich ein erster unerwarteter Höhepunkt im Gespräch ausmachen lässt. Spontaneität und Emotionalisierung treten bei beiden Gesprächspartnern deutlich hervor. Mit Bezug auf diese Vorliebe für Lammfett begründet H. seine erste Handlung im Kochprozess (10). In einem reaktiven Gesprächsschritt setzt B. seine übliche Handlungsweise entgegen (11), worauf H. entsetzt, zurückweisend (mit der Interjektion *um Gottes willn* – umg.) reagiert. B. äußert darauf sein Erstaunen in einer elliptischen (an den sprachlichen Kontext durch die Eliminierung des kohäsiven Demonstrativpronomens *das* besonders eng gebundenen) Struktur.

Sprachliche Charakteristika der gesprochenen Sprache

Nachdem Makro- und Mediostruktur (anhand der ersten Gesprächsphase) kurz dargestellt sind, wollen wir im Folgenden die sprachlichen Phänomene, die den Text als spontane mündliche Kommunikation charakterisieren, betrachten. Dabei wird offensichtlich, dass diese sprachlichen Erscheinungen nur im Zusammenhang mit ihren jeweiligen interaktiven Funktionen beschrieben werden können, dass also Untersuchungen der gesprochenen Sprache nicht von gesprächsanalytischen Betrachtungen zu trennen sind.
Auch wenn die spontan gesprochene Sprache in besonderem Maße durch Verkürzungen, die dem Situationsbezug und dem Prinzip der Sprachökonomie geschuldet sind, gekennzeichnet ist, wirken syntaktische Strukturen von ganzen Sätzen projizierend. Sie werden von den Hörern inhaltlich mitkonstruiert (SCHWITALLA 1997, 51; vgl. 1.4.1.2) – wie in (13) oder auch in (51): *Wie lange?* (d. h.: *Wie lange haben Sie das Fleisch mariniert?*). Dass es sich dabei um eigenständige Einheiten handelt, wird nicht zuletzt durch die **Prosodie** verdeutlicht. Diese im spontanen Gespräch oft verkürzten Äußerungen sind als prosodische Einheiten kommunikativ. Äußerungseinheiten können andererseits auch prosodisch länger als ein Satz sein, was dann meist kleinere, untergeordnete Einheiten, durch progrediente Tonführung gekennzeichnet, zur Folge hat. Leider werden diese differenzierten lautlichen Bedingungen aus unserem

grob gehaltenen Transkript nicht so deutlich: *Und dann kam die Türken und die haben das son bisschen uns beigebracht und jetzt jetzt kammer auch beim deutschen Metzger sehr gut Lamm kaufen nich/* (35).
Dass diese so genannte Satzgliederung oder Einheitengliederung in dialogischen Texten eines der größten Probleme der Verschriftung darstellt, mussten wir auch bei unserem Transkript feststellen. Letztendlich handelt es sich bei der Verschriftung des Gehörten immer um eine Interpretation (vgl. auch MACKELDEY 1987, 45 f.).
Elisionen, Klitika und Assimilationen kommen in der gesprochenen Sprache besonders häufig vor, sie sind im gewissen Grade zur Norm der GS zu rechnen. Normative Abstufungen lassen sich hier an einzelnen klitischen Formen im präpositionalen Bereich ausmachen: Vom regulären schriftsprachlichen Gebrauch bis zur locker gesprächssprachlichen Zusammenziehung reichen die Belege in unserem Material (*beim Metzger, mitm Ausnehmen, aufm Balkon*). Schwierigkeiten bei der Transkription bereiteten besonders **Proklise** und **Enklise**, da sich auch hier in der geschriebenen Form gewisse Konventionen herausgebildet haben: Enklise als ein Wort *son bisschen*, Proklise mit Zwischenraum *n kleines bisschen*. Übliche Zusammenziehungen mit *es* erscheinen weiter unten im Text: *wenns, hats, damits, gehts, isses* (S. 13).
Fast durchgängig ist im Transkript die **Apokope** (*ich fang, ich streif, nich, is, jetz*) zu bemerken; hinzu kommen **Synkope** und weitere Reduktionen und Assimilationen als Charakteristika einer schon ziemlich stark an die Umgangslautung angenäherten gesprochenen Sprache: *ham wir, eim, mit mein Fettfingern, kam (*statt: *kamen), bekomm (*statt: *bekommen), woll mer (*statt: *wollen wir), kammer (*statt: *kann man)*. Dabei muss jedoch darauf verwiesen werden, dass die professionellen Sprecher nicht immer einheitlich artikulieren (neben *ham wir* (H.) auch *ham wer* (B.).
Im spontanen Redefluss sind auch gelegentlich professionelle Sprecher nicht vor **Fehlern** gefeit: *es is eins meiner Lieblings ... fleischsorten* (49). Die nichtrealisierte grammatische Kongruenz kommt hier offensichtlich vom oben erwähnten Kollektivum *Fleisch*, von dem kein Plural gebildet werden kann, deshalb stockt der Sprecher und fügt die korrekte Form *Fleischsorten* an, die nun leider nicht zum schon ausgesprochenen Artikel passt.
In diesem Beispiel kommt es durch Selbstkontrolle des Sprechers zu einem Neuansatz innerhalb des komplexen Wortes. **Abbrüche** und **Neuansätze** in syntaktischen Strukturen sind im Textmaterial vielfach zu belegen. B. fällt H. ins Wort, der seine Äußerung nach kurzer simultaner Sequenz abbricht: *(40) ... ganz speziell Lammkotelett auch nich ... (41) Hammel ham ja diesen scharfen etwas un... – penetranten Geruch*. In einem anderen Fall unterbricht der Sprecher selbst seine Äußerung, was durch die veränderte Situation im Arbeits- bzw. Kochprozess bedingt ist: *Wobei ich bräuchte – ähm – jetzt mal n bisschen wenden, man sieht schon – es wird leicht glasig/* (64).

Die ursprüngliche Intention des Sprechers wird von ihm erst in seinem dritten nachfolgenden Gesprächsschritt wieder aufgenommen: *... jetzt brauch ich Ihre Hilfe mit der Pfeffermühle.* (70).
Der nächste Gesprächsschritt von H. (72) endet mit einem absoluten Abbruch ohne erkennbare Intention der Fortsetzung: *Wie man sieht das ...* (Hier käme es zu doppelter Vorfeldbesetzung, dazu weiter unten).
Dass in der GS gern abhängige Inhaltssätze in **Verbzweit-Struktur** (V2) verwendet werden, könnte die umstrittene These von verstärkten Hauptsatz-Strukturen in der GS unterstützen. Belege dafür sind im Transkript Redewiedergabestrukturen mit metakommunikativer Funktion: (57) *Ich muss dazu sagen es stimmt nicht dass es nicht – nach nichts anderem – es riecht auch nach Rosmarin sehr stark –*
Ein zweites Argument für HS-Strukturen könnte das hier nicht den Nebensatz einleitende Adverb *wobei* sein, das in der GS andere Verwendungsweisen zeigt, wie das auch bei *weil*, *obwohl* und *während* zu bemerken ist. Im Textmaterial tritt *weil* in dieser V2-Struktur auf: *und das is ein Jammer – weil es is ein tolles Fleisch.* (47), aber auch: *ich hab mit Gewicht nich so viel Probleme weil ich nich so viel esse* (S.10 des Transkripts), beide Äußerungen stammen von B. Meines Erachtens ist hier ein Unterschied von V2- und Verbletzt-Struktur nur schwer zu fassen. In der Sekundärliteratur wird von anderen Begründungsverhältnissen und prosodischer Markierung der V2-Struktur gesprochen. Eine prosodische Markierung mittels Pause ist im ersten Falle nicht festzustellen, jedoch könnte man ohne weiteres zustimmen, dass nicht die Begründung für die vorangehende Proposition gegeben werden soll, sondern eher die sprachliche Handlung der Beurteilung damit begründet wird. Susanne GÜNTHNER wendet sich entschieden dagegen, diese Gebrauchsweisen unter eine allgemeine Tendenz zur V2-Stellung zu subsumieren, da hier von unterschiedlichen Diskursfunktionen beider Stellungstypen gesprochen werden muss, diese Stellungen nicht gegeneinander austauschbar sind und diese Erscheinung nicht bei anderen subordinierenden Konjunktionen auftritt (1993, 38). Sie hat verschiedene Diskursfunktionen von V2-Strukturen mit *weil* aufgeführt:

- Sprechakt-Qualifikation (wie im Beispiel oben)
- Epistemische Begründung (im *weil*-Satz erfasstes Wissen/Erfahrung lässt auf Proposition der Bezugsäußerung schließen: *der Bildschirm ist kaputt - weil da is nur noch schwarz aufm Schirm;* Bsp. von GÜNTHNER)
- Bezug des *weil*-Satzes auf eine nicht direkt ausgedrückte (rekonstruierbare) Proposition (oder einige Äußerungen zuvor verbalisierte Proposition)
- Konversationelles Fortsetzungssignal („floor-holding-device")

V2-Strukturen mit *weil* können keinesfalls Spitzenstellung einnehmen, diese ist bedingt durch intonatorische Verbindung und grammatisch signalisierte Inkorporation (GÜNTHNER 1993, 53). V2-Sätze mit *weil* sind i. d. R. durch *denn*-Sätze substituierbar, jedoch nicht in der „floor-holding"-Funktion. Ersetzt also das *weil* die Konjunktion *denn* in den meisten Fällen, sodass es lediglich ein

Stilschichtunterschied wäre? Hierzu fehlen noch empirische Untersuchungen der GS, vor allem zu *denn*. Auch wäre ein möglicher Einfluss des Englischen, der zu solchen *weil*-Strukturen führen könnte, zu bedenken. Die 1997 erschienene IDS-Grammatik sieht diese *weil*-Strukturen ebenfalls nicht mehr als Anakoluthe, sondern als diskursspezifische Konstruktionen an (ZIFONUN u. a. 1997, 466).
Die genannten, ursprünglich als syntaktische Fügungselemente für Nebensätze fungierenden Konjunktionen und das Adverb *wobei* rechnet AUER (1997) zu den Möglichkeiten der **Vor-Vorfeldbesetzung**. Dem möchte ich mich hier nicht anschließen, da m. E. Konjunktionen keine syntaktische Position besetzen, unter kommunikativem Gesichtspunkt wären sie den anderen Vor-Vorfeldbesetzungen allerdings vergleichbar. So bieten sie dem Sprecher als metakommunikative oder metapragmatische Einheiten die Möglichkeit, das Rederecht zu erlangen oder zu behalten (S. 65). Solche Vor-Vorfeldbesetzungen treten auf in Gestalt von

- adverbialen Ausdrücken (*übrigens, abgesehen davon, tatsächlich* ...)
- Adverbialsätzen (*um es mal ganz klar zu sagen; bevor wir das vergessen* ...)
- Konjunktionen (*obwohl, weil* ...)
- Anredeformen
- Inhaltssatzeinleitungen (Redeanführungen, s. u. Turn 57; m. E. infolge syntaktisch-semantischer Fügungspotenz recht problematisch).

AUER verweist darauf, dass im geschriebenen Deutsch viele dieser Formen (außer den traditionellen Konjunktionen) mit Doppelpunkt vom Satz getrennt werden und somit das Moment der Erwartung, der Spannung verstärkt wird (S. 85).
SCHEUTZ (1997) bezeichnet diese **Linksversetzung** (LV), die einmal als **Prolepse** eine lange Tradition in der Rhetorik hat, aber zum anderen auch dem sukzessiven Planungs- und Formulierungsprozess geschuldet ist, als ein in erster Linie der GS eigenes Phänomen (S. 44). Diese Fälle von LV mit wiederaufnehmendem Prowort ermöglichen in der Konversation eine Steuerung der Aufmerksamkeit des Rezipienten durch eine topologische Position, die in der GS häufig mit schwachtonigen Anaphern besetzt ist, die den kohäsiven Zusammenhang im Text betonen. Die LV als Vor-Vorfeldbesetzung ist aber auch ein Mittel, das Rederecht zu erlangen. Damit ist verbunden, dass vorerst nur eine „unfertige" Projektion der gesamten Äußerung vorliegt und es im Zuge der Formulierung zu Inkongruenzen und Konstruktionsbrüchen kommen kann. Zum Beispiel formuliert B. auf Seite 10 des Transkripts: *Also Diäten und so äh ich hab – ich hab m... mit Gewicht nich so viel Probleme weil ich nich so viel esse und ich find das geht ganz gut –*. Neben der „Linksherausstellung" bildet auch die „Rechtsherausstellung", der Nachtrag, ein charakteristisches Merkmal der Sprachverwendung in der GS: *... und ich mach am liebsten all diese Sachen – is ja ne sehr sinnliche Sache kochen mach ich alles mit der Hand –* (74). In der parenthetischen Struktur treffen die Nichtbesetzung des Vorfeldes und der

Nachtrag zusammen und markieren so in besonderer Weise die Spontaneität des Formulierens. Das zeigt auch die **Epiphrase** im folgenden Beleg, die durch ein zusätzliches Verzögerungssignal abgesetzt ist: *Es is n bisschen immer Risiko dass das nicht zu schwarz wird äh das Lammfett* (114). **Nichtbesetzungen der Vorfeldposition** sind im Belegtext keine Seltenheit. Es handelt sich dabei i. d. R. um kohäsive, deiktische Pronomina: *Das Salz ham Sie aber eben erst dazugetan –* (73), *Hab ich eben erst dazugetan ja.* (74), *Geht aber inzwischen!* (30).
Durch die **Parenthese** im obigen Beispiel (74) hat der Sprecher offensichtlich die exakte Projektion seiner syntaktischen Struktur nicht mehr im Kopf und so kommt es zum so genannten **Drehsatz**, der Apokoinukonstruktion, die an zuvor Gesagtes wieder anknüpft nach dem Einschub des zusätzlichen Gedankens. Ähnlich in (43): *Viele ham in der – Kindheit nur Hammel bekomm und ham für den Rest ihres Lebens – äh äh äh äh – ham sie sich den Zugang zu Lamm verbaut.* Kurze verbale Rahmen stellen oft ein Gebot spontanen Formulierens und effektiven Rezipierens dar, sodass **Ausrahmungen** zu den Charakteristika der GS gerechnet werden müssen: *Aber das kann auch peinlich sein wenn eine Partnerin dann zurückschreckt vor dir ...* (105), *Ich hab n bisschen gewärmt die Teller* (S. 8). Während die Präpositionalgruppe in der Ausrahmung üblich ist, scheint die Anordnung des Akkusativobjekts einer hochgradigen Spontaneität in der Formulierung geschuldet.
Ohne näher auf die Diskussionen um die **Ellipse** einzugehen, muss gesagt werden, dass sich die schon erwähnte Vor-Vorfeldbesetzung, die Abbrüche, Neuansätze und Drehsätze, die SCHWITALLA unter Anakoluthformen fasst, dass sich all diese Phänomene mit dem Ellipsenbegriff berühren. So ist auch zu erklären, dass der Ellipsenbegriff für die GS-Analyse nur eingeschränkt brauchbar scheint (SELTING 1997b, 118), es bedarf stattdessen einer genaueren Beschreibung syntaktischer und prosodischer Konstruktionsschemata. Margret SELTING stellt die Forderung nach einem kommunikativen Ellipsenbegriff auf. Sie meint, traditionell grammatische Ellipsen können eigenständige Turnkonstruktionseinheiten sein, die als vollständige Einheiten wahrgenommen werden (S. 124), da es sich i. d. R. in gleicher Weise um prosodische Einheiten handelt – wie bei grammatisch vollständigen Sätzen – und ein grammatischer Bezugsrahmen im Kontext gegeben ist. Elliptische Strukturen werden in solcher Form formuliert, dass sie in das Bezugs-Konstruktionsschema passen, d. h. die Vorgängerkonstruktion ist weiterhin als Bezugskonstruktion gültig (nach RATH 1979, 142 f.): *... und jetzt jetzt kammer auch beim deutschen Metzger sehr gut Lamm kaufen nich/* (35), *Wobei am besten immer noch beim Türken* (36). Somit ist die Ellipse ein stark kohäsiv wirkendes Mittel im Gesprächstext. Auch wenn diese unmittelbare morpho-syntaktische Anbindung nicht gegeben ist, wie in den „syntaktischen Eigenkonstruktionen" (RATH 1979, 146), ist die Interpretation der elliptischen Struktur nur aus dem unmittelbaren Kontext durch Inferenzen möglich (SELTING 1997b, 137), siehe Transkript S. 5: (H.) *... wir*

könn sogar noch n bisschen mehr Hitze wieder machen, (B.) *Gut? So?* Oft werden die Ellipsen so als fokuszentrierte Einheiten, die auf einer beibehaltenen thematischen Hintergrundinformation basieren, gesehen. Dies ist bisher jedoch noch kaum genauer in der konversationellen Interaktion untersucht worden (SELTING 1997b, 143).

Anhand des Transkripts lässt sich auch die allgemein bekannte Feststellung, dass die GS eher zur Verwendung **analytischer Verbformen** neigt, bestätigen: Wenn Vergangenheitsformen verwendet werden, dann vorrangig Perfekt (bes. mit resultativer Komponente); von 8 würde+Infinitiv-Konstruktionen bilden 6 so genannte Heckenausdrücke (dazu unten Genaueres; *würde ich sagen, würde ich denken*). Die analytische Tendenz wird auch in zwei Konstruktionen mit *tun* deutlich: *riechen tun sie gut* (S. 6), *spritzen tuts hier* (S. 8).

Gliederungssignale, die als Operatoren mit speziell illokutivem Potential im Gespräch eingesetzt werden, können unter syntaktischem Gesichtspunkt als Vor-Vorfeldbesetzungen angesehen werden. Dabei sind, wie in 1.4.1.2 dargestellt, Formen von Partikeln *(ja, na ja)* und Adverbien bzw. Modalwörtern *(also, sicherlich)* und adverbiale Wortgruppen bis zum isolierten Spannsatz in dieser Funktion verwendbar: *Ja das mach ich auch* (80), *Also – zum Beispiel Fleisch kann man ja so richtig massieren ne* (79), *wie man sieht das* (72). Auch Neuansätze werden durch diese Gliederungssignale markiert: (29) *Ja aber auch der muss wissen also es muss ein junges Lamm sein und ich glaube also müssen verschiedene Dinge beachtet werden dass – äh – deutsche Metzger hatten früher mit Lamm ganz wenig Erfahrung –*, (30) *Geht aber inzwischen!*, (31) *Jaja ich sag ja früher*, (32) *Hm – . Also* und die gefüllte Pause *(äh)* markieren jeweils den Bruch in der syntaktischen Struktur und den Neuansatz einer Äußerungseinheit. Am Schluss könnte anstelle des ratifizierenden **Hörersignals** ein Sprecherwechsel erfolgen, der aber hier vom Kommunikationspartner nicht beabsichtigt wird. So wiederholt B. seine Äußerung leicht variiert: *Ich habe gesagt früher!* (33), und da der Partner sich immer noch nicht einschaltet, sondern erneut nur ein Bestätigungssignal äußert *(Hm ja)*, muss B. als Gesprächsleiter den Faden weiterspinnen: *Und dann kam die Türken und die haben das son bisschen uns beigebracht und jetzt jetzt kammer auch beim deutschen Metzger sehr gut Lamm kaufen nich/* (35). *Nich(t)* als Schlusssignal erheischt die Bestätigung beim Kommunikationspartner, die hier jedoch nicht erfolgt, denn der Partner reagiert in elliptischer Form, die eingeleitet wird mittels eines Adverbs, das (ähnlich den Konjunktionen *obwohl* und *während* in den V2-Sätzen) eine entgegensetzende Äußerung einleitet: *Wobei am besten immer noch beim Türken* (36).

Interjektionen fungieren als selbständige Turns (ähnlich den Hörersignalen): *Ach!* (19), *Ah!* (97), *Ha!* (117), *Hehe –* (126) oder sind als Einstellungsindikator der Äußerung vorangestellt: *Ach das is ja toll!* (23, Erstaunen), *Och man kanns n Abend vorher machen* (52, Abschwächung der Relevanz) *Oh ja das is ne gute Idee.* (130, Begeisterung).

Vagheitsindikatoren, sog. Heckenausdrücke, die bei Formulierungsproblemen besonders häufig gebraucht werden (SCHWITALLA 1997, 173), kommen auch vielfach im Transkript vor: S. 5: (H.) *die könn noch ne Minute von jeder Seite würd ich sagen*, (H.) *Würd ich fast denken dass das n Shiraz is oder so was*. In diesem Beleg wird die Unsicherheit des Sprechers gleich durch zwei dieser Vagheitsindikatoren zum Ausdruck gebracht.

Wie in 1.4.1.2 dargestellt, haben die **Abtönungspartikeln** nach FRANCK (1980) und anderen Arbeiten zur Partikelforschung in der mündlichen Kommunikation eine ganz wichtige Aufgabe. Sie können nicht mehr als entbehrliche Füllsel abgetan werden, so wie das vor Jahrzehnten in der Stilistik noch üblich war, sondern sie markieren differenzierte interaktive Funktionen der Gesprächsbeiträge.

Im Text kommt in besonders hoher Frequenz die Partikel *ja* vor: *Ach das hab ich ja noch nie gehört!* (7), *Is ja doll!* (13); aber auch *doch, halt* und *mal*: *So woll mer mal schaun* (90), *da muss man doch auch küssen* (93).

Der Situationsbezug in solch einem Gespräch, das praktische Handlungen begleitet, drückt sich verständlicherweise in einer hohen Frequenz von **Deiktika** aus: (14) *Das wird so klein geschnitten – so und dann kommt das hier hin* (Bezug zu *Lammfett* 4 Turns zuvor; in Verbindung mit einer Geste wird das Adverb verwendet); (15) *Die is jetzt schon an die muss man nur größer machen.* (Bezug zum Gestischen, das Objekt ‚Gasflamme' wird nicht benannt).

Emotionalität und Lockerheit der Sprecher in einer als ungezwungen vorgeführten Kommunikationssituation können insbesondere **umgangssprachlich** markierte lexikalische Einheiten zum Ausdruck bringen: *gucken, runtermachen* (‚herunterdrehen'), *reinlegen* (‚in etwas legen'), *was* (‚etwas'), *mal, kricht raus, drauftun, drumrum, um Gottes willn* – alles umgangssprachlich nach dem WDG und auch dem GWDS. *Toll* erscheint im WDG von 1978 in zwei Varianten: ‚erstaunlich', ‚unglaublich' = umg. und ‚großartig', ‚prachtvoll' = salopp. Beide Varianten sind auch 1999 im GWDS verzeichnet, jedoch mit veränderter Markierung. Danach ist die erste Variante neutral, die zweite umgangssprachlich. Welche Variante im Text zutrifft, ist schwer zu entscheiden. Und damit wird auch die Stilschichtzuweisung zum Problem. Die Bedeutung von *abgehen* (*Der* [der Wein, G. Y.] *geht ganz schön ab.*) ist im WDG noch nicht verzeichnet, müsste aber auf jeden Fall unterhalb der neutralen Stilschicht angesiedelt werden, denn schon *ein Henkel geht ab* wird als umgangssprachlich eingestuft (was im GWDS als neutral angesehen wird). Das GWDS führt die Bedeutung ‚sich abspielen', ‚los sein' an, die annähernd mit dieser Verwendungsweise im Text zu vergleichen wäre, und kennzeichnet sie als umgangssprachlich. Ebenso im WDG noch nicht enthalten ist die Verwendungsweise von *super*. In der Bedeutung von ‚großartig' trägt dieses Lexem im GWDS die Markierung „ugs.". An diesen konkreten Beispielen aus unserem Text lässt sich recht gut das Phänomen der Veränderung normativer Sichtweisen in der Stilschichtzuweisung illustrieren (vgl. 2.6).

Mit dem Umgangssprachlichen eng verbunden sind die im Text allerdings selten auftretenden **phraseologischen Wendungen**. Die beiden Belege *Gummi geben* (für ‚Energiezufuhr', S. 5 – s. 3.12 Übungsteil) und *alles im grünen Bereich* (S.11) konnten nicht mit der hier vorliegenden Bedeutung in Wörterbüchern nachgewiesen werden (auch nicht 1999), sind also neuen Gebrauchsweisen zuzurechnen. Während *alles im grünen Bereich* des Öfteren im Sprachgebrauch vorkommt, erscheint mir *Gummi geben* noch ungewohnt.

Mit der Untersuchung einzelner charakteristischer Belegbeispiele aus dem Transkript konnte hier nur angerissen werden, wie diffizil sich die Problematik gesprochener Sprache in der spontanen Interaktion darstellt und dass sprachliche Phänomene der GS nur im Rahmen gesprächsanalytischer Betrachtungen annähernd adäquat erfasst werden können.

Auszüge aus dem Transkript:

ALFREDISSIMO – KOCHEN MIT ALFRED BIOLEK UND SEINEM GAST FABIAN HARLOFF. Sendung vom 28.01.2000 auf ARD von 16.30 bis 17.00 Uhr (Transkript von insgesamt 17 Seiten)

Vorspann + Musik danach unmittelbarer Einstieg ins „Kochgeschehen"
(1)   B: So - das Fett wird jetzt richtig *abgeschnitten* -
(2)   H: *Ja. Ich find* - ich find man muss da nich so - so gründlich sein -
(3)   B: Ja -
(4)   H: Son bisschen was kann auch dranbleiben son bisschen vom andern kann auch dazu die Hauptsache ...
(5)   B: Und - und ist das jetzt nur damit das nachher nich so fett wird oder ...
(6)   H: Nein also ich - ich liebe Lamm. Und Lamm is für mich eine der aromatischsten Fleischsorten überhaupt. Und ich liebe LammFETT!
(7)   B: *Ach das hab ich ja noch NIE gehört!*
(8)   H: *Aber ich liebe Lammfett HAUPTSÄCHLICH* wenn es KROSS is.
(9)   B: Jaha↑ -
(10) H: Und deswegen fang ich jetzt mit dem Lammfett an ...
(11) B: Ich - ich streif das auch ab aber ich schmeiß das weg↑
(12) H: Nein um Gottes WILLN -
(13) B: Is ja doll!
(14) H: Das wird so klein geschnitten - so und dann kommt das hier hin -
(15) B: Die is jetzt schon an die muss man nur größer machen.
(16) H: Ja - größte möglichst größte Hitze dreiviertel bis - bis volle Kanne -
(17) B: Ja das is voll -
(18) H: Jetzt kommt das - das schön rein und wird langsam knusprig
(19) B: Ach!

(20) H: und im Endeffekt ham wir das - Lammkotelett was dann später dazukommt -
(21) B: Und das kann man dann SO - SO essen - zum Kotelett?
(22) H: Das machts so - so wie ichs ja immer sagen würde CRUNCHED das crunched so richtig wie mans von Schweinshaxe kennt und so -
(23) B: Ach das is ja toll!
(24) H: *So -*
(25) B: *Das* hab ich ja noch nie gehört. Aber das geht natürlich nur mit einem sehr sehr guten Lamm erstmal überhaupt ne - [Räuspern]
(26) H: Äh mit einem guten Schlachter auch der eim
(27) B: *Ja [...]*
(28) H: *wenn man drum* bittet nochmal n bisschen mehr Fett dazugibt -
(29) B: Ja aber auch der muss wissen also es muss ein JUNGES Lamm sein und ich glaube also müssen verschiedene Dinge beachtet werden dass - äh - deutsche Metzger hatten früher mit Lamm ganz wenig Erfahrung -
(30) H: GEHT aber inzwischen!
(31) B: Jaja ich sag ja FRÜ↑HER
(32) H: Hm -
(33) B: ich habe gesagt FRÜ↑HER!
(34) H: Hm ja -
(35) B: Und dann kam die Türken und die habn das son bisschen uns beigebracht und jetzt jetzt kammer auch beim DEUTSCHEN Metzger SEHR gut Lamm kaufen nich↑ ...
(36) H: Wobei am besten immer noch beim TÜRken
(37) B: *Jaja*
(38) H: muß ich *ehrlich sagen.*
(39) B: es darf halt glaub ich auch kein HAMMEL sein und so ...
(40) H: Nee es muss LammKOTELETT sein ganz speziell LammKOTELETT *auch nich ...*
(41) B: *Hammel* ham ja diesen SCHARFEN etwas UN... - penetranten GeRUCH *auch bei dem Fett [...]*
(42) H: *Ja Hammel is too much*
(43) B: Viele ham in der - Kindheit nur Hammel bekomm und ham für den Rest ihres Lebens - äh äh äh äh - ham sie sich den Zugang *zu Lamm verbaut -*
(44) H: *... zu Lamm verscherzt.* Ja.
(45) B: JA! Und das is ein JAMmer
(46) H: Kenn ich.
(47) B: weil es is ein TOLLES Fleisch
(48) H: Es is ein GANZ tolles Fleisch -
(49) B: es is eins meiner LIEBLINGS ... fleischsorten -
(50) H: Vor allen Dingn wenn mans so mariNIERT wie ichs mariniert habe -
(51) B: Wie LANGE?

(52) H: Och man kanns n Abend VORHER machen also s is auf jeden Fall GANZ viel - ähm ich bin n a... absoluter KNOBLAUCHFREAK
(53) B: *Na ich merk das schon -*
(54) H: *muss man dazu sagen -*
(55) B: S riecht hier nach nichts mehr anderm -
(56) H: Aber es muss - viel klein geschnittner Knoblauch *und ...*
(57) B: *Ich* muss dazu sagen es STIMMT nicht dass es nicht - nach nichts anderm - es riecht auch nach ROSMARIN sehr stark -
(58) H: Ja.
(59) B: Sie ham was ins ROHR getan ne?
(60) H: Im Rohr sind ROSmarinkartoffeln↑ à la FabiANo↑
(61) B: Ja↑
(62) H: und hier zum Lamm hab ich auch ganz viel Rosmarin *(getan)* -
(63) B: *Soll mer das n bisschen RUNTERmachen jetz?*
(64) H: N kleines bisschen runter ja. Wobei ich bräuchte - ähm - jetzt mal n bisschen wenden man sieht schon es wird LEICHT GLASig↑
(65) B: Ja
(66) H: und es verLIERT FETT.
(67) B: Ja. Und in diesem FETT *brät man dann praktisch die Koteletts.*
(68) H: *In diesem Fett werden die dann gleich geBRATen.*
(69) B: Und die warn jetz in ÖL↑ KNOBlauch↑ ROSmarin↑ -
(70) H: Rosmarin Salz und jetzt brauch ich Ihre Hilfe mit der PFEFFermühle.
(71) B: Ja. Pfeffermühle jaWOLL.
(72) H: Wie man sieht das ...
(73) B: Das SALZ ham Sie aber eben erst dazugetan -
(74) H: Hab ich eben erst dazugetan ja. [P] Schön RÜber↑ ... und ich mach am liebsten all diese Sachen is ja ne sehr SINNliche Sache kochen mach ich alles mit der HAND -
(75) B: Jaaa!
(76) H: vermeng das schön man muss sich da t... t... tausendmal die Hände waschen -
(77) B: Das macht nichts
(78) H: aber - so - *hier nochmal n bisschen ...*
(79) B: *Also - zum Beispiel Fleisch kann man ja auch so richtig MASSIERN* ne↑
(80) H: Ja das mach ich auch
(81) B: JAAA
(82) H: eben (hab ich das) gemacht - so.
(83) B: Is ja n ganz SINNlicher Vorgang das kann man wohl SAgen.
(84) H: Und wenn man dann - an den Fingern riecht dann weiß man was einen erwartet hehe -
(85) B: Haha ach deswegen die SCHÜRze *ja.*
(86) H: *Ja* die brauch ich auf jeden Fall

(87) B: Ja -
(88) H: eigentlich hab ich immer n WASCHlappen dabei -
(89) B: Hier gibts auch so PaPIER wenn man dann *will* -
(90) H: *Ja* [P] So woll mer mal schaun [P] Ja ich bin leider n ABSOLUTER Knoblauchfreak ...
(91) B: Ja aber wie macht man das in - in Ihrem BeRUF und noch dazu als jugendlicher LIEBhaber
(92) H: Ja -
(93) B: da muss man doch auch KÜS-SEN -
(94) H: Ich muss ohne Ende küssn zum Beispiel - in nem Musical Buddy das Musical was ich in Hamburg
(95) B: Ja -
(96) H: zur Zeit spiele hab ich UNglaublich viele Kussszenen aber hauptsächlich mit - ähm wir ham hauptsächlich italienische und Spanieri... - spanische Tänzerinnen
(97) B: AH!
(98) H: die sind das geWOHNT!
(99) B: Die sind das gewohohohohnt [lacht]
(100) H: *Und ich bring ihnen ...*
(101) B: *hihi die essen selbst Knoblauch!*
(102) H: Und ich bring ihnen aber ab und zu zur Entschuldigung ein - ein BISSchen von dem Gericht was ich am Vorabend gekocht habe mit und dann sind *sie*
(103) B: AH - *aaah das is TOLL!*
(104) H: *meistens* schon entschädigt.
(105) B: Aber das kann auch peinlich sein wenn eine Partnerin dann zuRÜCKSCHRECKT vor dir ...
(106) H: Sie wer... Sie werden IMmer geWARNT!
(107) B: Ah sie werden geWARNT -
(108) H: Sie werden IMmer *gewarnt* -
(109) B: *das is* - das ist das MINDeste.
(110) H: So jetzt wird das da - reingelegt↑
(111) B: Schön.
(112) H: Auch [...] mit der Hand.
(113) B: Jaja naTÜRlich.
(114) H: Es is n bisschen immer Risiko ähm dass das nicht zu schwarz wird äh das Lammfett↑
(115) B: Ja -
(116) H: dazu als kleines - als kleiner Knoblauchfreak kommt dann noch etwas ähm ...
(117) B: Ha!
(118) H: *nicht ganz so dünn geschnitten und [...] auch noch [...]*
(119) B: *Ah - haha das glaub ich ja gar nicht!* Oh GOTT!

(120) H: Könn wir - n bisschen weniger Hitze vielleicht?
(121) B: Ja -
(122) H: Vorsichtshalber? [P] So - ich werd das noch n bisschen ...
(123) B: Is ja doll. Die brauchen jetzt ein paar Minuten ne?
(124) H: Die brauchen jetzt n bisschen ja.
(125) B: Na das wär doch eine [Räuspern] gute Gelegenheit uns dem WEIN einmal zuzuwenden↑ denn meine SPÄher ham mir
(126) H: *hehe -*
(127) B: *erzählt dass Sie gerne ROTwein mögen↑*
(128) H: *Ich LIEBE Rotwein ja.*
(129) B: *Sie könn sich die HÄNDE waschen vielleicht↑*
(130) H: Oh ja das is ne gute Idee. [P]

(Schlussphase)

B: Und wie TOLL der Wein jetzt zu dem FISCH passt ...
H: Hehe -
B: Wobei man immer sagt roter Wein nich zu Fisch ähm - QUATSCH - *oder?*
H: Äh - ich - *trink* nie weißen also MUSS ich roten
B: *Ach so! Sowieso!* [hoch] *Na wunderbar!*
H: *zu Fisch trinken jaja↑ jaja↑ hehe -*
B: Mein LIEber! [Gläserklang]
H: Prosit!
B: Prosit! [P] [beide trinken] mhmm - ganz doll - lecker lecker he - der passt schön dazu!
H: Hat was zu erzähln ja. [Abspannmusik und Abspann setzen ein]
B: Ja und der passt schön - besser jetzt als der andre weil er - dieses etwas fruchtig fast bisschen MILD-süßliche - passt sehr gut zu dem (Lott) hier -
H: Und - ähm - ich hab gedacht nach diesem intensiven LAMM dass *man* da -
B: *Ja -*
H: aber man schmeckt das is - geNAUso intensiv ...
B: Also - das is auf andre Weise ...
H: Ja -
B: Toll!
H: GANZ anders aber toll!
B: Na - ham wer zwei ganze Gerichte in kürzester Zeit↑ auf die Schnelle↑ - ne a... nur die Kartoffeln warn bisschen vorbereitet↑
H: Hmhm↑
B: *Vielen* DANK!
H: Ja - ich bedank mich auch!
B: [...]
H: Sehr lecker!

LEGENDE: TRANSKRIPTIONSZEICHEN

ja *aber*	simultan gesprochene Äußerungen, durch das
da	Kursive wird die Extension markiert
[Räuspern]	Wiedergabe einer nichtverbalisierten Äußerung bzw. eines Vorganges neben dem Gespräch
WIRKlich	Großbuchstaben markieren Akzent bzw. starke Betonung
(ich)	vermuteter Wortlaut
[...]	unverständliches Wort oder Wortgruppe
- [innerh. d. Äußer.]	kurze Pause
[P]	längere Pause
.	fallende Intonation
- [am Äußerungsende]	gleichbleibende Intonation
?	steigende Intonation bei Fragen
↑	steigende Intonation, wenn es sich nicht um eine Frage handelt
!	Ausruf
... [am Äußerungsende]	abgebrochener oder unterbrochener Gedanke
ha...	nicht zu Ende gesprochenes Wort
hehe, haha, hoho	silbisches Lachen
ähm, äh	Verzögerungssignale
jaaaa	auffällige Dehnung eines Vokals

Aufgabe:

⇨ Beschreiben Sie den Charakter spontaner mündlicher Dialoge mit den im Text vorkommenden sprachlichen Mitteln zum Ausdruck von Spontaneität, Situationalität und Intentionalität und mittels der Abfolge und Funktion einzelner Gesprächsbeiträge.

Auszug aus dem Transkript der Kochsendung von Alfred Biolek (mittlerer Teil, S. 5 f.):

(1) B: NaTÜRlich ... es hat geklingelt ich glaub *wir müssen*
(2) H: *oh ja!*
(3) B: mal nach *den Kartoffeln gucken*
(4) H: *Gut dann werdn wir* mal ganz schnell hier
(5) B: *So darf ich mal*
(6) H: *die Lammkoteletts* ...
(7) B: nach den Kartoffeln gucken?
(8) H: *Jaha↑*
(9) B: *Aber* SIE müssen beurteilen ob die okay sind. [...]
(10) H: RIECHEN tun sie gut sie sehn schon gut *AUS [...]*
(11) B: *Wolln Sie* pieksen?
(12) H: GeNAU -
(13) B: Vorsicht - heiß - hier - [reicht Topflappen zu]
(14) H: Och ... geht schon. [P] Hätte fast ... wollte wo wir grad beim Wein warn sagen wir könn sie noch n bisschen ATMEN lassen -
(15) B: Ich glaube die müssn noch n biss*chen ja?*
(16) H: *N bisschen* ...
(17) B: So ... Das Gefühl hab ich auch -
(18) H: N bisschen und dann - gebn wir noch n bisschen Gummi am Herd vielleicht n bisschen mehr noch↑
(19) B: Ja und - mach mal fünf Minuten? [stellt Wecker ein]
(20) H: *Jaha↑* - muss ich da auf PLUS drücken ich weiß
(21) B: Äh *ja wir müssen da*
(22) H: *das gar nich so genau -*
(23) B: auf Plus drücken hier
(24) H: Jaa -
(25) B: so↑
(26) H: Also ich - *die*
(27) B: So ? *[...]*
(28) H: warn schon mit nicht schlecht aber ich glaub wir geben den noch fünf Minuten -
(29) B: So *[...] Alles in Ordnung hier?*
(30) H: *Ja - okay* [P] *Ich wende die mal kurz↑*
(31) B: Ja!

4 ZUM UMGANG MIT SPRACHLICH-KOMMUNIKATIVEN NORMEN

4.1 Zu Wesen, Funktionen und Erscheinungsformen sprachlich-kommunikativer Normen

Jede Art sozialer Interaktion setzt die Existenz von Normen, Regeln und ihre wechselseitige Befolgung voraus, so auch die sprachliche Kommunikation als ein Spezialfall sozialer Interaktion. In der Vielfalt von Verhaltensmöglichkeiten mit ihren wünschbaren oder vermeidbaren Folgen, vor die sich Menschen gestellt sehen, haben Normen zugleich eine Entlastungsfunktion, sie verleihen Sicherheit sowohl in Bezug auf eigenes als auch in Bezug auf fremdes Verhalten durch Berechenbarkeit des Partners (das sollte im sprachlichen Verkehr nicht anders sein als z. B. im Straßenverkehr). Das wechselseitige Wissen um Normen und die wechselseitige Einhaltung gewährleisten im Normalfall das Funktionieren von Kommunikation. Es bestehen „Erwartungen" und „Erwartungserwartungen" (BARTSCH 1987, 134). Da geglückte Kommunikation ein Ziel ist, das nur gemeinsam erreicht werden kann, sind Sprachnormen immer auch zugleich Kooperationsnormen. Dass wir über allgemeinere und speziellere sprachlich-kommunikative Normen verfügen und zu entsprechendem sprachlichen Handeln befähigt sind, macht unsere kommunikative Kompetenz als Teil unserer sozialen Kompetenz aus.

4.1.1 Allgemeine kommunikative Normen

Als allgemeinste Art von Normen in der sprachlichen Interaktion sind die von dem Sprachphilosophen H. Paul GRICE formulierten Konversationsmaximen anzusehen, die auch allgemein als Grundvoraussetzungen der Kommunikation, als Kommunikationsprinzipien gelten können (vgl. dazu Kapitel 1, Abschnitt 1.2.3). Bei Kommunikationspartnern, die um Kooperation bemüht sind, also beim Normalfall der Kommunikation, kann man von ihrer wechselseitigen Beherrschung und Befolgung ausgehen. Ergänzend seien an dieser Stelle noch die von POLENZ (1988, 311) eingebrachten **partnerbezogenen Prinzipien** angeführt, nicht zuletzt, weil sie das sprachliche WIE beeinflussen und bei einer pragmatisch orientierten Stilanalyse besonders zu berücksichtigen sind:

> „- Mache es deinem Partner möglich, dein Gemeintes so genau wie möglich und ohne Zeitdruck zu verstehen!
> - Laß deinen Partner ausreden!
> - Gib ihm alle Redechancen, die du dir selbst leistest/gönnst/die jedem zustehen!
> - Versuche ihn so genau wie möglich zu verstehen (notfalls mit Rückfragen), ehe du reagierst!
> - Nimm Rücksicht auf die soziale Selbsteinschätzung deines Partners!
>   (Unversehrtheit des Partner-Image)"

Im Normenmodell von HARTUNG werden die Konversationsmaximen von GRICE nicht explizit erwähnt. Inhaltlich sind diese aber im Blick, wenn davon gesprochen wird, dass neben den Normen zur Regelung der Rahmenbedingungen eine Reihe von „allgemeinen Grundvoraussetzungen der Kommunikation" anzunehmen sind (HARTUNG 1977, 27).

4.1.2 Ein Normenmodell

Für die Beschreibung sprachlich-kommunikativer Normen legen wir das tätigkeitsbezogene Modell von HARTUNG (1977) zugrunde, das einer prozeduralen, dynamischen Textauffassung sowie funktional, kommunikativ und pragmatisch orientierten Stilauffassungen entgegenkommt. Eine zentrale Rolle nimmt in diesem Normenmodell das sog. ‚Tätigkeitsprodukt' (= Äußerung, Text) ein, das so beschaffen sein soll, dass es in einer gegebenen Kommunikationsgemeinschaft in annähernd gleicher Weise erkannt und interpretiert werden kann. Voraussetzung dafür ist zum einen die Befolgung **grammatisch-semantischer Normen**, in die bei einem weiteren Verständnis von Grammatik auch Textbildungsnormen einbezogen sind. Grammatisch-semantische Normen als instrumentale Normen garantieren die Richtigkeit sprachlicher Äußerungen als besonderen Aspekt von Adäquatheit. Zum anderen wird die Adäquatheit danach beurteilt, ob und in welchem Grade **situative Normen i. w. S.** berücksichtigt sind. Dazu gehören u. a. die Bindung der Kommunikation an soziale Rollen, das soziale Verhältnis der Kommunikationspartner, die Berücksichtigung der situativen Bedingungen, spezifische Kommunikationsziele und entsprechende Verfahren und Textmuster, die Realisationsarten schriftlich oder mündlich. Aus Urteilen über Äußerungen ist zu entnehmen, dass relativ unabhängig von grammatischer Richtigkeit, semantischer Interpretierbarkeit und allgemeiner situativer Angemessenheit auch bestimmte Qualitäten sprachlicher Äußerungen bewertet werden (klar, gewählt, geschwollen, taktvoll, überzeugend usw.), dass also auch **Normen hinsichtlich der Äußerungsqualität** bestehen. Zu den Normen der Beschaffenheit des Tätigkeitsproduktes kommen noch Normierungen nichtsprachlicher Natur, die die Kommunikation begleiten: **Normen zur Regelung der Rahmenbedingungen** (z. B. ob Kommunikation überhaupt angebracht ist, wer die Kommunikation eröffnen oder abbrechen darf, ob und wie Rollenwechsel möglich ist, bis zu welchem Ergebnis die Kommunikation geführt wird) und **Normen der nicht-sprachlichen Komponenten des Tätigkeitsproduktes** (z. B. lautliche Merkmale bzw. Gestaltung des Schriftbildes, Gestik, Mimik, Proxemik).

Grundlage des hier vorgestellten Normenmodells ist die Standardsprache. Zu beachten ist dabei, dass zwischen den verschiedenen Arten von Normen zahlreiche Abhängigkeiten und Überschneidungen bestehen und dass – vor allem im Zusammenhang mit situativen Normen – auch Beziehungen zu den Normen der anderen Varietäten herzustellen sind.

Einen zusammenfassenden Überblick bietet das unten stehende Schema. Es ist die schematische Darstellung und die Erweiterung der Normvorstellungen, wie sie HARTUNG (1977) entwickelt hat (nach FIX).

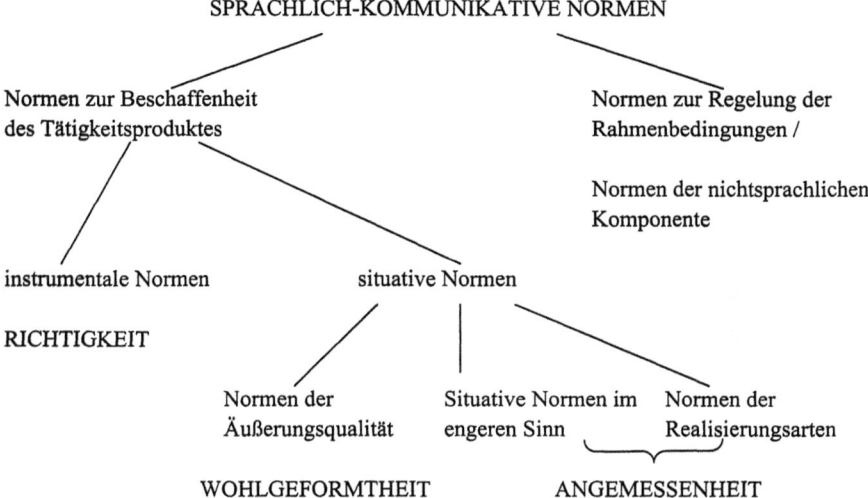

4.1.3 Normen in der mündlichen Kommunikation

Obwohl in der Standardsprache für mündliche Texte zunächst allgemein die gleichen grammatischen und semantischen Regeln wie für geschriebene Texte gelten können, gibt es doch Normunterschiede v. a. aufgrund der psychischen Bedingungen des Produktions- und Rezeptionsprozesses. Diese betreffen z. B. den Textaufbau, die Komplexität der Sätze, die Varietäten. Darüber hinaus sind regelhafte Abweichungen von der geschriebenen Standardsprache typisch (besonders im spontanen Sprachgebrauch), selbst für Personen, die zur Sprache gewissermaßen ein professionelles Verhältnis haben (vgl. SCHNEIDER 1982, 96 ff.): Versprecher, Ellipsen, Auslassungen, grammatische Unkorrektheiten, Satzabbrüche (Aposiopesen), Satzbrüche (Anakoluthe), Neuanfänge, Korrekturen, Präzisierungen, Wiederholungen, Pausen, Dehnungen, Verzögerungen, Nachträge/Isolierungen, mangelhafte sprachliche Verfugung zwischen größeren Syntagmen, stilistische Ungeschicklichkeiten. Bei den Anforderungen und bei der Bewertung mündlicher Leistungen ist das zu berücksichtigen. (Zu Besonderheiten der Normen in der mündlichen Kommunikation vgl. ausführlicher Kapitel 1, Abschnitt 1.4.1. Belege für spontane gesprochene Sprache finden sich in 3.12.)

Dass selbst gewandte Schreiber im spontanen mündlichen Sprachgebrauch nicht „druckreif" sprechen, sollen zwei Ausschnitte aus einem Gespräch mit Günter Grass belegen (nach SCHNEIDER 1982):

> „Vorher mach ich sehr viele Romanentwürfe graphischer Art großen Bögen ordne die Komplexe was sicher ein ein ungeheures Stoffvolumen hat also bei dem vielleicht dann nach am Ende ein Drittel überhaupt in den Roman hineinkommt muß dauernd ausgesondert werden ..." (S. 96);

> „... Es ist also nicht nur mit dem Konjunktiv und auch nicht eine eine Sache der Kommata, sondern zum Beispiel gibt es ..." (S. 105)

4.2 Norm und Abweichung

In Abwandlung des bekannten Sprichwortes „Die Ausnahme bestätigt die Regel" könnte man – auf Sprache bezogen – sagen „Die Abweichung bestätigt die Norm". Ohne die Existenz von Normen ließe sich nichts als Abweichung bestimmen und wäre auch kein Effekt möglich. Abweichungen erfolgen auf der Grundlage existierender Normen, lassen diese meist noch erkennen und werden vor ihrem Hintergrund registriert, beurteilt und – bei funktional bedingten Abweichungen – auch verstanden und akzeptiert. Die Existenz von Normen (v. a. impliziten) wird oft erst bewusst, wenn von ihnen abgewichen wird. Besonders mit intendierten Normabweichungen kann die Aufmerksamkeit auf die Norm selbst und damit auf die formale Struktur und die Funktionsweise der Sprache gerichtet und diese somit mehr oder weniger bewusst gemacht werden (SCHIFKO 1987, 70).

Wir haben hier zunächst allgemein als Pendant zum Begriff der Norm den der Abweichung gesetzt. Damit steht uns ein neutraler Oberbegriff zur Verfügung, der wertfrei das Vorkommen von normabweichenden Realisierungen im Sprachgebrauch (meist ist der Bezugspunkt die standardsprachliche Norm) als prinzipielle Möglichkeiten sprachlichen Verhaltens benennt (vgl. ausführlicher dazu CHERUBIM 1980a). Auch zur Relativierung der Begriffe ‚Fehler/falsch', mit denen alltagssprachlich oft geurteilt wird, ist eine differenziertere Betrachtung angezeigt:

Um sprachliche **Fehler** handelt es sich bei Verletzungen von Normen vor allem auf der graphischen, phonetischen, morphologischen, syntaktischen und lexikalisch-semantischen Ebene (= Systemnormen, auch: Produktnormen, instrumentale Normen). Sie sind vom Produzenten nicht intendiert und beruhen auf Defiziten oder Unsicherheiten im Sprachwissen und -können. Aus eigenem Antrieb können sie im Allgemeinen nicht korrigiert werden. Verstöße dieser Art werden je nach Toleranzbreite der betreffenden Norm, nach Situation, sozialer Beziehung und anderen Faktoren unterschiedlich bewertet (oft negativ). Als Indiz für das Verhältnis des Textproduzenten zu seiner Sprache liefern sie stilistische Sekundärinformationen sozialer Art (vgl. Kapitel 1, Abschnitt 1.3).

Anders zu erklären und zu bewerten sind dagegen **funktional bzw. stilistisch bedingte Abweichungen**. Sie sind intendiert und werden zur Erzielung bestimmter funktionaler/stilistischer Effekte eingesetzt. Die Abweichung ist meist so deutlich, dass sie vom Rezipienten nicht übersehen, aber auch nicht als Fehler interpretiert wird. Je nach Sprach- und Weltwissen, Sprachgefühl, Geschmack werden solche Abweichungen sicher unterschiedlich, meist aber eher positiv bewertet. Auch sie sind an der Herstellung stilistischen Sinns beteiligt, indem sie kreative Fähigkeiten des Textproduzenten (oder allgemeiner: Bewusstheit) im Umgang mit seiner Sprache signalisieren.

Mit beiden Erscheinungsformen hat es also auch die Stillehre und Stilpraxis zu tun, wenn auch unter unterschiedlichen Vorzeichen.

Zur kommunikativen Realität gehört aber ebenso das umfangreiche Feld der sog. **„Ver"-Leistungen** (KAINZ 1956, 394), also das Versprechen, Verlesen, Verhören, Verschreiben (sogar „Vergebärdler" in der Gebärdensprache lassen sich systematisch erfassen und beschreiben). Die erste ausführliche Sammlung und systematische Beschreibung von Sprechfehlern wurde von dem Sprachwissenschaftler Rudolf MERINGER und dem Mediziner Carl MAYER 1895 veröffentlicht (MERINGER/MAYER 1978). Beim **Missverstehen** handelt es sich im Unterschied zu den ‚Ver-Leistungen' um eine komplexere Fehlleistung, ein Versagen auf höherer Auffassungsebene mit komplexeren Ursachen, das entsprechend andere Erklärungs- und Beschreibungsmethoden verlangt. Eine Vorstellung über mögliche Quellen des Missverstehens vermittelt das, was von POLENZ als zum Verstehen einer Äußerung Gehörendes beschreibt (1988, 302 ff.). ‚Ver-Leistungen' sind nicht intendiert, aber auch nicht auf Defizite im sprachlichen Wissen zurückzuführen. Sie können auch dem sprachgewandtesten Schriftsteller, dem wortgewaltigsten Redner, dem Philologen seiner Muttersprache ohne weiteres unterlaufen (KAINZ 1956, 394), auch professionelle Sprecher bleiben nicht davon verschont. Wird die Fehlleistung vom Produzenten bemerkt, ist er auch selbst zur Korrektur in der Lage (zur Sprachkompetenz gehört auch das Verfügen über sog. ‚Repair-Mechanismen'). Für uns ist diese Art von Abweichungen hier v. a. insofern von Interesse, als z. B. Versprecher eine ganz normale, typische Erscheinung der gesprochenen Spontansprache darstellen. Einige Erscheinungsformen wie Kontamination sind unter verschiedenen weiteren Aspekten von Bedeutung (Wortbildung, Stilmittel, Ausdrucksfehler; Sprachwandel). Für die Erforschung der Prozesse der Sprachverarbeitung liefern ‚Ver-Leistungen' wichtige Evidenzen, sind sozusagen „Fenster zur Sprachstruktur" (so der Titel eines Aufsatzes von WIESE 1987).

KELLER/LEUNINGER (1993) beziehen in ihre Darstellung grammatischer Strukturen und kognitiver Prozesse durchgängig Sprachverwendungsdaten ein (v. a. aus dem Frankfurter Versprecherkorpus). Merrill F. GARRETT (USA), Inhaber der Leibniz-Professur an der Leipziger Universität im Sommersemester

1998, begründet sein modulares Modell der Sprachproduktion mit Argumenten aus der Versprecherforschung (um nur einige Beispiele aus einer Vielzahl von Arbeiten zu nennen).

Auf **pathologisch bedingte Abweichungen** (z. B. bei Aphasien) soll hier nicht weiter eingegangen werden, obwohl deren Untersuchung – wie die der ‚Ver-Leistungen' – zur Erforschung und Beurteilung von Sprachproduktion und -rezeption bei gesunden Sprechern und zur linguistischen Modellbildung einen wesentlichen Beitrag leistet (vgl. dazu ausführlicher GROHNFELDT 1989ff.).

Abweichungen, die eine **Normveränderung** einleiten und damit Sprachwandel bewirken, sollen hier ebenfalls nicht ausführlicher behandelt werden, ebenso wenig situativ bedingte, aber überindividuell gebrauchte (z. B. die Aufforderung in der Straßenbahn: „*Bitte Fahrgastwunsch betätigen*" mit metonymischer Übertragung auf den entsprechenden Knopf). Es soll uns vor allem um individuelle Abweichungen gehen, die auf okkasionellen Gebrauch (intendiert oder nicht intendiert) beschränkt sind. In Einzelfällen können aber auch sie überindividuelle, usuelle Geltung erlangen. Grundsätzlich ist festzuhalten, dass jeder Normveränderung zunächst Abweichungen von bis dahin geltenden Normen vorausgehen, sodass man zugespitzt sagen kann „Der Fehler/die Abweichung von heute ist die Norm von morgen". So findet sich z. B. in LANGENSCHEIDTS GROSSWÖRTERBUCH DEUTSCH ALS FREMDSPRACHE (1993) das zunächst nur für feministischen Sprachgebrauch typische *frau* schon als Indefinitpronomen lemmatisiert (mit der Markierung *oft hum*[orvoll]). Und obwohl Prognosen beim Sprachwandel nur vorsichtig angestellt werden können, lässt sich z. B. beim Gebrauch der Präposition *entsprechend* mit dem Genitiv, der nach der kodifizierten Norm noch als falsch zu bewerten ist, mit ziemlicher Sicherheit voraussagen, dass die heute schon zum Usus gehörende Verwendung irgendwann als Norm akzeptiert werden wird. Ein Normwandel ist in der Gegenwartssprache z. B. auch im Gebrauch redeeinleitender Verben zu beobachten, wo das Feld traditioneller Verba dicendi im Interesse der Variation und einer gesteigerten Ausdruckskraft um Verben aus der Gruppe der Verba sentiendi (*sich freuen, wissen, sich empören*) und andere nicht ‚redetransitive' Äußerungsverben (*loben, warnen*) erweitert wird (vgl. dazu ausführlicher YOS 1997). Zu linguistischen, soziolinguistischen und psychologischen Aspekten des Sprachwandels vgl. ausführlicher CHERUBIM 1980b, GROSSE/NEUBERT 1982 und KELLER 1989, 1990.

Abweichungen treten auch häufig beim **Erst- und Zweitspracherwerb** auf (vgl. dazu u. a. BUTZKAMM 1989; BUTZKAMM 1999; MEIBAUER/ROTHWEILER 1999; RAABE 1980; RAMGE 1980). Typisch sind für Kinder im Spracherwerb z. B. Übergeneralisierungen (wie die „regelmäßige" Pluralbildung auf -(e)n: *die Stiefeln, die Anoraken;* die Bezeichnung *Wauwau* für alle Vierbeiner), die nichtnormgerechte Füllung von Wortbildungsmustern (vgl. die Beispiele bei

MEIBAUER 1995 *Laß-mal-Sager, Hereingucker* u. v. a. m.*)*. Familienintern können als originell empfundene Abweichungen, wenn sie auch andere Mitglieder der Familie übernehmen, zu Familienjargonismen werden (z. B. das von Katja P. lautlich noch nicht beherrschte und zu *Niedümpfchen* (Kniestrümpfchen) entstellte Wort, die von Susanne P. gebildeten Adjektive *wildgarstig* und *dünnhaft* oder Juliane P.s beim Schuhezubinden geäußertes „*Oh, jetzt habe ich mich verbunden!*"). In der privaten Alltagskommunikation dienen sie als Vertraulichkeitsanzeige – und werden damit auch stilistisch relevant (vgl. dazu auch RIESEL 1970, 151).
Beim Zweitspracherwerb gehören Abweichungen als ganz normale Erscheinung zur sog. ‚Interimsprache' (Übergangskompetenz) und sind z. T. sogar positiv als Zeichen von Lernfortschritt (Erwerb einer Regel oder eines Musters) zu bewerten. Hier treten neben unsystematischen Fehlern vor allem lernertypische Abweichungen durch Interferenz, Übergeneralisierung u. a. auf (vgl. das Beispiel eines französischen Muttersprachlers*: Ich konnte verbringen 15 Tage an einer baltischen Strand*). Hier ist eine differenzierte Bewertung nötig. Über das notwendige, erwartete und erwünschte Korrekturverhalten durch den Kommunikationspartner gibt es subjektiv und objektiv bedingt unterschiedliche Auffassungen.
Die Zwänge für den Produzenten und die Erwartungen der Rezipienten hinsichtlich der Einhaltung von sprachlich-kommunikativen Normen und der Toleranzgrenzen sind auf den verschiedenen sprachlichen Ebenen, in den verschiedenen Kommunikationsbereichen und bei den verschiedenen Textsorten unterschiedlich. Abweichungen von der Standardlautung werden z. B. eher toleriert als solche von der Orthographie. Und zu den Erwartungen in solchen Bereichen wie künstlerische Kommunikation, Werbekommunikation oder Jugendsprache gehört, dass ein sehr freier und individueller Umgang mit sprachlichen Normen typisch ist.

4.3 Funktional bzw. stilistisch bedingte Abweichungen

Schriftsteller wissen um die potentielle Wirkung von Abweichungen, Linguisten allgemein und Stilforscher im Besonderen um deren Analysewürdigkeit, Lehrer und Hochschullehrer um deren didaktischen Effekt. Stellvertretend sollen hier nur einige von ihnen angeführt werden bzw. selbst zu Wort kommen:

> „In der Poesie brauchen wir alles, woran wir uns nicht gewöhnt haben, in der Kunst überhaupt, aber zu allermeist in der Poesie, die auf ein Material angewiesen ist, das von allen unausgesetzt, und mit vollständiger Gewöhnung daran, dazu verwendet wird, alles außer Poesie daraus zu machen. Das Material ist dasselbe, aber die Gewöhnung daran muß aufhören, wo Poesie beginnen soll."
> (Ernst JANDL 1976, 67)

„Will dieser (der Autor, H. P.) sichergehen, daß man sie (seine Absichten, H. P.) respektiert, so muß er die Entschlüsselung derart kontrollieren, daß er an den Stellen, wo er es für wichtig hält, entlang der gesamten schriftlichen Kette, die Komponenten verschlüsselt, die trotz aller Nachlässigkeit des Lesers nicht übersehen werden können. Und da die Voraussehbarkeit bewirkt, daß dem Leser eine elliptische Entschlüsselung genügt, müssen die Elemente, die der Aufmerksamkeit nicht entgehen dürfen, unvorhersehbar sein."
(Michael RIFFATERRE 1973, 34f.)

„Durch das unterstellbare absichtliche Verstoßen gegen Regeln bekommen die Texte eine Bedeutung, die die korrekt formulierte Form nicht besitzt und auch nicht besitzen kann."
(Andrea Maria DITTGEN 1989, 9)

Und Peter SCHIFKO sieht das Ziel seines Beitrags „Sprachspiel und Didaktik der Linguistik" darin, auf die ausgezeichneten Verwendungsmöglichkeiten von Wort- und Sprachspielen hinzuweisen, um Studenten philologischer Fächer auf Universitätsebene linguistische und kommunikationstheoretische Grundbegriffe nahe zu bringen (1987, 68).
Als positive Funktionen von Regelabweichungen als sinnvolle Alternative zur Regelbefolgung können grob zusammenfassend genannt werden:
- Regelbestätigung
- Auslösen metasprachlicher Reflexion
- Toleranzprobe (Grammatikalitätsabstufungen, Akzeptabilität; vgl. auch Generative Grammatik)
- Vertraulichkeitsanzeige (vgl. kindersprachliche u. a. abweichende Bildungen, die zu Familien- oder Gruppenjargonismen werden)
- Innovationsversuch
- Rezeptionsanreiz, Aufmerksamkeitserweckung, stilistischer Effekt
- Spielerische Funktion

Eine detaillierte Analyse von Abweichungsmustern, Intentionen, Strategien und Risiken auf der Produzentenseite sowie Verstehensvoraussetzungen und potentiellen Wirkungen auf der Rezipientenseite hat DITTGEN (1989) vorgelegt. Nach DITTGEN steckt in jeder intendierten Abweichung ein genereller Mehrwert, ein Mitteilungswert, der mit einem perlokutiven Versuch verbunden ist: „Ich weiche von Bekanntem ab, also setze ich mich mit Bekanntem auseinander (und ich wünsche, daß du das auch tust)." Im Einzelnen bestehe der Mehrwert von funktionalen Abweichungen darin:
- den Text auffällig, überraschend zu machen (semantisch, grafisch);
- den Text witzig, pfiffig, originell zu machen;
- den Text mehrdeutig, geheimnisvoll, rätselhaft zu machen;
- Sachverhalte mit wenig Wortmaterial sprachökonomisch zu verbinden;
- komplizierte Sachverhalte einfach, ansprechend zu machen;
- mehrere Handlungen gleichzeitig zu vollziehen (informieren, kommentieren, ironisieren, parodieren, verfremden, appellieren, emotionalisieren). (S. 19)

4.3.1 Abweichungsmuster der antiken Rhetorik

Die ältesten uns bekannten Muster und Verfahren des abweichenden Umgangs mit sprachlichen Elementen stammen aus der antiken Rhetorik und waren als Mittel zur Herstellung des Ornatus (Schmuck der Rede) funktional und stilistisch intendiert zur Erzeugung einer zusätzlichen, über die bloße Verständlichkeit und Klarheit hinausgehenden Wirkung auf den Rezipienten. Der Ornatus stellte neben der Latinitas (Sprachrichtigkeit), der Perspicuitas (Verständlichkeit) und dem Aptum (Angemessenheit) eine der vier Stilqualitäten der Rhetorik dar. Unter dem Aspekt der Wirkung waren aber selbst allgemein als Sprachfehler anerkannte Bildungen und Wendungen, wenn sie dem Schmuck und der Angemessenheit des Ausdrucks dienten und die Rede angemessener, interessanter und überzeugender gestalteten, in gewissen Grenzen ausdrücklich erlaubt und erwünscht (*licentia*).

Auch wenn wir innerhalb einer pragmatischen Stilauffassung stilistische Informationen nicht als etwas Zusätzliches, dem Text bei der Produktion im Nachhinein Beigegebenes und bei der Rezeption relativ getrennt von der Primärinformation Aufzunehmendes betrachten, lässt sich doch die antike Rhetorik als Vorläufer der modernen Stilpragmatik (und Textlinguistik) bewerten (vgl. dazu auch HEINEMANN/VIEHWEGER 1991, 21). Seit der Antike haben die Tropen und Figuren als spezielle Gruppe von Stilmitteln nichts von ihrer Musterhaftigkeit und Wirkungspotenz eingebüßt:

- Die Erscheinungen lassen sich regelhaft beschreiben als ein System von Wort-, Satz- und Gedankenfiguren und Tropen, das auf den vier rhetorischen Veränderungs- (oder auch: Abweichungs)kategorien *adiectio* (Hinzufügung), *detractio* (Auslassung), *transmutatio* (Umstellung) und *immutatio* (Sinnänderung) beruht (SOWINSKI 1991, 104f.).

- Sie haben übereinzelsprachliche Geltung, d. h. sie finden sich, obwohl an Mitteln der griechischen und der lateinischen Sprache entwickelt, mit gleicher Wirkungspotenz ebenso im Deutschen, Englischen, Französischen usw.

- Die Änderungsverfahren liegen im Prinzip allen Abweichungen zugrunde, sie werden offensichtlich mit der Sprache erworben, spielen eine Rolle bei der Sprachentwicklung (vgl. z. B. metaphorische und metonymische Bedeutungsbildung) und liegen z. T. auch nichtintendierten Abweichungen, d. h. Fehlern zugrunde (z. B. Anakoluth, Kontamination, Zeugma, Katachrese, Tautologie und Pleonasmus).

- Da die Verfahren an einer unbegrenzten Menge konkreter sprachlicher Elemente vorgenommen werden können, erschöpfen sie sich in ihren Möglichkeiten und Wirkungspotenzen nie, nutzen sich nie ab.

- Tropen und Figuren sind nicht, wie oft angenommen, nur ein bevorzugtes Stilmittel für künstlerische Texte, sondern finden sich in Texten aller Kommunikationsbereiche (besonders in der Werbekommunikation, in Presse und Publizistik, aber auch in der Wissenschaft und im Alltagsverkehr).

(Zu den Tropen und Figuren im Einzelnen vgl. Kapitel 2, Abschnitt 2.5.)

4.3.2 Abweichungsstilistik

Unter dem Sammelbegriff ‚Abweichungsstilistik' (auch: Deviationsstilistik) werden im Allgemeinen Stiltheorien und eine Praxis der Stilanalyse zusammenfassend benannt, die sich auf die stilistische Relevanz eines Sprachgebrauchs beziehen, der von einer wie auch immer gearteten Norm abweicht. Für einen knappen, kritischen Überblick soll hier Bernd SPILLNER herangezogen werden. Er verweist im Kap. 4.5. Abweichungsstilistik seines auch methodisch sehr anregenden Buches „Linguistik und Literaturwissenschaft. Stilforschung, Rhetorik, Textlinguistik" (1974, 32 ff.) darauf, dass Stil als bewusstes Abweichen aufgrund bestimmter ästhetischer Absichten auf den ersten Blick plausibel erscheint und damit einige auffallende Phänomene an poetischen Texten schlüssig erklärt werden können. Die Schlüssigkeit einer solchen Stiltheorie stehe und falle aber mit der exakten Definition der Norm, die Vergleichsebene der Norm wird sehr unterschiedlich postuliert, z. B. das ideale Konstrukt einer außerhalb des Textes liegenden allgemeinen sprachlichen Norm oder wie bei RIFFATERRE das Schaffen von eigenen Normen durch den Autor selbst. Die bei zahlreichen Stilforschern mit sehr verschiedenem theoretischen Hintergrund sehr verbreitete Auffassung von Stil als Abweichung liegt auch vielen praktischen Stilanalysen zugrunde. Als wichtigste Einwände gegenüber einer **Abweichungsstilistik als Stiltheorie** führt SPILLNER folgende an: Danach gäbe es auch Texte ohne Stil, d. h. nicht von der Norm abweichende; weder Norm noch Abweichung sind exakt definierbar; Stil wird auf diese Weise rein negativ definiert; es gibt Abweichungen ohne Stileffekt, aber andererseits ist anzunehmen, dass auch nichtabweichende sprachliche Elemente stilistisch relevant sein können; die Theorie ist literaturwissenschaftlich nur für einen sehr idiosynkratischen Stil und für besondere poetische Experimente mit der Sprache anwendbar, nicht aber bei Autoren, die einen „normalen" Stil schreiben; es besteht die Gefahr der alleinigen Berücksichtigung ungewöhnlicher Stilmerkmale bei Vernachlässigung des ganzen Textes und seiner Struktur.

Zusammenfassend gelangt SPILLNER zu der Feststellung, dass die Konzeption bestenfalls als ein erster informeller Zugang zum Auffinden von Besonderheiten des Textes angesehen werden kann und als heuristisches Mittel geeignet ist, nicht aber als Grundlage einer Stiltheorie.

4.3.3 Abweichungen als Stilmittel

Auch wenn man sich aus guten Gründen nicht zu einer ‚Abweichungsstilistik' bekennt, können funktional intendierte Abweichungen von normativ geprägten Erwartungen der Rezipienten (wie problematisch der Begriff der Norm auch immer sein mag) ebenso wie andere Stilmittel auf jeden Fall als stilistisch relevant betrachtet werden und sind damit untersuchungswürdig und meist auch ergiebig für eine Stilanalyse. Dabei hängt es vom Text als Ganzem, von der Art, der Häufigkeit und der Konsequenz des Auftretens der Abweichung sowie vom gewählten Analyseansatz ab, wie stark die Analyse davon geprägt wird. Das gesamte Textmuster ist z. B. bei bestimmten literarischen Genres oder bei Textmustermischungen betroffen, die ihre Wirkung v. a. aus Abweichungen beziehen. Die Abweichung kann als Stilmittel konsequent über den gesamten Text hinweg durchgehalten werden, wie bei durchgehender Kleinschreibung in bestimmten Texten. Die Abweichungen können auch punktuell als Kontrast zu nichtabweichenden Mitteln eingesetzt werden.

Bei der Erfassung von Stilelementen als einem Arbeitsschritt der Stilanalyse ist immer ihre Funktion im Zusammenhang mit dem Text- und Stilganzen zu sehen. Das gilt auch für Abweichungen. Für das Bewusstmachen der Abweichung und für deren exakte linguistische Beschreibung ist es erforderlich, die betroffene sprachliche Erscheinung genauer zu analysieren. Abweichungen treten in den vielfältigsten Erscheinungsformen auf, es können alle sprachlichen Einheiten (Grapheme, Phoneme, Silben, Morpheme, Einwort- und Mehrwortlexeme, Syntagmen und Sätze, Texte bzw. Textmuster) und entsprechend alle sprachlichen Ebenen betroffen sein. Unsere Zusammenstellung soll auf einige wichtige Abweichungsmuster aufmerksam machen, erhebt aber keinen Anspruch auf Vollständigkeit. Im Übrigen ist gerade bei Abweichungsmustern wegen des Abnutzungseffekts mit einem schnelleren Wandel zu rechnen.

- **Graphische Ebene/phonetisch-phonologische Ebene:**

Zwischen den beiden formalen Ebenen besteht ein enger Zusammenhang, Abweichungen funktionieren oft in wechselseitigem Bezug von Laut- und Schriftsystem (zu den vielfältigen Erscheinungsformen, zu bevorzugten Textsorten und Wirkungspotenzen vgl. auch DITTGEN 1989). Bei *SAIÄNS-FIKTSCHEN,* einem Buchtitel von Franz Fühmann, ist z. B. die für das Fremdwort *Sciencefiction* (nach alter Rechtschreibung: *Science-fiction*) übliche Phonem-Graphem-Zuordnung verletzt. Mit der verfremdeten Schreibung werden auf äußerst komprimierte und effektive Weise mehrere Informationen vermittelt: Der Autor bekennt sich in gewisser Weise zum bekannten Genre, zugleich signalisiert er eine gewisse Distanz dazu bzw. schafft ein eigenes Genre; dessen Gesetzmäßigkeiten kann er selbst bestimmen, und nur ihnen ist er verpflichtet (vgl. Klappentext). Darüber hinaus lässt die abweichende Schreibung Sinn für sprachspielerische Effekte erkennen. In einem anderen Beispiel wurde anstelle der üblichen Buchstabenschreibung die phonetische Umschrift gewählt: Die Automarke *daewoo* wurde bei Einführung des Produktes über Werbeanzeigen und Werbeplakate zunächst nur in der Lautschrift als *[de.ju:]* vermittelt. Damit wurde zugleich Spannung erzeugt und über die richtige Aussprache eines noch ungewohnten Firmen- und Produktnamens informiert.

Mit der Homophonie wird auf dem Werbeplakat einer Leasing-Firma gespielt: *Über uns least man nur Gutes,* was die komprimierte Vermittlung verschiedener Botschaften mit nur einer Form erlaubt.

Beliebt ist auch der Ersatz ganzer heimischer oder fremder Morpheme durch Elemente anderer Zeichensysteme mit gleichem Lautwert (z. B. in einer Überschrift *100 H$_2$O* für den Künstler Hundertwasser) oder die Verwendung anderer Zeichenelemente statt Buchstaben (Filmtitel *Liebh@ber gesucht. Ein Erotikchat gefällig?; Prozeß*). In den verschiedenen Erscheinungsformen des Rätsels, Buchstabenrätsel (Logogriph), Zahlenrätsel (Arithmogriph), Silbenrätsel (Scharade), Bilderrätsel (Rebus), werden solche Substitutionsverfahren für ein ganzes Genre schon lange genutzt (vgl. auch Textebene).

Nur in bestimmten Fällen lässt sich die Abweichung klar einer Ebene zuordnen. So weist z. B. ein Aufsatz von Gunter Presch, *Über schwierigkeiten zu bestimmen, was als fehler gelten soll* (in CHERUBIM 1980a) durchgehend gemäßigte Kleinschreibung auf. Da das Thema des Aufsatzes nicht die Rechtschreibung ist, kann das Prinzip als Bekenntnis zur Rechtschreibreform gewertet werden, auch als Mittel zur Aufforderung an den Leser, sich selbst ein Urteil über mögliche Schwierigkeiten bei der Texterfassung zu bilden. Kaum Bezug zur phonetisch-phonologischen Ebene haben auch der Verzicht auf Wortzwischenräume, die Majuskelschreibung im Wortinneren (*BahnCard*) und der Verzicht auf Zeichensetzung (Kommas, Anführungszeichen bei wörtlicher Rede) besonders in literarischen Texten.

Mit typographischen Mitteln wie der Hervorhebung von Bestandteilen durch verschiedene Schrifttypen (*SchreIBMaschinen*) oder der Wahl einer bestimmten Schriftart können verschiedene Informationen zugleich bzw. Zusatzinformationen vermittelt werden (z. B. die Konnotation ‚dynamisch' durch Kursivschrift in Texten der Bahn).

Zur graphischen Ebene gehört auch die von der normalen Zeilenanordnung abweichende formale Gestaltung des Schriftbildes, sodass der Text z. B. eine dem Inhalt entsprechende Form erfährt (wie das Gedicht „Die Pyramide" von Ivan Goll).

- **Morphologische Ebene:**

Abweichungen auf der morphologischen Ebene betreffen u. a. das Ignorieren grammatischer Defektivitäten. So wurde z. B. in *Jetzt noch pflegender* (Kosmetikwerbung) der Komparativ eines Partizips gebildet oder in *Gegenwarten* (Titel eines 15-teiligen Theaterprojekts in Cottbus 1999) die unübliche Pluralform. Auf das Spielen mit Morphemen, Wörtern und Wortarten wird im Zusammenhang mit lexikalischen und Wortbildungserscheinungen eingegangen.

- **Syntaktische Ebene:**

Zu den Abweichungen im Satzbau gehören Ellipsen, isoliert nachgetragene Satzglieder und Teilsätze sowie andere Erscheinungsformen des Abweichens von syntaktischen Regeln. Die im spontanen mündlichen Sprachgebrauch, aber auch in geschriebenen Texten fehlerhaft unterlaufenden Brüche in der syntaktischen Struktur (Anakoluthe) oder Satzabbrüche (Aposiopesen) können als Stilmittel bewusst zur Signalisierung gesprochener Sprache eingesetzt werden.

- **Lexikalische Ebene/Wortbildungsebene:**
Aufgrund der verschiedenen formalen und semantischen Eigenschaften von Wörtern bieten sich vielfältige Möglichkeiten für Abweichungen von lexikalisch-semantischen Normen und Erwartungen. Sie reichen von Nichtwörtern als Textbausteine (z. B. bei Christian Morgenstern: *Das große Lalula Kroklokwafzi? Semememi! Seiokrontro – prafriplo: ...*) über die Verletzung der semantischen Kongruenz/Kompatibilität (*Finster war's, der Mond schien helle, als ein Wagen blitzesschnelle langsam um die Ecke fuhr* in einem alten Kindergedicht), über den spielerischen Umgang mit Form- und Bedeutungsidentitäten und -ähnlichkeiten bis zum kreativen Umgang mit Wortbildungsmustern.

Das Spielen mit lexikalischer Mehrdeutigkeit (Polysemie und Homonymie) ist ein beliebtes Mittel besonders in der Werbekommunikation. Auch ganze Textmuster können darauf beruhen (Witz, Wortspiele, Satire): *Sie fahren mit Abstand am besten* (Aufschrift auf Schildern an Autobahnen); *UNSERE KUNDEN SIND DIE GRÖSSTEN* (Werbung eines Modeversands für Übergrößen); *füllbar* (Name eines Geschäfts in der Leipziger Innenstadt, wo man sich in Flaschen verschiedener Form und Größe Wein, Kognak, Likör, Essig, Öl usw. abfüllen lassen kann); *Coca-Cola erfrischt die Familien-Bande.* (Werbeplakat); *Wer die Welt verstehen will ... der muß sie lesen.* (Werbeschild); *Zur ZEIT gibt es keine Alternative.* (Werbefaltblatt)

Fremdwörter bieten sowohl formal als auch semantisch verschiedene Möglichkeiten für funktionale oder spielerische Abweichungen. So spielt Roda Roda in einem „Leitfaden für Reiche" mit Formähnlichkeiten und der semantischen Unmotiviertheit von Fremdwörtern: *... Damit Sie sich nun nicht jeden Augenblick balsamieren, möchte ich Ihnen einige Winke für die Konservation geben ...* Auch die Verwendung bisher nicht integrierter fremdsprachiger Wortteile, Wörter und ganzer Ausdrücke weicht von Erwartungen ab (*livehaftig*).

Vor dem Hintergrund der semantischen und formalen Festigkeit von Phraseologismen bieten sich mit Modifikationen vielfältige Möglichkeiten für stilistische Effekte, besonders in Kurztexten wie Titeln, Auf- und Überschriften in der Werbung und in Presse und Publizistik: *Wie hier in Großpösna hatten die Räumfahrzeuge alle Schieber voll zu tun.* (Bildunterschrift); *Das Gelbe vom Bau* (Werbeaufschrift); *Das schlägt dem Faß die Krone ins Gesicht* (scherzhafte Vermischung von Phraseologismen); *Die erste allgemeine Verunsicherung* (Name einer Musikgruppe in Abwandlung des Eigennamens einer Institution); *Beim Kampf um Sekunden muß alles wie am Schläuchchen klappen* (Überschrift eines Beitrages über einen Wettstreit der Freiwilligen Feuerwehren).

Vergleichbare Verfahren finden sich bei Modifikationen von Zitaten und Titeln: *Edel sei der Mensch, horror und gut* (im Titel eines Theaterprojekts, Cottbus 1999; Anspielung auf eine Gedichtzeile von Goethe); *Und hinter tausend Phrasen eine Welt* (Titel eines linguistischen Aufsatzes; Anspielung auf die Zeile *und hinter tausend Stäben eine Welt* in dem Gedicht „Der Panther" von Rilke); *Mutters Courage* (Filmtitel).
Eine unerschöpfliche Quelle bieten Wortbildungsarten und Wortbildungsmuster mit allen möglichen Erscheinungsformen system- und/oder normverletzender Abweichungen, z. B. okkasionelle Konversionen wie *weil's lätta schmeckt* (Werbung für Margarine der Marke Lätta) oder okkasionelle Kontaminationen wie *anpfiffiger* (Werbung für Sport-Bild); *Der Opsimist* (Titel eines Romans des arabischen Schriftstellers Emile Habibi). Nach dem Vorbild eines einzelnen Wortes kann analog-holistisch ein Okkasionalismus geprägt werden: die besten Blätter des Malers Udo Lindenberg sind nicht Aqua-, sondern *Likörelle* (mit unterschiedlichen farbigen Spirituosen ausgemalte Zeichnungen). Bei überindividuellem Bedarf können solche Muster auch reihenbildend und usuell werden, wie die nach dem Vorbild der Prägung *franglais* vorgenommenen Bildungen *Spanglisch* (für die Vermischung zweier Sprachen und Kulturen im Grenzgebiet zwischen Mexiko und Texas, nach einer Zeitungsmeldung) und *denglisch* für das immer stärker durch das Englische beeinflusste Deutsch (im DUDEN 2000 aufgenommen mit den Angaben „abwertend für deutsch mit (zu) vielen englischen Ausdrücken vermischt"); daneben finden sich auch *Denglitsch* (nach LVZ v. 17./18.10.98) und *Engleutsch* (im Titel einer Publikation von Rudolf Lubeley, Sprechen Sie Engleutsch? Eine scharfe Lanze für die deutsche Sprache). Überhaupt macht man sich in verschiedenen Textsorten gern die expressive Wirkung auffälliger okkasioneller Wortbildungen zunutze: *Wörtersee* als Name eines Spiels (mit wortspielerischem Bezug zu „Wörthersee"); *Sind wir eine Gesellschaft der Ichlinge?* (in einem Buch von Ulrich Beck); *Der Fahrstuhl ... besser gesagt ein „Standstuhl". So nennen ihn inzwischen liebevoll die Angestellten* (LVZ-Bericht über einen ständig defekten Fahrstuhl im Landgericht); *Der Fremdgeher: Eine Ehefrau rechnet ab* (TV-Filmtitel); *Schau von zerliebten Stofftieren* (Zeitungsüberschrift); *Also sprachen Mick Glazer (Buchmodernisierer) und Alfonso Charón und pilcherten los.* (in einer Filmrezension).
Gespielt werden kann mit der durch die usuelle Wortbedeutung geprägten Erwartung und dem Aufbau einer anderen Motivationsbedeutung, wie bei *Uni-Radio für Kopfhörer* (Werbeplakat von Uni-Radio Mephisto) oder bei *Ich bin ein Verlierer* (... von Calcium) in einem Fernseh-Werbespot. Durch Veränderung der Grenzen zwischen unmittelbaren Konstituenten lassen sich Worträtsel wie ‚Bösartigkeit im All' (= Allgemeinheit) erzeugen.
Auch ein Wortbildungsmuster als Ganzes kann Anlass zu spielerischem Umgang sein. So wird in einem Gedicht von Hanns von Gumppenberg (1866-1928) die Neigung zu vielgliedrigen Komposita im Deutschen parodiert:

Sommermädchenküssetauschelächelbeichte
(Den Wortkopplern gewidmet)
An der Murmelrieselplauderplätscherquelle
Saß ich sehnsuchtstränentröpfeltrauerbang;
Trat herzu ein Augenblinzeljunggeselle
in verwegnem Hüfteschwingeschlendergang,
zog mit Schäkerehrfurchtsbittegrußverbeugung
seinen Federbaumelriesenkrämpenhut -
gleich verspürt' ich Liebeszauberkeimeneigung,
war ihm zitterjubelschauderherzensgut!
...

(Aus: Alles Unsinn. Deutsche Ulk- und Scherzdichtung von ehedem bis momentan. 1974, 176 f.)

- **Textebene:**

Abweichungen auf der Textebene reichen von (scheinbarer) Verletzung der Textualitätsmerkmale (z. B. Fehlen elementarer Textbausteine) bis zur Brechung oder Mischung von Textmustern. Als Stilverfahren dient das Abweichen allgemein dem Unikalisieren und Originalisieren bei der Stilherstellung und bewirkt im Gegensatz zum Typisieren, Durchführen als Umgang mit Mustern mit eher konventioneller Wirkung eine unkonventionelle Stilwirkung (vgl. SANDIG 1986; PÜSCHEL 1985). Ist das gesamte Textmuster davon betroffen, liegt Mustermischung oder Musterbrechung vor (vgl. die Analyse einer Werbeanzeige in FIX 1993; die Analyse eines Textes von Thomas Bernhard in PÜSCHEL 1985).
Literarische Genres wie Parodie und Travestie, Witz, Rätsel, Rebus, Anagramm (Buchstabenversetzung) können als Ganzes auf verschiedenen Abweichungsprinzipien beruhen oder sich zumindest teilweise solcher Mittel bedienen (Ambiguität, Metaphorik, Personifikation u. a.). Ebenso nutzen literarische Strömungen wie Expressionismus, experimentelle oder konkrete Poesie eine vom „normalen" Sprachgebrauch abweichende Verwendung sprachlicher Mittel (Buchstaben, Silben, Morpheme, Wörter, Sätze, Textform) bzw. suchen „sprachliche Elemente überhaupt von ihrer Funktionalität als Sinnträger und den Fesseln der Syntax zu erlösen", z. T. unter Verzicht auf jede Aussage oder Mitteilung mit bloßer optisch-akustisch ornamental wirkender Anordnung (von WILPERT 1989, 474). (Zwei Beispiele für eine scheinbare Verletzung der Textualität finden sich im Abschnitt 3.7; zahlreiche Stil- und Textmusterparodien finden sich u. a. bei Raymond Queneau, Stilübungen, Berlin 1983; oder bei Hans Ritz, Die Geschichte vom Rotkäppchen. Ursprünge, Analysen, Parodien eines Märchens, Göttingen 1993.)
Auch die Nutzung einer von den Erwartungen und der konventionellen sozialen Funktion abweichenden Varietät (z. B. Mundart in Texten von Rockgruppen wie BAP, Bläck Fööss) hat Auswirkungen auf den stilistischen Sinn und die

Wirkung. Unter dem Slogan *Arsch huh, Zäng ussenander* (Arsch hoch, Zähne auseinander) hatten z. B. im November 1992 Kölner Mundart-Bands mit überwältigender Resonanz zu Demo und einem Rock-Konzert gegen Rechts eingeladen.

Durch Abweichen von der dominierenden Stilebene kann die Wirkung einer Aussage verstärkt werden: *Jeder Autofahrer hat ein Warndreieck, einen Verbandskasten, einen Erste-Hilfe-Kurs und eine Scheißangst, bei einem Unfall nicht helfen zu können. Aber wo, verdammt noch mal, steht das nächste Notruftelefon!* (Werbeplakat einer Stiftung für die Einrichtung von Notruftelefonen; saloppe Wörter und Wendungen sowie die zeugmatische Verknüpfung bewirken hier besondere Eindringlichkeit.)

4.4 Abweichungen als Fehler

Verstöße gegen instrumentale und situative Normen, die auf Normunkenntnis oder Normunsicherheit beruhen, werden im Allgemeinen als ‚Fehler' bewertet. Die Verletzung von Systemnormen auf den verschiedenen sprachlichen Ebenen lässt sich jeweils auf der Grundlage von Regularitäten des betreffenden Systembereichs beschreiben. Dieses im Grundstudium zu festigende und zu ergänzende Systemwissen wollen wir hier voraussetzen bzw. bei Bedarf zu einer Auffrischung anregen. Die umfangreichen Listen von Fehlerbelegen in den Aufgaben in Abschnitt 4.5 bieten Gelegenheit, das in Phonetik/Phonologie und Graphematik, Morphologie und Syntax, Wortbildung und Lexikologie erworbene theoretische Wissen bei der Anwendung in der Sprach- und Stilpraxis zu überprüfen. Die über die Verletzung von instrumentalen Normen hinausgehenden Verletzungen situativer Normen werden dabei mit einbezogen.

Normdefizite bestehen häufig gleichzeitig auf verschiedenen sprachlichen Ebenen, sodass wir es in der Praxis auch meist mit **komplexen fehlerhaften Texten** zu tun haben. Als Beispiel für die Komplexität von Ausdrucksfehlern soll der Textanfang einer studentischen Hausarbeit zum Thema „Abweichungen von der normalsprachlichen Stilschicht in künstlerischen Erzähltexten" dienen:

> Als erstes erachtete ich es als notwendig, mich über Stilschichten zu informieren, das Wissen über die Stilistik unserer Sprache, welches wir im Seminar Lexikologie vermittelt bekamen, erschien mir für meine Jahresarbeit doch etwas sehr dürftig. Zu der gelesenen Literatur fertigte ich mir Konspekte an, die ich dann auswertete und für einen theoretischen Teil meiner Arbeit verwandte. Die meiste Zeit nahm jedoch das Lesen des Romans in Anspruch, denn hier galt es, nicht einfach nur zu lesen, sondern auf Stilschichten zu achten, auf Abweichungen von der Normalsprache. Die ersten 50 Seiten auf Stilschichten zu untersuchen, fiel mir sehr schwer (...). Später fiel es mir schon leichter, da sich in mir ein Gefühl für normalsprachliche Abweichungen entwickelte...

Der vorliegende Anfang einer wissenschaftlichen Seminararbeit stellt den ersten Versuch des Verfassers (die maskuline Form soll hier als die allgemeine, geschlechtsunspezifische Form verwendet werden) dar, eine sprachliche Problematik wissenschaftlich zu erfassen und in der Form eines wissenschaftlichen Aufsatzes darzulegen. Dieser erste Versuch schlug fehl. Die Gründe für das Misslingen wollen wir im Folgenden kurz anreißen. Ganz pauschal kann festgestellt werden, dass die Erwartungen, die die Sprachgemeinschaft an einen wissenschaftlichen Text stellt, nicht erfüllt wurden (vgl. dazu auch die funktionalstilistische Analyse in 3.1). Konventionalisierte Formen zur Bewältigung einer spezifischen Kommunikationsaufgabe wurden hier nicht berücksichtigt. Der Verfasser verfügte bei diesem Versuch also noch nicht über das nötige Interaktionswissen, speziell über das Textmusterwissen (zu den in die Textproduktion und -rezeption einzubringenden Wissensvoraussetzungen vgl. auch Abschnitt 1.2.3), sodass es zu Abweichungen vom Musterhaften in allen drei prototypischen Grundelementen des Textmusters, in der Textproposition, Textillokution und Textlokution, gekommen ist.

Zur Textproposition: Der Verfasser nähert sich dem Thema in einer sehr weitgreifenden Weise aus seiner individuellen Situation heraus, was für die Abhandlung der Problematik keinerlei verallgemeinerbaren Aussagewert hat: Wie er die im Unterricht vermittelten Kenntnisse einschätzt, ist irrelevant. Dass er Konspekte zur Sekundärliteratur anfertigte, ist eine Selbstverständlichkeit im wissenschaftlichen Arbeiten, die keiner besonderen Erwähnung bedarf. Dass er für das Lesen der Primärliteratur viel Zeit benötigte und Schwierigkeiten bei der Erfassung des Belegmaterials hatte, ist ebenso nicht von Interesse, es sei denn, er beschreibt genau und verallgemeinernd, worin diese Schwierigkeiten im Umgang mit dem sprachlichen Material bestehen.

Zur Textillokution: Durch die Einbeziehung individueller Probleme der Bearbeitungsphase in die Abfassung der wissenschaftlichen Arbeit gewinnt der Text eher einen erzählenden Charakter, d. h., das Thema wird narrativ entfaltet, während in diesem Teiltext (Einleitung) eine deskriptive thematische Entfaltung angemessen wäre. Der narrative Charakter zeigt sich auch in der Verwendung des erzählenden Präteritums statt des zu erwartenden generellen Präsens für eine wissenschaftliche Darstellung.

Zur Textlokution: Die Tempusverwendung stellt somit schon eine Abweichung vom Formulierungsmuster/Stilmuster dar. Die betont individuelle, subjektive Sichtweise äußert sich auf dieser Ebene der Lokution insbesondere in der Wortwahl: *dürftig* (= umg. abwertend nach WDG), die Partikel *einfach* (= umg. nach WDG). Damit zeigt sich zugleich, dass der Verfasser, obwohl die Stilschichtenproblematik Gegenstand der Arbeit ist, im eigenen Text auch noch nicht bewusst und angemessen damit umgehen kann.

Das Stilmuster wissenschaftlicher Texte ist geprägt durch wissenschaftliche Terminologie (als musterprägendes Stilelement) und Exaktheit in der Wortwahl. Dagegen verstoßen *Stilistik unserer Sprache* (gemeint ist: *mögliche stilistische*

Prädispositionen von Wortschatzelementen für die Verwendung im Text oder auch einfacher *stilistische Potenzen der Sprache/des Wortschatzes*), *Abweichungen von der Normalsprache* und *normalsprachliche Abweichungen* (in beiden Fällen sind *Abweichungen von der normalsprachlichen Stilschicht* gemeint). Zum Stilmuster der Textsorte ‚wissenschaftlicher Aufsatz' im Deutschen gehört außerdem eine eher unpersönliche Ausdrucksweise. Auch wenn diese Stilnorm nicht verabsolutiert werden sollte und Wandlungen im Stilmuster zu beobachten sind, ist hier doch die Dichte des Personalpronomens *ich* bzw. der entsprechenden Flexionsformen *mir, mich* (allein in diesem Ausschnitt 9-mal; dazu kommen noch *wir* und *meine*) unangemessen.

Der analysierte kurze Textausschnitt kann eine Vorstellung davon vermitteln, mit welch hohem Aufwand Beurteilungen und Überarbeitungen von Texten verbunden sind. Die Lehramtsstudenten seien in diesem Zusammenhang auch auf die entsprechenden Lehrinhalte im Bereich der Didaktik des Deutschunterrichts verwiesen.

4.5 Aufgaben

⇨ **1.** Bestimmen und beschreiben Sie die folgenden Tropen und Figuren (ziehen Sie dazu die Übersicht im Abschnitt 2.5 heran). Sammeln Sie in geeigneten Texten (Belletristik, Werbekommunikation, Presse/Publizistik, Politik) eigene Belege für Tropen und Figuren.

1. Demokratie braucht Bildung – Bildung braucht Demokratie! (Thema einer Landeskonferenz der GEW Sachsen)
2. die siebenhäutigen Knollen (Zwiebeln)
3. „Hallo, mein Name ist Joschka. Ich habe das Gymnasium abgebrochen, die Lehre geschmissen und bin bei Opel rausgeflogen. Jetzt bin ich Außenminister." (aus einer Werbung für das Wirtschaftsmagazin „Bizz", in dem es um „Selbstmarketing" geht; Ausstrahlung als Hörfunk-Werbespot mit einem Imitator von zwei ARD-Sendern abgelehnt)
4. Leipzig setzt auf den Löwen. Peugeot setzt auf Leipzig. (Werbeaufschrift)
5. Die Auslegung des Alltags. Der Alltag der Auslegung. (Titel eines Buches von H.-G. Soeffner)
6. Als die Weimarer Republik starb, war ich ein Kind. Als das Tausendjährige Reich starb, war ich ein Jüngling. Als der Sozialismus starb, war ich ein Mann. Und wenn das nun Kommende stirbt, werde ich schon nicht mehr sein. (Heiduczek)
7. Mißachtet ein Dichter sein Volk, wird er bestraft. Mißachtet ein Volk seine Dichter, wird es auf Dauer nicht glücklich. (Heiduczek)
8. Wer die Angst nicht kennt, weiß nicht, was Mut ist. Und wer die Welt nicht kennt, weiß nicht, was Heimat ist. (Heiduczek)
9. Stiefmütterchen – den „Frühling pflanzen" für Beet und Balkon (Werbeanzeige)
10. Mit silbergrauem Dufte war das Tal der Dämmerung erfüllt.

11. Nicht ganz unkomplizierte Steinböckin, ... (Kontaktanzeige)
12. Kluge, lebendig-ruhige, spontane ... Frau ... (Kontaktanzeige)
13. Es dreht sich nicht zurück, das vielzitierte Rad der Geschichte.
14. Es wird erzählt von der witzigen Torheit, der schlauen Dummheit und der übergesitteten Verderbtheit einer untergehenden Gesellschaft.
15. Nachrichten aus Mecklenburg-Vorpommern, Deutschland und der Welt (Ostseewelle)
16. Lämmchen bekommt Rätsel zu raten. (Fallada)
17. Ich heiße Müller und Sie herzlich willkommen.
18. Geld erwerben erfordert Klugheit. Geld bewahren Weisheit. Geld richtig auszugeben ist eine Kunst. (B. Auerbach)
19. Von Tokio verlangt Washington weitere regierungsamtliche Maßnahmen zur drastischen Beschränkung japanischer Importe in die USA.
20. Noch eine zweite Aufgabe verlangt höchste Aufmerksamkeit: der Forstschutz. Wo viel Bruchholz liegt, ist der Borkenkäfer nicht weit. Daher holen sich etliche Einwohner auf Forstschutzlehrgängen die nötigen Kenntnisse, um die geflügelte Gefahr rechtzeitig zu erkennen.
21. Du siehst sein Alter, aber seine Falschheit siehst du nicht. (Seeger)
22. Auch jetzt war er nicht unfreundlich und sein Griff war nicht fest. (Böll)
23. Gardinen sind die Wimpern an den Augen Ihrer Wohnung (Werbezettel)
24. Ich warte schon eine Ewigkeit auf Euch!
25. Daraus kann nimmer, nimmer Gutes kommen.
26. Er lauert auf einen Gedanken. Der Gedanke steckt den Kopf um die Ecke, zögert noch, zögert lange, aber endlich kommt er näher. Er kommt! Macht noch einen einzigen Schritt, einen winzigen Schritt, dann schnappt die Falle zu, dann ist er ausgedacht, und ein Mann schlägt ihn ans Papier. Robert Iswall wartete an diesem Morgen fast zwei Stunden auf die erste Beute. (H. Kant)
27. Willst, feiner Knabe, du mit mir gehn?
Meine Töchter sollen dich warten schön;
Meine Töchter führen den nächtlichen Reihn
Und wiegen und tanzen und singen dich ein. (Goethe)
28. Was auch immer die Lehrer zu bemängeln hatten, Diederich kannte seinen Vergil auswendig. (H. Mann)
29. Zollsekretär – jawoll. Aber ein Zigarrenmacher, ein Sozi, ein Roter, ein Knallroter sogar ... puh!

⇨ **2.** Beschreiben Sie, worauf im folgenden Text die Wirkung beruht. Beziehen Sie die Textsorte mit ein.

Bedingung

Der Geburtstag steht vor der Tür. Vorsichtig fragt er bei ihr an. Sie steuert direkt auf das Ziel zu. „Herbert, ich wünsche mir nichts weiter als einen Nerz!"
Er nickt. „Aber nur, wenn du den Stall sauber hältst und ihn alle Tage fütterst."

⇨ 3. Einige Sketche des Komikers Karl Valentin beruhen darauf, dass ein Partner die GRICEschen Konversationsmaximen verletzt. Weisen Sie das am Beispiel des bekannten Sketches „In der Apotheke" nach (vgl. dazu auch WOLF 1993; FIX 1996b).

⇨ 4. Sammeln Sie in Texten verschiedener Kommunikationsbereiche Belege für funktional bzw. stilistisch bedingte Abweichungen auf der graphischen, phonetisch-phonologischen, morphologischen, lexikalischen, syntaktischen und textuellen Ebene (vgl. Abschnitt 4.3.3).

⇨ 5. Die folgenden Sätze enthalten Verstöße gegen sprachlich-kommunikative Normen auf den verschiedenen Ebenen des Sprachsystems. Ein großer Teil der Belege stammt aus Pressetexten, d. h. von professionellen Schreibern.
Beschreiben Sie den Normverstoß genau nach der betroffenen Erscheinung, erörtern Sie ggf. Ursachen (z. B. Entwicklungstendenzen der deutschen Gegenwartssprache; Unsicherheiten, die in der Beschaffenheit des Sprachsystems angelegt sind, z. B. durch Form- und/oder Bedeutungsähnlichkeiten, Defektivitäten) und korrigieren Sie die Formulierung.
(Ziehen Sie Hilfsmittel wie Bedeutungswörterbücher, Grammatiken, den Rechtschreib-Duden sowie weitere Bände der Duden-Reihe, besonders den Band „Richtiges und gutes Deutsch" heran.)

1. Schon da testeten sie immer mal ihren Faible fürs Volkstümliche.
2. Wieder einmal hat das erfolgreiche Pop-Duo einen Weg gefunden, um über ihr Privatleben auf sich aufmerksam zu machen.
3. Ganz von seiner weihnachtlichen Seite zeigt sich derzeit die erzgebirgische Kleinstadt Schwarzenberg.
4. Nur das seine eigenen Kinder dabei zu kurz kommen, bedauert der dreifache Familienvater.
5. Das Nachbarland Österreich bietet Job suchenden in der kalten Jahreszeit eine neue berufliche Perspektive.
6. Wir bitten Sie, sich warm anzuziehen und danken für Ihr Verständnis. (Aushang)
7. Um so heftiger wurde dafür ausserhalb der Tagungsräume und in den Pausen diskutiert.
8. Zu Beginn ihrer Tagung gedachten die Stadträte ihrem langjährigen Kollegen Siegfried M. (CDU), der vor wenigen Tagen verstorben war.
9. Den Weißstörchen nimmt sich die Sendung „In Sachen Natur" an.
10. Sie sind in diesem Moment nicht nur in einem Abteil eingeschlossen, sondern ebenso in einem Unterwasser-Tunnel, über dem die befahrendste Schiffahrtsstrecke der Welt liegt.
11. Zum Tanzen aufgefordert, blieb die Handtasche allein am Tisch zurück.
12. Erdrosselt und eingewickelt in einen Teppich, findet die Polizei die Leiche. (Fernseh-Moderation)
13. Dem Mann wurden eine Blutprobe und der Führerschein abgenommen.
14. Diese Ex-Funktionäre sollen innerhalb der CDU weder auf Europa-, Bundes- oder Landesebene keine Mandate erringen dürfen.

15. Betreten Unbefugter verboten!
16. Heute für den öffentlichen Publikumsverkehr geschlossen
17. Ein Teil der Arbeiten können auch gekauft werden.
18. In Leipzig wurden sie bei einem Rundgang von Bürgermeister R. A. und dem zuständigen Architekt B. S. mit dem Fortgang der Arbeiten in diesem Gründerzeitgebiet vertraut gemacht.
19. Wir sind in der Lage, Ihnen ein lukratives Angebot machen zu können.
20. Die 7. Vernissage seit 1991 wurde am Mittwochabend in der Schalterhalle der Postbank Leipzig in der Prager Straße eröffnet ... Die Vernissage ist täglich von 9 bis 17 Uhr geöffnet.
21. Die Schauspielerin spielte sowohl Theater als auch in etwa hundert Filmen mit.
22. Ist der Käse schön gebräunt und die Sauce kocht, dann ist die Lasagne servierbereit. (Zubereitungsempfehlung)
23. Sie sind aus einem anderen Kaliber geschnitzt. (Fußball-Kommentar)
24. Dort bat die Betrügerin mit dem alten Gaunertrick nach einem Glas Wasser.
25. Schlimm, daß die Raser nur selten mit Argumenten zu überzeugen sind. Scheinbar führt bei ihnen nur der Weg über die Geldbörse zum Gaspedal.
26. 50 Stunden und 24 Minuten nach der rätselhaften Attacke erlag das Mädchen ihren schweren Kopfverletzungen, teilte die Polizei gestern mit.
27. Mit einem besonderen Angebot erweisen die Mitarbeiter dieses Ladens dem aktuellen Ereignis ihre Referenz.
28. Zahnärztliche Praxisauflösung (Zeitungsanzeige)
29. Als Mitglied des Fördervereins tragen Sie mit Ihrer Beitragzahlung am Bestehen und dem Ausbau des Vereins bei.
30. Man wird sich an diese Zeit zurücksehnen.
31. Das ist m. E. nach problematisch.
32. Dann entschloß ich mich für eine Umschulung.
33. Die Zimmer sind immer noch etwas sporadisch.
34. Doch schon die ersten Szenen des nachfolgenden Films haben mich bewegt, doch im 2. Programm zu bleiben. (Leserbrief)
35. Es muß genau erwägt werden ...
36. „Wir gehen in diesem Fall besonders hart vor, weil die Verbraucher grob getäuscht werden", begründet Justitiar D. die heftigen Reaktionen.
37. „Es ist unerhört, daß jemand in Frankreich versucht, das Recht auf unseren Staatsnamen zu reklamieren", empörte sich Wirtschaftsminister P. B. in Montana.
38. „Henri Maier war schon dreimal bei uns", freut sich Feilhauer.
39. „Es macht mir Spaß, da merke ich gar nicht so, wie die Zeit vergeht", ist sie mit sich und ihrem Sport zufrieden.

⇨ 6. Auch angehende und sogar gestandene Germanisten und andere Wissenschaftler produzieren mitunter Abweichungen von sprachlichen Normen (als ‚Ver-Leistungen', aber leider auch häufig als Fehler), wie die folgenden Beispiele zeigen (zum Teil stammen sie von Nichtmuttersprachlern). Beschreiben Sie jeweils die Abweichung, erörtern Sie mögliche Ursachen und korrigieren Sie.

1. Die genauen Konsultationstermine für Studenten, die bei mir ihre Staatsexamens- und Magisterarbeiten ablegen möchten, werden in persönlicher Absprache in meiner Sprechstunde festgelegt. (Aushang)
2. Auch der im Rahmen des öffentlichen Abendvortrags durch Prof. Dr. E., dem besten Kenner des mitteldeutschen Känozoikums, präsentierte historische Streifzug fand bei den Besuchern überaus großes Interesse.
3. Auch das in den historischen Räumen der Moritzbastei der Universität stattgefundene gesellige Beisammensein ... Das innerhalb einer Sitzungsreihe stattgefundene Vortragsprogramm ...
4. Zwar werden von keinem bundesdeutschen Autoren Unterschiede in Teilbereichen des Wortschatzes geleugnet ...; ... um einen Autoren aus der DDR zu zitieren ... (aus einer linguistischen Veröffentlichung)
5. ... die beabsichtigte Wirkung, die dem Rezipient zu verstehen gibt ... (aus einer Hausarbeit)
6. Es wirken beschreibende und erklärende Elemente ineinander über (aus einer Klausur)
7. ... bei den aus der Psychologie entwendeten Begriffen ... (aus einem Vortrag)
8. Amtsdeutsch ... ist für den größten Teil der Bevölkerung nicht zu verstehen und wirft Unsicherheiten und Ängste hervor.
9. Trotzdem gibt es Gemeinsamkeiten, sobald es sich um die Klassifizierung der semantischen Sachgruppen geht.
10. Mit Überwachungsmonitoren und Buchkontrollen versuchen die Mitarbeiter der Unibibliothek den Diebstählen Herr zu werden.
11. Zudem findet vierzehntägig der Germanistenstammtisch statt, ...
12. Es klingt wie ein Hilferuf an die Menschheit, sie sollen nicht vergessen, ihren Verstand zu gebrauchen.
13. Die Vergangenheit mit ihren guten und schlechten Erfahrungen ist uns oft ein Klotz am Bein, welches weiter in die Zukunft gehen möchte.
14. Die Vergangenheit selbst ist nicht hemmend, erst wenn wir sie durch unsere Gedanken in den grauen Käfig der Negativität und Reue einsperren, wird sie zum Hemmschuh der weiteren Entwicklung.
15. Gleichwohl der Autor im weiteren Verlauf des Textes die Erkenntnis zur Einsicht unterstellt, kommt er zu dem Schluß, ...
16. ... hinken vor allem „textimmanente Beschreibungsansätze" vieler Strukturalisten an einer zu starken Textorientierung ...
17. Ich bedanke mich voraussichtlich bei Ihnen.

18. Die neue Ausstellung wurde von der Öffentlichkeit mit großem Interesse aufgenommen. Erstmals im Laufe der vergangenen 20 Jahre wurde ein Wachstum an Einzelbesuchern festgestellt.

(Für die zahlreichen in Klausuren und Hausarbeiten in schöner Regelmäßigkeit zu findenden orthographischen Fehler, wie *sallopp, agenzabgewandt, Intelekt, Possesivpronomen, Annakoluth, Methonymy, ethymologisch*, und entstellten Termini, wie *Kopulationskompositum, sexueller Sprachgebrauch, Epilepse* (als Pendant zur Prolepse), wollen wir vorsichtshalber keine weiteren Belege anführen!)

⇨ 7. Entscheiden Sie in den folgenden Belegen, ob die Normabweichung auf fehlerhaften bzw. unangemessenen Sprachgebrauch zurückgeht oder als bewusstes Stilmittel intendiert ist. Beschreiben Sie die Art der Abweichung genauer. Worin besteht bei den intendierten Abweichungen der Mehrwert (vgl. dazu Abschnitt 4.3)?

1. „Man hat nicht mehr diese Angst des Unbekanntes" (Titel eines Buches von Susanne Wokusch mit dem Untertitel: Aspekte des Erwerbs und der Verwendung einer Fremdsprache mit Beispielen aus dem Gebrauch des Deutschen durch frankophone Lernende, Bochum 1994)
2. Ich wurde in dem schönen Städtchen W. geboren. (aus einem Lebenslauf)
3. Nach der Lehre hatte ich keinen Bock mehr, in meinem Beruf weiterzumachen. (aus einem Bewerbungsschreiben)
4. Ihr lest hier Kartoffeln und keine Zeitung! (Strittmatter)
5. Mit der Dessauer Ausstellung nun prallten die Gegensätze heftig aufeinander: die beißende Braunkohlenluft in der Nase, wurde das Auge geblendet von lichtgleißenden Stellwänden. (aus einem Zeitungsbericht)
6. Obwohl schlicht gekleidet und nur dezent geschminkt, hat der Betrachter das Gefühl: das ist eine außergewöhnliche Frau. (aus einem Zeitungsbericht)
7. Soll ich einen Schlußstrich und zu meiner Mutter ziehen? (aus einem Leserbrief)
8. Auch den bisweilen ans Unseriöse grenzenden Einwürfen P.s wurde er nicht Herr, verlor immer wieder die Fassung. (aus einem Zeitungsbericht)
9. Private Vorsorge: Je früher, desto clever. (Werbeblatt einer Bank)
10. Auf dem blauen Planet ist wohl alles zu spät ... (aus einem Liedtext von Udo Lindenberg)
11. Wer ohne gültige Fahrkarte erwischt wird, zahlt 60.- DM. .... Vergessen gilt nicht! (Aushang in RegionalExpress-Zügen seit 1999)
12. Ein Volk, das solche Boxer, Fußballer, Tennisspieler und Rennfahrer hat, kann auf seine Universitäten ruhig verzichten (auf einem Plakat von Klaus Staeck)

⇨ **8.** Welche Probleme hatten Sie beim Erkennen und bei der Beurteilung der Normabweichungen in den Aufgaben 5., 6. und 7.? Versuchen Sie Ihre Erfahrungen zu verallgemeinern (z. B. für die Arbeit im muttersprachlichen Unterricht, im Unterricht DaF). Ergänzend können Sie hier KELLER 1980 heranziehen.

⇨ **9.** Welche Absicht könnte Karl Valentin mit dem folgenden Text verfolgt haben?

Weshalb sind Optimisten kluge Menschen?
(Eine allgemeinverständliche Untersuchung)
Wenn zur wissenschaftlichen Abhandlung von Opti- und Pessimismus ein nur geringer Abstand in ein, oder besser gesagt, vergleichswidrigen Weise einschneidende Bedingungen gezogen werden sollten, so könnte man in Verlegenheiten absoluter Eindeutigkeitsformen einen Vergleich von eminenten Störungen charakteristischer Persönlichkeiten geben, wie dieselben schon in Urformen geistiger Kapazitätskuriositäten mehr oder weniger Bedeutung zum Ausdruck gebracht haben, ohne eine Weltumsichtigkeitsparallele in vollem Einklange von Individualitätszirkulationen der Zentralstätte der menschlichen Gesinnungsprinzipien den Einschlag in höhere Dimensionen seitens der Struktur männlicher und weiblicher Wesen zu demittieren.
Spinoza und Nietzsche waren schon der konträren Meinung, daß Strahlen der ausgedehnten Zellenstaathormone keinerlei Anhalt geben, die Gehirn und Seelengleichheiten gleichgeschalteter Pygmäen von Spannungszentralen einer Wechselwirkung unterliegt, die bei den Pessimisten und Optimisten zu Tage treten und einige Klugheit bei den einen wie bei den andern Charakterindividuen in Erscheinung treten lassen, die Wissenschaft von heute immer vor ein unlösbares Problem stellen. Und so kann man nun ruhig annehmen, daß das Problem zur Erforschung, ob Optimismus die Schlußfolgerung zur Klugheit bindet, als gelöst und zwar als ungelöst erscheint.
(Aus: Alles Unsinn. Deutsche Ulk- und Scherzdichtung von ehedem bis momentan. 1974, 208f.)

⇨ **10.** Bei folgendem Text handelt es sich um eine Textmustermischung.
Weisen Sie diese anhand der Textproposition, -illokution und -lokution nach. Welche Textfunktion dominiert?

Der Traumpartner für Ihre Füße: Natürl. Typ, gutaussehend, in gehobener Position, m. Hang z. Bequemlichkeit, su. Partner f. langandauernde Zweierbezhg.

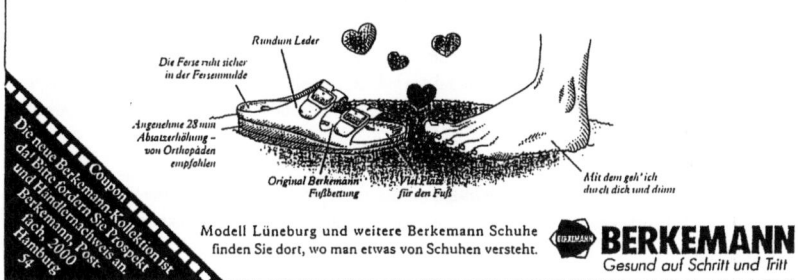

⇨ **11.** Auch in dem folgenden Text wurden zwei Textmuster gemischt. Beschreiben Sie diese Textmustermischung.

Siehe, ich mache alles neu!
Ich bin der Anfang und das Ende.
_{Offenb. 2.1.}

Bildung

* irgendwann im alten Athen † 1997/98

In tiefer Trauer und Dankbarkeit nehmen wir Abschied von ihr.

1, 808 Millionen Studentinnen und Studenten der Bundesrepublik Deutschland im Wintersemester 97/98

Die bundesweite Trauerfeier fand in aller Stille bereits am Donnerstag, den 27. November 1997 im Hofgarten vor der Universität Bonn statt. Für die bereits erhaltene Anteilnahme von Politikern und Professoren bedanken sich die Studierenden recht herzlich. Von noch zugedachter Anteilnahme bitten wir aber Abstand zu nehmen.

Anstelle zugedachter Blumen und Kränze bitten wir um eine Spende an die Hochschulen in Deutschland, besonders für Bibliotheken, den Hochschulbau, neue Hörsäle, Computer und Laborplätze, Kennwort: "Lucky Streik".

Bonn und Bochum, zu Beginn des Jahres 1998

(Anzeige im Zusammenhang mit Studentenprotesten, aus: UNICUM. Das Hochschulmagazin, 16. Jg., Nr. 1/ 1998)

⇨ 12. Neben Textmustermischungen begegnen in Alltagstexten auch häufig Textmustermontagen als Stilmittel (vgl. dazu FIX 1997b). Beschreiben Sie, ausgehend von den Begriffen ‚Textmuster' und ‚Montage', an der folgenden Werbeanzeige für ein Medikament diese Art des Umgangs mit Textmustern. Welcher übergeordneten Funktion dient dieser Text(komplex)? (Die Einzeltexte finden Sie nochmals auf den folgenden Seiten)

(Werbeanzeige für Medikament, aus: auf einen Blick, 14/ 2000)

ANZEIGE ANZEIGE

RATGEBER GESUNDHEIT

"Manchmal komme ich nach einer langen Fahrt kaum hoch, so weh tut jede Bewegung." Seit Monaten hat Erwin M. diese Beschwerden. „Es zieht im Bereich der Lendenwirbel und entlang des Schultergürtels, manchmal schmerzen auch die Gelenke in Armen und Beinen." Der Fernfahrer ist kein Einzelfall: Jeder dritte Deutsche klagt über ähnliche Symptome. Doch nur die Hälfte der Betroffenen sucht nach Schätzungen der Spezialisten überhaupt einen Arzt auf. Aber auch bei einer Untersu-

Jeder Dritte in Deutschland ist betroffen

Ein schmerzender Rücken beeinträchtigt unsere Beweglichkeit

Rückenschmerz macht den Alltag zur Qual

chung ist häufig keine eindeutige Ursache für die Beschwerden zu ermitteln. Den chronischen Rückenschmerzen liegt oftmals eine dauerhafte Verspannung der Muskulatur im Schulter- und Rückenbereich zugrunde. Verantwortlich ist vielfach eine einseitige Belastung bestimmter Muskeln, Bänder und Gelenke durch unseren Berufsalltag. Das Wechselspiel von Anspannung und Entspannung fehlt, die Betroffenen verkrampfen sich. Langfristig führt der Zustand der Daueranspannung meist zu Entzündungen und Schmerzen im Bewegungsapparat. Hier hilft in erster Linie ein spezielles Ausgleichstraining. Vor Beginn sollte jedoch vom Arzt abgeklärt werden, ob Schäden an der Wirbelsäule

Bildschirmarbeit gehört zu einer der häufigsten Ursachen für Schmerzen im Rückenbereich

oder den Bandscheiben bestehen. Liegt nichts vor, kann gezielte Gymnastik die verkrampfte Muskulatur wieder lockern. Der erste Schritt fällt schwer, denn fast jede Bewegung ist mit erneutem Schmerz verbunden. Wir empfehlen in diesen Fällen das pflanzliche Medikament Rivoltan (rezeptfrei, nur in Apotheken erhältlich). Sein hochkonzentrierter Wirkstoff Li 174 aus der südafrikanischen Teufelskralle (Harpagophytum procumbens) fördert die Durchblutung der Muskulatur. Die Substanzen in dem Konzentrat wirken entkrampfend und hemmen Entzündungen des Bewegungsapparates. Die schmerzlindernde Wirkung von Rivoltan entfaltet sich nach 10 bis 14 Tagen. Bei längerer, regelmäßiger Einnahme können sich die Rückenschmerzen nachhaltig bessern.

FRAGEN DER WOCHE

Verkrampft?
Bewegung ist ein Gegenmittel

Mal ist es ein ziehender Schmerz im Bereich der unteren Lendenwirbel, mal ein regelrechtes Reißen, das bis ins Gesäß ausstrahlt – Rückenschmerzen treten in vielen Varianten auf. Meist versucht man dann, den Schmerzen durch eine so genannte Schonhaltung zu entfliehen. Häufig kehren die Beschwerden aber nach einiger Zeit wieder. Da solche Symptome oft durch verkrampfte und verspannte Muskeln, Sehnen und Bänder ausgelöst werden, muss die Therapie hier ansetzen. Nicht Ruhe, sondern Bewegung ist dann das richtige Mittel. Zuerst gilt es natürlich, die bestehenden Schmerzen zu lindern. Dabei hilft Rivoltan, das pflanzliche Arzneimittel mit dem hochkonzentrierten Teufelskrallen-Extrakt LI 174.

Rivoltan. Wirkstoff: Teufelskrallenwurzel-Trockenextrakt. Zur unterstützenden Therapie bei Verschleißerscheinungen des Bewegungsapparates. Zu Risiken und Nebenwirkungen lesen Sie die Packungsbeilage und fragen Sie Ihren Arzt oder Apotheker. Lichtwer Pharma AG, 13435 Berlin. www.lichtwer.de

Die südafrikanische Teufelskralle ist vom Aussterben bedroht. Was macht die Lichtwer Pharma AG als Hersteller von pflanzlichen Arzneimitteln, um sie zu erhalten?

LICHTWER PHARMA: In einem einzigartigen Anbauprojekt ist es uns gelungen, die Teufelskralle an ihrem natürlichen Standort zu kultivieren. Dabei wird auf den Einsatz von Dünge- und Pflanzenschutzmitteln vollständig verzichtet.

Was macht Rivoltan zu einem so besonderen pflanzlichen Arzneimittel?

LICHTWER PHARMA: Rivoltan-Filmtabletten enthalten die Wirkstoffe aus der südafrikanischen Teufelskralle in besonders hoher Konzentration. Die Tabletten sind mit 480 mg Teufelskrallen-Extrakt LI 174 versehen. Das erleichtert die regelmäßige Einnahme des Medikamentes – nur zweimal eine Filmtablette täglich reichen für eine optimale Wirkung aus.

Pflanzliche Medikamente wirken nicht sofort. Wird da bei Schmerzen nicht die Geduld der Betroffenen arg auf die Probe gestellt?

LICHTWER PHARMA: In der Tat setzt die Wirkung von Rivoltan erst nach 10 bis 14 Tagen regelmäßiger Einnahme ein. Jedoch wünschen sich viele Menschen ein Medikament, das schonend wirkt. Rivoltan lindert zunächst auf langsame Weise die Beschwerden, dies aber im Einklang mit dem Organismus.

Rivoltan: Wirkstoffe der südafrikanischen Teufelskralle in hoher Konzentration gegen Verschleißerscheinungen des Bewegungsapparates

⇨ **13.** Beschreiben Sie das Textmuster ‚Stellenanzeige'. Inwieweit weicht der Text von den Erwartungen an das Textmuster ab? Folgen Sie der mit der Bewerbung verbundenen Aufforderung und korrigieren Sie den Text.

WIENERS+WIENERS Gmbh Werbelektorat adaptiert übersetzt, redigiert und korregiert 4c und s/wAnzeigen, Sales-Folder, Kataloge, Geschäfts-Berichte, Presseinfos, Präsentationen und CD-Manauls für tausende nahmhafter Werbeagenturen in ganz Deutschland, sowie deren Ableger im Ausland. Um unsre deutschen units zu ünterstützen suchen wir dringend

Korrektoren

mit Erfahrung aus Verlag oder Agentur, die unsere Texte sowohl interpunktions- und ortographiemäßig, als auch grammmatikalisch sicher, schnell und routiniert durchforsten, die aber auch genügend Feingefühl und Diplomatie mitbringen, um ungewollt stilistische Unreinheiten zu überarbeiten. Wenn Sie daß alles noch nicht perfekt können aber lernen möchten und die Grundvorraussetzungen wie Spass an Werbung, Sprachgefühl, Konzentrationsfähigkeit viel Einsatzbereitschaft mitbringen, und es Ihnen nicht schwer fällt sich im Stress wohlzufühlen, dann sollten sie sich als

Volontäre

bewerben. Sie erlernen das korektur lesen: zum Beispiel an Hand von Leporelos für Windeln in blau, rosa und grün, Texte über VKf und DM-Manuals. Nach einem halben Jahr Voluntariat wissen sie den Unterschied zwischen USP und UPS, drucken Quark-x-Press-Dokumente fehlerfrei aus und lesen 1/1 Anzeigen und 135-seitige Broschüren ebenso routiniert, wie ihre Kollegen. Bitte diese Anzeige korrigieren (alte und neue Rechtsschreibung)und bewerben:

**WIENERS+WIENERS GmbH, Gabriela Wieners
An der Strusbek 12b, 22926 Ahrensburg**

(Stellenanzeige für Korrektor, aus: Die Zeit, vom 27.05.1999)

KLEINES LEXIKON TEXTLINGUISTISCHER UND STILISTISCHER GRUNDBEGRIFFE

Akzeptabilität
(nach DE BEAUGRANDE/ DRESSLER)
Einstellung des Rezipienten, einen kohäsiven und kohärenten Text zu erwarten, der für ihn nützlich oder relevant ist

Angemessenheit
Kriterium für die Beurteilung eines Textes im Hinblick auf das jeweilige kommunikative Bedingungsgefüge (Absicht, Situation i. w. S.)

Aptum
‚Schickliches, Nützliches'; Angemessenheit; neben puritas/latinitas (sprachliche Richtigkeit), perspicuitas (Verständlichkeit, Anschaulichkeit), ornatus (Schmuck) und brevitas (Kürze) eine der Redetugenden der antiken Rhetorik

Architektonik
Äußerliche, formale Gliederung eines Textes

Bottom-up-Strategie
(von unten nach oben); datengesteuerte Sprach- und Textverarbeitung, wird oft für empirisches Vorgehen bei der Analyse verwendet

Deixis
Hinweisefunktion von Pronomina oder Adverbien in einem bestimmten Kontext oder in einer bestimmten Situation auf ein in der objektiven Realität existierendes Objekt oder auf einen Sachverhalt, personale, lokale, temporale Bezüge

Epochenstil
Gesamtheit der stilistischen Gemeinsamkeiten in den Texten der Autoren einer bestimmten (literarischen) Epoche

Frame
Wissensrahmen; Alltagswissen über ein zentrales Konzept; typische Zusammenhänge eines Realitätsbereichs, die auch im Gedächtnis in typischen Strukturen gespeichert sind

Funktionalstil
Für einen bestimmten gesellschaftlichen Kommunikationsbereich typische Verwendungsweise sprachlicher Mittel (Stilzüge und Stilelemente); F. der Wissenschaft, des Alltags, des institutionellen Verkehrs/der Direktive, von Presse und Publizistik; umstritten ist ein F. der Belletristik

Funktionalstilistik
Stilauffassung, die von einem korrelativen Zusammenhang zwischen Außersprachlichem (Tätigkeitsbereiche, Kommunikationssituationen, gesellschaftliche Aufgaben) und sprachlichen Gebrauchsweisen (typische Verwendungsweisen von Ausdrucksmitteln des Systems) ausgeht und eine gesellschaftliche Funktion von Stil ansetzt

Gespräch	Originäre Form sprachlicher Tätigkeit; in (natürlicher) mündlicher Kommunikation von mindestens zwei Partnern interaktiv – durch Sprecherwechsel (turn-taking) – hervorgebrachtes Produkt sprachlicher Tätigkeit mit thematischer Orientierung
Gesprächsanalyse	(auch: Dialoganalyse, Diskursanalyse); Bereich der Textlinguistik, dessen Interesse auf die in spontaner mündlicher Kommunikation als Resultate interaktiver Prozesse zwischen den Kommunikationspartnern entstandenen Texte gerichtet ist und dessen theoretische Grundlagen in der ethnomethodologischen Soziologie (Konversationsanalyse) und der Sprechakttheorie zu finden sind
Gesprächsschritt	(auch: Gesprächszug, Turn, Redebeitrag); größte monologische Einheit des Gesprächs/Dialogs, die von einem Partner in der Interaktion produziert wird; (nach BRINKER/SAGER) kommunikative Handlung, die durch sprachliche und/oder nichtsprachliche Handlungen vollzogen wird, mit einem Sprechakt zusammenfallen kann, häufig aber komplexer strukturiert ist; die Funktion des G.s kann initiativ, reaktiv oder initiativ-reaktiv sein
Gesprächssequenz	Kommunikativ-funktionale Einheit innerhalb eines Gesprächs, die eine (meist) konventionalisierte Abfolge von initiativen und reaktiven Gesprächsschritten aufweist, sodass Paarsequenzen entstehen wie Frage – Antwort, Vorwurf – Rechtfertigung/Entschuldigung
Individualstil	Gesamtheit der individuellen Charakteristika in der Verwendung sprachlicher Mittel
Inferenz	Kognitive Operation, mit der ein Textrezipient aus vorhandenen Propositionen neue und mit ihnen verbundene konstruiert; Hinzufügung eigenen Wissens, um eine Textwelt zusammenzufügen
Informativität (nach DE BEAUGRANDE/ DRESSLER)	Ausmaß der Erwartetheit bzw. Unerwartetheit oder Bekanntheit/Unbekanntheit der Textelemente, Informationsgehalt eines Textes
Intentionalität (nach DE BEAUGRANDE/ DRESSLER)	Absicht des Produzenten, einen kohäsiven und kohärenten Text zu bilden, um ein bestimmtes Ziel zu erreichen
Interaktionswissen	Wissen darüber, mit welcher Art von Text, mit welchem Sprachhandlungstyp, mit welcher Formulierung man in einer bestimmten Situation bei einem bestimmten Partner am besten einen Inhalt fassen, am besten sein Kommunikationsziel erreichen kann

Intertextualität	Allseitiger Zusammenhang von Texten; die Verwendung eines Textes, seine Produktion und Rezeption sind von der Kenntnis bereits produzierter oder rezipierter Texte abhängig; jeder Text folgt einem bestimmten Textmuster (typologische I.); ein Spezialfall von I. ist der direkte Bezug eines Textes auf einen oder mehrere andere (referentielle I.)
Isotopie	Von GREIMAS aus der Chemie in die Textlinguistik übernommener Begriff für die Bedeutungsbeziehung zwischen den Lexemen eines Textes, d. h. für den semantisch-thematischen Zusammenhang; Gesamtmenge der Topikrelationen (s. unter Topik) eines Textes; die durch Semrekurrenz (wiederholtes Vorkommen von Semen) und Referenzidentität (Bezug auf ein und dieselbe Erscheinung der Wirklichkeit) miteinander verbundenen Sememe eines Textes bilden Isotopieketten/Topikketten und Isotopienetze; die I. stellt ein wesentliches Charakteristikum der Kohärenz von Texten dar; in der Anzahl der Isotopie-Ebenen spiegelt sich die thematische Komplexität eines Textes. (Anders BUßMANN: Wiederkehr von Wörtern desselben Bedeutungs- bzw. Erfahrungsbereichs in einem Text, z. B. *Arzt, Fieber, Spritze, Honorar*.)
Kernkonzepte	In lexikalisch-semantischen Feldern (d. h. sprachlich) strukturiertes und in diesen Zusammenhängen mental gespeichertes Wissen von der Wirklichkeit
Kohärenz (nach DE BEAUGRANDE/ DRESSLER)	Sinnzusammenhang eines Textes, seine inhaltlich-semantische bzw. kognitive Strukturiertheit (nicht unbedingt sprachlich explizit gemacht); Ergebnis kognitiver Prozesse der Textverwender (Text ergibt erst Sinn durch Interaktion von Textwissen und gespeichertem Weltwissen)
Kohäsion (nach DE BEAUGRANDE/ DRESSLER)	Art, wie die Komponenten des Oberflächentextes vor allem satzübergreifend miteinander verbunden sind, grammatische Beziehungen auf der Textoberfläche
Kollokation	Charakteristische, häufig auftretende Verbindung von Wörtern, deren Miteinandervorkommen gegenseitig erwartbar ist, z. B. *Hund – bellen, dunkel – Nacht*

Kommunikationssituation	Umfasst i. w. S. die durch außersprachliche Faktoren bestimmten Bedingungen der Kommunikation: Tätigkeitssituation (übergeordnete Tätigkeit), soziale Situation (Gefüge der sozialen Parameter wie Alter, Geschlecht, Beruf, Rolle) und Umgebungssituation (sinnlich wahrnehmbare Handlungsfelder)
Komposition	Inhaltliche, innere Gliederung eines Textes
Kontiguität, semantische (nach BRINKER)	In der Sprachkompetenz verankerte Bedeutungsbeziehungen zwischen Wörtern („begriffliche Nähe", „inhaltliche Berührung"), u. a. logisch (begrifflich) begründet: *Niederlage – Sieg, Problem – Lösung*; ontologisch (naturgesetzlich) begründet: *Blitz – Donner, Elefant – Rüssel, Mensch – Gesicht*; kulturell begründet: *Stadt – Bahnhof, Zug – Schaffner, Haus – Türen, Krankenhaus – Chefarzt*; Kontiguitätsbeziehungen sind als semantisches Gerüst textkonstituierend; s. auch Isotopie
Konversationsmaximen	Von dem Sprachphilosophen GRICE aufgestellte Prinzipien für als allgemein und vernünftig akzeptierte Anforderungen an effektive Kommunikation, deren oberstes Prinzip nach GRICE das Bemühen um Kooperation aller Beteiligten ist; das Nichtbeachten der Maximen (der Quantität, der Qualität, der Relation und der Modalität) gefährdet das Glücken von Kommunikation.
Kulturalität	In Ergänzung der Textualitätskriterien nach DE BEAUGRANDE/DRESSLER von FIX eingebrachter Begriff, der die Kulturspezifik von Textsorten, ihre kulturelle Prägung erfasst. Damit ist 1. die Tatsache gemeint, dass Textsorten Teil eines durch eine bestimmte Sprach- und Kulturgemeinschaft hervorgebrachten Sprachwissens sind, und 2. das Phänomen, dass Textsorten in verschiedenen Kulturen verschiedene Prägungen haben können.
Makrostilistik	Satzübergreifende stilistische Betrachtung der sprachlichen Mittel im Zusammenhang mit dem Textganzen (z. B. Architektonik, Komposition, auch Stilzüge, Stilverfahren).
Mikrostilistik	Stilistische Betrachtung alles sprachlich potentiell Wichtigen, Wirksamen auf der Ebene des Satzes.
pragmatische Stilistik	Stilauffassung, die Stil als soziales Phänomen, als Realisierung der Intention des Handelns begreift und die Rekonstruktion und Beschreibung von Absichten auf der Senderseite und von Wirkungen auf der Empfängerseite zum Ziel hat (Wer – sagt was – mit welcher Art

von Text – zu wem – zu welchem Zweck – mit welcher Wirkung – wie?); nach dieser Auffassung vermittelt Stil sekundäre Informationen über das handelnde Individuum, über sein Bedürfnis, sich sozial anzupassen oder abzugrenzen, über die Art der von ihm gewünschten Beziehungsgestaltung.

Präsupposition	Selbstverständliche (implizierte) Sinnvoraussetzungen sprachlicher Äußerungen.
Schemata	Generalisiertes (Alltags)Wissen über Abfolgen von Ereignissen in bestimmten sozio-kulturellen Kontexten, z. B. in ein Restaurant gehen, eine Fahrkarte kaufen; auch im Sinne von Frames gebraucht.
Skript	Im Bewusstsein gespeicherte stereotype Handlungssequenz (sozusagen Rollenbuch) für die Ausführung einer häufig wiederkehrenden Handlungsfolge, z. B. Restaurantbesuch, Arztbesuch; Skripts fungieren als globale Muster sowohl für den Vollzug von Handlungen als auch für Erwartungshaltungen und Zuordnungsoperationen beim Textverstehen.
Situationalität (nach DE BEAUGRANDE/ DRESSLER)	Faktoren, die einen Text für eine Kommunikationssituation relevant machen.
Sprechakttheorie (AUSTIN/SEARLE)	Annahme, dass sprachliches Handeln intentional, zielorientiert ist und mit einer Sprechhandlung mehrere Teilakte gleichzeitig vollzogen werden: propositionaler A. (Bezug auf Sachverhalt), illokutiver A. (Sprachhandlung), lokutiver A. (Äußerungshandlung) und perlokutiver A. (Auslösen von Wirkungen).
Stil	Die Art und Weise (das WIE), mit der das Mitzuteilende (das WAS) im Hinblick auf einen Mitteilungszweck (das WOZU) gestaltet wird
Stilelement	Jedes sprachliche Mittel, das in einem Text- und Stilzusammenhang zur Ganzheitlichkeit des Stils beiträgt
Stilfigur	s. unter Tropen und Figuren
Stilistik	Beschäftigt sich mit der konkreten sprachlichen Realisierung an der Textoberfläche, mit der individuellen Umsetzung von Textsortennormen, allg. mit der Herstellung von Stil; als Stiltheorie und als Stillehre verstehbar.

Stilmuster	Zusammenfassender Begriff für verschiedene Arten musterhaft vorgegebener Elemente des stilistischen Codes: das für eine Textsorte typische Formulierungsmuster (Textlokution); globale Muster (im Sinne von Möglichkeitsfeldern) wie Funktionalstile und Stilzüge; die Stilverfahren Durchführen und Originalisieren (als Handlungsmuster für die Stilherstellung); Stilfiguren
Stilverfahren	Typische Operationen, mit denen man einen Text herstellt: Durchführen/Typisieren (durch Fortführen, Wiederholen, Variieren, Entgegensetzen, Hinzufügen) oder Originalisieren/Abweichen (durch bewusstes Abheben, Brechen von Normen, Mischen von Mustern)
Stilwirkung	Beeinflussung des Textrezipienten über das WIE des Mitzuteilenden; auch: Sekundärinformation durch Stil (soziale bzw. pragmatische und ästhetische Information)
Stilzug	(auch: Stilprinzip, Stilmerkmal); Vermittlungsinstanz zwischen Stilelement und Stilganzem; charakteristische Gestaltungsprinzipien eines Text- und Stilganzen, z. B. sachlich, bildhaft, abstrakt, unpersönlich
Superstruktur (nach VAN DIJK)	Abstraktes, übereinzelsprachlich geltendes Schema, das die globale Ordnung eines Textes festlegt und das aus einer Reihe von Kategorien besteht, deren Kombinationsmöglichkeiten auf konventionellen Regeln beruhen, z. B. narrative, argumentative S.
Text	Relativ abgeschlossene mündliche oder schriftliche Äußerung, die in der Regel aus einer inhaltlich und grammatisch zusammenhängenden und intentional/funktional bestimmten Folge von Sätzen besteht; nach dem prozeduralen Textmodell von DE BEAUGRANDE/DRESSLER: kommunikative Okkurrenz, die die 7 Kriterien der Textualität erfüllen muss (s. unter Textualität)
Textbedeutung (nach COSERIU)	Coseriu begründet die Einführung des Begriffs ‚Textbedeutung' (wie auch die des Begriffs ‚Textsinn'→) damit, dass in Texten ein doppeltes semiotisches Verhältnis vorzufinden ist. Die erste semiotische Ebene ist die der Textbedeutung. Die sprachlichen Zeichen, die den Text konstituieren, bedeuten und bezeichnen etwas, was wir verstehen, weil wir die Zeichen und Regeln der verwendeten Sprache kennen. In Fachsprachen z. B. fallen Bedeutungs- und Sinnebene zusammen (Eindeutigkeit).

Textfunktion	Dominierende Funktion eines Textes; senderintentional bestimmte Instruktion an den Empfänger eines Textes, z. B. Informieren, Appellieren; wichtiges Kriterium für die Textklassifikation
Textgrammatik	1. Etappe der Textlinguistik; Erweiterung der Grammatikbeschreibung, indem Texte als satzübergreifende Einheiten (Folgen von Sätzen) gekennzeichnet werden, die prinzipiell dieselben Eigenschaften wie Sätze aufweisen und mit denselben Methoden und Kategorien beschrieben werden können (transphrastischer Ansatz der Textlinguistik); auch allgemein als satzübergreifende Grammatikbeschreibung (z. B. bei WEINRICH)
Textillokution	Die eine Textsorte dominierende Sprachhandlung, z. B. INFORMIEREN, AUFFORDERN
Textklasse	Je nach Klassifikationskriterium/-kriterien verallgemeinernd zusammenzufassende Klasse von Texten, z. B. nach E. U. GROßE aufgrund der dominierenden Funktion: normative Texte, Kontakttexte, gruppenindizierende T., poetische T., dominant selbstdarstellende T., dominant auffordernde T., dominant sachinformierende T. BRINKER unterscheidet nach der Textfunktion Informationstexte, Appelltexte, Obligationstexte, Kontakttexte und Deklarationstexte.
Textlinguistik	Teilgebiet der Linguistik, das sich mit dem Wesen, den Merkmalen und der Klassifikation von Texten sowie mit den Regularitäten der Textproduktion und -rezeption beschäftigt
Textlokution	Die für eine Textsorte typischen, konventionell geregelten Elemente des Formulierungsaktes
Textmuster	Das einer Textsorte zugrunde liegende Muster, das nach prototypischen thematisch-propositionalen, handlungstypisch-illokutiven und stilistisch-formulativen Grundelementen beschrieben werden kann; nach SANDIG: komplexer Sprechakt mit den Teilakten Textproposition, Textillokution und Textlokution; Textmusterwissen ist Teil unseres Alltagswissens
Textproposition	Die einer Textsorte zugrunde liegende Textreferenz und Textprädikation (Aussage über einen Sachverhalt)
Textsemantik	Semantisch orientierter Ansatz der Textlinguistik; Beschreibung semantischer Basisstrukturen als bestimmend für die Einheitlichkeit von Texten

Textsinn (nach COSERIU)	COSERIUS Vorschlag, die Kategorie ‚Textsinn' (wie auch die Kategorie ‚Textbedeutung') einzuführen, beruht auf der Vorstellung, dass Texte von einem doppelten semiotischen Verhältnis gekennzeichnet sind. ‚Textsinn' ist nach diesem Verständnis gegenüber ‚Textbedeutung' eine Inhaltseinheit höherer Art. Das Bezeichnende (die Zeichen und Regeln, die die Textbedeutung repräsentieren) ist Ausdruck, Symbol für einen ‚Sinn', der nicht mit dem Geschilderten zusammenfallen muss, sondern den man erst herauszufinden hat, etwa mit der Frage: „Was hat der Text mir zu sagen?"
Textsorte	Klasse von Texten, die einem gemeinsamen Textmuster folgen (das unter qualitativem Aspekt beschreibbare Textmuster und die unter quantitativem Aspekt erfassbare Textsorte stellen nach dieser Auffassung zwei Seiten einer Erscheinung dar); in einem allgemeineren Verständnis: in einer Kommunikationsgemeinschaft herausgebildete (und somit kulturspezifische) globale sprachliche Muster zur Bewältigung von spezifischen kommunikativen Aufgaben in bestimmten Situationen; entspricht dem Begriff ‚Genre' bei literarischen Texten.
Texttyp	In der Regel analog zu ‚Textklasse' verwendete Bezeichnung für eine theoriegeleitet, im ‚top-down-Verfahren' verallgemeinernd erfasste Gruppe von Texten. Z. B. unterscheidet ISENBERG die Texttypen gnosogene, kopersonale, ergotrope, kalogene, religiotrope und ludophile Texte nach globalen Bewertungskriterien (theoretisch adäquat, interpersonell korrekt, sachlich effektiv, ästhetisch funktional, religiöse Erlebnishaftigkeit vermittelnd, momentane Lusthaftigkeit erzeugend) und nach dem entsprechenden fundamentalen Interaktionsziel (Erzielung eines sozialen Erkenntnisgewinns, Gestaltung zwischenmenschlicher Beziehungen, Bewältigung einer Sachproblematik, Entfaltung der sozialen Phantasie, Vollzug religiöser Daseinsbewältigung und Erzielung eines gemeinsamen Lustgewinns).
Textualität	Texthaftigkeit; nach dem prozeduralen Textbegriff von DE BEAUGRANDE/DRESSLER durch die Erfüllung der Kriterien Kohäsion, Kohärenz, Intentionalität, Akzeptabilität, Informativität, Situationalität, Intertextualität gegeben
Textverflechtung	Inhaltliche und grammatische Verknüpfung von Sätzen auf der Textoberfläche mit sprachlichen Mitteln

Thema-Rhema-Gliederung	Vortextlinguistischer Ansatz der ‚Funktionalen Satzperspektive' der Prager Schule; der Versuch, die Verteilung von Informationen im Satz regelhaft zu erfassen; Thema = das, worüber etwas mitgeteilt wird; Rhema = das, was darüber mitgeteilt wird
Thematische Progression (nach DANEŠ)	Textgrammatischer Ansatz in der Textlinguistik; Übertragung des syntaktischen Strukturierungsprinzips von Thema/Rhema auf Texte; Textfortschritt (Mehr an Information) an der Aufeinanderfolge der Themen zu erkennen; 3 Grundtypen: lineare thematische P., P. mit durchlaufendem Thema, P. mit abgeleitetem Thema
Themenentfaltung (nach BRINKER)	Textsemantischer Ansatz in der Textlinguistik; Textthema als Grundinformation des Textes; Text = Thema (thematischer Kern) + Entfaltung nach bestimmten kommunikativen Grundprinzipien; vier Arten: deskriptiv, narrativ, explikativ, argumentativ
Top-down-Strategie	(von oben nach unten); konzeptuell gesteuerte (erwartungsgeleitete) Sprach- und Textverarbeitung
Topik (nach HEINEMANN/ VIEHWEGER)	Sememe eines Semempaares oder einer Sememkette in unterschiedlichen Sätzen desselben Textes, die durch Äquivalenz, Rekurrenz und Referenzidentität miteinander verbunden sind; bilden Topik- oder Isotopieketten: *Uta ... unsere Lütte ... der Blondschopf ... sie ... ihr (Freund); Fahrer ... Fahrzeugführer ... Verkehrsteilnehmer ... Fußgänger ... Held der Landstraße ... er.* Zwischen den Einzelelementen (v. a. Pronomina, synonymischen, antonymischen und hyperonymischen/hyponymischen Sememen und Paraphrasen) bestehen Verweisrelationen; die Gesamtheit der Topiks/Topikketten eines Textes bildet die Textisotopie.
transphrastisch	Textlinguistischer Ansatz, der eine Analogie zwischen Satz und Text annimmt (Texte als Folgen von Sätzen, die durch syntaktische Mittel verbunden sind; ‚Satzverknüpfungshypothese') und demzufolge Methoden der Satzbeschreibung auf die Textbeschreibung überträgt
Tropen (Sing.: der Tropus od. die Trope) **und Figuren**	Wort- und Stellungsfiguren der antiken Rhetorik; Inventar vom normalen Sprachgebrauch abweichender sprachlicher Mittel, ursprünglich zum Ausschmücken einer Rede, allgemein eines Textes (zur Herstellung des Ornatus); unterschieden nach Figuren des Ersatzes, auch: lexikalischen Figuren (= Tropen) und syntaktischen Figuren
Unikalität	Notwendige Eigenschaft von Texten, resultierend aus der individuellen Umsetzung von Mustern bei der Text- und Stilherstellung

Wissensmodell (nach HEINEMANN/ VIEHWEGER)	Gesamtheit der bei der Produktion und Rezeption von Texten einzubringenden Kenntnissysteme: sprachliches Wissen, enzyklopädisches Wissen (Weltwissen, Sachwissen), Interaktionswissen, Wissen über allgemeine kommunikative Normen, metakommunikatives Wissen, Wissen über globale Textstrukturen
Zeitstil	Gesamtheit der allgemeinen Stilerscheinungen einer bestimmten Zeit (z. B. des frühen 19. Jh.) als mehr oder weniger unbewusst übliche Ausdrucksformen

LITERATURVERZEICHNIS

(Grundlegende Literatur ist mit * gekennzeichnet.)

*ADAMZIK, Kirsten (1995a): Textsorten – Texttypologie. Eine kommentierte Bibliographie. Münster

ADAMZIK, Kirsten (1995b): Dialoganalyse: eine Disziplin auf der Suche nach ihrer Identität. In: Hundsnurscher, Franz/Weigand, Edda: Future Perspectives of Dialogue Analysis (Beiträge zur Dialogforschung, Bd. 8). Tübingen, S. 35-77

*ADAMZIK, Kirsten (2000): Textsorten. Reflexionen und Analysen. Tübingen

AGRICOLA, Erhard u. a. (1987): Studien zu einem Komplexwörterbuch der lexikalischen Mikro-, Medio- und Makrostrukturen. In: Linguistische Studien, Reihe A, 169 II. Berlin

ANTOS, Gerd (1982): Grundlagen einer Theorie des Formulierens. Tübingen

*ANTOS, Gerd/TIETZ, Heike (Hrsg.) (1997): Die Zukunft der Textlinguistik. Traditionen, Transformationen, Trends. Tübingen

ARENS, Rolf/RAHN, Klaus-Dietrich (1990): Deutsch für berufsbildende Schulen. Kommunikation; Textbetrachtung, Textgestaltung; Grammatik, Zeichensetzung, Rechtschreibung; Epochen der deutschen Literatur. Darmstadt

ARGUMENTE GEGEN DAS DEUTSCHLANDLIED. Handreichungen und Materialien zur Geschichte und Gegenwart eines Liedes (1989). GEW Hessen, Frankfurt/M.

ARNOLD, Otfried/MODROW, Hans (1996): Außenansichten. In: Modrow, Hans (Hrsg.): Das Große Haus von außen. Berlin, S. 9-67

AUER, Peter (1989): Natürlichkeit und Stil. In: Hinnenkamp/Selting (Hrsg.) 1989, S. 27-59

AUER, Peter (1992): Introduction: John Gumperz' approch to contextualization. In: Auer, Peter/di Luzio, Aldo (Hrsg.): The Contextualization of Language. Amsterdam, S. 1-38

AUER, Peter (1997): Formen und Funktionen der Vor-Vorfeldbesetzung im gesprochenen Deutsch. In: Schlobinski (Hrsg.) 1997, S. 55-91

*AUSTIN, John L. (1972): Zur Theorie der Sprechakte. Stuttgart

BARTSCH, Renate (1987): Sprachnormen: Theorie und Praxis. Tübingen

BAUMGÄRTNER, Klaus (1959): Zur Syntax der Umgangsprache in Leipzig. Berlin

*DE BEAUGRANDE, Robert-Alain/DRESSLER, Wolfgang Ulrich (1981): Einführung in die Textlinguistik. Tübingen

BEHAGHEL, Otto (1927): Geschriebenes und gesprochenes Deutsch. In: Behaghel, Otto (Hrsg.): Von deutscher Sprache. Lahr i.B., S. 11-35

BEHRMANN, Alfred (1982): Einführung in die Analyse von Prosatexten. Stuttgart

BENEŠ, Eduard (1967): Die funktionale Satzperspektive (Thema-Rhema-Gliederung) im Deutschen. In: Deutsch als Fremdsprache, H. 1, S. 23-28

BERGMANN, Jörg R. (1994): Ethnomethodologische Konversationsanalyse. In: Fritz/ Hundsnurscher 1994, S. 3-16

BERGSDORF, Wolfgang (1996): Wiedervereinigung der Sprache. Einige Bemerkungen zum politischen Sprachgebrauch in Deutschland. In: Böke, Karin/ Jung, Matthias/ Wengeler, Martin (Hrsg.): Öffentlicher Sprachgebrauch. Praktische, theoretische und historische Perspektiven. Opladen, S. 24-37

BETTEN, Anne (1994): Analyse literarischer Dialoge. In: Fritz/Hundsnurscher 1994, S. 519-544

BIEDENKOPF, Kurt H. (1988): Politik und Sprache. In: Heringer, Hans Jürgen (Hrsg.): Holzfeuer im hölzernen Ofen. Aufsätze zur politischen Sprachkritik. Tübingen, S. 189-197

BOOST, Karl (1964): Neue Untersuchungen zum Wesen und zur Struktur des Satzes. Der Satz als Spannungsfeld. Berlin

BRAUNGART, Georg (1991): *Praxis* und *poiesis:* Zwei konkurrierende Textmodelle im 17. Jahrhundert. In: Ueding, Gert (Hrsg.): Rhetorik zwischen den Wissenschaften. Geschichte, System, Praxis als Probleme des "Historischen Wörterbuchs der Rhetorik". Tübingen, S. 87-98

BRESLAUER, Christine (1996): Formen der Redewiedergabe im Deutschen und Italienischen. Heidelberg (Diss. Bamberg)

*BRINKER, Klaus (1988, ^{4}1997): Linguistische Textanalyse. Eine Einführung in Grundbegriffe und Methoden. Berlin

BRINKER, Klaus (Hrsg.) (1991): Aspekte der Textlinguistik. Hildesheim/Zürich/New York

*BRINKER, Klaus/SAGER, Sven F. (1989): Linguistische Gesprächsanalyse. Eine Einführung. Berlin

BURKHARDT, Armin/FRITZSCHE, Klaus Peter (Hrsg.) (1992): Sprache im Umbruch. Politischer Sprachgebrauch im Zeichen von ‚Wende' und ‚Vereinigung'. Berlin, New York

BUTZKAMM, Wolfgang (1989): Psycholinguistik des Fremdsprachenunterrichts. Natürliche Künstlichkeit: Von der Muttersprache zur Fremdsprache. Tübingen

BUTZKAMM, Wolfgang u. Jürgen (1999): Wie Kinder sprechen lernen. Kindliche Entwicklung und die Sprachlichkeit des Menschen. Tübingen und Basel

*BUßMANN, Hadumod (1990): Lexikon der Sprachwissenschaft. 2., völlig neu bearbeitete Auflage. Stuttgart

CHERUBIM, Dieter (Hrsg.) (1980a): Fehlerlinguistik. Beiträge zum Problem der sprachlichen Abweichung. Tübingen

CHERUBIM, Dieter (1980b): Abweichung und Sprachwandel. In: Cherubim 1980a, S. 124-152

*COSERIU, Eugenio (1994): Textlinguistik. Tübingen und Basel

CROCE, Benedetto (1970): Die Dichtung. Einführung in die Kritik und Geschichte der Dichtung und der Literatur. Tübingen

DANEŠ, František (1976): Zur semantischen und thematischen Struktur des Kommunikats. In: Daneš, František/Viehweger, Dieter (Hrsg.): Probleme der Textgrammatik. Studia grammatica XI. Berlin, S. 29-40

DIECKMANN, Friedrich (1991): Deutsche Hymnen. In: Dieckmann, Friedrich: Glockenläuten und offene Fragen. Berichte und Diagnosen aus dem anderen Deutschland, Frankfurt/M., S. 148-163

*DIMTER, Matthias (1981): Textklassenkonzepte heutiger Alltagssprache. Kommunikationssituation, Textfunktion und Textinhalt als Kategorien alltagssprachlicher Textklassifikation. Tübingen

DITTGEN, Andrea Maria (1989): Regeln für Abweichungen. Funktionale sprachspielerische Abweichungen in Zeitungsüberschriften, Werbeschlagzeilen, Werbeslogans, Wandsprüchen und Titeln. Frankfurt a. M./Bern/New York/Paris

DUDEN. DAS GROßE WÖRTERBUCH DER DEUTSCHEN SPRACHE (in 10 Bänden) (1999). Mannheim u. a. (= GWDS)

DUDEN. GRAMMATIK DER DEUTSCHEN GEGENWARTSSPRACHE (1995). Hrsg. u. bearb. von Günther Drosdowski in Zusammenarbeit mit Peter Eisenberg. 5., völlig neu bearb. u. erw. Aufl. Mannheim/Leipzig/Wien

DUDEN. RICHTIGES UND GUTES DEUTSCH. Wörterbuch der sprachlichen Zweifelsfälle (1997). Hrsg. u. bearb. vom Wiss. Rat der Dudenredaktion. 4., auf der Grundlage der amtlichen Neuregelung der dt. Rechtschreibung neu bearb. u. erw. Aufl. Mannheim/Leipzig/Wien/Zürich

EHLICH, Konrad/ REHBEIN, Jochen (1980): Sprache in Institutionen. In: LGL, S. 338-345

ENGEL, Ulrich (1974): Syntaktische Besonderheiten der deutschen Alltagssprache. In: Sprache der Gegenwart 26. Düsseldorf, S. 199-228

ENKVIST, Nils Erik (1972): Versuche zu einer Bestimmung des Sprachstils: Ein Essay in angewandter Sprachwissenschaft. In: Spencer, John (Hrsg.): Linguistik und Stil. Heidelberg, S. 5-54

EPPLER, Erhard (1992): Kavalleriepferde beim Hornsignal. Die Krise der Politik im Spiegel der Sprache. Frankfurt am Main

FEILKE, Helmuth (1994): Common-sense-Kompetenz. Überlegungen zu einer Theorie "sympathischen" und "natürlichen" Verstehens. Frankfurt am Main

FEILKE, Helmuth (1996): Sprache als soziale Gestalt. Ausdruck, Prägung und die Ordnung der sprachlichen Typik. Frankfurt am Main

FEINE, Angelika/SIEBERT, Hans-Joachim (Hrsg.) (1996): Beiträge zur Text- und Stilanalyse. Frankfurt a. M./Berlin/Bern/New York/Paris/Wien

*FIX, Ulla (1991a): Unikalität von Texten und Relativität von Stilmustern. In: BES 10, S. 51-60

*FIX, Ulla (1991b): Stilistische Textanalyse - immer ein Vergleich? In: Brinker (Hrsg.) 1991, S. 133-156

FIX, Ulla (1991c): Vorbemerkungen zu Theorie und Methodologie einer historischen Stilistik. In: Zeitschrift für Germanistik 2, S. 299-310

FIX, Ulla (1992): Stilanalyse – ein Mittel der Erziehung zum Widerspruch? Pragmastilistische Analyse eines Anweisungstextes. In: Deutschunterricht, H. 3, S. 128-136

FIX, Ulla (1993): Die „Gattung Grimm", Andersens Märchen „Das häßliche junge Entlein" und das „Märchen vom häßlichen Dieselein". Ein Textmustervergleich. In: Wellmann (Hrsg.) 1993, S. 113-128

FIX, Ulla (1996a): Textstil und KonTextstile. Stil in der Kommunikation als umfassende Semiose von Sprachlichem, Parasprachlichem und Außersprachlichem. In: Fix, Ulla/ Lerchner, Gotthard (Hrsg.): Stil und Stilwandel. Bernhard Sowinski zum 65. Geburtstag gewidmet. Frankfurt a. M./Berlin/Bern/New York/Paris/Wien, S. 111-132 (= Leipziger Arbeiten zur Sprach- und Kommunikationsgeschichte)

Fix, Ulla (1996b): Text- und Stilanalyse unter dem Aspekt der kommunikativen Ethik. Der Umgang mit den Griceschen Konversationsmaximen in dem Dialog „Das Ei" von Loriot. In: Feine/Siebert (Hrsg.) 1996, S. 53-67

*Fix, Ulla (1997a): Ein Plädoyer für die Text- und Stilanalyse in der universitären Ausbildung. Fünf Gründe. In: Fix/Wellmann (Hrsg.) 1997, S. 273-276

*Fix, Ulla (1997b): Kanon und Auflöung des Kanons. Typologische Intertextualität – ein „postmodernes" Stilmittel? Eine thesenhafte Darstellung. In: Antos/Tietz (Hrsg.) 1997, S. 97-108

Fix, Ulla (1998a): Die Wörter auf dem Papier und die Grammatik in den Köpfen. Zur Textualität und zu Lesarten von „grammatikarmen" Texten. In: Barz, Irmhild/ Öhlschläger, Günther (Hrsg.): Zwischen Grammatik und Lexikon. Tübingen, S. 165-177

Fix, Ulla (1998b): Die erklärende Kraft von Textsorten. Textsortenbeschreibung als Zugang zu mehrfach strukturiertem – auch kulturellem – Wissen über Texte. In: Linguistica XXXVIII, 1. Textsorten in der interkulturellen Kommunikation, S. 15-27

*Fix, Ulla (1999): Textsorte – Textmuster – Textmustermischung. Konzept und Analysebeispiel. In: Pérennec, Marie-Hélène (Hrsg.): Textlinguistik: An- und Aussichten. Cahiers d'études Germaniques 1999/2, No. 37, S. 11-26

*Fix, Ulla (2001): Grundzüge der Textlinguistik. In: Kleine Enzyklopädie Deutsche Sprache. Hrsg. von Wolfgang Fleischer, Gerhard Helbig und Gotthard Lerchner. Frankfurt a. M./Berlin/Bern/New York/Paris/Wien, S. 470-511 (im Druck)

Fix, Ulla/Wellmann, Hans (Hrsg.) (1997): Stile, Stilprägungen, Stilgeschichte. Über Epochen-, Gattungs- und Autorenstile. Sprachliche Analysen und didaktische Aspekte. Heidelberg

Fix, Ulla/Habscheid, Stephan/Klein, Josef (Hrsg.) (2001): Zur Kulturspezifik von Textsorten. Tübingen (im Druck)

Fleischer, Wolfgang (1982): Phraseologie der deutschen Gegenwartssprache. Leipzig

Fleischer, Wolfgang/Barz, Irmhild (1995): Wortbildung der deutschen Gegenwartssprache. Unter Mitarbeit von Marianne Schröder. Tübingen

*Fleischer, Wolfgang/Michel, Georg (1975): Stilistik der deutschen Gegenwartssprache. Leipzig

*Fleischer, Wolfgang/Michel, Georg/Starke, Günter (1993): Stilistik der deutschen Gegenwartssprache. Frankfurt a. M./Berlin/Bern/New York/Paris/Wien

Franck, Dorothea (1980): Grammatik und Konversation. Königstein /Ts.

Franke, Wilhelm (1986): Taxonomie der Dialogtypen. Eine Skizze. In: Hundsnurscher, Franz/Weigand, Edda: Dialoganalysen (Linguistische Arbeitsberichte 176). Tübingen, S. 85-101

Franzke, Michael (1994): Intertextualität im politischen Diskurs. In: Luutz, Wolfgang (Hrsg.): „Das soziale Band ist zerrissen". Sprachpraktiken sozialer Desintegration. Leipzig, S. 204-250

Fritz, Gerd/Hundsnurscher, Franz (1994): Handbuch der Dialoganalyse. Tübingen

Gast, Wolfgang (Hrsg.) (1973, 1987, 1991): Politische Lyrik. Deutsche Zeitgedichte des 19. und 20. Jahrhunderts. Arbeitstexte für den Unterricht. Stuttgart

GEFLÜGELTE WORTE. Zitate, Sentenzen und Begriffe in ihrem geschichtlichen Zusammenhang (1981). Zusammengestellt und kommentiert von Kurt Böttcher, Karl Heinz Berger, Kurt Krolop, Christa Zimmermann. Leipzig

GEIER, Ruth (1996): „Wenn dir Sex schon zum Halse raushängt, versuch's mal mit Politik". Politische Texte und junge Leser. In: Feine/Siebert (Hrsg.) 1996, S. 69-77

GEIER, Ruth (1997): Festreden in sozialistischen Betrieben. In: Barz, Irmhild/ Fix, Ulla (Hrsg.): Deutsch-deutsche Kommunikationserfahrungen im arbeitsweltlichen Alltag. Heidelberg, S. 339-347

GIBAS, Monika (1999): „Auferstanden aus Ruinen und der Zukunft zugewandt ..." Die Metaerzählungen zum 7. Oktober. In: Gibas, Monika/Gries, Rainer/Jakoby, Barbara/ Müller, Doris (Hrsg.): Wiedergeburten. Zur Geschichte der runden Geburtstage der DDR. Leipzig, S. 247-265

GLINZ, Hans (1977): Textanalyse und Verstehenstheorie. 2 Bde. Wiesbaden

*GÖPFERICH, Susanne (1995): Textsorten in Naturwissenschaften und Technik. Pragmatische Typologie – Kontrastierung – Translation. Tübingen

GREIMAS, Algirdas J. (1971): Strukturale Semantik. Braunschweig

GREULE, Albrecht/JANICH, Nina (1997): Sprache in der Werbung. Studienbibliographien Sprachwissenschaft 21. Heidelberg

*GRICE, H. Paul (1979): Intendieren, Meinen, Bedeuten. In: Meggle, Georg (Hrsg.): Handlung, Kommunikation, Bedeutung. Frankfurt a. M., S. 2-15

GRIMM, Jacob und Wilhelm (1991): Deutsches Wörterbuch. Nachdr. Band 12, 6. Band, bearb. von Dr. Moriz Heyne. München

GROHNFELDT, Manfred (Hrsg.) (1989ff.): Handbuch der Sprachtherapie. 8 Bände. Berlin

GROßE, Ernst Ulrich (1974): Texttypen. Linguistik gegenwärtiger Kommunikationsakte. Theorie und Deskription. Stuttgart

GROßE, Rudolf/NEUBERT, Albrecht (1982): Soziolinguistische Aspekte der Theorie des Sprachwandels. Berlin (= Sitzungsberichte der Akademie der Wissenschaften der DDR. Gesellschaftswissenschaften, Nr. 10/G)

GROSSE, Siegfried (1972): Literarischer Dialog und gesprochene Sprache. In: Festschrift für Hans Eggers zum 65. Geburtstag, Sonderheft Beiträge zur Geschichte der deutschen Sprache und Literatur, 94. Band. Tübingen, S. 648-668

GRUNDZÜGE EINER DEUTSCHEN GRAMMATIK (1981). Von Karl Erich Heidolph, Walter Flämig, Wolfgang Motsch u. a.. Berlin

GRÜNERT, Horst (1984): Deutsche Sprachgeschichte und politische Geschichte in ihrer Verflechtung. In: Besch, Werner/Reichmann, Oskar/Sonderegger, Stefan (Hrsg.): Sprachgeschichte. Ein Handbuch zur Geschichte der deutschen Sprache und ihrer Erforschung. Berlin, New York, 29-37

GÜLICH, Elisabeth (1978): Redewiedergabe im Französischen. Beschreibungsmöglichkeiten im Rahmen einer Sprechakttheorie. In: Meyer-Hermann, Reinhard (Hrsg.): Sprechen - Handeln - Interaktion (Konzepte der Sprach- und Literaturwissenschaft 26). Tübingen, S. 49-101

GÜNTHNER, Susanne (1993): "... weil man kann es ja wissenschaftlich untersuchen" Diskurspragmatische Aspekte der Wortstellung in WEIL-Sätzen. In: Linguistische Berichte 143. Hamburg, S. 37-59

GÜNTHNER, Susanne (1995): Stilisierungsverfahren in der Redewiedergabe. Universität Konstanz, Arbeitspapier Nr. 69. Konstanz

*HARTUNG, Wolfdietrich (1977): Zum Inhalt des Normbegriffs in der Linguistik. In: Hartung, Wolfdietrich (Hrsg.): Normen in der sprachlichen Kommunikation. Berlin, S. 9-69

HARWEG, Roland (1968): Pronomina und Textkonstitution. München

HAVEL, Vaclav (1989): Ein Wort über das Wort. Rede in der Frankfurter Paulskirche. In: Frankfurter Allgemeine Zeitung 16. 10. 1989

HEINEMANN, Wolfgang (1974): Zur Klassifizierung von Stilzügen. In: Linguistische Arbeitsberichte 10. Leipzig, S. 57-61

*HEINEMANN, Wolfgang/VIEHWEGER, Dieter (1991): Textlinguistik. Eine Einführung. Tübingen

HELBIG, Gerhard/BUSCHA, Joachim (1984): Deutsche Grammatik. Ein Handbuch für den Ausländerunterricht. Leipzig

HELFRICH, H./WALLBOTT, H. G. (1980): Theorie der nonverbalen Kommunikation. In: LGL, S. 267-275

HELLMANN, Manfred W. (1997): Tendenzen der sprachlichen Entwicklung seit 1989 im Spiegel der Forschung. In: Der Deutschunterricht, 1, S. 17-32

HENNE, Helmut (1977): Gesprächsanalyse - Aspekte einer pragmatischen Sprachwissenschaft. In: Wegner, Dirk (Hrsg.), Gesprächsanalysen. Hamburg, S. 67-88

HENNE, Helmut/REHBOCK, Helmut (²1982): Einführung in die Gesprächsanalyse. Berlin/New York

HINDELANG, Götz (1994): Sprechakttheoretische Dialoganalyse. In: Fritz/Hundsnurscher 1994, S. 95-112

HINNENKAMP, Volker/SELTING, Margret (Hrsg.) (1989): Stil und Stilisierung. Arbeiten zur interpretativen Soziolinguistik. Tübingen

HIRSCHMAN, Albert O. (1992): Denken gegen die Zukunft. Die Rhetorik der Reaktion. München, Wien

HÖHNE-LESKA, Christel (1975): Statistische Untersuchungen zur Syntax gesprochener und geschriebener deutscher Gegenwartssprache. Berlin

HOFFMANN, Michael (1987): Stilzugklassifikation in kommunikativer Sicht. In: Fleischer, Wolfgang (Hrsg.): Textlinguistik und Stilistik. Beiträge zu Theorie und Methode (Linguistische Studien, Reihe A , 164). S. 86-111

HOLENSTEIN, Elmar (1974): Einführung: Linguistische Poetik. In: Jakobson 1974, S. 9-25

HOLLY, Werner (1992): Holistische Dialoganalyse. Anmerkungen zur „Methode" pragmatischer Textanalyse. In: Stati, Sorin/Weigand, Edda (Hrsg.): Methodologie der Dialoganalyse (Beiträge zur Dialogforschung 3). Tübingen, S. 115-39

HOLLY, Werner (1996): Mündlichkeit im Fernsehen. In: Biere, Bernd Ulrich/Hoberg, Rudolf (Hrsg.): Mündlichkeit und Schriftlichkeit im Fernsehen (Studien zur deutschen Sprache Bd. 5). Tübingen, S. 29-40

*HOLTHUIS, Susanne (1993): Intertextualität. Aspekte einer rezeptionsorientierten Konzeption. Tübingen

HOPFER, Reinhard (1992): Christa Wolfs Streit mit dem „großen Bruder". Politische Diskurse der DDR im Herbst 1989. In: Burkhardt, Armin/Fritzsche, Klaus Peter (Hrsg.): Sprache im Umbruch. Politischer Sprachwandel im Zeichen von ‚Wende' und ‚Vereinigung'. Berlin, New York, S. 111-133

HUNDSNURSCHER, Franz (1994): Dialog-Typologie. In: Fritz/Hundsnurscher 1994, S. 203-238

*ISENBERG, Horst (1984): Texttypen als Interaktionstypen. In: Zeitschrift für Germanistik 3, S. 261-270

JAKOBSON, Roman (1960, 1972): Linguistik und Poetik. In: Ihwe, Jens (Hrsg.): Literaturwissenschaft und Linguistik. Bd. 1. Frankfurt am Main, S. 99-135

JAKOBSON, Roman (1962, 1988): „Die Katzen" von Charles Baudelaire. In: Roman Jakobson: Ausgewählte Texte 1919-1982. Hrsg. von Elmar Holenstein. Frankfurt am Main, S. 206-246

JAKOBSON, Roman (1974): Hölderlin. Klee. Brecht. Zur Wortkunst dreier Gedichte. Frankfurt am Main

JAKOBSON, Roman (1975, 1988): Ein Blick auf die Entwicklung der Semiotik. In: Roman Jakobson: Ausgewählte Texte 1919-1982. Hrsg. von Elmar Holenstein. Frankfurt am Main, S. 108-135

JAKOBSON, Roman (1982): Poesie und Grammatik. Dialoge. Frankfurt am Main

JANDL, Ernst (1976): Die schöne Kunst des Schreibens. Darmstadt/Neuwied

JANDL, Ernst (1987): Das Öffnen und Schließen des Mundes. Berlin

JANICH, Nina (1999): Werbesprache. Ein Arbeitsbuch, Tübingen

KAINZ, Friedrich (1932): Personalistische Ästhetik. Leipzig

KAINZ, Friedrich (1948): Vorlesungen über Ästhetik. Wien

KAINZ, Friedrich (1956): Psychologie der Sprache. 4. Band. Spezielle Sprachpsychologie. Stuttgart

KAYSER, Wolfgang (1948, [13]1968) Das sprachliche Kunstwerk. Bern

KELLER, Jörg/LEUNINGER, Helen (1993): Grammatische Strukturen - Kognitive Prozesse. Ein Arbeitsbuch. Tübingen

KELLER, Rudi (1980): Zum Begriff des Fehlers im muttersprachlichen Unterricht. In: Cherubim (Hrsg.) 1980a, S. 23-42

KELLER, Rudi (1989): Erklärung und Prognose von Sprachwandel. In: Zeitschrift für Phonetik, Sprachwissenschaft und Kommunikationsforschung. H. 3, S. 383-396

KELLER, Rudi (1990): Sprachwandel. Von der unsichtbaren Hand in der Sprache. Tübingen

KLEIN, Josef (1991): Kann man „Begriffe besetzen"? Zur linguistischen Differenzierung einer plakativen politischen Metapher. In: Liedtke, Frank/Wengeler, Martin/Böke, Karin (Hrsg.): Begriffe besetzen. Strategien des Sprachgebrauchs in der Politik. Opladen, S. 44-69

KLEINE ENZYKLOPÄDIE DEUTSCHE SPRACHE (1983). Hrsg. von Wolfgang Fleischer, Wolfdietrich Hartung, Joachim Schildt, Peter Suchsland. Leipzig

KLIN, Eugeniusz (1973). Übungsbuch zur deutschen Stilistik. Warschau

KONZAG, Marianne (1985): Gespräch mit Ernst Jandl. In: Sinn und Form, H. 4, S. 856-865

KOPPERSCHMIDT, Josef (1976): Allgemeine Rhetorik. Einführung in die Theorie der Persuasiven Kommunikation. Stuttgart/Berlin/Köln/Mainz

KOPPERSCHMIDT, Josef (1989): Öffentliche Rede in Deutschland. Überlegungen zur politischen Rhetorik mit Blick auf zwei Gedenkreden im deutschen Bundestag. In: Muttersprache. Bd. 99, S. 213-230

*KRAHL, Siegfried/KURZ, Josef (1984): Kleines Wörterbuch der Stilkunde. Leipzig

*KURZ, Gerhard (1999): Macharten. Über Rhythmus, Reim, Stil und Vieldeutigkeit. Göttingen

KURZ, Josef (1976): Möglichkeiten der Redewiedergabe. KMU, Sektion Journalistik. Leipzig

KURZ, Josef/MÜLLER, Daniel/PÖTSCHKE, Joachim/PÖTTKER, Horst (2000): Stilistik für Journalisten. Wiesbaden

LANG, Ewald (1987): Parallelismus als universales Prinzip sekundärer Strukturbildung. In: Linguistische Studien A, 161/1, Berlin, S. 1-54

LANGENSCHEIDTS GROßWÖRTERBUCH DEUTSCH ALS FREMDSPRACHE (1993, Neubearbeitung 1998). Hrsg. von Dieter Götz, Günther Haensch, Hans Wellmann. Berlin/München/Leipzig/Wien/Zürich/New York (= LWB)

LAUSBERG, Heinrich (1990): Elemente der literarischen Rhetorik. Eine Einführung für Studierende der klassischen, romanischen, englischen und deutschen Philologie. Ismaning

*LERCHNER, Gotthard (1981): Stilistisches und Stil. Ansätze für eine kommunikative Stiltheorie. In: BES 1, S. 85-109

*LERCHNER, Gotthard (1984a): Sprachform von Dichtung. Linguistische Untersuchungen zu Funktion und Wirkung literarischer Texte. Berlin/Weimar

LERCHNER, Gotthard (1984b): Konnotative Textpotenz. In: BES 4, S. 39-48

*LERCHNER, Gotthard (1986): Der literarische Text als Interpretationsangebot. Möglichkeiten interdisziplinär orientierter Textanalysen für Studierende. In: Interdisziplinäres germanistisches Praktikum. Lehrmaterial zur Ausbildung von Diplomlehrern Deutsch. Potsdam, S. 10-40

LERCHNER, Gotthard (1991): Wenn ein Buch und ein Kopf zusammenstoßen ... Vom Umgang mit literarischen Texten im Unterricht. Berlin

LERCHNER, Gotthard (1995): Stilwandel. In: Stickel (Hrsg.) 1995, S. 94-114

LEXIKON DER GERMANISTISCHEN LINGUISTIK (1980). Hrsg. von Hans Peter Althaus, Helmut Henne, Herbert Ernst Wiegand, 2. vollst. neu bearb. u. erw. Aufl. Tübingen (= LGL)

*LINKE, Angelika, NUSSBAUMER, Markus, PORTMANN, Paul R. (^{2}1994): Studienbuch Linguistik. Tübingen

LUDWIG, Klaus-Dieter (1991): Markierungen im allgemeinen einsprachigen Wörterbuch des Deutschen. Ein Beitrag zur Metalexikographie. Tübingen

*LÜGER, Heinz-Helmut (^{2}1995): Pressesprache (Germanistische Arbeitshefte 28). Tübingen

MACKELDEY, Roger (1987): Alltagssprachliche Dialoge (Linguistische Studien). Leipzig

MEIBAUER, Jörg (1995): Wortbildung und Kognition: Überlegungen zum deutschen -er-Suffix. Lund

MEIBAUER, Jörg/ROTHWEILER, Monika (Hrsg.) (1999): Das Lexikon im Spracherwerb. Tübingen und Basel

MERINGER, Rudolf/MAYER, Carl (1978): Versprechen und Verlesen. Eine psychologisch-linguistische Studie. New edition with an introductory article by Anne Cutler and David Fay. Amsterdam (Originalausgabe Stuttgart 1895)

*METZLER LEXIKON SPRACHE (1993). Herausgegeben von Helmut Glück. Stuttgart/Weimar

MICHEL, Georg (1968): Einführung in die Methodik der Stiluntersuchung. Berlin

MICHEL, Georg (1983): Grundzüge der Stilistik. In: Kleine Enzyklopädie Deutsche Sprache, S. 450-489

MOESCHLER, Jacques (1994): Das Genfer Modell der Gesprächsanalyse (übers. von K. Adamzik u. B. Kranz). In: Fritz/Hundsnurscher 1994, S. 69-94

MOTSCH, Wolfgang (1983): Sprachlich-kommunikative Handlungen. In: Kleine Enzyklopädie Deutsche Sprache, S. 489-512

MOTSCH, Wolfgang/PASCH, Ruth (1987): Illokutive Handlungen. In: Motsch, Wolfgang (Hrsg.): Satz – Text – sprachliche Handlung. Studia grammatica XXV, Berlin, S. 11-79

MOTSCH, Wolfgang/VIEHWEGER, Dieter (1981): Sprachhandlung, Satz und Text. In: Linguistische Studien, Reihe A, H. 80, Berlin, S. 1-42

MÜLLER, Gerhard (1989): Lieder der Deutschen. Bemerkungen zum „Deutschlandlied", zur „Becher-Hymne" und zu B. B. „Kinderhymne". In: Sprachdienst 5, S. 137-145

MÜLLER, Klaus (1984): Rahmenanalyse des Dialogs. Aspekte des Sprachvergleichs in Alltagstexten. Tübingen

MÜLLER, Robert (1987): Experimentieren mit Sprache. Bemerkungen zu zwei Gedichten von Ernst Jandl. In: Sprache, Sprachen, Sprechen. Festschrift für Hermann M. Ölberg zum 65. Geburtstag am 14. Oktober 1987. Unter Mitarbeit von Hanspeter Ortner, Barbara Stefan und Elisabeth Wieser hrsg. von Manfred Kienpointer und Hans Schmeja. Innsbruck, S. 277-288

NERIUS, Dieter (1987): Gesprochene und geschriebene Sprache. In: Ammon, Ulrich u. a. (Hrsg.): Soziolinguistik, HSK 3.1, S. 822-841

NEUBERT, Albrecht (1982): Text als linguistischer Gegenstand. In: LAB 36, Leipzig, S. 25-42

NEUE CHRONIK DDR (1990): 2. Folge 19. Oktober bis 23. November, Berlin

NEUREUTER, Hans Peter (1983): Hoffmanns „Deutscher Sang". Versuch einer historischen Auslegung. In: Gedichte und Interpretationen. Vom Biedermeier zum Bürgerlichen Realismus, Bd. IV, Stuttgart, S. 223-234

OKSAAR, Els (1981): Kommunikative Akte und Textanalyse am Beispiel von dialogischen Erzähltexten. In: ZGL 9.2, S. 129-151

ORTNER, Hanspeter (1987): Die Ellipse. Ein Problem der Sprachtheorie und der Grammatikschreibung. Tübingen

POETHE, Hannelore (1996): Günter Kunert: Die Schreie der Fledermäuse. Eine textlinguistisch-stilistische Analyse. In: Feine/Siebert (Hrsg.) 1996, S. 143-152

*POLENZ, Peter von (1985, ^{2}1988): Deutsche Satzsemantik. Grundbegriffe des Zwischen-den-Zeilen-Lesens. Berlin/New York

POLLACK, Detlef (1990): Das Ende einer Organisationsgesellschaft. Systemtheoretische Überlegungen zum gesellschaftlichen Umbruch in der DDR. In: Zeitschrift für Soziologie, 4, S. 292-307

PREISENDANZ, Wolfgang (1984): Zur Ästhetik des Gesprächs bei Fontane. In: Stierle, Karlheinz/Warning, Rainer: Das Gespräch (Poetik und Hermeneutik, Vol. XI). München, S. 473-487
*PÜSCHEL, Ulrich (1980): Linguistische Stilistik. In: LGL, S. 304-313
PÜSCHEL, Ulrich (1985): Das Stilmuster „Abweichen". Sprachpragmatische Überlegungen zur Abweichungsstilistik. In: Sprache und Literatur in Wissenschaft und Unterricht. 16. Jg., S. 9-24
*PÜSCHEL, Ulrich (1995): Stilpragmatik - Vom praktischen Umgang mit Stil. In: Stickel (Hrsg.) 1995, S. 303-328
RAABE, Horst (1980): Der Fehler beim Fremdsprachenerwerb und Fremdsprachengebrauch. In: Cherubim (Hrsg.) 1980a, S. 61-93
RAMGE, Hans (1980): Fehler und Korrektur im Spracherwerb. In: Cherubim (Hrsg.) 1980a, S. 1-22
RATH, Rainer (1979): Kommunikationspraxis. Analysen zur Textbildung und Textgliederung im gesprochenen Deutsch. Göttingen
RATH, Rainer (1992): Sprechen wir in Sätzen? Über Einheitenbildung im Alltagsdialog. In: Suchsland, Peter (Hrsg.): Biologische und soziale Grundlagen der Sprache. Tübingen, S. 249-263
RIESEL, Elise (1959, 1963): Stilistik der deutschen Sprache. Moskau
RIESEL, Elise (1970): Der Stil der deutschen Alltagsrede. Leipzig (Erstausgabe Moskau 1964)
RIESEL, Elise (1974): Theorie und Praxis der linguostilistischen Textinterpretation. Moskau
*RIESEL, Elise/SCHENDELS, Eugenie (1975): Deutsche Stilistik. Moskau
*RIFFATERRE, Michael (1973): Strukturale Stilistik. München
RÖMER, Ruth (^{5}1976): Die Sprache der Anzeigenwerbung. Düsseldorf
SANDIG, Barbara (1976): Schriftsprachliche Norm und die Beschreibung und Beurteilung spontan gesprochener Sprache. In: Presch, Gunter/Gloy, Klaus: Sprachnormen II. Stuttgart-Bad Canstatt, S. 93-105
*SANDIG, Barbara (1978): Stilistik. Sprachpragmatische Grundlegung der Stilbeschreibung. Berlin/New York
*SANDIG, Barbara (1984): Ziele und Methoden einer pragmatischen Stilistik. In: Spillner (Hrsg.) 1984, S. 137-161
*SANDIG, Barbara (1986): Stilistik der deutschen Sprache. Berlin/New York
SANDIG, Barbara (1989): Stilistische Mustermischung in der Gebrauchssprache. In: Zeitschrift für Germanistik, H. 10, S. 133-150
SANDIG, Barbara (1996): Sprachliche Perspektivierung und perspektivierende Stile. In: Zeitschrift für Literaturwissenschaft und Linguistik (LiLi) 102. Stuttgart, S. 36-63
SANDIG, Barbara/SELTING, Margret (1997): Einleitung zum Band "Sprech- und Gesprächsstile", hrsg. v. Margret Selting. Berlin/New York, S. 1-8
SCHANK, Gerd/SCHOENTHAL, Gisela (1976): Gesprochene Sprache (Germanistische Arbeitshefte 18). Tübingen
SCHANK, Gerd/SCHWITALLA, Johannes (1980): Gesprochene Sprache und Gesprächsanalyse. In: LGL, S. 313-322

SCHEDLINSKI, Rainer (1990): gibt es die ddr überhaupt? In: Temperamente. Blätter für junge Literatur, 1, S. 4-10

SCHEUTZ, Hannes (1997): Satzinitiale Voranstellungen im gesprochenen Deutsch als Mittel der Themensteuerung und Referenzkonstitution. In: Schlobinski (Hrsg.) 1997, S. 27-54

SCHIFKO, Peter (1987): Sprachspiel und Didaktik der Linguistik. In: Zeitschrift f. Roman. Philologie, Bd. 103, H. 1/2, Tübingen, S. 68-87

SCHLOBINSKI, Peter (1997): Zur Analyse syntaktischer Strukturen in der gesprochenen Sprache. In: Schlobinski (Hrsg.) 1997, S. 9-26

SCHLOBINSKI, Peter (Hrsg.) (1997): Syntax des gesprochenen Deutsch. Opladen

SCHMIDT, Winrich de (1982): „Das Lied der Deutschen" im Deutschunterricht. In: Diskussion Deutsch, XIII, H. 67/ Okt., S. 425-435

SCHNEIDER, Bruno (1982): Sprachliche Lernprozesse. Lernpsychologische und linguistische Analyse des Erst- und Zweitspracherwerbs. Tübingen

SCHNEIDER, Wilhelm (1959): Stilistische deutsche Grammatik. Die Stilwerte der Wortarten, der Wortstellung und des Satzes. Freiburg im Breisgau

SCHORLEMMER, Friedrich (1992): Worte öffnen Fäuste. Die Rückkehr in ein schwieriges Vaterland. München

SCHULZ VON THUN, Friedrich (1992): Miteinander reden 1. Störungen und Klärungen. Allgemeine Psychologie der Kommunikation. Reinbek bei Hamburg

SCHWITALLA, Johannes (1997): Gesprochenes Deutsch. Berlin

*SEARLE, John R. (1977): Sprechakte. Ein sprachphilosophischer Essay. Frankfurt am Main

SEIDLER, Herbert (1953): Allgemeine Stilistik. Göttingen

SEIDLER, Herbert (1978): Grundfragen einer Wissenschaft von der Sprachkunst. München

SELTING, Margret (1987):Verständigungsprobleme. Tübingen

SELTING, Margret (1993):Voranstellungen vor den Satz. In: Zeitschrift für Germanistische Linguistik 21, S. 291-319

SELTING, Margret (1997a): Interaktionale Stilistik: Methodologische Aspekte der Analyse von Sprechstilen. In: Selting, Margret (Hrsg.): Sprech- und Gesprächsstile, Berlin/New York, S. 9-43

SELTING, Margret (1997b): Sogenannte ‚Ellipsen' als interaktiv relevante Konstruktionen? In: Schlobinski (Hrsg.) 1997, S. 117-155

SELTING, Margret u. a. (1998): Gesprächsanalytisches Transkriptionssystem (GAT). In: Linguistische Berichte 173. Hamburg, S. 91-122

SOWINSKI, Bernhard (1978): Deutsche Stilistik. Beobachtungen zur Sprachverwendung und Sprachgestaltung im Deutschen. Frankfurt am Main

SOWINSKI, Bernhard (1979): Werbeanzeigen und Werbesendungen. München (= Analysen zur deutschen Sprache und Literatur)

*SOWINSKI, Bernhard (1991): Stilistik. Stiltheorien und Stilanalysen. Stuttgart (2., überarbeitete und aktualisierte Auflage 1999)

*SOWINSKI, Bernhard (1998): Werbung. Reihe: Grundlagen der Massenkommunikation. Tübingen

SPILLNER, Bernd (1974): Linguistik und Literaturwissenschaft. Stilforschung, Rhetorik, Textlinguistik. Stuttgart/Berlin/Köln/Mainz
*SPILLNER, Bernd (Hrsg.) (1984): Methoden der Stilanalyse. Tübingen
SPITZER, Leo (1928): Stilstudien. 2 Bde. München
STAIGER, Emil (1955): Die Kunst der Interpretation. Zürich
STANZEL, Franz K. (^{2}1982): Theorie des Erzählens. Göttingen
STANZEL, Franz K. (^{12}1993): Typische Formen des Romans. Göttingen
STEGER, Hugo (1967): Gesprochene Sprache. Zu ihrer Typik und Terminologie. In: Satz und Wort im heutigen Deutsch (Sprache der Gegenwart 1). Düsseldorf, S. 259-291
STEGER, Hugo (1972): Gesprochene und geschriebene Sprache. In: Sprache - Brücke und Hindernis. München, S. 203-214
STEIN, Werner (1993): Der große Kulturfahrplan. Die wichtigsten Daten der Weltgeschichte. Politik, Kunst, Religion, Wirtschaft. München/Berlin
STEUBE, Anita (1985): Erlebte Rede aus linguistischer Sicht. In: Zeitschrift für Germanistik H. 4, S. 389-406
STICKEL, Gerhard (Hrsg.) (1995): Stilfragen. Berlin/New York (= Institut für deutsche Sprache, Jahrbuch 1994)
*STOLT, Birgit (1984): Pragmatische Stilanalyse. In: Spillner (Hrsg.) 1984, S. 163-173
STRAUß, Gerhard (1986): Sprachspiele, kommunikative Verfahren und Texte in der Politik. Versuch einer Textsortenspezifik. In: Strauß, Gerhard: Der politische Wortschatz (Forschungsberichte des IDS 60). Tübingen, S. 2-66
SVENSSON, Arnold (1984): Anspielung und Stereotyp. Eine linguistische Untersuchung des politischen Sprachgebrauchs am Beispiel der SPD. Opladen
TAROT, Rolf (1993, ²1995): Narratio viva. Untersuchungen zur Entwicklungsgeschichte der Erzählkunst vom Anfang des 17. Jahrhunderts bis zum Beginn des 20. Jahrhunderts. Bern/Berlin/Frankfurt a.M./NewYork/Paris/Wien
TECHTMEIER, Bärbel (1984): Das Gespräch. Berlin
*TEXT- UND GESPRÄCHSLINGUISTIK (2000). Ein internationales Handbuch zeitgenössischer Forschung. Hrsg. von Klaus Brinker, Gerd Antos, Wolfgang Heinemann, Sven F. Sager. Berlin/New York (Handbücher zur Sprach- und Kommunikationswissenschaft; Bd. 16. Halbb. 1.)
UEDING, Gert (1991): Rhetorik des Schreibens. Eine Einführung. Frankfurt am Main
*VAN DIJK, Teun A. (1980): Textwissenschaft. Eine interdisziplinäre Einführung. München
VOGT, Jochen (^{7}1990): Aspekte erzählender Prosa. Opladen
VOLMERT, Johannes (1989): Politikerrede als kommunikatives Handlungsspiel. Ein integriertes Modell zur semantisch-pragmatischen Beschreibung öffentlicher Rede. München
VOLMERT, Johannes (1992) Auf der Suche nach einer neuen Rhetorik. Ansprachen auf den Massendemonstrationen Anfang November '89. In: Burkhardt, Armin/ Fritsche, Klaus Peter (Hrsg.): Sprache im Umbruch. Politischer Sprachwandel im Zeichen von ‚Wende‘ und ‚Vereinigung‘. Berlin, New York, 59-110.
VOSSLER, Karl (1904): Positivismus und Idealismus in der Sprachwissenschaft. Heidelberg
*WEGE ZUM TEXT. (1992). In: Deutschunterricht. H. 1-4

WEIMER, Hermann (1929): Psychologie der Fehler. 2., verbess. Aufl. Leipzig
*WEINRICH, Harald (1993): Textgrammatik der deutschen Sprache. Mannheim/Leipzig/ Wien/Zürich
WEISS, Andreas (1975): Syntax spontaner Gespräche (Sprache der Gegenwart 31). Düsseldorf
WELLMANN, Hans (Hrsg.) (1993): Grammatik, Wortschatz und Bauformen der Poesie in der stilistischen Analyse ausgewählter Texte. Heidelberg
WIESE, Richard (1987): Versprecher als Fenster zur Sprachstruktur. In: Studium Linguistik, 21, Frankfurt am Main, S. 45-55
*WILPERT, Gero von ([7]1989): Sachwörterbuch der Literatur. Stuttgart
WOLF, Christa (1990): Reden im Herbst. Berlin
WOLF, Norbert Richard (1993): Mit der Dialoggrammatik auf Kriegsfuß. Zu Karl Valentins Dialog ‚In der Apotheke'. In: Wellmann (Hrsg.) 1993, S. 43-56
WÖRTERBUCH DER DEUTSCHEN GEGENWARTSSPRACHE (1961-1977). Hrsg. von Ruth Klappenbach u. Wolfgang Steinitz. 6 Bände. Berlin (= WDG)
WÖRTERBUCH DER SOZIOLOGIE (1989). Hrsg. von Günter Endruweit und Gisela Trommsdorff. Stuttgart
YOS, Gabriele (1996): Reden sie wie du und ich? Gesprächsstilistische Untersuchungen an epischen Texten für junge Leser. In: Feine/Siebert (Hrsg.) 1996, S. 181-190
YOS, Gabriele (1997): Benennungen für Einstellungen bei der Redewiedergabe. In: Barz, Irmhild/ Schröder, Marianne (Hrsg.): Nominationsforschung im Deutschen. Festschrift für Wolfgang Fleischer zum 75. Geburtstag. Frankfurt am Main/Berlin/Bern/New York/Paris/Wien, S. 425-439
YOS, Gabriele (2001): Gespräche in künstlerischen Texten im Spannungsfeld von mündlicher und schriftlicher Kommunikation. In: Zeitschrift für Germanistik (Neue Folge) H.1, S. 54-70
ZIFONUN, Gisela/HOFFMANN, Ludger/STRECKER, Bruno (1997): Grammatik der deutschen Sprache (3 Bde.). Berlin/NewYork

QUELLENVERZEICHNIS

Alles Unsinn. Deutsche Ulk- und Scherzdichtung von ehedem bis momentan (1974). Gesammelt und herausgegeben von Heinz Seydel. Eulenspiegel Verlag Berlin, S. 176 f., 208 f.

Böll, Heinrich (1980): Billard um halb zehn. Insel-Verlag Leipzig

Brecht, Bertolt (1949): Aus dem Epigramm ‚Wahrnehmung'. In: Bertolt Brecht: Leben und Werk im Bild. Gustav Kiepenheuer Verlag Berlin/Weimar 1981, S. 204

Brecht, Bertolt: Kinderhymne. In: Bertolt Brecht: Werke in fünf Bänden, Bd. 3 Gedichte; hrsg. von Werner Mittenzwei unter Mitarbeit von Fritz Hofmann, Aufbau-Verlag Berlin und Weimar 31981, S. 434

Deutschstunden. Lesebuch 6 (1991). Cornelsen Berlin, S. 168

Fried, Erich (1969): Gedichte. Hrsg. von Bernd Jentzsch. Poesiealbum 22. Verlag Neues Leben Berlin, S. 25

Gast, Wolfgang (Hrsg.) (1987): Politische Lyrik. Deutsche Zeitgedichte des 19. und 20. Jahrhunderts. Arbeitstexte für den Unterricht. Verlag Philipp Reclam jun. Stuttgart (Fallersleben: S. 10, Becher: S. 39)

Gomringer, Eugen (1977): konstellationen ideogramme stundenbuch. Verlag Philipp Reclam jun. Stuttgart, S. 28

Hein, Christoph (1989): Der Tangospieler. Aufbau-Verlag Berlin und Weimar, S. 80 f.

Heym, Stefan (1990): Stalin verläßt den Raum. Politische Publizistik. Reclam Leipzig (nach einer Fernsehaufzeichnung leicht geänderte Fassung), S. 288 f.

Jandl, Ernst: wanderung. Aus: Robert MÜLLER 1987, S. 279; veröffentlicht u. a. auch in JANDL 1976, S. 57

Jandl, Ernst (1988): im Delikatessenladen. Ausgewählte Gedichte herausgegeben von Klaus Pankow. Der Kinderbuchverlag Berlin, S. 34

Jentzsch, Bernd (1978): Quartiermachen. Carl Hanser Verlag München, Berlin, S. 76

Södergran, Edith (1990): Klauenspuren. Gedichte und Briefe. Verlag Philipp Reclam jun. Leipzig, S. 21

Walser, Martin (1979): Ein fliehendes Pferd. Aufbau-Verlag Berlin und Weimar, S. 17 ff.

Weiskopf, F. C. (1965): Das Anekdotenbuch. Aufbau-Verlag Berlin und Weimar, S. 227 ff.

Leipziger Skripten
Einführungs- und Übungsbücher aus dem Institut für Germanistik

Herausgegeben von Irmhild Barz, Heide Eilert, Ulla Fix
und Marianne Schröder

Band 1 Ulla Fix / Hannelore Poethe / Gabriele Yos: Textlinguistik und Stilistik für Einsteiger. Ein Lehr- und Arbeitsbuch. Unter Mitarbeit von Ruth Geier. 3., durchgesehene Auflage. 2003.

Band 2 Irmhild Barz / Marianne Schröder / Karin Hämmer / Hannelore Poethe: Wortbildung – praktisch und integrativ. Ein Arbeitsbuch. 2., überarbeitete und ergänzte Auflage. 2003.

Band 3 Tina Simon: Rezeptionstheorie. Einführungs- und Arbeitsbuch. 2003.

Baldur Panzer

Studien zur Linguistik und Slavistik

Gesammelte Aufsätze aus vier Jahrzehnten

Redaktion: Cristina Beretta

Frankfurt am Main, Berlin, Bern, Bruxelles, New York, Oxford, Wien, 2003.
IX, 629 S., zahlr. Abb. und Tab.
Heidelberger Publikationen zur Slavistik.
A. Linguistische Reihe. Herausgegeben von Baldur Panzer. Bd. 15
ISBN 3-631-50118-8 · br. € 85.00*

Behandelt werden allgemeine Fragen der Definition linguistischer Einheiten, der Methoden linguistischer Forschung, des Sprachkontakts und der Sprachgeschichte, der deskriptiven und historischen Lautlehre, der Dialektologie, der Morphologie, Lexikologie und Lexikographie insbesondere slavischer Sprachen, der Sprachverwandtschaft sowie auch der älteren slavischen Literatur und Textkritik.

Aus dem Inhalt: Allgemeinlinguistisches · Phonetik und Phonologie · Morphologie · Lexikologie und Lexikographie · Sprachgeschichtliches · Literatur und Texte · Niederdeutsche Sprache

Frankfurt am Main · Berlin · Bern · Bruxelles · New York · Oxford · Wien
Auslieferung: Verlag Peter Lang AG
Moosstr. 1, CH-2542 Pieterlen
Telefax 00 41 (0) 32 / 376 17 27

*inklusive der in Deutschland gültigen Mehrwertsteuer
Preisänderungen vorbehalten

Homepage http://www.peterlang.de